정답과 해설 PDF 파일은 EBS 중학사이트(mid.ebs.co.kr)에서 내려받으실 수 있습니다.

교재 내용 문의
교재 내용 문의는
EBS 중학사이트(mid.ebs.co.kr)의 교재 Q&A 서비스를
활용하시기 바랍니다.

교재 정오표 공지
발행 이후 발견된 정오 사항을
EBS 중학사이트 정오표 코너에서 알려 드립니다.
교재 검색 → 교재 선택 → 정오표

교재 정정 신청
공지된 정오 내용 외에 발견된 정오 사항이 있다면
EBS 중학사이트를 통해 알려 주세요.
교재 검색 → 교재 선택 → 교재 Q&A

어휘가 독하다!
중학 국어 어휘

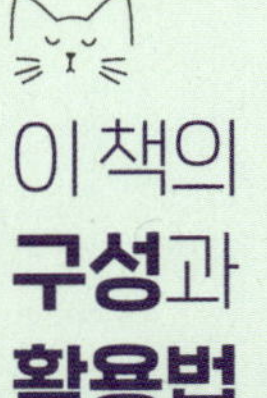

이 책의
구성과
활용법 ◆

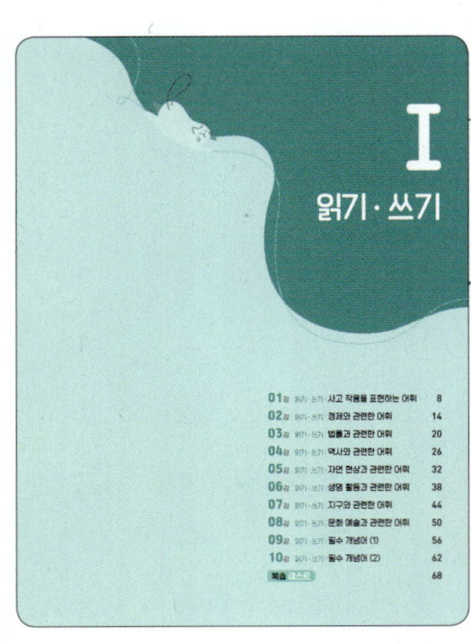

열심히 공부해도 어려운 국어.
어휘력을 길러 대비한다!

- 중학교 교과서 수록 어휘 총정리
- 새 교육과정 적용 교과서 어휘 수록
- 읽기 · 쓰기, 문학, 듣기 · 말하기, 매체, 문법 순으로 구성

중학 교과서에 자주 나오는 어휘를
집중 학습한다!

- 어휘의 뜻과 용례 정리
- '친절한 샘'을 통해 관련된 어휘의 추가 설명 및 정리
- '혼동하기 쉬운 말'을 통해 함께 알아 두면 좋은,
  헷갈리기 쉬운 어휘 정리
- '어휘 더하기'에서 해당 강의 주제와 관련된 추가 어휘
  학습을 통한 어휘력 확장

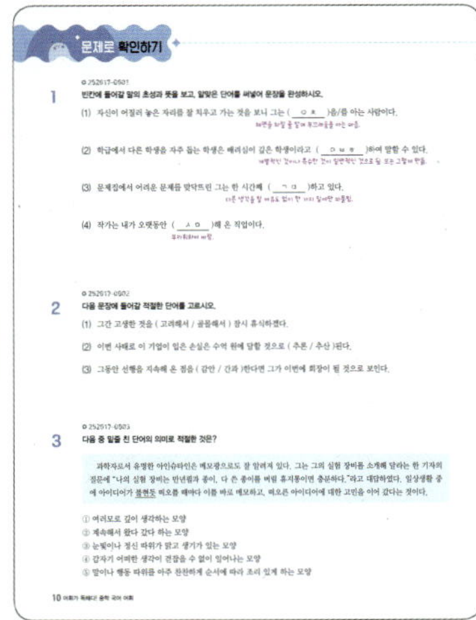

문제를 통해
어휘의 뜻, 연관 어휘 등을 학습한다!

- 어휘의 뜻과 활용 예를 문제를 풀면서 확인
- 만화 속 대화를 통해 대화 상황에 맞는 어휘를 찾아보는
  문제 풀이

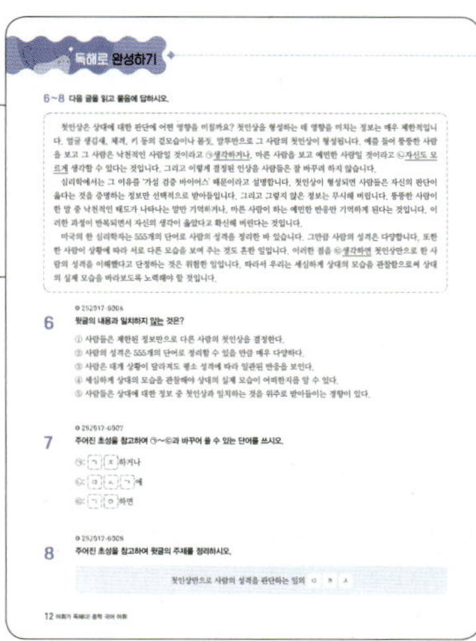

독해 문제를 풀면서
어휘력과 독해력을 기른다!

- 지문을 이해했는지를 묻는 문제 풀이
- 지문 속에 사용된 어휘의 의미를 확인하는 문제 풀이

우리말 속의 다양한 어휘를
재미있게 학습한다!

- 관용 표현(속담, 사자성어 등)을 쉽고 재미있게 구성
- 광고 속 어휘를 광고와 함께 학습하도록 구성
- 문학 작품 속 상징적 의미를 지닌 어휘를 알기 쉽게 설명

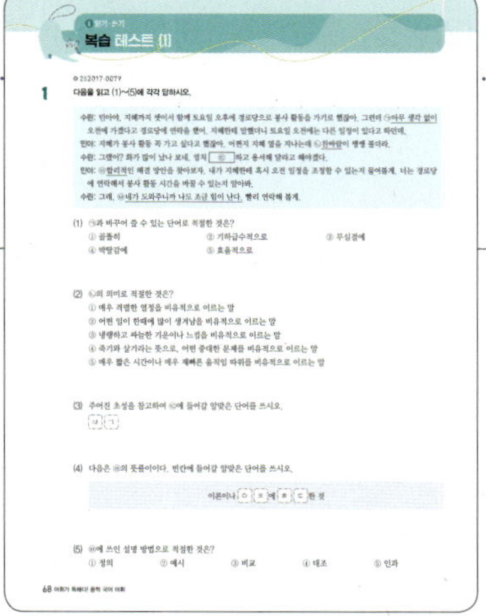

영역별 마무리로
중학 필수 어휘를 정리한다!

- 영역별로 배운 어휘들을 '복습 테스트'를 통해 마무리

Ⅱ 문학

Ⅲ 듣기·말하기 / 매체 / 문법

어휘가 독해다

I

읽기 · 쓰기

간주하다
볼 **看** + 지을 **做**

상태, 모양, 성질 따위가 그와 같다고 보거나 그렇다고 여기다.

예 옛날 사람들은 가뭄이 드는 것을 왕의 잘못으로 **간주했다**.

친절한 샘 '간주하다'는 맥락에 따라 '보다, 여기다, 치다' 등으로 바꾸어 쓸 수 있습니다. '간주하다'가 한 대상을 어떻게 이해하고 있는지 나타낼 때 쓴다면, '**간과(看過)하다**'는 '큰 관심 없이 대강 보아 넘기다.'를 뜻하는 말로, 한 대상을 제대로 이해하려 노력하지 않았을 때 씁니다.

감안하다
헤아릴 **勘** + 생각 **案**

여러 사정을 참고하여 생각하다.

예 단체로 감기에 걸렸던 것을 **감안한다면** 이번 경기의 결과는 훌륭하다고 할 수 있다.

친절한 샘 '감안하다'와 의미가 비슷한 말로 '고려하다'와 '참작하다'가 있습니다. '**고려(考慮)하다**'는 '생각하고 헤아려 보다.'를 뜻하는 말이고, '**참작(參酌)하다**'는 '이리저리 비추어 보아서 알맞게 고려하다.'를 뜻하는 말입니다.

골몰하다
골몰할 **汨** + 빠질 **沒**

다른 생각을 할 여유도 없이 한 가지 일에만 파묻히다.

예 그는 일에 **골몰하면** 옆에서 아무리 떠들어도 듣지 못한다.

친절한 샘 '**골똘하다**'는 '한 가지 일에 온 정신을 쏟아 딴생각이 없다.'라는 뜻의 말입니다. 한자어가 쓰인 '골몰하다'와 그렇지 않은 '골똘하다'는 비슷한 뜻을 가졌습니다. 이는 단어의 어원을 따져 보았을 때, '골똘하다'의 '골'에도 한자어 '골몰할 汨(골)'이 쓰였기 때문입니다.

무심결
없을 **無** + 마음 **心**

아무런 생각이 없어 스스로 깨닫지 못하는 사이.

예 속으로 하려던 말이 **무심결**에 입 밖으로 나와 버렸다.

친절한 샘 흔히 '무심결에'의 꼴로 쓰이는 말입니다. '감정이나 생각하는 마음이 없음.'을 뜻하는 말인 '**무심(無心)**'에 '지나가는 사이', '도중'의 뜻을 더하는 말인 '–결'이 결합하여 만들어진 말입니다.

불현듯

불을 켜서 불이 일어나는 것과 같다는 뜻으로, 갑자기 어떠한 생각이 걷잡을 수 없이 일어나는 모양.

예 자려고 누웠는데 문제를 해결할 방법이 **불현듯** 떠올랐다.

친절한 샘 옛날에는 '불을 켜다.'에서 '켜다'를 '혀다'라고 했다고 합니다. 그러니까 '불현듯'은 '불(을) 켠 듯'이라는 뜻으로 이해할 수 있겠습니다. 불과 관련된 표현에서 유래한 말 중에는 '부리나케'도 있습니다. '**부리나케**'는 '불이 나게'에서 온 말로, 오늘날에는 '서둘러서 아주 급하게'를 뜻하는 말로 쓰입니다.

선망하다
부러워할 **羨** + 바랄 **望**

부러워하여 바라다.

예 청소년들이 **선망하는** 직업은 시대에 따라 달라지고 있다.

친절한 샘 '선망하다'와 '동경하다'는 비슷한 상황에 쓰일 수 있지만 다소 의미 차이가 있습니다. '**동경(憧憬)하다**'는 '어떤 것을 간절히 그리워하여 그것만을 생각하다.'를 뜻하는 말입니다.

 혼동하기 쉬운 말
- **선호(選好)하다** _ 여럿 가운데서 특별히 가려서 좋아하다.
- **유망(有望)하다** _ 앞으로 잘될 듯한 희망이나 전망이 있다.

염치

청렴할 廉 + 부끄러울 恥

체면을 차릴 줄 알며 부끄러움을 아는 마음.

 잘못을 뉘우치고 반성하는 것을 보니, 그는 **염치**를 아는 친구이다.

친절한 샘 '염치가 없음.'을 뜻하는 말인 **'몰염치(沒廉恥)'**, '염치를 모르고 뻔뻔스러움.'을 뜻하는 말인 **'파렴치(破廉恥)'**는 모두 '염치'라는 단어에서 만들어진 말입니다. '염치를 돌아보지 아니하다.'라는 의미로 **'염치 불고(不顧)하다.'**라는 말을 씁니다. 간혹 '염치 불구하다.'라고 쓰는 경우가 있는데 잘못된 표현입니다.

일반화하다

하나 一 + 일반 般 + 될 化

개별적인 것이나 특수한 것이 일반적인 것으로 되다. 또는 그렇게 만들다.

 또 숙제를 하지 않은 것을 보면, 그는 숙제를 잘 하지 않는 학생이라고 **일반화하여** 말할 수 있겠다.

친절한 샘 열 번 중 아홉 번의 숙제를 하지 않은 학생은 숙제를 잘 하지 않는 학생이라고 일반화할 수 있습니다. 그러나 숙제를 한 번 하지 않았는데 숙제를 잘 하지 않는 학생이라고 짐작한다면, 그 판단은 잘못된 것일 수 있습니다. 이렇게 적은 사례만으로 일반화할 때 생기는 오류를 **'성급한 일반화의 오류'**라고 합니다.

추리하다

밀 推 + 다스릴 理

알고 있는 것을 바탕으로 알지 못하는 것을 미루어서 생각하다.

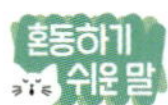 바닥에 남은 발자국을 근거로 이곳을 다녀간 범인을 **추리해** 보겠다.

친절한 샘 **'하나를 보고 열을 안다.'**라는 말이 있습니다. 일부만 보고 전체를 미루어 알 수 있다. 즉 추리할 수 있다는 말입니다.

혼동하기 쉬운 말
- **추론(推論)하다** _ 미루어 생각하여 논하다.
- **추산(推算)하다** _ 짐작으로 미루어 셈하다.

합리적

합할 合 + 다스릴 理 + 어조사 的

이론이나 이치에 합당한 (것).

 그가 하는 선택에는 늘 타당한 이유가 있어, **합리적**인 사람이라는 평가를 받는다.

친절한 샘 '합리적'과 의미가 유사한 말인 **'이성적(理性的)'**은 '이성에 따르거나 이성에 근거한'을 뜻합니다. 여기서 **'이성(理性)'**은 개념적으로 사유하는 능력을 말하는데, 이 능력은 인간을 다른 동물과 구별시켜 주는 인간의 본질적 특성입니다.

어휘 더하기

헷갈리기 쉬운 말

정답과 해설 1쪽

- **통념(通念)**
  일반적으로 널리 통하는 개념.
  예 어른을 공경해야 한다는 것이 우리 사회의 통념이다.

- **상념(想念)**
  마음속에 품고 있는 여러 가지 생각.
  예 그는 옛 친구의 소식을 듣고 상념에 빠져 있었다.

- **관념(觀念)**
  어떤 일에 대한 견해나 생각.
  예 그는 위생에 대한 관념이 철저하다.

'통념', '상념', '관념'에는 공통적으로 '생각 念(념)'이 쓰여 생각과 관련된 의미를 담고 있지만, 세부적인 의미에는 차이가 있습니다. '통념'은 여러 사람들 사이에 공통된 생각을, '상념'은 마음속에 있는 여러 가지 생각을, '관념'은 어떤 일에 대한 자기 의견이나 생각을 가리킵니다.

◦ 다음 문장에 들어갈 적절한 단어를 고르시오.

> 그 작가의 책은 읽기 어렵다는 것이 여러 사람의 생각이었는데, 이번 책은 이런 (통념 / 상념 / 관념)을 깨뜨려 주었다.

○ 252017-0001

1 빈칸에 들어갈 말의 초성과 뜻을 보고, 알맞은 단어를 써넣어 문장을 완성하시오.

(1) 자신이 어질러 놓은 자리를 잘 치우고 가는 것을 보니 그는 (_ ㅇ ㅊ _)을/를 아는 사람이다.
　　　　　　　체면을 차릴 줄 알며 부끄러움을 아는 마음.

(2) 학급에서 다른 학생을 자주 돕는 학생은 배려심이 깊은 학생이라고 (_ ㅇ ㅂ ㅎ _)하여 말할 수 있다.
　　　　　　　개별적인 것이나 특수한 것이 일반적인 것으로 됨. 또는 그렇게 만듦.

(3) 문제집에서 어려운 문제를 맞닥뜨린 그는 한 시간째 (_ ㄱ ㅁ _)하고 있다.
　　　　　　　다른 생각을 할 여유도 없이 한 가지 일에만 파묻힘.

(4) 작가는 내가 오랫동안 (_ ㅅ ㅁ _)해 온 직업이다.
　　　　　　　부러워하여 바람.

○ 252017-0002

2 다음 문장에 들어갈 적절한 단어를 고르시오.

(1) 그간 고생한 것을 (고려해서 / 골몰해서) 잠시 휴식하겠다.

(2) 이번 사태로 이 기업이 입은 손실은 수억 원에 달할 것으로 (추론 / 추산)된다.

(3) 그동안 선행을 지속해 온 점을 (감안 / 간과)한다면 그가 이번에 회장이 될 것으로 보인다.

○ 252017-0003

3 다음 중 밑줄 친 단어의 의미로 적절한 것은?

　　과학자로서 유명한 아인슈타인은 메모광으로도 잘 알려져 있다. 그는 그의 실험 장비를 소개해 달라는 한 기자의 질문에 "나의 실험 장비는 만년필과 종이, 다 쓴 종이를 버릴 휴지통이면 충분하다."라고 대답하였다. 일상생활 중에 아이디어가 <u>불현듯</u> 떠오를 때마다 이를 바로 메모하고, 떠오른 아이디어에 대한 고민을 이어 갔다는 것이다.

① 여러모로 깊이 생각하는 모양
② 계속해서 왔다 갔다 하는 모양
③ 눈빛이나 정신 따위가 맑고 생기가 있는 모양
④ 갑자기 어떠한 생각이 걷잡을 수 없이 일어나는 모양
⑤ 말이나 행동 따위를 아주 찬찬하게 순서에 따라 조리 있게 하는 모양

4 ● 252017-0004

㉠~㉢을 나타내는 적절한 단어를 바르게 묶은 것은?

> • 어떤 일에 대한 견해나 생각 ·· ㉠
> • 일반적으로 널리 통하는 개념 ··· ㉡
> • 마음속에 품고 있는 여러 가지 생각 ·· ㉢

	㉠	㉡	㉢		㉠	㉡	㉢
①	관념	상념	통념	②	관념	통념	상념
③	상념	관념	통념	④	상념	통념	관념
⑤	통념	관념	상념				

5 ● 252017-0005

다음 만화의 ㉠~㉣에 들어갈 알맞은 단어를 〈보기〉에서 찾아 쓰시오.

보기

간주	몰염치	무심결	참작	추리	합리적

6~8 다음 글을 읽고 물음에 답하시오.

첫인상은 상대에 대한 판단에 어떤 영향을 미칠까요? 첫인상을 형성하는 데 영향을 미치는 정보는 매우 제한적입니다. 얼굴 생김새, 체격, 키 등의 겉모습이나 몸짓, 말투만으로 그 사람의 첫인상이 형성됩니다. 예를 들어 뚱뚱한 사람을 보고 그 사람은 낙천적인 사람일 것이라고 ㉠생각하거나, 마른 사람을 보고 예민한 사람일 것이라고 ㉡자신도 모르게 생각할 수 있다는 것입니다. 그리고 이렇게 결정된 인상을 사람들은 잘 바꾸려 하지 않습니다.

심리학에서는 그 이유를 '가설 검증 바이어스' 때문이라고 설명합니다. 첫인상이 형성되면 사람들은 자신의 판단이 옳다는 것을 증명하는 정보만 선택적으로 받아들입니다. 그리고 그렇지 않은 정보는 무시해 버립니다. 뚱뚱한 사람이 한 말 중 낙천적인 태도가 나타나는 말만 기억하거나, 마른 사람이 하는 예민한 반응만 기억하게 된다는 것입니다. 이러한 과정이 반복되면서 자신의 생각이 옳았다고 확신해 버린다는 것입니다.

미국의 한 심리학자는 555개의 단어로 사람의 성격을 정리한 바 있습니다. 그만큼 사람의 성격은 다양합니다. 또한 한 사람이 상황에 따라 서로 다른 모습을 보여 주는 것도 흔한 일입니다. 이러한 점을 ㉢생각하면 첫인상만으로 한 사람의 성격을 이해했다고 단정하는 것은 위험한 일입니다. 따라서 우리는 세심하게 상대의 모습을 관찰함으로써 상대의 실제 모습을 바라보도록 노력해야 할 것입니다.

○ 252017-0006

6 윗글의 내용과 일치하지 <u>않는</u> 것은?

① 사람들은 제한된 정보만으로 다른 사람의 첫인상을 결정한다.
② 사람의 성격은 555개의 단어로 정리할 수 있을 만큼 매우 다양하다.
③ 사람은 대개 상황이 달라져도 평소 성격에 따라 일관된 반응을 보인다.
④ 세심하게 상대의 모습을 관찰해야 상대의 실제 모습이 어떠한지를 알 수 있다.
⑤ 사람들은 상대에 대한 정보 중 첫인상과 일치하는 것을 위주로 받아들이는 경향이 있다.

○ 252017-0007

7 주어진 초성을 참고하여 ㉠~㉢과 바꾸어 쓸 수 있는 단어를 쓰시오.

㉠: ㄱ ㅈ 하거나

㉡: ㅁ ㅅ ㄱ 에

㉢: ㄱ ㅇ 하면

○ 252017-0008

8 주어진 초성을 참고하여 윗글의 주제를 정리하시오.

첫인상만으로 사람의 성격을 판단하는 일의 ㅇ ㅎ ㅅ

머리와 관련한 관용 표현

•• 다음 만화의 빈칸에 들어갈 알맞은 말을 〈보기〉에서 고르시오.

보기
- ㉠ 어른처럼 생각하거나 판단하게 되었다
- ㉡ 사고방식이나 사상 따위가 완고해졌다
- ㉢ 복잡하거나 안타까운 일에 너무 골몰하거나 걱정하였다
- ㉣ 머리의 크기가 커졌다

- 관용 표현은 둘 이상의 단어가 결합하여 새로운 의미로 쓰이는 것을 말합니다. 아빠가 말한 '머리가 크다.'는 '머리의 크기가 크다.'라는 뜻이 아니라는 말이지요!
- 머리와 관련된 관용 표현에는 '머리가 굳다.', '머리가 세다.', '머리를 맞대다.' 등이 있습니다. 각각 어떤 뜻이 있는지 아래 사다리를 따라가 알아볼까요?

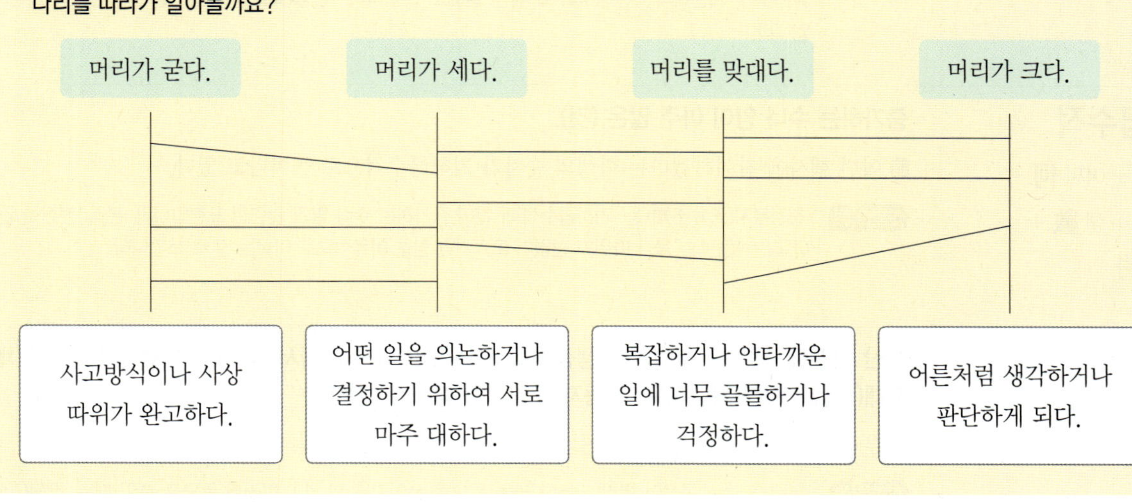

교류하다

사귈 **交** + 흐를 **流**

문화나 사상 따위를 서로 통하게 하다.

예 문화는 서로 **교류하면서** 발전한다.

친절한 샘 나라 간의 경제 교류를 나타내는 표현에는 '교역', '통상' 등이 있습니다. '**교역(交易)**'은 '주로 나라와 나라 사이에서 물건을 사고팔고 하여 서로 바꿈.'을, '**통상(通商)**'은 '나라들 사이에 서로 물품을 사고팖. 또는 그런 관계'를 뜻하는 말입니다.

관세

문빗장 **關** + 세금 **稅**

세관을 통과하여 들어오는 해외 상품에 부과되는 세금.

예 해외에서 들어오는 여러 물품에는 **관세**가 부과된다.

친절한 샘 '**세관(稅關)**'은 '공항이나 항구 등에서 나라 안팎으로 오고 가는 물건을 검사, 단속하고 세금을 물리는 국가 기관'입니다. 최근에는 기업뿐만 아니라 개인도 해외에서 물건을 구입하는 경우가 있는데 이때 '관세'를 내야 합니다. 이러한 세금을 내지 않으면 처벌받을 수 있습니다. '납세자가 납세액의 전부 또는 일부를 내지 않는 일'을 '**탈세(脫稅)**'라고 합니다.

납부하다

바칠 **納** + 줄 **付**

세금이나 공과금 따위를 관계 기관에 내다.

예 그는 평생 성실하게 국가에 세금을 **납부하였다**.

친절한 샘 국가는 세금을 징수하여 정부의 수입을 확보합니다. '**징수(徵收)하다**'는 '나라, 공공 단체, 지주 등이 돈, 곡식, 물품 따위를 거두어들이다.'라는 뜻의 말입니다.

- **징발(徵發)하다** _ 남에게 물품을 강제적으로 모아 거두다.
- **징집(徵集)하다** _ 1. 물건을 거두어 모으다. 2. 병역 의무자를 현역에 복무할 의무를 부과하여 불러 모으다.

산출하다

셈 **算** + 날 **出**

계산하여 내다.

예 이번에 우리 기업이 내야 하는 세금이 **산출되었다**.

친절한 샘 경제 활동을 효율적으로 하기 위해서는 정확한 수치가 산출되어야 합니다. '산출하다'에 쓰인 한자어 '셈 算(산)'은 '계산하다', '산정하다'와 같은 말에도 쓰입니다. '**산정(算定)하다**'는 '셈하여 정하다.'라는 뜻의 말입니다.

기하급수적

조짐 **幾** + 어찌 **何** +
등급 **級** + 셈 **數** +
어조사 **的**

증가하는 수나 양이 아주 많은 (것).

예 이번 행사에 참여하겠다는 학생의 숫자가 **기하급수적**으로 늘어나고 있다.

친절한 샘 '**천정부지(天井不知)**'는 '기하급수적'과 같이 증가하는 수나 양과 관련한 표현입니다. 본래 '천장을 알지 못하다.'라는 뜻인데, '물가 따위가 한없이 오르기만 함을 비유적으로 이르는 말'로 쓰입니다.

분배하다

나눌 **分** + 짝 **配**

생산 과정에 참여한 개개인이 생산물을 사회적 법칙에 따라서 나누다. 예를 들면, 지주(地主)는 지대(地代), 자본주는 이윤, 노동자는 임금의 형태로 나눈다.

예 우리 식당에서 함께 일한 사람들에게 오늘 나온 수익을 **분배하였다**.

친절한 샘 '분배하다'는 '몫몫이 별러 나누다.'라는 뜻으로 쓰이기도 합니다. 이러한 뜻으로 쓰일 때는 '**배분(配分)하다**'로 바꾸어 쓸 수 있습니다.

통용되다
통할 **通** + 쓸 **用**

❶ 일반적으로 두루 쓰이다.
❷ 서로 넘나들어 두루 쓰이다.
예 이 나라에서는 미국 달러가 화폐로 **통용된다**.

 미국 달러는 세계에서 가장 널리 통용되는 화폐입니다. 뜻이 비슷한 말인 '**유통(流通)되다**'는 '화폐나 물품 따위가 세상에서 널리 쓰이다.'를 뜻하는 말인데, '상품 따위가 생산자에서 소비자, 수요자에 도달하기까지 여러 단계에서 교환되고 분배되다.'라는 뜻으로 쓰이기도 합니다.

- **상용(常用)** _ 일상적으로 씀.
- **일용(日用)** _ 날마다 씀.

타결되다
평온할 **妥** + 맺을 **結**

의견이 대립된 양편에서 서로 양보받아 일이 마무리되다.
예 노사 간의 교섭이 오늘 오후에 극적으로 **타결되었다**.

 '**교섭(交涉)**'은 '어떤 일을 이루기 위하여 서로 의논하고 절충함.'을 뜻하는 말입니다. 교섭이 타결되지 않을 때는 '결렬'이라는 말을 씁니다. '**결렬(決裂)**'은 '교섭이나 회의 따위에서 의견이 합쳐지지 않아 각각 갈라서게 됨.'을 뜻합니다.

효율
본받을 **效** + 거느릴 **率**

들인 노력과 얻은 결과의 비율.
예 이번에 우리가 했던 투자는 어느 때보다 **효율**이 좋았다.

 '**효과(效果)**'는 '어떤 목적을 지닌 행위에 의하여 드러나는 보람이나 좋은 결과'를 뜻하는 말입니다. '효과'라는 말을 쓸 때에는 들인 노력의 양과 상관없이 결과가 어떤지를 말하지만, '효율'이라는 말을 쓸 때에는 들인 노력에 비해 결과가 어떤지를 고려하여 말합니다.

약정
약속할 **約** + 정할 **定**

어떤 일을 약속하여 정함.
예 휴대폰을 구매하면서 2년 동안 같은 통신사를 이용하기로 **약정**을 하였다.

 '**약조(約條)**'는 '조건을 붙여서 약속함.'을 뜻하는 말입니다. 어떤 계약을 할 때는 일정한 조건이 따르는 경우가 많기 때문에 약정이나 약조를 할 때는 그러한 조건을 잘 살펴봐야 합니다.

어휘 더하기

헷갈리기 쉬운 말

정답과 해설 2쪽

- **값**
  1. 사고파는 물건에 일정하게 매겨진 액수.
  예 올해에는 사과의 값이 많이 올랐다.
  2. 물건을 사고팔 때 주고받는 돈.

- **삯**
  1. 일한 데 대한 품값으로 주는 돈이나 물건.
  예 이번에 일하고 나서 삯을 받았다.
  2. 어떤 물건이나 시설을 이용하고 주는 돈.

- **세(貰)**
  1. 남의 건물이나 물건 따위를 빌려 쓰고 그 값으로 내는 돈.
  예 비싼 세를 내고 상가를 빌렸으니 열심히 일해야겠다.
  2. 일정한 대가를 지급하기로 하고 남의 물건이나 건물 따위를 빌려 쓰는 일.

'값', '삯', '세'는 모두 돈을 가리키는 표현이지만 각기 다른 상황에서 쓰입니다. '값'은 물건을 사고팔 때 쓸 수 있는 말입니다. '삯'은 일할 사람을 구하여 일을 시킨 후 그 대가로 주는 돈이나 물건을 나타냅니다. 그리고 남의 물건이나 버스, 기차 등 시설을 이용하고 내는 돈을 가리킬 때도 씁니다. 또한 '세'는 건물이나 물건 등을 빌려 쓸 때 내는 돈을 가리킵니다.

○ **다음 문장에 들어갈 적절한 단어를 고르시오.**

겨우 하루 일한 것치고는 (값 / 삯 / 세)이/가 후하다.

● 252017-0009

1 밑줄 친 단어의 뜻을 오른쪽에서 찾아 바르게 연결하시오.

(1) <u>관세</u>가 인하되면 물건을 수입하려는 사람이 많아질 것이다. •

(2) 새로 만들어진 말들이 청소년들 사이에 <u>통용</u>되고 있다. •

(3) 문서를 통해 <u>약정</u>이 된 일을 바꾸는 것은 몹시 어렵다. •

(4) 그 약은 <u>효과</u>가 참 좋아서 다른 사람에게 추천할 만하다. •

• ㉠ 일반적으로 두루 쓰임.

• ㉡ 어떤 목적을 지닌 행위에 의하여 드러나는 보람이나 좋은 결과

• ㉢ 세관을 통과하여 들어오는 해외 상품에 부과되는 세금

• ㉣ 어떤 일을 약속하여 정함.

● 252017-0010

2 다음 문장의 ㉠~㉢에 들어갈 적절한 단어를 바르게 묶은 것은?

• 그 기업은 우리나라가 다른 나라와 경제적으로 (㉠)하는 일을 도왔다.
• 그는 기업의 이익을 기업을 위해 힘쓴 사람들에게 (㉡)해야 한다고 말했다.
• 기업과 노동 단체 간에 길고 길었던 협상이 곧 (㉢)될 것으로 보인다.

	㉠	㉡	㉢		㉠	㉡	㉢
①	교류	분배	타결	②	교류	타결	분배
③	타결	교류	분배	④	타결	분배	교류
⑤	분배	타결	분배				

● 252017-0011

3 밑줄 친 단어와 바꾸어 쓸 수 있는 말로 적절한 것은?

17세기 말, 프랑스와의 전쟁으로 국가 재정이 고갈되었던 영국은 창문세를 도입하였다. 창문세는 부유층에게 더 많은 세금을 <u>거두기</u> 위한 방안이었다. 부유층은 큰 주택에 살 것이고, 큰 주택은 작은 주택에 비해 더 많은 창문이 있을 것이기 때문이다. 프랑스에서는 18세기 말에 창문세가 도입되었다. 영국과 달리 창문의 폭에 따라 세금을 매겼다. 그러자 프랑스에서는 폭이 좁고 길이가 긴 창문이 유행하게 되었다.

① 점증하기　　② 징수하기　　③ 배분하기　　④ 유통하기　　⑤ 결렬하기

4 ● 252017-0012

㉠~㉤의 의미로 단어가 쓰인 예로 적절하지 <u>않은</u> 것은?

값	1. 사고파는 물건에 일정하게 매겨진 액수.	㉠
	2. 물건을 사고팔 때 주고받는 돈.	㉡
삯	1. 일한 데 대한 품값으로 주는 돈이나 물건.	㉢
	2. 어떤 물건이나 시설을 이용하고 주는 돈.	㉣
세(貰)	1. 남의 건물이나 물건 따위를 빌려 쓰고 그 값으로 내는 돈.	㉤
	2. 일정한 대가를 지급하기로 하고 남의 물건이나 건물 따위를 빌려 쓰는 일.	

① ㉠: 이 물건은 값이 얼마입니까?
② ㉡: 이건 값을 매길 수 없는 보물입니다.
③ ㉢: 이 정도 삯을 받고 일할 수는 없습니다.
④ ㉣: 그곳까지 고속버스로 가면 삯이 얼마나 듭니까?
⑤ ㉤: 당장 다음 달부터 세를 올린다고 하니 걱정입니다.

5 ● 252017-0013

다음 만화의 ㉠~㉢에 들어갈 알맞은 말을 〈보기〉에서 찾아 쓰시오.

보기					
교류	기하급수적	약정	산출	징발	효율

6~8 다음 글을 읽고 물음에 답하시오.

청소년들도 세금을 낼까요? 세금은 국가나 지방 공공 단체가 국민이나 주민으로부터 거두어들이는 돈을 말합니다. 즉, 청소년도 국민의 ㉠일원으로서 세금을 내고 있습니다. 그렇다면 우리는 어떤 식으로 세금을 내고 있으며, 세금에는 어떤 종류가 있는지 알아봅시다.

세금은 납부 방식에 따라 직접세와 간접세로 나뉩니다. 직접세는 세금을 내야 하는 의무가 있는 사람과 그 세금을 내는 사람이 일치하는 세금입니다. 개인이 한 해 동안 벌어들인 돈에 대하여 매기는 세금인 소득세, 일정한 재산에 대하여 ㉡부과되는 재산세, 법인의 소득 등에 부과되는 세금인 법인세 등이 직접세에 속합니다. 이러한 직접세는 걷는 과정에서 모든 사람의 소득이나 재산을 일일이 조사하여 걷어야 할 세금을 ㉢산출해야 하는 번거로움이 있습니다.

반대로 간접세는 세금을 내야 하는 의무가 있는 사람과 그 세금을 내는 사람이 일치하지 않는 세금입니다. 간접세의 한 종류인 부가 가치세는 물건이나 서비스의 생산 및 ㉣유통 과정에서 발생하는 이익에 부과하는 세금인데, 물건을 살 때 물건값에 포함되어 있습니다. 또한 사치성이 높은 물품의 소비를 억제하기 위해 매기는 개별 소비세도 간접세의 한 종류입니다. 간접세는 세금을 걷는 입장에서 ㉤효율적입니다. 예를 들어 소득이 많은 사람이든, 적은 사람이든 같은 물건을 살 때, 같은 금액의 세금을 내게 되기 때문입니다.

○ 252017-0014

6 윗글의 내용과 일치하지 <u>않는</u> 것은?

① 국민의 한 사람인 청소년도 세금을 내고 있다.
② 세금은 납부하는 방식에 따라 직접세와 간접세로 나뉜다.
③ 직접세에 해당하는 세금의 종류에는 소득세, 재산세, 법인세 등이 있다.
④ 간접세를 걷기 위해서는 모든 사람의 소득이나 재산을 일일이 조사해야 한다.
⑤ 같은 물건을 살 때 사는 사람의 소득과 상관없이 같은 금액의 세금을 내게 된다.

○ 252017-0015

7 ㉠~㉤의 뜻으로 적절하지 <u>않은</u> 것은?

① ㉠: 단체에 소속된 한 구성원
② ㉡: 세금이나 부담금 따위가 매겨져 부담하게 되는
③ ㉢: 계산하여 내야
④ ㉣: 상품 따위가 생산자에서 소비자, 수요자에 도달하기까지 여러 단계에서 교환되고 분배되는 활동
⑤ ㉤: 어떤 목적을 지닌 행위에 의하여 보람이나 좋은 결과가 드러나는 (것)

○ 252017-0016

8 제시된 초성을 참고하여 윗글의 주제를 정리하시오.

ㄴ ㅂ 방식에 따른 세금의 ㅈ ㄹ 와 특징

물건과 관련한 속담

●● 다음 만화를 읽고 물음에 답하시오.

- '**비지떡**'은 '두부를 만들고 남은 찌꺼기인 비지에 쌀가루나 밀가루를 넣고 반죽하여 둥글넓적하게 부친 떡을 말하는데, 보잘것없는 것을 비유적으로 이르는 말'입니다.
- '**밑지다**'는 '들인 밑천이나 제 값어치보다 얻는 것이 적다. 또는 손해를 보다.'라는 뜻의 말이에요.

●● 위 만화에 쓰인 속담과 그 뜻을 알맞게 연결하시오.

(1) 싼 것이 비지떡 •　　　　　　• ㉠ 풍부하다고 하여 함부로 헤프게 쓰지 말아야 한다.

(2) 밑져야 본전 •　　　　　　• ㉡ 값이 싼 물건은 품질도 그만큼 나쁘게 마련이다.

(3) 강물도 쓰면 준다 •　　　　　　• ㉢ 일이 잘못되어도 손해 볼 것은 없다.

하나 더 알기 '견물생심(見物生心)'은 '어떠한 실물을 보게 되면 그것을 가지고 싶은 욕심이 생김.'을 뜻하는 말입니다. 아래 빈칸에 한자어를 따라 쓰며 뜻을 떠올려 보세요.

견	물	생	심
見	物	生	心

선출하다
뽑을 **選** + 날 **出**

여럿 가운데서 골라내다.

 우리나라는 선거를 통해 대통령, 국회 의원 등을 **선출합니다.**

친절한 샘 우리나라는 '국민이 정치에 참여할 수 있는 권리'인 '**참정권(參政權)**'을 헌법으로 보장하고 있습니다. 그렇기 때문에 대통령, 국회 의원 등의 선거에 출마하거나, 투표로 참여할 수 있는 것입니다. 대표적으로 대통령 선거는 5년마다, 국회 의원, 시장 도지사를 뽑는 선거는 4년마다 이루어집니다.

제정하다
지을 **制** + 정할 **定**

제도나 법률 따위를 만들어서 정하다.

 이번 사건을 계기로 사회적 약자를 보호하는 법안을 **제정해야** 한다는 목소리가 커지고 있다.

친절한 샘 새로운 법률을 만들어 정할 따 법을 제정한다고 합니다. 비슷한 말로 '**법제화(法制化)하다**'라는 말이 있습니다. 이미 만들어진 법을 고칠 대는 '개정하다'라고 합니다. '**개정(改正)하다**'는 '주로 문서의 내용 따위를 고쳐 바르게 하다.'를 뜻하는 말입니다.

혼동하기 쉬운 말
- **입법(立法)** _ 삼권 분립의 하나로서, 의회에서 법률을 제정하는 행위.
- **사법(司法)** _ 국가나 국민어 관한 일을 법에 따라 판단하는 국가의 기본적인 활동.

갑론을박하다
갑옷 **甲** + 논할 **論** +
새 **乙** + 논박할 **駁**

여러 사람이 서로 자신의 주장을 내세우며 상대편의 주장을 반박하다.

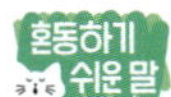 여러 국회 의원들이 **갑론을박하며** 법안을 심의하였다.

친절한 샘 '**심의(審議)하다**'는 '심사하고 토의하다.'라는 뜻입니다. 국회 의원은 국민의 삶을 더 낫게 하는 법을 만드는 과정에서 갑론을박하는 경우가 많습니다. 서로 다투는 것처럼 보일 수 있지만, 더 좋은 법을 만들기 위해 꼭 필요한 과정입니다.

관행
익숙할 **慣** + 행할 **行**

오래전부터 해 오는 대로 함. 또는 관례에 따라서 함.

 그 일은 항상 **관행**대로 처리되다 보니 시대에 맞지 않는 부분이 있다.

친절한 샘 '**관례(慣例)**'는 '전부터 해 내려오던 전례(前例)가 관습으로 굳어진 것'을 말합니다. 여기서 '**전례(前例)**'는 '이전부터 있었던 사례'를 뜻하는 말입니다. '**관습(慣習)**'은 '어떤 사회에서 오랫동안 지켜 내려와 그 사회 성원들이 널리 인정하는 질서나 풍습'을 말합니다. 보통 법으로 정해지지 않은 일들이 관행대로 진행되는 경우가 많습니다.

반포하다
나눌 **頒** + 펼 **布**

세상에 널리 퍼뜨려 모두 알게 하다.

 1446년은 세종 대왕께서 한글을 **반포한** 해이다.

친절한 샘 비슷한 말인 '**공포(公布)하다**'는 '일반 대중에게 널리 알리다.'라는 뜻으로, '**공표(公表)하다**'는 '여러 사람에게 널리 드러내어 알리다.'라는 뜻으로 쓰입니다. '공포하다'는 법적인 의미로 쓰일 때, '이미 확정된 법률, 조약, 명령 따위를 일반 국민에게 널리 알리다.'를 뜻하기도 합니다.

규제하다
법 **規** + 절제할 **制**

규칙이나 규정에 의하여 일정한 한도를 정하거나 정한 한도를 넘지 못하게 막다.

 우리나라는 청소년들이 밤 10시 이후에 피시방을 이용하는 것을 **규제한다.**

친절한 샘 규제를 지키지 않은 일을 밝혀-내는 행위를 '적발하다'라고 합니다. '**적발(摘發)하다**'는 '숨겨져 있는 일이나 드러나지 아니한 것을 들추어내다.'를 뜻하는 말입니다. '비리를 적발한다.'고 할 때, '**비리(非理)**'는 '올바른 이치나 도리에서 어그러짐.'을 뜻합니다.

부정하다

아닐 **不** + 바를 **正**

올바르지 아니하거나 옳지 못하다.

 시험을 치르면서 **부정한** 행위를 해서는 안 된다.

 의미가 비슷한 말인 **부정부패(不正腐敗)하다**'는 '바르지 못하고 타락하다.', **부패(腐敗)하다**'는 '정치, 사상, 의식 따위가 타락하다.'를 뜻합니다.

- **부정(否定)하다** _ 그렇지 아니하다고 단정하거나 옳지 아니하다고 반대하다.
- **부정(不淨)하다** _ 깨끗하지 못하다.

박탈하다

벗길 **剝** + 빼앗을 **奪**

남의 재물이나 권리, 자격 따위를 빼앗다.

 지난해에 불법을 저지른 사람은 이번 선거에서 후보 자격을 **박탈한다고** 한다.

다른 대상과 비교하여 권리나 자격 등 당연히 자신에게 있어야 할 어떤 것을 빼앗긴 듯한 느낌을 받을 때가 있습니다. 이러한 느낌을 **상대적 박탈감(相對的剝奪感)**'이라고 합니다.

배상

물어 줄 **賠** + 갚을 **償**

남의 권리를 침해한 사람이 그 손해를 물어 주는 일.

 사고로 인한 피해를 국가가 **배상**을 하기로 결정되었다.

'배상'과 바꾸어 쓸 수 있는 말로 '보상'과 '변상'이 있습니다. **보상(補償)**'은 '남에게 끼친 손해를 갚음.'이라는 뜻이고, **변상(辨償)**'은 '남에게 진 빚을 갚음.', '남에게 끼친 손해를 물어 줌.'이라는 뜻의 말입니다.

공공

공적 **公** + 함께 **共**

국가나 사회의 구성원에게 두루 관계되는 것.

 공공이 함께 이용하는 시설물은 깨끗하게 사용해야 한다.

공공 기관이나 공공 시설물은 공익을 위해 만든 것이며, 여러 사람이 공유하는 것입니다. **공익(公益)**'은 '사회 전체의 이익'을 뜻하는 말이며, **공유(共有)**'는 '두 사람 이상이 한 물건을 공동으로 소유하거나 이용함.'을 뜻하는 말입니다.

어휘 더하기

헷갈리기 쉬운 말

정답과 해설 3쪽

- **공인(公認)하다**

  국가나 공공 단체 또는 사회단체 등이 어느 행위나 물건에 대하여 인정하다.

  예 이 공은 국제 축구 연맹이 공인한 제품이다.

- **공인(共認)하다**

  함께 인정하다.

  예 그가 좋은 학생이라는 점은 누구나 공인하는 바이다.

'공인하다'는 소리는 같지만 서로 다른 의미를 갖는 단어인 동음이의어입니다. 두 단어에는 쓰인 '공'은 서로 의미가 다른데, 한자어 '공(公)'은 '공적인 것'을 뜻하고, 한자어 '공(共)'은 '함께'를 뜻합니다. '자타가 공인하다.'는 '자기와 남이 함께 인정하다.'를 나타내는 말인데, 이때는 '공인(共認)하다'를 씁니다. 여기서 '자타(自他)'는 '자기와 남을 아울러 이르는 말'입니다.

○ 다음 문장에 들어갈 적절한 단어를 고르시오.

그가 어휘 공부를 열심히 한다는 사실은 우리 모두가 (공인(公認) / 공인(共認))하는 사실이다.

1

● 252017-0017

밑줄 친 단어의 뜻으로 알맞은 것에 ○표 하시오.

(1) 우리 학교는 올해 복장에 대한 교칙을 <u>제정하였다</u>.
　　① 제도나 법률 따위를 만들어서 정하였다. (　　　　)
　　② 주로 문서의 내용 따위를 고쳐 바르게 하였다. (　　　　)

(2) 그 일은 대개 <u>관행</u>에 따라 처리하고 있다.
　　① 오래전부터 해 오는 대로 함. 또는 관례에 따라서 함. (　　　　)
　　② 어떤 사회에서 오랫동안 지켜 내려와 그 사회 성원들이 널리 인정하는 질서나 풍습 (　　　　)

(3) 이번 도서관 건립으로 좋은 교육 환경을 조성하려는 <u>공공</u>의 목적이 달성되었다.
　　① 사회 전체의 이익 (　　　　)
　　② 국가나 사회의 구성원에게 두루 관계되는 것 (　　　　)

(4) 이번 회의에서 회장을 <u>선출하지</u> 못하였다.
　　① 여럿 가운데 골라내지 (　　　　)
　　② 남의 재물이나 권리, 자격 따위를 빼앗지 (　　　　)

2

● 252017-0018

다음 중 빈칸에 들어갈 적절한 단어를 고르시오.

(1) 경찰이 부당한 방법으로 돈을 번 범죄자들을 현장에서 (규제 / 적발)하였다.

(2) 국회는 (입법 / 사법)을 위해 존재하는 기관으로, 법을 만드는 일을 한다.

(3) 그는 이번 선거에 후보로 출마하겠다고 여러 사람 앞에서 (공표 / 심의)하였다.

3

● 252017-0019

다음 중 밑줄 친 단어의 의미로 적절한 것은?

　　길을 가다가 돈을 줍게 되면 어떻게 해야 할까? 만약 주운 돈을 돌려주지 않고 함부로 사용하면, 그 돈의 주인이 입은 손해에 대해 <u>배상</u>을 해야 한다. 그러므로 길에서 돈을 줍게 되면 행운이라고 생각하지 말고 경찰서에 신고해야 한다. 만약 경찰서에 신고한 지 1년 후에도 돈의 주인이 나타나지 않으면 그 돈은 주운 사람의 것이 될 수 있다.

① 심사하고 토의함.
② 올바른 이치나 도리에서 어그러짐.
③ 남에게 진 빚을 갚음.
④ 남의 권리를 침해한 사람이 그 손해를 물어 주는 일
⑤ 그렇지 아니하다고 단정하거나 옳지 아니하다고 반대함.

○ 252017-0020

4 단어의 뜻과 그 단어가 쓰인 예를 알맞게 연결하시오.

공인(公認)하다

(1) 국가나 공공 단체 또는 사회단체 등이
어느 행위나 물건에 대하여 인정하다. ·

· ㉠ 예 너는 자타가 공인하는 최고의 기술
자이다.

공인(共認)하다

(2) 함께 인정하다. ·

· ㉡ 예 이 자격증이 있다는 것은 나라에서
공인하는 기술자라는 뜻이다.

○ 252017-0021

5 다음 만화의 ㉠~㉢에 들어갈 알맞은 단어를 〈보기〉에서 찾아 쓰시오.

보기

갑론을박 규제 선출 부정 배상

6~8 다음 글을 읽고 물음에 답하시오.

길에 쓰러져 위험에 처한 사람을 돕지 않고 그냥 지나갔는데, 그 사람이 제때 도움을 받지 못해 사망했다고 합시다. 그럼 이때 도움을 주지 않고 지나친 사람을 ㉠적발하여 처벌할 수 있을까요? 프랑스 등 일부 국가에서는 그 사람을 처벌할 수 있지만, 우리나라에서는 그렇지 않습니다. 그 이유는 무엇일까요?

어떠한 행위가 범죄에 해당하는지, 그리고 그러한 행위를 했을 때 어떤 처벌을 받는지는 국회에서 정한 법률에 의해 규정되어야 합니다. 이를 죄형 법정주의라고 합니다. 법으로 정하지 않은 내용에 대해서는 아무리 도덕적으로 ㉡지탄을 받을 행동을 했더라도 처벌하지 않는 것을 법의 기본 원칙으로 삼는 것입니다. 죄형 법정주의가 중요한 이유는 이것이 국민의 자유와 권리를 보장하는 방법이기 때문입니다. 죄형 법정주의가 ㉢준수되지 않는다면 국가나 권력자가 죄 없는 사람들을 범죄자로 만들어 처벌하는 경우가 발생할 수 있습니다.

앞서 살펴본 사례에서 타인을 돕지 않고 지나친 사람을 프랑스에서 처벌할 수 있는 것은 프랑스 법률에 이러한 사람을 처벌하도록 규정되어 있기 때문입니다. 그러나 우리나라 법률에는 이러한 내용이 규정되어 있지 않습니다. 우리나라에서는 이러한 내용을 법으로 ㉣제정할 것인지에 대한 ㉤갑론을박이 계속되고 있습니다.

○ 252017-0022

6 윗글에 대한 이해로 적절하지 <u>않은</u> 것은?

① 도덕적으로 부정한 행위를 했더라도 모두 법적인 처벌을 받는 것은 아니다.
② 어떠한 행위가 범죄 행위인지 법률에 규정되어 있어야 그 행위를 처벌할 수 있다.
③ 죄형 법정주의가 지켜지지 않으면 억울하게 범죄자로 취급받는 사람이 생길 수 있다.
④ 프랑스의 법률에는 위험에 처한 사람을 돕지 않는 행위가 범죄 행위라고 규정되어 있다.
⑤ 우리나라는 위험한 상황에 처한 타인을 돕지 않고 지나쳐도 도덕적으로 비난받지 않는다.

○ 252017-0023

7 ㉠~㉤의 뜻으로 적절하지 <u>않은</u> 것은?

① ㉠: 규칙이나 규정에 의하여 일정한 한도를 정하거나 정한 한도를 넘지 못하게 막아
② ㉡: 잘못을 지적하여 비난함.
③ ㉢: 전례나 규칙, 명령 따위가 그대로 좇아져서 지켜지지
④ ㉣: 제도나 법률 따위를 만들어서 정할
⑤ ㉤: 여러 사람이 서로 자신의 주장을 내세우며 상대편의 주장을 반박함.

○ 252017-0024

8 제시된 초성을 참고하여 윗글의 주제를 정리하시오.

죄형 법정주의의 ㄸ 와/과 이를 ㅈ ㅅ 해야 하는 이유

인과와 관련한 속담

1 다음 만화의 빈칸에 들어갈 알맞은 사자성어를 〈보기〉에서 고른 뒤 그 뜻을 추측해 보시오.

> **보기**
>
> ㉠ 감언이설(甘言利說) ㉡ 유유상종(類類相從)
> ㉢ 종두득두(種豆得豆) ㉣ 청출어람(靑出於藍)

 '**콩 심으면 콩 나고, 팥 심으면 팥 난다.**'라는 속담을 들어 본 적이 있지요? 원인에 따라 결과가 생긴다는 뜻을 가진 말입니다. 이 속담을 사자성어로 바꾸어 표현하면 바로 위 만화의 빈칸에 들어가야 할 답이 됩니다. 같은 의미를 가진 사자성어로 '종과득과(種瓜得瓜)'가 있는데, 오이를 심으면 반드시 오이가 나온다는 뜻입니다.

2 다음 뜻풀이와 관련이 있는 사자성어를 선으로 연결하시오.

(1) 자기가 저지른 일의 결과를 자기가 받음. • • ㉠ 인과응보(因果應報)

(2) 이전에 행한 선악에 따라 현재의 행복이나 불행이 결정됨. • • ㉡ 사필귀정(事必歸正)

(3) 모든 일은 반드시 바른길로 돌아감. • • ㉢ 자업자득(自業自得)

04강

고군분투

외로울 孤 + 군사 軍 + 떨칠 奮 + 싸울 鬪

❶ 따로 떨어져 도움을 받지 못하게 된 군사가 많은 수의 적군과 용감하게 잘 싸움.
❷ 남의 도움을 받지 아니하고 힘에 벅찬 일을 잘해 나가는 것을 비유적으로 이르는 말.

 그는 **고군분투** 끝에 이번 대회에서 우승을 차지하였다.

친절한 샘 우리나라는 예로부터 중국과 일본의 침입에 맞서 싸우며 고군분투의 역사를 쌓아 왔습니다. '고군분투'와 비슷한 말인 '**악전고투(惡戰苦鬪)**'는 '매우 어려운 조건을 무릅쓰고 힘을 다하여 고생스럽게 싸움.'을 이르는 말입니다.

주둔하다

머무를 駐 + 진 칠 屯

군대가 임무 수행을 위하여 일정한 곳에 집단적으로 얼마 동안 머무르다.

 우리나라의 군대는 여러 지역에 **주둔하며** 국가의 안전을 위해 힘쓰고 있다.

친절한 샘 적과 맞서 싸우는 군사들은 주로 군사적 요충지에 주둔합니다. '**요충지(要衝地)**'는 '교통이나 상업, 군사적인 면에서 아주 중요한 지역'을 뜻하는 말입니다. 예로부터 우리나라는 중국, 러시아 등 대륙으로부터 오는 세력과 일본, 미국 등 해양으로부터 오는 세력이 충돌하기 쉬워 국제적인 요충지로 평가받아 왔습니다.

개화

열 開 + 될 化

❶ 사람의 지혜가 열려 새로운 사상, 문물, 제도 따위를 가지게 됨.
❷ 조선 시대에, 갑오개혁으로 정치 제도를 근대적으로 개혁한 일.

 예로부터 **개화**가 시작된 곳은 교통이 발달한 지역이 많았다.

친절한 샘 '갑오개혁'은 1894년에서 1896년 사이에 추진되었던 개혁 운동입니다. '**개혁(改革)**'은 '제도나 기구 따위를 새롭게 뜯어고침.'을 뜻하는 말입니다.

박해

핍박할 迫 + 해할 害

못살게 굴어서 해롭게 함.

 많은 독립운동가가 일본의 모진 **박해**를 받았다.

친절한 샘 뜻이 비슷한 말인 '**핍박(逼迫)**'은 '바싹 죄어서 몹시 괴롭게 굶.', '**탄압(彈壓)**'은 '권력이나 무력 따위로 억지로 눌러 꼼짝 못 하게 함.'을 뜻합니다.

혼동하기 쉬운 말
• **순국(殉國)** _ 나라를 위하여 목숨을 바침.
• **순교(殉敎)** _ 모든 압박과 박해를 물리치고 자기가 믿는 신앙을 지키기 위하여 목숨을 바치는 일.

사변

일 事 + 변할 變

❶ 사람의 힘으로는 피할 수 없는 천재(天災)나 그 밖의 큰 사건.
❷ 한 나라가 상대국에 선전 포고도 없이 침입하는 일.

 1950년에 일어난 **사변**으로 우리나라에는 많은 이산가족이 생겼다.

친절한 샘 '**천재(天災)**'는 '풍수해, 지진, 가뭄 따위와 같이 자연의 변화로 일어나는 재앙'을 뜻하는 말입니다. 사변과 비슷한 말인 '**동란(動亂)**'은 '폭동, 반란, 전쟁 따위가 일어나 사회가 질서를 잃고 소란해지는 일'을 뜻합니다.

자행하다

방자할 恣 + 다닐 行

제멋대로 해 나가다. 또는 삼가는 태도가 없이 건방지게 행동하다.

예 우리나라에서도 권력을 차지하려는 세력이 부정 선거를 **자행한** 적이 있다.

친절한 샘 '**일삼다**'는 '일로 생각하고 하다.'라는 의미도 있지만, '자행하다'와 비슷한 의미로 '주로 좋지 아니한 일 따위를 계속하여 하다.'라는 뜻으로 쓰이기도 합니다.

냉전
찰 **冷** + 싸움 **戰**

❶ 나라 사이에 직접 무력을 써서 싸우지는 않지만 경제, 외교 등에서 서로 적으로 여기며 대립하는 상태.
❷ (비유적으로) 둘 사이에 갈등이 있거나 대립하고 있는 상태.

예 두 친구가 오랜 시간 동안 냉전 상태에 있다.

친절한 샘 '냉기(冷氣)'는 '찬 기운'을 뜻하기도 하지만, '딱딱하거나 차가운 분위기를 비유적으로 이르는 말'이기도 합니다. 이와 비슷한 말인 '찬바람'은 '냉랭하고 싸늘한 기운이나 느낌을 비유적으로 이르는 말'입니다.

동서고금
동녘 **東** + 서녘 **西** + 옛 **古** + 이제 **今**

동양과 서양, 옛날과 지금을 통틀어 이르는 말.

예 이번에 발견된 보물선의 크기는 동서고금을 막론하고 유례가 없는 규모이다.

친절한 샘 지역을 나타내는 '동서'와 시간을 나타내는 '고금'을 각각 나누어 쓰기도 합니다. '동서(東西)'는 동쪽과 서쪽을 아울러 이르는 말이지만, '동양과 서양을 아울러 이르는 말'이기도 합니다. '고금(古今)'은 '예전과 지금을 아울러 이르는 말'입니다. 한편 '막론(莫論)하다'는 '이것저것 따지고 가려 말하지 아니하다.'라는 뜻의 말입니다.

쇄신하다
닦을 **刷** + 새로울 **新**

나쁜 폐단이나 묵은 것을 버리고 새롭게 하다.

예 잘못을 알면서도 그동안 유지되었던 관행을 이번에 쇄신할 것이다.

친절한 샘 쇄신의 대상이 되는 것인 '폐단(弊端)'은 '어떤 일이나 행동에서 나타나는 옳지 못한 경향이나 해로운 현상'을 뜻하는 말입니다.

혼동하기 쉬운 말
• 감행(敢行)하다 _ 과감하게 실행하다.
• 이행(履行)하다 _ 실제로 행하다.

의거
옳을 **義** + 들 **擧**

정의를 위하여 개인이나 집단이 의로운 일을 도모함.

예 군사 독재 정부에 항의하는 의거가 전국적으로 일어났다.

친절한 샘 '어떤 사실이나 원리 따위에 근거함.'을 뜻하는 '의거(依據)'와 소리가 같지만 의미는 다른 단어입니다. '도모(圖謀)하다'는 '어떤 일을 이루기 위하여 대책과 방법을 세우다.'라는 뜻의 말입니다.

어휘 더하기

헷갈리기 쉬운 말

정답과 해설 5쪽

• **바치다**
1. 신이나 웃어른에게 정중하게 드리다.
예 신에게 제물을 바치는 의식이 열렸다.
2. 무엇을 위하여 모든 것을 아낌없이 내놓거나 쓰다.
예 몸과 마음을 바쳐 나라에 충성을 다하겠다.

• **받치다**
물건의 밑이나 옆 따위에 다른 물체를 대다.
예 물잔을 쟁반에 받쳐서 손님에게 내어 갔다.

• **받히다**
머리나 뿔 따위에 세차게 부딪히다.
예 그가 자동차에 받혀 크게 다쳤다는 소식이 들려왔다.

'바치다', '받치다', '받히다'는 소리가 비슷한 단어들입니다. 그러나 각 단어가 가진 의미나 쓰이는 상황이 다르기 때문에 문맥을 고려하고 맞춤법에 주의하여 써야 합니다.

◦ 다음 문장에 들어갈 적절한 단어를 고르시오.

그는 국어 연구를 위해 자신의 평생을 (바쳤다 / 받쳤다 / 받혔다).

● 252017-0025

1 유사한 뜻을 지닌 단어끼리 묶인 것을 모두 고른 것은?

> ㉠ 자행하다 – 일삼다 　　　　　　㉡ 감행 – 이행
> ㉢ 고군분투 – 악전고투 　　　　　㉣ 쇄신 – 폐단

① ㉠, ㉡ 　　　　　② ㉠, ㉢ 　　　　　③ ㉡, ㉢
④ ㉡, ㉣ 　　　　　⑤ ㉢, ㉣

● 252017-0026

2 제시된 단어와 밀접한 의미의 단어를 〈보기〉에서 골라 쓰시오.

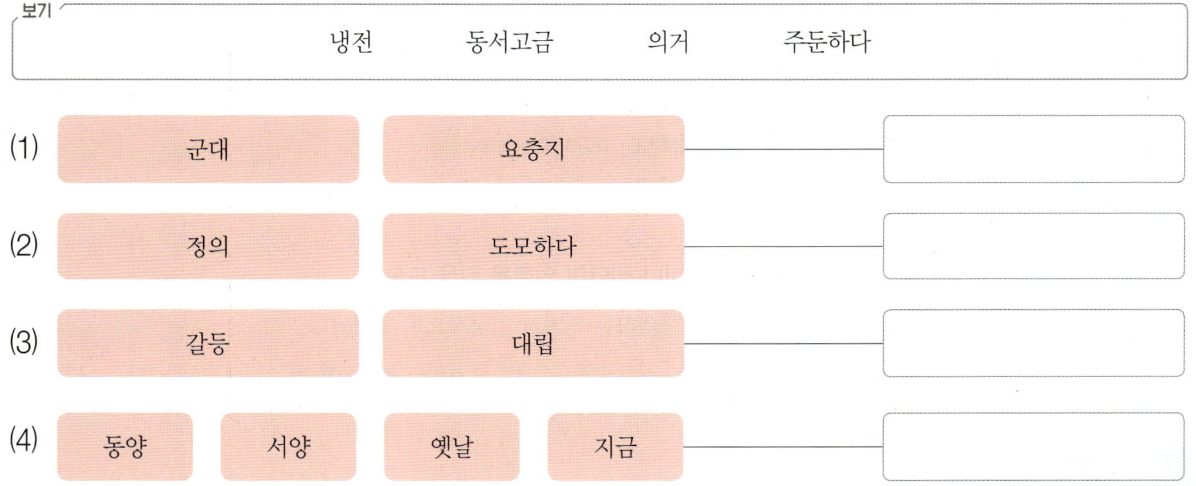

● 252017-0027

3 다음 중 밑줄 친 단어의 의미로 적절한 것은?

> 전화기, 전차, 자장면의 공통점은 무엇일까? 그것은 바로 <u>개화</u> 이후 우리나라에 들어온 문물이라는 것이다. 이 문물들을 통해 우리나라 사람들의 삶은 크게 변화하였다. 궁궐을 시작으로 전화기를 설치하는 곳이 늘어났고, 서울 시내에는 전차가 다니기 시작하여 사람들을 놀라게 하였다. 중국 상인들이 들어오는 지역이었던 인천에서는 자장면이 등장해 인기를 끌기 시작하였다.

① 제도나 기구 따위를 새롭게 뜯어고침.
② 정의를 위하여 개인이나 집단이 의로운 일을 도모함.
③ 사람의 힘으로는 피할 수 없는 천재(天災)나 그 밖의 큰 사건
④ 조선 시대에, 갑오개혁으로 정치 제도를 근대적으로 개혁한 일
⑤ 남의 도움을 받지 아니하고 힘에 벅찬 일을 잘해 나가는 것을 비유적으로 이르는 말

○ 252017-0028

4 ㉠~㉣에 해당하는 단어를 적절히 분류한 것은?

- 신이나 웃어른에게 정중하게 드리다. ······································· ㉠
  (예) 백성들이 사또에게 음식을 만들어 ________.
- 물건의 밑이나 옆 따위에 다른 물체를 대다. ···························· ㉡
  (예) 지진으로 벽이 무너져 내릴 것 같아 철근 기둥을 임시로 ________ 둔 것이다.
- 머리나 뿔 따위에 세차게 부딪히다. ···································· ㉢
  (예) 소에게 장난을 치던 그는 결국 소에게 ________ 병원에 실려갔다.
- 무엇을 위하여 모든 것을 아낌없이 내놓거나 쓰다. ······················ ㉣
  (예) 그는 국가 발전을 위해 온몸을 ________ 일하였다.

	바치다	받치다	받히다		바치다	받치다	받히다
①	㉠, ㉡	㉢	㉣	②	㉠, ㉣	㉡	㉢
③	㉡, ㉢	㉣	㉠	④	㉡, ㉣	㉠	㉢
⑤	㉢, ㉣	㉠	㉡				

○ 252017-0029

5 다음 만화의 ㉠~㉣에 들어갈 알맞은 단어를 〈보기〉에서 찾아 쓰시오.

보기

고군분투	박해	쇄신	순국	의거	자행	주둔

6~8 다음 글을 읽고 물음에 답하시오.

서울 정동에 있는 덕수궁은 우리 민족의 슬픈 역사와 함께 해 온 궁궐입니다. 덕수궁은 본래 왕이 살기 위한 집인 궁궐로 지어진 곳이 아니었습니다. 조선 세조의 큰손자인 월산 대군이 살던 집을 임진왜란 때 평안도로 피난했던 선조가 한양으로 돌아온 후 임시로 머물기로 하면서 처음으로 궁궐로 쓰이게 됩니다. 이때는 이 궁궐에 특별한 이름을 붙이지 않았는데, 선조의 뒤를 이은 광해군이 창덕궁으로 거처를 옮기면서 '경사스러운 기운이 모여 있다.'라는 뜻으로 '경운궁'이라는 이름을 붙입니다.

경운궁에 다시 왕이 들어와 살게 된 것은 고종 때입니다. 경복궁에서 명성 황후가 일본인들에 의해 시해된 후 신변의 위협을 느낀 고종은 러시아 공사관으로 피신했습니다. 그러다가 1년 만에 새로운 거처로 삼아 돌아온 곳이 바로 경운궁입니다. 당시 경운궁 주변에는 여러 나라의 대사관이 자리 잡고 있었습니다. 경운궁의 위치는 마치 국제 사회 속에서 ⓐ 하던 대한 제국의 처지를 보여 주는 듯하였습니다.

청일 전쟁과 러일 전쟁에서 승리한 일본은 1905년 을사늑약으로 대한 제국의 명맥을 끊어 버립니다. 경운궁은 바로 이 을사늑약이 체결된 곳이기도 합니다. 고종은 을사늑약의 무효를 선언하려고 네덜란드 헤이그에 밀사를 파견하는 일을 ⓑ 했습니다. 그러나 이를 빌미로 일본은 고종을 황제 자리에서 쫓아냅니다. 고종에 이어 황제가 된 순종은 창덕궁으로 거처를 옮깁니다. 이때 순종은 경운궁에 남아 있는 고종이 "덕을 누리며 오래 사시라."라는 뜻을 담아 경운궁의 이름을 '덕수궁'으로 고쳐 짓습니다.

● 252017-0030

6 윗글의 내용에 대한 이해로 적절하지 <u>않은</u> 것은?

① 덕수궁은 본래 궁궐이 아니라 월산 대군이 살던 집이었다.
② 경운궁은 경사스러운 기운이 모여 있다는 뜻으로 붙여진 이름이다.
③ 고종은 명성 황후가 시해되면서 신변의 위협을 느끼고 경운궁으로 피신하였다.
④ 청일 전쟁과 러일 전쟁에서 승리한 일본은 1905년 경운궁에서 을사늑약을 체결하였다.
⑤ 순종은 고종이 덕을 누리며 오래 살기를 바라며 경운궁의 이름을 덕수궁으로 고쳐 지었다.

● 252017-0031

7 초성과 뜻풀이를 참고하여 ⓐ과 ⓑ에 들어갈 알맞은 단어를 쓰시오.

ⓐ – ㅇ ㅈ ㄱ ㅌ : 매우 어려운 조건을 무릅쓰고 힘을 다하여 고생스럽게 싸움.

ⓑ – ㄱ ㅎ : 과감하게 실행하다.

● 252017-0032

8 주어진 초성을 참고하여 윗글의 주제를 정리하시오.

ㄷ ㅅ ㄱ 을/를 통해 살펴본 우리 민족의 슬픈 ㅇ ㅅ

•• 다음 광고를 보고, '안전'의 두 가지 뜻을 추측해 봅시다.

❶ 신하: 전하, 잠시 행차를 멈추겠사옵니다.

❷ 아이들: 아저씨, 안돼요. 소화전 근처에 세우면 안 되죠.

❸ 신하: 어허, 어느 안전이라고.

❹ 아이들: 지켜야 할 안전이요.

❺ 임금: 아, 지켜야 할 안전!

❻ 신하: 안전의 왕도는 실천이옵니다.

• 신하가 말하고 있는 '안전(案前)'은 '존귀한 사람이 앉아 있는 자리의 앞'을 뜻하는 말입니다. 그러나 아이들이 말하고 있는 '안전(安全)'은 '위험이 생기거나 사고가 날 염려가 없음. 또는 그런 상태'를 뜻하는 말이었네요!

하나 더 알기　이 단어는 위의 광고 속에 쓰인 말로, '임금으로서 마땅히 지켜야 할 도리'를 뜻하기도 하지만, '어떤 어려운 일을 하기 위한 쉬운 방법'을 가리키는 단어입니다. 이 단어는 무엇일까요?

(　　　　　　　　　　　)

사시사철

넉 四 + 때 時 + 넉 四

봄·여름·가을·겨울 네 철 내내의 동안.

예 소나무는 **사시사철** 푸른색을 띠며 변함이 없습니다.

 계절의 구분이 뚜렷한 우리나라에는 '**사계(四季)**', '**사계절(四季節)**', '**사시(四時)**', '**사시절(四時節)**', '**사(四)철**' 등 '사시사철'과 같이 네 계절을 나타내는 단어가 많습니다.

산천초목

산 山 + 내 川 + 풀 草 + 나무 木

산과 내와 풀과 나무라는 뜻으로, '자연'을 이르는 말.

예 가을이 되면 **산천초목**이 각양각색의 빛깔로 화려해진다.

 강과 산이라는 뜻을 가진 말인 '**강산(江山)**', 산과 내라는 뜻을 가진 말인 '**산하(山河)**', '**산천(山川)**'도 '자연'을 이르는 말입니다.

혼동하기 쉬운 말
- 금수강산(錦繡江山) _ 비단에 수를 놓은 것처럼 아름다운 산천이라는 뜻으로, 우리나라의 산천을 비유적으로 이르는 말.
- 청산유수(靑山流水) _ 푸른 산에 흐르는 맑은 물이라는 뜻으로, 막힘없이 썩 잘하는 말을 비유적으로 이르는 말.

자생하다

스스로 自 + 날 生

❶ 자기 자신의 힘으로 살아가다.
❷ 저절로 나서 자라다.

예 이 꽃은 이 섬에서만 **자생한다**고 알려졌다.

 '어떤 지역에 옛날부터 저절로 퍼져서 살고 있는 고유한 종(種)'을 '**자생종(自生種)**'이라고 합니다. 이와 의미가 비슷한 말로 '**재래종(在來種)**'이 있습니다. 이와 의미가 반대되는 말인 '**외래종(外來種)**'은 '다른 나라에서 들어온 씨나 품종'을 뜻합니다.

교란하다

어지럽힐 攪 + 어지러울 亂

마음이나 상황 따위를 뒤흔들어서 어지럽고 혼란하게 하다.

예 산을 깎아 내는 이번 공사가 생태계를 **교란하는** 일이라고 우려하는 의견이 많다.

 생태계에 미치는 위해가 큰 생물을 '**생태계 교란 생물**'이라고 합니다. 외래종 중 급속히 퍼져 우리 생태계를 어지럽히는 것들로, 뉴트리아, 블루길, 황소개구리 등이 있는데, 이들은 대표적인 생태계 교란 생물입니다.

고갈되다

마를 枯 + 목 마를 渴

❶ 물이 말라서 없어지다.
❷ 어떤 일의 바탕이 되는 돈이나 물자, 소재, 인력 따위가 다하여 없어지다.

예 가뭄이 계속되면서 모아 두었던 물이 점점 **고갈되고** 있다.

 '**해갈(解渴)되다**'는 '고갈되다'의 반대말로, '목마름이 해소되다.', '비가 내려 가뭄에서 겨우 벗어나다.', '(비유적으로) 없던 돈이 조금 생기게 되다.' 등의 뜻으로 쓰이는 말입니다.

연소하다

불탈 燃 + 불사를 燒

물질이 산소와 결합하여 열과 빛을 내다.

예 이 물질은 **연소할** 때 유독 물질을 내뿜는다.

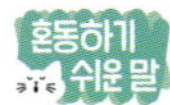 '연소하여 열, 빛, 동력의 에너지를 얻을 수 있는 물질을 통틀어 이르는 말'을 '**연료(燃料)**'라고 합니다.

혼동하기 쉬운 말
- 발화(發火)하다 _ 불이 일어나거나 타기 시작하다. 또는 그렇게 되게 하다.
- 발화(發花)하다 _ 풀이나 나무의 꽃이 피다.

재해

재앙 **災** + 해할 **害**

재앙으로 말미암아 받는 피해. 지진, 태풍, 홍수, 가뭄, 해일, 화재, 전염병 따위에 의하여 받게 되는 피해를 이른다.

예 자연이 일으킨 **재해**는 사람들에게 큰 피해를 입힐 수 있다.

 재해에는 '피할 수 없는 자연 현상으로 인하여 일어나는 재해'인 **'자연재해(自然災害)'** 도 있지만, '노동 과정에서 업무상의 사유로 발생한 사고 때문에 근로자에게 생긴 신체상의 재해'인 **'산업 재해(産業災害)'** 도 있습니다. **'천재지변(天災地變)'** 은 '재해'와 비슷한 말로, '지진, 홍수, 태풍 따위의 자연 현상으로 인한 재앙'을 가리키는 말입니다.

방전

놓을 **放** + 번개 **電**

전지나 축전기 또는 전기를 띤 물체에서 전기가 외부로 흘러나오는 현상.

예 오랫동안 방치된 전지는 **방전**이 된다.

 옛날 사람들은 번개가 하늘이 노여움을 표시하는 것이라고 생각했다고 합니다. 그러나 과학자들은 번개가 구름과 구름 사이, 혹은 구름과 대지 사이에서 일어나는 **'방전 현상'** 이라는 것을 밝혀냈습니다.

- 누전(漏電) _ 전기가 전깃줄 밖으로 새어 흐름.
- 정전(停電) _ 오던 전기가 끊어짐.

가시거리

옳을 **可** + 볼 **視** +
떨어져 있을 **距** +
떠날 **離**

눈으로 볼 수 있는 거리.

예 안개가 가득 끼어서 **가시거리**가 아주 짧아졌다.

'가시(可視)', **'가시적(可視的)'** 은 '눈으로 볼 수 있는 것'을 뜻하는 말입니다. **'가시권(可視圈)'** 은 '눈으로 볼 수 있는 범위'를 말합니다. 빛 중에는 볼 수 있는 것과 볼 수 없는 것이 있습니다. 그중 '사람의 눈으로 볼 수 있는 빛'을 **'가시광선(可視光線)'** 이라고 합니다.

발원하다

필 **發** + 근원 **源**

❶ 흐르는 물줄기가 처음 생기다.
❷ 사회 현상이나 사상 따위가 맨 처음 생겨나다.

예 이 깨끗한 강물은 저 높은 산자락으로부터 **발원하였다**.

 '어떤 일이나 사물이 생겨나는 것'을 **'발생(發生)'** 이라고 합니다. **'발아(發芽)하다'** 는 '초목의 눈이 트다.', '씨앗에서 싹이 트다.'를 뜻하는 말입니다.

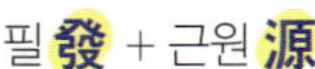

헷갈리기 쉬운 말

정답과 해설 6쪽

햇사과(-沙果)	햇-	햇병아리
당해에 새로 난 사과.		새로 부화된 병아리.

'햇–'은 다른 단어 앞에 붙어서 '당해에 난', 또는 '얼마 되지 않은'의 뜻을 더해 주는 역할을 합니다. '풋–'은 '처음 나온', '덜 익은'의 뜻을 더해 주기도 하고, '미숙한', '깊지 않은'의 뜻을 더해 주는 역할을 하기도 합니다.

풋사과(-沙果)	풋-	풋사랑
아직 덜 익은 사과.		어려서 깊이를 모르는 사랑.

○ 다음 문장에 들어갈 적절한 단어를 고르시오.

잘 익은 (햇사과 / 풋사과)를 드디어 수확하려 한다.

252017-0033

1 다음 문장에 들어갈 단어의 기본형을 오른쪽에서 찾아 바르게 연결하시오.

(1) 동백나무는 오래전부터 이 섬에서 _________ 식물이다. •

(2) 며칠 전에 화분에 심은 꽃씨가 오늘 아침에 _________. •

(3) 오랫동안 기다리던 비가 내려 이 지역은 이제 _________. •

(4) 어젯밤에는 가득했던 연료가 밤새 완전히 _________. •

• ㉠ 해갈되다

• ㉡ 연소되다

• ㉢ 자생하다

• ㉣ 발아하다

252017-0034

2 다음에 제시된 초성과 뜻을 참고하여 예문의 빈칸에 알맞은 단어를 쓰시오.

(1) ㅅㅅㅅㅊ : 봄·여름·가을·겨울 네 철 내내의 동안

예 소나무는 _________ 푸른 빛깔을 뽐낸다.

(2) ㅂㅈ : 전지나 축전기 또는 전기를 띤 물체에서 전기가 외부로 흘러나오는 현상

예 이 손전등 안에 든 건전지가 _________이/가 되어, 손전등이 작동하지 않는다.

(3) ㄱㅅㄱㄹ : 눈으로 볼 수 있는 거리

예 안개가 잔뜩 끼어서 _________이/가 매우 짧아졌다.

252017-0035

3 다음 중 밑줄 친 단어의 의미로 적절한 것은?

태백산 국립 공원에 있는 검룡소는 용신이 사는 못이라 하여 붙여진 이름이다. 이곳에서는 하루 2,000~3,000톤의 물이 폭포를 이루며 쏟아져 내린다. 검룡소는 한강의 발원지로도 잘 알려져 있다. 동해에서 멀지 않은 이곳에서 <u>발원한</u> 물이 멀리 서해까지 흘러간다는 것이다.

① 저절로 나서 자란

② 흐르는 물줄기가 처음 생긴

③ 아직까지 없던 기술이나 물건을 새로 생각하여 만들어 낸

④ 땅속이나 큰 덩치의 흙, 돌 더미 따위에 묻혀 있는 것을 찾아서 파낸

⑤ 미처 찾아내지 못하였거나 아직 알려지지 아니한 사물이나 현상, 사실 따위를 찾아낸

4 **○ 252017-0036**

제시된 단어에 공통으로 쓰인 '풋–'의 의미로 적절한 것은?

풋사랑	풋잠
「명사」	「명사」
「1」 어려서 깊이를 모르는 사랑.	잠든 지 얼마 안 되어 깊이 들지 못한 잠.
「2」 정이 덜 들고 안정성이 없는 들뜬 사랑.	

① 깊지 않은　　　　② 처음 나온　　　　③ 덜 익은
④ 당해에 난　　　　⑤ 얼마 되지 않은

5 **○ 252017-0037**

다음 만화의 ㉠~㉣에 들어갈 알맞은 단어를 〈보기〉에서 찾아 쓰시오.

보기

고갈	교란	방전	연소	산천초목	재해	청산유수

6~8 다음 글을 읽고 물음에 답하시오.

겨울철에 옷을 갈아입으면서 따끔한 느낌이 든 적이 있나요? 아니면 친구와 손이 맞닿았는데 찌릿해서 놀란 적은 없나요? 이러한 현상은 모두 정전기가 일으킨 일입니다. 정전기란 무엇이며, 정전기가 생기는 원인은 무엇일까요?

정전기의 '정(靜)'은 '움직이지 아니하여 조용하다.'라는 뜻이 있습니다. 그러니까 정전기란 쉽게 말하면 움직이지 않고 머물러 있는 전기를 가리키는 말입니다. 우리 몸과 주변의 물체가 서로 ㉠접촉하면 마찰이 일어나면서 전기가 발생하고, 우리 몸과 물체에 조금씩 전기가 ㉡누적됩니다. 이렇게 일정량 이상의 전기가 쌓인 상태에서 전기가 잘 통하는 물체와 닿으면 쌓였던 전기가 일시에 이동하면서 따끔하거나 찌릿한 느낌을 주는 것입니다.

정전기는 주로 겨울철에 잘 생깁니다. 겨울철은 다른 계절에 비해 건조하기 때문입니다. 이와 달리 습도가 높은 상황에서는 공기 중의 수분을 통해 정전기가 수시로 ㉢방전이 됩니다. 이러한 점 때문에 사람마다 정전기가 발생하는 정도도 다릅니다. 피부 상태에 따라서도 지성 피부를 지닌 사람보다는 건성 피부를 지닌 사람에게 정전기가 잘 발생합니다.

정전기가 사람에게 큰 해를 끼치지는 않습니다. 그런데 어떤 상황에서는 ㉣재해라고 할 만큼, 큰 문제를 일으킬 수 있습니다. ㉤발화하는 온도가 낮은 기름을 운반하는 유조차의 경우, 정전기로 인한 작은 불꽃만으로도 사고가 일어날 수 있습니다. 그래서 이러한 경우에는 접지 장치로 정전기를 땅으로 내보내어 사고를 미연에 방지하고 있습니다.

● 252017-0038

6 윗글에 대한 이해로 적절하지 <u>않은</u> 것은?

① 정전기는 흐르지 않고 머물러 있는 전기를 가리키는 말이다.
② 우리 몸과 주변의 물체가 마찰하는 과정에서 전기가 발생한다.
③ 겨울철에 정전기가 잘 생기는 것은 날씨가 건조하기 때문이다.
④ 건성 피부보다 지성 피부를 지닌 사람에게 정전기가 잘 발생한다.
⑤ 접지 장치를 통하여 정전기로 인한 사고가 발생하는 것을 방지할 수 있다.

● 252017-0039

7 ㉠~㉤의 뜻으로 적절하지 <u>않은</u> 것은?

① ㉠: 서로 맞닿으면
② ㉡: 포개져 여러 번 쌓입니다.
③ ㉢: 전지나 축전기 또는 전기를 띤 물체에서 전기가 외부로 흘러나오는 현상
④ ㉣: 사회적으로 문제를 일으키거나 주목을 받을 만한 뜻밖의 일
⑤ ㉤: 불이 일어나거나 타기 시작하는

● 252017-0040

8 주어진 초성을 참고하여 윗글의 주제를 정리하시오.

정전기가 일어나는 ㅇ ㅇ 와/과 정전기로 인해 발생하는 ㅁ ㅈ

사라져 가는 우리 동식물

▲ 수달

납작하고 둥근 형태의 머리, 둥근 코, 부드러운 털을 가진 이 동물의 이름은 '수달'!

우리나라 전역에서 널리 분포하던 수달은 서식지 파괴, 수질 오염 등으로 멸종 위기에 처했습니다. 특히 좋은 모피를 노린 밀렵으로 개체 수가 급감했어요.

* 밀렵(密獵): 허가를 받지 않고 몰래 사냥함.

큰 눈, 폭이 넓고 짧은 귀, 회색과 갈색 계통의 털이 겨울철에는 엷은 은회색으로 변하는 이 동물은 '하늘다람쥐'예요.

산림 벌채, 댐 건설 등으로 서식지가 파괴되면서 개체 수가 줄고 있습니다.

* 벌채(伐採): 나무를 베어 내거나 섶을 깎아 냄.

▲ 하늘다람쥐

▲ 독미나리

독성이 있지만 약으로도 쓰이고, 하얀 꽃차례가 아름답기로 유명한 이 식물은 '독미나리'예요.

습지 개발로 인한 서식처 감소로 생존의 위협을 받는 식물이에요.

* 꽃차례(-次例): 꽃이 줄기나 가지에 붙어 있는 상태.

예전에는 동요의 첫 구절에 나오기도 하는 이 새의 이름은 '뜸부기'예요.

전국적으로 널리 서식하여 우리 민족에게 익숙한 새였지만, 도시화로 논, 습지 등의 서식처가 소실되면서 멸종 위기종이 되었습니다.

* 소실(消失): 사라져 없어짐. 또는 그렇게 잃어버림.

▲ 뜸부기

오장육부

다섯 **五** + 오장 **臟** +
여섯 **六** + 육부 **腑**

오장과 육부라는 뜻으로, 내장을 통틀어 이르는 말.

예 배탈이 났는지 **오장육부**가 쑤시는 듯이 아팠다.

친절한 샘 '오장(五臟)'은 '간장, 심장, 비장, 폐장, 신장의 다섯 가지 내장'을 가리키는 말입니다. 그리고 '**육부(六腑)**'는 '배 속에 있는 여섯 가지 기관'을 가리키는 말로, 위, 큰창자, 작은창자, 쓸개, 방광, 삼초를 이릅니다. 한편, 사람의 두 팔과 두 다리를 통틀어 이르는 말은 '**사지(四肢)**'입니다. 이 '사지'를 속되게 이르는 말을 '**사족(四足)**'이라고 합니다. 흔히 '**사족을 못 쓰다.**'와 같은 꼴로 써서, '무슨 일에 반하거나 혹하여 꼼짝 못 하다.'라는 뜻을 나타냅니다.

자양분

불을 **滋** + 기를 **養** +
나눌 **分**

❶ 몸의 영양을 좋게 하는 성분.
❷ 정신의 성장이나 발전에 도움을 주는 정보, 지식, 사상 따위를 비유적으로 이르는 말.

예 충분한 **자양분**을 섭취해야 사람이든 동물이든 잘 자라는 법이다.

친절한 샘 '**섭취(攝取)하다**'는 '생물체가 양분 따위를 몸속에 빨아들이다.'라는 뜻입니다. 그리고 '좋은 요소를 받아들이다.'라는 뜻으로 쓰이기도 합니다.

분비되다

나눌 **分** +
물 졸졸 흐를 **泌**

세포에서 만들어진 액체가 세포 밖으로 내보내지다.

예 사춘기에는 호르몬이 왕성하게 **분비되어** 여드름이 생기기 쉽다.

친절한 샘 청소년기는 흔히 호르몬이 폭발적으로 분비되는 시기라고 합니다. '**호르몬(hormone)**'은 '몸의 한 부분에서 나와 몸 안을 돌면서 다른 조직이나 기관의 활동을 조절하는 물질'을 말합니다.

신진대사

새 **新** + 늘어놓을 **陳** +
대신할 **代** + 갈아들 **謝**

생물체가 섭취한 영양물질을 몸 안에서 분해하고 합성하여 몸에 필요한 물질이나 에너지를 만들고 불필요한 물질을 몸 밖으로 내보내는 작용.

예 **신진대사**가 잘 이루어져야 몸에서 노폐물이 잘 배출되어 건강해진다.

친절한 샘 '신진대사'는 '**물질대사(物質代謝)**', '**대사(代謝)**'라고도 합니다. 한편 '동물이 섭취한 영양소로부터 자신의 몸 안에 필요한 물질과 에너지를 얻은 후 생긴 노폐물을 콩팥이나 땀샘을 통해 밖으로 내보내다.'라는 뜻을 가진 말로 '**배설(排泄)하다**'가 있습니다.

유기적

있을 **有** + 틀 **機** +
어조사 **的**

생물체처럼 전체를 구성하고 있는 각 부분이 서로 밀접하게 관련을 가지고 있어서 떼어 낼 수 없는 것.

예 이번 일에는 모두가 한 몸인 것처럼 **유기적**으로 협조해야 한다.

친절한 샘 생물은 모두 유기체로, 유기적으로 구성되어 있습니다. '**유기체(有機體)**'는 '생물처럼 물질이 유기적으로 구성되어 생활 기능을 가지게 된 조직체'를 말합니다. 조직체의 각 부분은 떼려야 뗄 수 없는 관계로 맺어져 있습니다.

분화하다

나눌 **分** + 될 **化**

단순하거나 등질인 것에서 복잡하거나 이질인 것으로 변하다.

예 한 종류의 동물은 환경에 따라 여러 종으로 **분화할** 수 있다.

친절한 샘 생물의 종이 분화하는 일은 진화하는 과정과도 관련이 깊습니다. '**진화(進化)하다**'는 '생물이 생명의 기원 이후부터 점진적으로 변해 가다.', '일이나 사물 따위가 점점 발달하여 가다.' 등을 뜻하는 말입니다.

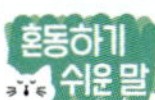

• **등질(等質)** _ 성분이나 특성이 고루 같음.

• **이질(異質)** _ 성질이 다름. 또는 다른 성질.

축나다
오그라들 縮

❶ 일정한 수나 양에서 모자람이 생기다.
❷ 몸이나 얼굴 따위에서 살이 빠지다.

예 그는 한동안 아프더니 얼굴이 **축났다**.

친절한 샘 '**못쓰다**'는 '못쓰게'의 꼴로 쓰이면서 '얼굴이나 몸이 축나다.'를 뜻합니다. '못 쓰다'와 의미가 다르므로 구분하여 써야 합니다.

유해하다
있을 有 + 해할 害

해로움이 있다.

예 오랜 시간 전자 기기를 사용하는 것은 건강에 **유해하다**.

친절한 샘 인체에 유해한 '**병원균(病原菌)**'은 '병의 원인이 되는 균'을 뜻하는 말입니다. '**균(菌)**'은 '동식물에 기생하여 발효나 부패, 병 따위를 일으키는 단세포의 미생물'을 가리키는 말입니다.

지혈
그칠 止 + 피 血

나오던 피가 멈춤. 또는 나오던 피를 멈춤.

예 상처를 붕대로 묶어서 **지혈**을 했다.

친절한 샘 지혈의 반의어인 '**출혈(出血)**'은 '피가 혈관 밖으로 나옴.'을 뜻하는 말입니다.

혼동하기 쉬운 말
- **유혈(流血)** _ 피를 흘림. 또는 흘러나오는 피.
- **선혈(鮮血)** _ 생생한 피.

빈사지경
가까울 瀕 + 죽을 死 + 땅 地 + 지경 境

거의 죽게 된 처지나 형편.

예 오랫동안 치료를 미루던 그는 결국 **빈사지경**에 빠지고 말았다.

친절한 샘 '**사경(死境)**'은 '죽을 지경. 또는 죽음에 임박한 경지'를 뜻하는 말입니다. 의미가 비슷한 말인 '**초(初)주검**'은 '두들겨 맞거나 병이 깊어서 거의 다 죽게 된 상태. 또는 피곤에 지쳐서 꼼짝을 할 수 없게 된 상태'를 뜻합니다.

어휘 더하기

헷갈리기 쉬운 말

정답과 해설 7쪽

- **껍질**
  물체의 겉을 싸고 있는 단단하지 않은 물질.
  예 귤의 껍질은 차의 재료로 쓰이기도 한다.

- **껍데기**
  1. 달걀이나 조개 따위의 겉을 싸고 있는 단단한 물질.
  2. 알맹이를 빼내고 겉에 남은 물건.
  예 병아리가 달걀 껍데기를 깨뜨리면서 나오고 있다.

- **가죽**
  동물의 몸을 감싸고 있는 질긴 껍질.
  예 호랑이는 죽어서 가죽을 남기고 사람은 죽어서 이름을 남긴다.

어떤 대상의 겉을 가리키는 표현은 다양합니다. '껍질'은 겉을 싸고 있는 물질이 단단하지 않을 때, '껍데기'는 겉은 싸고 있는 물질이 단단할 때 주로 씁니다. 동물의 몸을 감싸고 있는 껍질은 별도로 '가죽'이라고 부르기도 합니다.

⚬ **다음 문장에 들어갈 적절한 단어를 고르시오.**

사과 (껍질 / 껍데기 / 가죽)이/가 끊어지지 않도록 한 번에 사과를 깎았다.

1 252017-0041

다음 단어가 쓰이기에 적절한 문장을 오른쪽에서 찾아 바르게 연결하시오.

(1) 유해하다 • • ㉠ 기술의 발달에 따라 직업은 다양하게 _________.

(2) 섭취하다 • • ㉡ 이 곤충은 독성이 강해서 사람들에게 _________.

(3) 못쓰다 • • ㉢ 얼마나 오랫동안 앓았는지 얼굴이 _________ 되었다.

(4) 분화하다 • • ㉣ 그는 어린아이들에게 영양제를 _________ 하였다.

2 252017-0042

제시된 단어와 밀접한 의미의 단어를 〈보기〉에서 골라 쓰시오.

보기

| 빈사지경 | 사지 | 신진대사 | 오장육부 |

(1) 양팔   양다리   ———

(2) 위   창자   ———

(3) 사경   초주검   ———

(4) 영양분   분해   합성   배출   ———

3 252017-0043

다음 중 밑줄 친 부분의 의미로 적절한 것은?

여드름은 사춘기에 많이 난다. 사춘기에는 호르몬이 왕성하게 <u>분비되는데</u>, 호르몬의 자극으로 인해 피지의 분비량도 많아지게 된다. 이 피지가 제대로 몸 밖으로 빠져나가지 못하고 모낭 속에 쌓이면 염증을 일으켜 여드름이 되는 것이다.

① 서로 나뉘어 떨어지는데
② 생물체에게 양분 따위가 몸속으로 빨아들여지는데
③ 세포에서 만들어진 액체가 세포 밖으로 내보내지는데
④ 여러 부분이 결합되어 이루어진 것이 그 낱낱으로 나뉘는데
⑤ 단순하거나 등질인 것에서 복잡하거나 이질인 것으로 변하게 되는데

○ 252017-0044

4 ㉠~㉢에 들어갈 단어로 적절한 것은?

> 뜻: 동물의 몸을 감싸고 있는 질긴 껍질.
>
> 　예 동물의 [㉠] (으)로 만든 제품을 이용하지 말자는 사람이 늘어나고 있다.
>
> 뜻: 물체의 겉을 싸고 있는 단단하지 않은 물질.
>
> 　예 양파 [㉡] 을/를 까다 보면 눈물이 난다.
>
> 뜻: 1. 달걀이나 조개 따위의 겉을 싸고 있는 단단한 물질.
>
> 　　2. 알맹이를 빼내고 겉에 남은 물건.
>
> 　예 과자를 다 먹고 남은 [㉢] 을/를 쓰레기통에 버렸다.

	㉠	㉡	㉢			㉠	㉡	㉢
①	가죽	껍데기	껍질		②	가죽	껍질	껍데기
③	껍데기	가죽	껍질		④	껍데기	껍질	가죽
⑤	껍질	껍데기	가죽					

○ 252017-0045

5 다음 만화에서 ㉠~㉢에 들어갈 알맞은 말을 〈보기〉에서 찾아 쓰시오.

> **보기**
>
> 병원균　　　섭취　　　유해　　　자양분　　　지혈　　　축나

6~8 다음 글을 읽고 물음에 답하시오.

> 미국의 심리학자 윌리엄 제임스는 "행복하기 때문에 웃는 것이 아니라, 웃기 때문에 행복한 것이다."라고 말했습니다. 웃음이 사람에게 긍정적인 영향을 미친다는 것을 잘 보여 주는 말입니다. 웃음은 어떻게 사람에게 긍정적인 영향을 주는 것일까요?
>
> 웃음은 사람을 건강하게 합니다. 왜냐하면 웃음을 통해 우리 몸에 긍정적인 영향을 주는 호르몬이 [㉠]되기 때문입니다. 이때 나오는 호르몬인 카테콜아민, 엔도르핀 등은 사람들을 활기차고 건강하게 합니다. 엔도르핀의 한 종류인 베타 엔도르핀은 통증을 감소시키는 효과도 있습니다. 웃을 때 우리 몸에서는 여러 면역 물질도 나와 면역력을 높여 줍니다. 면역력은 외부에서 들어온 [㉡]에 저항하는 힘을 뜻하는 말입니다. 즉, 면역력이 높아진다는 것은 병에 잘 걸리지 않게 된다는 것을 뜻합니다.
>
> 웃음은 운동을 하는 것과 같은 효과도 있습니다. 1분간 웃는 것은 10분간 조깅을 하는 것과 같은 운동 효과가 있습니다. 또한 박장대소를 하는 것은 전신 운동을 하는 것과 같은 효과가 있습니다. 몸속에는 약 650개의 근육이 있는데, 박장대소를 할 때에는 그중 200개 이상이 함께 움직이기 때문입니다. 이러한 근육의 움직임은 신체 내부의 여러 장기에도 자극을 주는데, 이로 인해 혈액 순환과 소화에도 긍정적인 영향을 미칩니다.

● 252017-0046

6 윗글에 대한 이해로 적절하지 <u>않은</u> 것은?

① 카테콜아민, 엔도르핀은 사람이 웃을 때 나와 사람을 건강하게 한다.
② 통증을 감소시키는 호르몬인 베타 엔도르핀은 엔도르핀의 한 종류이다.
③ 웃을 때 나오는 여러 면역 물질은 사람이 병에 잘 걸리지 않도록 돕는다.
④ 웃으면 신체의 다양한 호르몬이 함께 나와서 혈액 순환과 소화에 도움을 준다.
⑤ 몸속에 있는 약 650개의 근육 중에서 200개 이상이 박장대소할 때 함께 움직인다.

● 252017-0047

7 초성과 뜻풀이를 참고하여 ㉠과 ㉡에 들어갈 알맞은 단어를 쓰시오.

㉠ – [ㅂ][ㅂ] : 세포에서 만들어진 액체를 세포 밖으로 내보내는 것

㉡ – [ㅂ][ㅇ][ㄱ] : 병의 원인이 되는 균

● 252017-0048

8 제시된 초성을 참고하여 윗글의 주제를 정리하시오.

[ㅇ][ㅇ] 이/가 사람에게 미치는 [ㄱ][ㅈ][ㅈ]인 영향

아름다운 **순·우·리·말**

1 다음 그림들이 어떤 단어를 표현한 것인지 찾아 쓰시오.

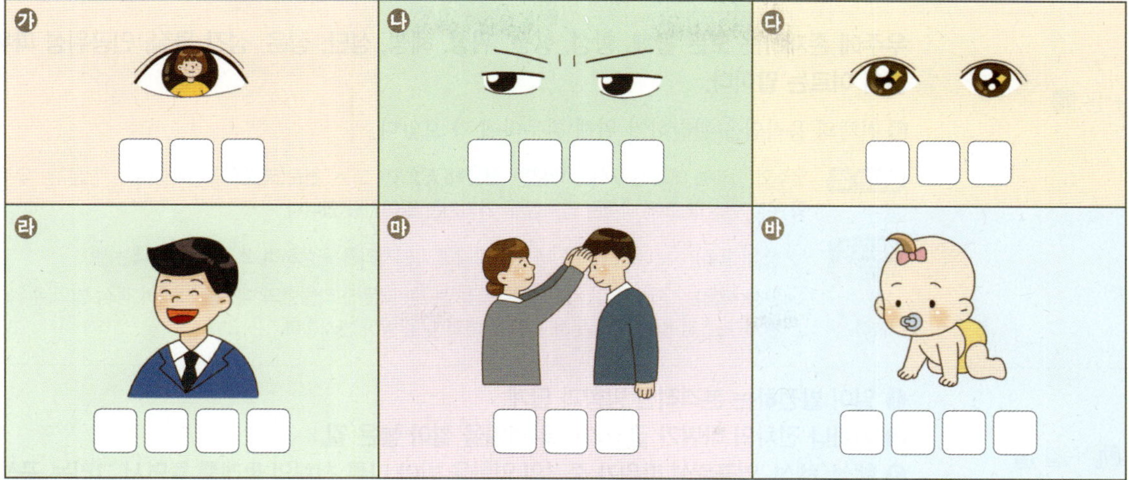

- **가자미눈**: 화가 나서 옆으로 흘겨보는 눈을 가자미의 눈에 비유하여 이르는 말
- **눈부처**: 눈동자에 비치어 나타난 사람의 형상
- **매무새**: 옷, 머리 따위를 수습하여 입거나 손질한 모양새 　　※ 매무시: 옷을 입을 때 매고 여미는 따위의 뒷단속
- **사랑옵다**: 생김새나 행동이 사랑을 느낄 정도로 귀엽다.
- **샛별눈**: 샛별같이 반짝거리는 맑고 초롱초롱한 눈
- **해사하다**: 1. 얼굴이 희고 곱다랗다.
　　　　　　2. 표정, 웃음소리 따위가 맑고 깨끗하다.
　　　　　　3. 옷차림, 자태 따위가 말끔하고 깨끗하다.

2 빈칸에 쓰인 단어 중 대화의 흐름에 알맞은 단어를 고르시오.

천체
하늘 **天** + 몸 **體**

우주에 존재하는 모든 물체. 항성, 행성, 위성, 혜성, 성단, 성운, 성간 물질, 인공위성 따위를 통틀어 이르는 말이다.

예 **천체**의 움직임을 관찰하기 위해 천문대에 가 보았다.

친절한 샘 우주와 천체에 대해 연구하는 학문을 '**천문학(天文學)**' 또는 '**천문(天文)**'이라고 합니다. '천문'은 '우주와 천체의 온갖 현상과 그에 내재된 법칙성'을 가리키는 말이기도 합니다.

- **항성(恒星)** _ 보이는 위치를 바꾸지 아니하고 별자리를 구성하며, 스스로 빛을 내는 별.
- **행성(行星)** _ 중심 별이 강하게 끌어당기는 힘 때문에 타원형의 궤도를 그리며 중심 별의 주위를 도는 천체. 스스로 빛을 내지 못하고, 중심 별의 빛을 받아 반사한다.

궤도
바큇자국 **軌** + 길 **道**

❶ 일이 발전하는 본격적인 방향과 단계.
❷ 기차나 전차의 바퀴가 굴러가도록 레일을 깔아 놓은 길.
❸ 행성, 혜성, 인공위성 따위가 중력의 영향을 받아 다른 천체의 둘레를 돌면서 그리는 곡선의 길.

예 지구는 일정한 **궤도**를 따라 태양 주변을 돌고 있다.

친절한 샘 지구는 약 365일을 주기로 태양 주변 궤도를 돕니다. '**주기(週期)**'는 '같은 현상이나 특징이 한 번 나타나고부터 다음번 되풀이되기까지의 기간', '회전하는 물체가 한 번 돌아서 본래의 위치로 오기까지의 기간' 등을 뜻하는 말입니다.

운행
옮길 **運** + 다닐 **行**

❶ 정하여진 길을 따라 차량 따위를 운전하여 다님.　❷ 천체가 그 궤도를 따라 운동하는 일.

예 달의 **운행**에 따라 밀물과 썰물이 생긴다.

친절한 샘 운행과 뜻이 비슷한 말인 '**항행(航行)**'은 '배나 비행기 따위를 타고 항로 또는 궤도를 다님.', '**운항(運航)**'은 '배나 비행기가 정해진 항로나 목적지를 오고 감.'을 뜻하는 말입니다.

조수
바닷물 **潮** + 물 **水**

❶ 밀물과 썰물을 통틀어 이르는 말.
❷ 달, 태양 따위의 인력에 의하여 주기적으로 높아졌다 낮아졌다 하는 바닷물.

예 **조수**가 빠져나가니 넓은 갯벌이 펼쳐졌다.

친절한 샘 서해는 '조수 간만의 차'가 큽니다. 여기서 '**간만(干滿)**'은 '간조와 만조를 아울러 이르는 말'입니다. '**간조(干潮)**'는 '바다에서 조수가 빠져나가 해수면이 가장 낮아진 상태'를, '**만조(滿潮)**'는 '밀물이 가장 높은 해면까지 꽉 차게 들어오는 현상. 또는 그런 때'를 뜻합니다.

추진력
밀 **推** + 나아갈 **進** + 힘 **力**

물체를 밀어 앞으로 내보내는 힘.

예 로켓이 강한 **추진력**으로 쏘아 올려졌다.

친절한 샘 로켓이 지구를 벗어나려면 대략 시속 4만km의 추진력이 필요하다고 합니다. 이렇게 큰 추진력이 필요한 이유는 로켓이 지구의 중력을 이겨 내야 하기 때문입니다. '**중력(重力)**'은 '지구 위의 물체가 지구로부터 받는 힘'을 뜻하는 말입니다.

측량하다
잴 **測** + 헤아릴 **量**

❶ 지표의 각 지점의 위치와 그 지점들 간의 거리를 구하고 지형의 높낮이나 면적 등을 재다.
❷ 생각하여 헤아리다.

예 이 지역의 지형을 정확하게 **측량해서** 새로운 지도를 만들었다.

친절한 샘 '**관측(觀測)하다**'는 '육안이나 기계로 자연 현상 특히 천체나 기상의 상태, 추이, 변화 따위를 관찰하여 측정하다.'를 뜻하는 말입니다. '측량하다'가 지표, 즉 지구의 표면에 대해 측정하는 행위라면, '관측하다'는 주로 천체나 기상에 대해 측정하는 행위입니다.

분포하다

나눌 **分** + 펼 **布**

일정한 범위에 흩어져 퍼져 있다.

 이 지역에는 다양한 천연자원이 **분포하는** 것으로 알려져 있다.

친절한 샘 '분포하다'와 뜻이 비슷한 말로 '산재하다'가 있습니다. '**산재(散在)하다**'는 '여기저기 흩어져 있다.'라는 뜻의 말입니다.

채굴

캘 **採** + 팔 **掘**

땅을 파고 땅속에 묻혀 있는 광물 따위를 캐냄.

 광산에 모인 인부들이 광석 **채굴**을 시작하였다.

친절한 샘 '채굴'과 뜻이 비슷한 말인 '**채광(採鑛)**'은 '광석을 캐냄.'을 뜻하는 말입니다. '**채취(採取)**'는 이보다 더 널리 쓰이는 말로, '풀, 나무, 광석 따위를 찾아 베거나 캐거나 하여 얻어 냄.'을 뜻하는 말입니다.

해저

바다 **海** + 밑 **底**

바다의 밑바닥.

 **해저**에는 우리가 알지 못하는 여러 생물이 살 것으로 추정된다.

친절한 샘 바닷속을 가리키는 표현 중에는 '천해'와 '심해'가 있습니다. '**천해(淺海)**'는 '얕은 바다'라는 뜻으로 대개 해안에서부터 수심 200미터 되는 부분까지를, '**심해(深海)**'는 '깊은 바다'라는 뜻으로 수심 200미터 이상이 되는 곳을 가리킵니다.

혼동하기 쉬운 말
- **해협(海峽)** _ 육지 사이에 끼어 있는 좁고 긴 바다. 양쪽이 넓은 바다로 통한다.
- **해발(海拔)** _ 해수면으로부터 계산하여 잰 육지나 산의 높이.

불모

아닐 **不** + 터럭 **毛**

❶ 땅이 거칠고 메말라 식물이 나거나 자라지 아니함.
❷ 아무런 발전이나 결실이 없는 상태를 비유적으로 이르는 말.

 이곳은 오랫동안 관리되지 않아서 **불모**의 땅이 되어 버릴지도 모른다.

친절한 샘 '식물이 자라지 못하는 거칠고 메마른 땅'을 뜻하는 말인 '**불모지(不毛地)**', '손을 대어 거두지 않고 내버려두어 거친 땅'을 뜻하는 말인 '**황무지(荒蕪地)**'는 서로 의미가 비슷한 말입니다. 반대로 '농작물이 잘 자랄 수 있는 영양분이 풍부한 좋은 땅'은 '**옥토(沃土)**'라고 합니다.

어휘 더하기

헷갈리기 쉬운 말

정답과 해설 9쪽

- **지표(地表)**
  지구의 표면. 또는 땅의 겉면.
   그 암석은 마그마가 지표에서 굳어지며 만들어졌다.

- **지표(指標)**
  방향이나 목적, 기준 따위를 나타내는 표지.
  예 나는 그의 명언을 내 삶의 지표로 삼았다.

'지표(地表)'와 '지표(指標)'는 소리는 같지만 서로 다른 의미를 가진 말입니다. '지표(地表)'는 '지표면(地表面)'과 의미가 같은 말이고, '지표(指標)'는 '기준(基準)'이나 '잣대' 등과 바꾸어 쓸 수 있는 말입니다.

○ 다음 문장에 들어갈 적절한 단어를 고르시오.

수면의 질은 몸의 건강을 확인할 수 있는 (지표(地表) / 지표(指標))가 된다.

1 ● 252017-0049
밑줄 친 단어의 뜻을 오른쪽에서 찾아 바르게 연결하시오.

(1) 곧 저녁이 되면 <u>조수</u>가 밀려 들어올 것이다.

⑴ 바다의 밑바닥

(2) 사람들이 와서 땅의 <u>측량</u>을 시작하였다.

⑴ 땅을 파고 땅속에 묻혀 있는 광물 따위를 캐냄.

(3) 이 동네에는 석탄 <u>채굴</u>에 종사하는 사람이 많이 살았다.

⑴ 지표의 각 지점의 위치와 그 지점들 간의 거리를 구하고 지형의 높낮이나 면적 따위를 재는 일

(4) 이 배를 이용하면 <u>해저</u>에 있는 물고기를 잡을 수 있다.

⑴ 달, 태양 따위의 인력에 의하여 주기적으로 높아졌다 낮아졌다 하는 바닷물

2 ● 252017-0050
다음 문장에 쓰인 초성을 참고하여 빈칸에 공통적으로 들어갈 수 있는 단어를 쓰시오.

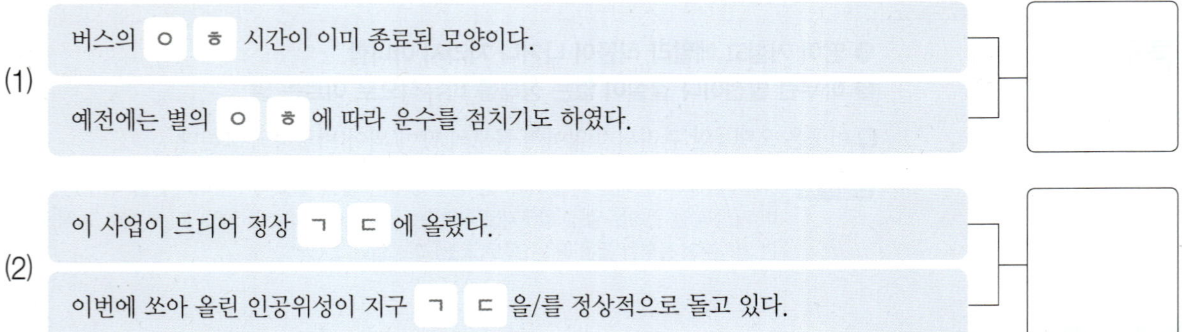

(1) 버스의 ㅇ ㅎ 시간이 이미 종료된 모양이다.

예전에는 별의 ㅇ ㅎ 에 따라 운수를 점치기도 하였다.

(2) 이 사업이 드디어 정상 ㄱ ㄷ 에 올랐다.

이번에 쏘아 올린 인공위성이 지구 ㄱ ㄷ 을/를 정상적으로 돌고 있다.

3 ● 252017-0051
다음 중 밑줄 친 부분의 의미로 적절한 것은?

전 세계적인 한류 열풍에도 불구하고 오랫동안 한류 <u>불모</u>의 땅으로 여겨지던 지역이 있었다. 바로 유럽이다. 그런데 최근 유럽에서도 본격적으로 한류 열풍이 시작되면서 한국 음식이 덩달아 높은 인기를 보이고 있다. 우리나라에서 김치를 수출하는 상위 5개국에 대만과 홍콩을 제치고 네덜란드, 영국이 들어왔으며, 유럽에 김치 공장을 세워 현지에서 김치를 생산하기 위한 준비도 진행되고 있다.

① 이롭지 아니함.
② 마음에 들지 아니하여 못마땅하게 여김.
③ 사물의 모양이나 성질이 변하지 아니함.
④ 조심해서 잘 살피지 아니한 탓으로 생긴 잘못
⑤ 아무런 발전이나 결실이 없는 상태를 비유적으로 이르는 말

○ 252017-0052

4 단어의 뜻과 그 단어가 쓰인 예를 알맞게 연결하시오.

지표(地表)

(1) 지구의 표면. 또는 땅의 겉면.　·

· ㉠ **예** 태양이 높게 떠오르자 지표의 온도는 뜨겁게 달아올랐다.

지표(指標)

(2) 방향이나 목적, 기준 따위를 나타내는 표지.　·

· ㉡ **예** 이 물고기의 존재는 환경이 개선되었음을 보여 주는 지표가 된다.

○ 252017-0053

5 다음 만화의 ㉠～㉢에 들어갈 알맞은 말을 〈보기〉에서 찾아 쓰시오.

보기

| 분포 | 조수 | 중력 | 천체 | 추진력 | 측량 |

6~8 다음 글을 읽고 물음에 답하시오.

만약 하늘을 돌던 인공위성의 일부가 떨어져 나와 지구로 떨어진다면 어떻게 될까요? 대부분 마찰로 인해 불타 버려 땅에 떨어지지 않을 것입니다. 그런데 미처 타지 못한 잔해가 ㉠지표로 떨어져 사람들을 위협하는 일이 실제로 벌어지면서, 이러한 문제를 어떻게 해결할 것인지에 대한 논의가 본격적으로 진행되고 있습니다.

'우주 쓰레기'란 우주에 내버려져 활용되지 않는 모든 인공 물체를 가리키는 말입니다. 로켓 발사 과정에서 쓰이고 버려진 로켓의 하단부, 수명이 다한 인공위성 등이 우주 쓰레기가 되어 지구 주변 궤도를 돌고 있습니다. 유럽 우주국의 ㉡추산에 따르면 지구 주변에 ㉢산재하는 우주 쓰레기의 양은 만 2천 4백 톤에 달합니다. 특히 크기가 10센티미터 이상인 우주 쓰레기는 3만 6천 개가 넘는데, 이들은 인공위성을 파괴할 수 있을 정도의 위력을 갖고 있습니다.

민간 기업의 우주 개발 참여가 활발해지면서 우주 쓰레기의 양은 향후 더 빠르게 증가할 것으로 ㉣추정됩니다. 이에 따라 우주 쓰레기를 처리하기 위한 연구가 활발히 진행되고 있습니다. 수명이 다한 위성이 대기권에서 모두 타 버리도록 위성의 부품을 나무로 대체하기도 하고, ㉤추진력을 가진 작은 물체를 이용해 수명이 다한 위성을 먼 우주로 날려 버리는 연구도 이루어지고 있습니다. 또한 우주 쓰레기를 모아 처리하는 역할을 하는 인공위성을 제작하려는 노력도 계속되고 있습니다.

○ 252017-0054

6 윗글의 내용과 일치하지 <u>않는</u> 것은?

① 인공위성의 잔해가 땅에 떨어져 사람을 위협하는 일이 발생하였다.
② 우주에 내버려져 활용되지 않는 모든 인공 물체를 우주 쓰레기라고 한다.
③ 수명이 다한 인공위성을 비롯한 우주 쓰레기의 양은 만 2천 4백 톤에 달한다.
④ 민간 기업이 우주 개발에 활발히 참여하면서 우주 쓰레기는 빠르게 증가할 것이다.
⑤ 지구 주변을 도는 인공위성 중에는 우주 쓰레기를 처리하는 역할을 전담하는 것이 있다.

○ 252017-0055

7 ㉠~㉤의 뜻으로 적절하지 <u>않은</u> 것은?

① ㉠: 지구의 표면. 또는 땅의 겉면
② ㉡: 짐작으로 미루어 셈함. 또는 그런 셈
③ ㉢: 정처 없이 이리저리 오고 가는
④ ㉣: 미루어져 생각되어 판정됩니다.
⑤ ㉤: 물체를 밀어 앞으로 내보내는 힘

○ 252017-0056

8 제시된 초성을 참고하여 윗글의 주제를 정리하시오.

우주 쓰레기의 발생 ㅎ ㅎ 와/과 이를 해결하기 위한 ㄴ ㄹ

•• 다음 광고를 읽어 봅시다.

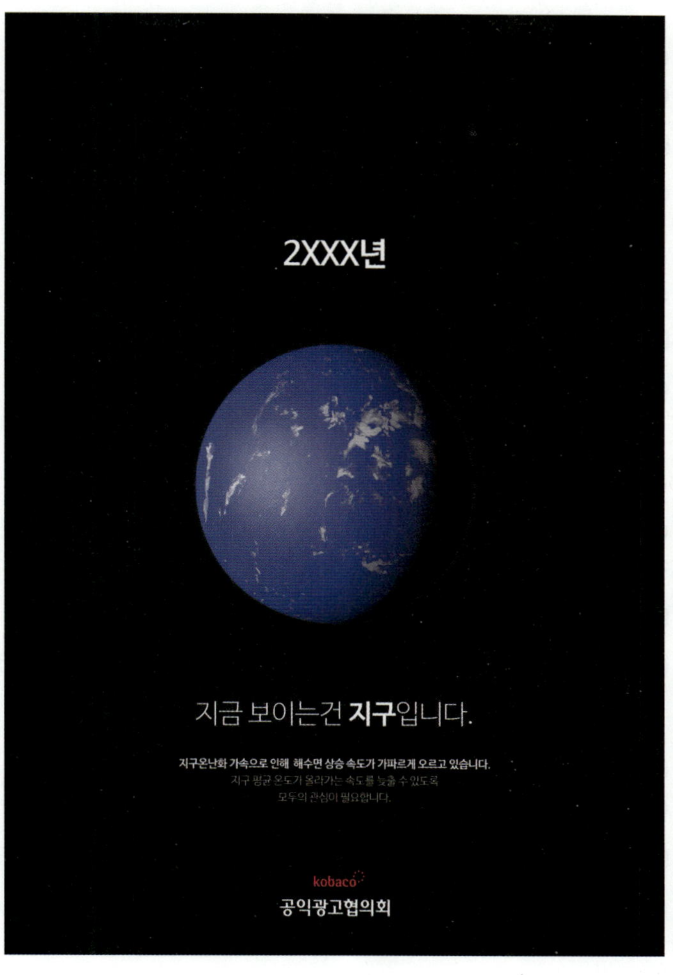

말 그대로 온 지구가 상전벽해(桑田碧海)*가 되어 버렸군요. 지구 온난화로 인해 해수면(海水面)*이 상승하면 뭍이 점차 사라져 사람이 살 수 없게 될 것입니다. 그렇게 되면 해안(海岸)*에서 신나게 뛰노는 일은 상상할 수도 없겠네요.

* 상전벽해(桑田碧海): 뽕나무밭이 변하여 푸른 바다가 된다는 뜻으로, 세상일의 변천이 심함을 비유적으로 이르는 말.
* 해수면(海水面): 바닷물의 표면.
* 뭍: 지구의 표면에서 바다를 뺀 나머지 부분.
* 해안(海岸): 바다와 육지가 맞닿은 부분.

하나 더 알기   '상전벽해 되어도 비켜설 곳 있다.'와 뜻이 같은 속담을 고르시오.

☐ 사공이 많으면 배가 산으로 간다.	☐ 우물에 가 숭늉 찾는다.
☐ 물이 깊어야 고기가 모인다.	☐ 하늘이 무너져도 솟아날 구멍이 있다.

각색
다리 脚 + 빛 色

❶ 어떤 작품을 다른 갈래의 작품으로 고쳐 쓰는 일.
❷ 흥미나 강한 인상을 주기 위하여 실제로 없었던 것을 보태어 사실인 것처럼 꾸밈.

예 이 영화는 원작자가 직접 **각색**을 맡은 작품이다.

친절한 샘 사람들에게 많은 사랑을 받은 소설이나 웹툰이 있다면, 이를 바탕으로 한 영화나 드라마가 만들어지기도 하죠? 갈래가 달라지는 만큼 각색의 과정을 거쳐야 합니다.

계승
이을 繼 + 받들 承

조상의 전통이나 문화유산, 업적 따위를 물려받아 이어 나감.

예 역사는 문화 창조와 **계승**의 과정이라 할 수 있다.

친절한 샘 '온고지신(溫故知新)'이라는 말을 들어 본 적 있나요? 이 말은 '옛것을 익히고 그것을 미루어서 새것을 앎.'을 뜻합니다. 계승이 창조로 이어질 때 우리 문화는 계속 발전해 나갈 거예요.

관습
버릇 慣 + 익힐 習

어떤 사회에서 오랫동안 지켜 내려와 그 사회 성원들이 널리 인정하는 질서나 풍습.

예 노약자에게 자리를 양보하는 것은 우리 사회의 **관습**이다.

친절한 샘 오래전부터 전하여 내려오는 풍습과 관련된 말에 '**인습(因習)**'과 '**구습(舊習)**'이 있는데, 둘 다 부정적인 의미로 쓰입니다.

각인
새길 刻 + 도장 印

❶ 도장을 새김. 또는 그 도장.
❷ 머릿속에 새겨 넣듯 깊이 기억됨. 또는 그 기억.

예 그는 이번 작품을 통해 전작에서 **각인**된 악당 이미지를 벗겠다고 말했다.

친절한 샘 특정 시기에 이루어지는 학습 효과가 평생 동안 영향을 미치는 것을 '**각인 효과(刻印效果)**'라고 합니다. '세 살 적 버릇이 여든까지 간다.'는 속담과 관련이 있습니다.

반출
옮길 搬 + 날 出

운반하여 냄.

예 국가유산을 함부로 **반출**하는 것은 법을 어기는 것이다.

친절한 샘 '반출'과 반대로 '운반하여 들여옴.'을 뜻하는 말은 '**반입(搬入)**'입니다. 우리 정부는 과거에 해외로 빠져나간 우리의 소중한 국가유산의 '환수'를 위해 노력하고 있습니다. '**환수(還收)**'는 '도로 거두어들임.'을 뜻합니다.

추상적
뺄 抽 + 형상 象 +
어조사 的

어떤 사물이 직접 경험하거나 지각할 수 있는 일정한 형태와 성질을 갖추고 있지 않은 (것).

예 그의 그림은 후기로 갈수록 구상적 요소가 사라져 **추상적**인 그림이 된다.

친절한 샘 '추상적'과 반대로 '사물이 직접 경험하거나 지각할 수 있도록 일정한 형태와 성질을 갖추고 있는 (것)'을 뜻하는 단어는 '**구체적(具體的)**', '**구상적(具象的)**'입니다.

역동적
힘 力 + 움직일 動 +
어조사 的

힘차고 활발하게 움직이는 (것).

예 이중섭이 그린 군세면서도 **역동적**인 소를 보면 한국적인 정서가 느껴진다.

친절한 샘 '역동적'과 대립되는 의미로 쓰이는 말에 '**정적(靜的)**'이 있는데, 이 말은 '정지 상태에 있는 (것)'을 뜻하며 [정쩍]이라고 발음합니다. 한편 '정적이 흐르다.'에서 '**정적(靜寂)**'은 '쓸쓸한 느낌이 들 정도로 고요하고 조용함.'을 뜻하며 [정적]이라고 발음합니다.

대비

대할 **對** + 견줄 **比**

❶ 두 가지의 차이를 밝히기 위하여 서로 맞대어 비교함. 또는 그런 비교.

❷ 회화에서, 어떤 요소의 특질을 강조하기 위하여 그와 상반되는 형태·색채·톤(tone)을 나란히 배치하는 일.

예 이 그림은 빨강과 파랑이 색조 대비를 이루어 강렬한 인상을 풍긴다.

친절한 샘 A와 B를 대비한다고 하면 기본적으로 둘 사이의 차이점에 무게를 두고 견주는 것이라고 보면 됩니다. '어떤 두 대상이 주어진 어떤 관계에 의하여 서로 짝이 되는 일'을 뜻하는 '대응(對應)'과 헷갈리면 안 됩니다.

안목

눈 **眼** + 눈 **目**

사물의 좋고 나쁨 또는 진위나 가치를 분별하는 능력.

예 그림을 보는 그의 안목은 듣던 대로 탁월했다.

친절한 샘 '안목'과 비슷하게 사물을 분별할 수 있는 능력을 이르는 말에는 '식견(識見)'이 있습니다. 위의 뜻풀이에 쓰인 '진위(眞僞)'는 '참과 거짓 또는 진짜와 가짜를 통틀어 이르는 말'입니다. 우리말의 '눈'의 여러 가지 뜻 가운데에도 '안목'과 같은 뜻이 있습니다.

조형

지을 **造** + 형상 **形**

여러 가지 재료를 이용하여 구체적인 형태나 형상을 만듦.

예 조형 미술의 한 장르로 발전한 압화는 식물 표본을 만드는 데서 비롯됐다.

친절한 샘 '여러 가지 재료를 이용하여 구체적인 형태나 형상으로 만든 물체'를 '조형물(造形物)'이라고 합니다. 그리고 '어떤 모습을 입체감 있게 예술적으로 형상하여 표현하는 아름다움'을 '조형미(造形美)'라고 하죠.

청자

푸를 **靑** + 오지그릇 **瓷**

푸른 빛깔의 자기.

예 고려 시대에 만든 청자는 기술과 무늬가 독창적이고 섬세하다.

친절한 샘 뜻풀이에 쓰인 '자기(瓷器)'는 '고령토 따위를 원료로 빚어서 아주 높은 온도로 구운 그릇'을 뜻합니다. 재료에 쓰인 흙과 잿물에 포함된 철염의 성분 때문에 푸른 빛을 띤다고 해요. 참고로, '백자(白瓷)'는 '순백색의 바탕흙 위에 투명한 유약을 발라 구워 만든 자기'입니다.

'각(脚)'으로 시작하는 한자어

정답과 해설 10쪽

각광(脚光)

① 사회적 관심이나 흥미.
② 무대의 앞쪽 아래에 장치하여 배우를 비추는 광선.

각운(脚韻)

시가에서, 구나 행의 끝에 규칙적으로 같은 운의 글자를 다는 일. 또는 그 운.

각(脚)

각주(脚註)

본문의 어떤 부분을 보충하거나 쉽게 풀이한 글을 본문의 아래쪽에 단 것.

각본(脚本)

① 연극이나 영화를 만들기 위하여 쓴 글.
② '계획'을 비유적으로 이르는 말.

'각(脚)'은 신체 중 일부인 '다리'를 뜻하는 한자입니다. 여기에서 파생하여 '아래쪽', '바탕', '발자취', '지위' 등을 뜻하기도 하죠. '각(脚)'으로 시작하는 한자어 중, 국어 시간에 만나게 되는 단어들을 익혀 두면 나중에 또 다른 한자어를 만나더라도 그 뜻을 쉽게 추측해 볼 수 있을 거예요.

◦ 다음 밑줄 친 단어들과 관련 있는 신체 부위는?

• 그의 최신 연구가 각광을 받고 있다.
• 이 시에서는 각운으로 운율을 형성하였다.

① 머리　　② 팔　　③ 허리
④ 목　　⑤ 다리

252017-0057

1 제시된 단어와 가장 밀접한 관련이 있는 단어를 〈보기〉에서 골라 빈칸에 각각 쓰시오.

보기

| 역동적 | 정적 | 각인 | 각색 | 조형 |

(1) 움직임 — 힘 — ___________

(2) 형태 — 만들다 — ___________

(3) 도장 — 기억 — ___________

(4) 갈래 — 바꾸다 — ___________

252017-0058

2 밑줄 친 단어 중, '안목(眼目)'과 바꿔 쓰기에 적절한 것은?

① 형은 눈이 나빠져서 안경을 쓰기로 하였다.
② 이 책은 세계를 폭넓게 보는 눈을 길러 준다.
③ 누나는 계속 의심하는 눈으로 나를 보고 있다.
④ 다른 사람의 눈을 의식하느라 긴장감이 커졌다.
⑤ 점심시간이 가까이 오자 눈이 초롱초롱 빛이 났다.

252017-0059

3 다음 국어사전의 빈칸에 공통으로 들어갈 단어로 가장 적절한 것은?

구체적(具體的)

발음   [구체적]

품사   관형사, 명사

「1」 사물이 직접 경험하거나 지각할 수 있도록 일정한 형태와 성질을 갖추고 있는. 또는 그런 것.

예 묘사는 [______]인 대상을 구체적으로 보여 주는 방법이다.

「비슷한말」 구상적(具象的) 「반대말」 [______]

① 구조적(構造的)　　　② 상징적(象徵的)　　　③ 공상적(空想的)
④ 허구적(虛構的)　　　⑤ 추상적(抽象的)

4 ● 252017-0060

제시된 초성과 문맥을 고려하여, ㉠과 ㉡에 들어가기에 적절한 단어를 각각 쓰시오.

'다시 찾은 소중한 국가유산' 기념우표 출시

우정사업본부는 국가유산청의 지원을 받아 해외로 ㉠ ㅂ ㅊ 된 우리 국가유산 ㉡ ㅎ ㅅ 에 대해 국민의 관심과 이해를 높이기 위해 기념우표 75만 2000장을 발행했다고 26일 밝혔다.

전 세계 20여 개국에 흩어져 있는 총 19만 3000여 점 가운데 개인의 노력으로 ㉡ ㅎ ㅅ 된 국보급 국가유산 중 〈경주 얼굴무늬 수막새〉, 〈개성 경천사지 십층 석탑〉, 〈명성 황후 옥보〉, 〈청자 모자 원숭이 모양 연적〉의 모습을 기념우표에 담았다.

〈청자 모자 원숭이 모양 연적〉(국보 270호)은 우리 국가유산을 수집하고 보호하는 데 앞장섰던 간송 전형필(1906~1962)이 일본에 거주했던 영국 출신 변호사 존 개스비에게 인수한 고려청자 20점 중 하나이다. 청자 연적 중 보기 드문 원숭이 모양으로, 특히 어미와 새끼가 함께 있는 형상은 유일하여 예술적 수준과 가치가 더욱 뛰어나다는 평가를 받고 있다.

5 ● 252017-0061

㉠~㉢에 적절한 단어를 〈보기〉에서 각각 찾아 쓰시오.

보기

역동적	구체적	계승	안목	대비	조형

6~7 다음 글을 읽고 물음에 답하시오.

'도자기'는 도기와 자기, 사기, 질그릇 등을 통틀어 이르는 말인데, 흔히 도기와 자기의 합성어로 쓰인다. 그렇다면 도기와 자기는 어떻게 다른 것일까?

도기와 자기는 우선 원료에서부터 차이가 있다. 도기는 찰흙이라고 부르는 붉은색의 진흙을 기본 재료로 쓴다. 반면 자기는 바위 속의 장석이 ㉠풍화 작용을 받아 이루어진 흰색 또는 회색의 진흙인 고령토를 기본 재료로 쓴다.

▲ 도기

도기와 자기는 ㉡성형 기법에서도 차이를 보인다. 도기는 점토를 가래떡처럼 길게 뽑아서 코일로 감거나, 점토판을 만들어 원을 쌓아 가며 만드는 기법을 사용한다. 반면 자기는 물레 위에 점토를 놓고 가운데를 손으로 구멍을 낸 후 발이나 손으로 물레를 돌려 가며 모양을 만드는 기법을 사용한다.

그릇을 굽는 가마와 온도 등에서도 도기와 자기는 차이를 보인다. 도기 가마는 아궁이와 굴뚝, 소성부로 구성되어 있다. 불을 때는 방식도 기본적으로 공기를 지속해서 ㉢주입하는 방식이다. 반면 자기 가마의 경우 아궁이와 굴뚝, 소성부 이외에 산소를 가마 안에 넣거나 ㉣차단할 수 있는 구멍이 설치된다. 도기는 보통 1,000℃ 전후에서 구워 내지만, 자기는 대체로 1,200~1400℃에서 구워 낸다.

▲ 자기

다 만들어진 도기는 흡수성이 높고, 두드리면 탁한 소리가 난다. 하지만 자기는 흡수성이 낮고, 두드리면 청아하고 맑은 소리가 난다. 도기는 보온성이 좋아 식기나 화로 등에 많이 쓰이지만, 자기는 ㉤내구성이 뛰어나 그릇이나 꽃병 등 장식품에 많이 쓰인다.

* 소성부: 가마에서 벽돌 따위를 구워 만드는 부분.

○ 252017-0062

6 윗글을 이해한 내용으로 적절하지 <u>않은</u> 것은?

① 도자기에는 도기와 자기뿐만 아니라 사기와 질그릇도 포함되는군.
② 자기를 굽는 가마는 도기를 굽는 가마에 비하여 별도의 시설이 더 있군.
③ 도기는 자기에 비해 훨씬 높은 온도에서 구워 내기 때문에 보온성이 뛰어나군.
④ 도기와 자기는 흙을 주재료로 사용하여 고온에서 구워 만든다는 공통점이 있군.
⑤ 물레 위에 점토를 놓고 돌려 가며 모양을 만드는 기법은 자기를 만들 때 사용되는군.

○ 252017-0063

7 문맥을 고려할 때, ㉠~㉤의 뜻으로 적절하지 <u>않은</u> 것은?

① ㉠: 지표를 구성하는 암석이 햇빛, 공기, 물, 생물 따위의 작용으로 점차로 파괴되거나 분해되는 일
② ㉡: 일정한 형체를 만듦.
③ ㉢: 액체나 기체 따위가 밖으로 새어 나옴. 또는 그렇게 함.
④ ㉣: 액체나 기체 따위의 흐름 또는 통로를 막거나 끊어서 통하지 못하게 함.
⑤ ㉤: 물질이 원래의 상태에서 변질되거나 변형됨이 없이 오래 견디는 성질

관계와 관련한 속담

1 다음 만화의 빈칸에 들어갈 알맞은 속담을 〈보기〉에서 고르시오.

> **보기**
>
> ㉠ 싸움은 말리고 흥정은 붙이랬다.　　㉡ 가는 말이 고와야 오는 말이 곱다.
> ㉢ 하루가 여삼추(如三秋) 같다.　　㉣ 손바닥도 마주쳐야 소리가 난다.

'손바닥도 마주쳐야 소리가 난다.'는 한 손바닥만으로는 소리가 울리지 않는다는 뜻으로, 한쪽이 참으면 싸움이 일어나지 아니함을 이르는 속담입니다. 불편한 일이 있어도 한쪽이 먼저 너그럽게 이해하고 양보하면 다툴 일이 생기지 않겠지요? 물론 한쪽만 일방적으로 참을 것을 요구받아서는 안 됩니다. '인정도 품앗이라.'(사람을 배려해 주는 것도 서로 번갈아 가며 해야 함을 뜻하는 속담)라는 옛말처럼 서로 이해하고 배려해 주는 태도가 필요하지요. 이 속담은 문맥에 따라 '혼자 힘만으로는 어떤 일을 이루기 어려움.'을 뜻하기도 합니다.

예 '손바닥도 마주쳐야 소리가 난다.'라고 했는데 혼자서 이 일을 하려니 너무 힘들다.

2 다음 사자성어 중에서 '맞서는 사람이 없으면 싸움이 일어나지 아니함.'을 뜻하는 것에 ✔표시를 하시오.

☐ 고장난명(孤掌難鳴): 한 손바닥만으로는 소리가 울리지 않음.
☐ 용호상박(龍虎相搏): 용과 범이 서로 싸움.
☐ 사상누각(沙上樓閣): 모래 위에 지은 집
☐ 구밀복검(口蜜腹劍): 입에는 꿀을 바르고 배 속에는 칼을 숨김.

09강 읽기·쓰기 | **필수 개념어 (1)**

정의

정할 **定** + 뜻 **義**

어떤 말이나 사물의 뜻을 명백히 밝혀 규정함. 또는 그 뜻.

 '정의'는 설명하려는 대상의 의미를 분명하게 규정하는 방법으로, '나는 자기를 가리키는 일인칭 대명사이다.'는 '나'의 정의입니다. 그렇다면 '나는 학생이다.'는 정의일까요? 이것은 정의와 비슷해 보이지만 '지정'이 사용된 문장입니다. '지정'은 주로 '무엇인가?', '누구인가?'에 대한 대답의 형태로 나타납니다. 엄밀히 말하면 '정의'와는 다르지만, 넓은 의미에서 '정의'에 해당한다고 본답니다.

예로 이해하기

(1) 면장님은 면(面)의 행정을 맡아보는 으뜸 직위에 있는 사람이다. .... 정의

(2) 면장님은 80대의 노인이다. .... 지정

– 'A는 B이다.'가 정의의 기본 형식이라고 할 때 'B는 A이다.'가 성립하면 '정의'이고, 'B는 A이다.'가 성립하지 않으면 '지정'입니다. (1)은 '면의 행정을 맡아보는 으뜸 직위에 있는 사람은 면장이다.'가 성립하므로 '정의'입니다. 그러나 (2)는 순서를 바꾸면 '80대의 노인은 면장님이다.'가 되는데, 80대의 노인 전부가 면장님은 아니므로 'B는 A이다.'가 성립하지 않는다고 볼 수 있습니다. 그러므로 (2)는 '지정'입니다.

예시

예 **例** + 보일 **示**

예를 들어 보임.

설명하는 대상과 연관된 구체적인 예를 제시하면 독자의 이해를 도울 수 있습니다. 예시는 '정의'와 함께 사용되는 경우가 많은데요. 어떤 대상의 개념을 정의한 후, 그에 대한 이해를 돕기 위해 구체적인 예를 제시하는 것이지요.

예로 이해하기

• 집에서 기르는 짐승을 가축이라고 한다. 가축의 예로는 소, 말, 돼지, 닭 등이 있다.

• 지는 게 이기는 것이다. 예컨대 친구의 잘못으로 싸웠더라도 먼저 사과하면 결국 자신의 마음에 이겼을 때와 같은 기쁨이 남을 것이다.

비교

견줄 **比** + 견줄 **較**

대조

대할 **對** + 비출 **照**

비교: 둘 이상의 대상을 견주어 공통점을 드러냄.
대조: 둘 이상의 대상을 견주어 차이점을 드러냄.

어떤 대상의 특징을 부각해 설명하려고 할 때, 다른 대상과 견주어 공통점이나 차이점을 드러내면 설명하려는 대상의 특징을 더 명료하게 전달할 수 있습니다. 그래서 설명하는 글을 쓸 때 '비교, 대조'의 방법을 자주 활용하지요. 다만 설명 방법을 가리키는 용어로서 '비교'는 '공통점'을, '대조'는 '차이점'을 드러내는 것으로 이해하지만, 일상에서는 '비교', '대조'의 의미가 아래와 같으므로 그 차이를 이해하고 사용하는 것이 좋겠습니다.

일상적 의미	비교	둘 이상의 사물을 견주어 서로 간의 유사점, 차이점, 일반 법칙 따위를 살피는 일
	대조	둘 이상인 대상의 내용을 맞대어 같고 다름을 검토함. 서로 달라서 맞대어져 비교가 됨.

예로 이해하기

비교	진달래와 철쭉의 꽃은 둘 다 분홍색이다.
대조	진달래는 꽃이 피고 난 뒤에 잎이 나는 반면, 철쭉은 꽃과 잎이 함께 나온다.

분류

나눌 **分** + 무리 **類**

구분

구역 **區** + 나눌 **分**

분류: 작은 항목을 일정한 기준에 따라 더 큰 항목으로 묶어 설명하는 방법.
구분: 큰 항목을 더 작은 항목으로 나누어 설명하는 방법.

친절한 샘 여러 대상을 기준 없이 나열하면 대상의 특징을 알기 어렵습니다. 그래서 일정한 기준에 따라 묶거나 나누면 묶인 것들의 특징을 한눈에 알아볼 수 있답니다.

예로 이해하기

분류	단소·대금과 같이 관을 통해 소리를 내는 것은 관악기에 속한다.
구분	국악기는 연주 방법에 따라 관악기, 현악기, 타악기로 나눌 수 있다.

분석

나눌 **分** + 가를 **析**

얽혀 있거나 복잡한 것을 풀어서 개별적인 요소나 성질로 나눔.

친절한 샘 '분석'은 하나의 대상을 구성 요소에 따라 나누어 설명하는 것을 말합니다. 대상을 더 작은 것으로 나눈다는 점에서 '구분'과 공통점이 있습니다. 그러나 '구분'은 여러 대상을 어떤 '기준'에 따라 나누어 설명하는 것이고, '분석'은 하나의 대상을 '구성 요소'로 나눈 것입니다. 예를 들어 '시계는 작동 방식에 따라 아날로그 시계, 디지털 시계로 나눌 수 있다.'는 구분의 방식이 사용된 문장이고, '시계는 시침, 분침, 초침 등으로 나눌 수 있다.'는 분석의 방식이 사용된 문장입니다.

예로 이해하기

- 가야금은 긴 몸통과 12개의 줄, 안족으로 구성되어 있다.
- 곤충의 몸은 머리, 가슴, 배로 나뉘어 있다.

인과

인할 **因** + 열매 **果**

원인과 결과를 아울러 이르는 말.

친절한 샘 '인과'가 드러난 글을 읽거나 쓸 때에는 원인과 결과에 해당하는 내용이 무엇인지 찾아보고 둘 사이의 논리적인 관련성을 살펴보는 일이 무엇보다 중요합니다. 원인과 결과의 연결이 타당하지 않으면 인과 관계가 성립하지 않는 것이니, 그 글은 글쓴이의 의도를 효과적으로 전달할 수 없는 글이 되겠지요.

예로 이해하기

- 밥을 많이 먹었더니 잠이 오네.
     원인   결과
- 내가 이렇게 잘 자랄 수 있었던 건, 부모님의 사랑 덕분이야.
        결과   원인

인용

끌 **引** + 쓸 **用**

남의 말이나 글을 자신의 말이나 글 속에 끌어다 씀.

친절한 샘 인용은 다른 사람의 말이나 글 등을 끌어다 씀으로써 글의 의미를 분명히 하고, 글쓴이의 의도를 효과적으로 전달하는 방법입니다. 인용 방법에 따라 '직접 인용'과 '간접 인용'으로 나눌 수 있어요. '직접 인용'은 남이 한 말을 그대로 옮겨 놓는 것으로 인용문 앞뒤에 큰따옴표를 찍고 인용문 뒤에 조사 '라고'를 씁니다. '간접 인용'은 남이 한 말을 자신의 말로 수정하여 옮겨 놓는 방법으로 작은따옴표를 사용하기도 하지만 큰따옴표를 찍지는 않습니다. 그리고 인용문 뒤에 조사 '고'를 씁니다.

예로 이해하기

- **직접 인용** _ 그는 "내가 잘못했어."라고 말했다.
- **간접 인용** _ 그는 자신이 잘못했다고 말했다.

1 252017-0064

제시된 뜻을 지닌 단어를 〈보기〉에서 찾아 쓰시오.

보기
정의　예시　비교　대조　분류　구분　분석　인과

(1) 예를 들어 보임. ➡

(2) 원인과 결과를 아울러 이르는 말 ➡

(3) 둘 이상의 대상을 견주어 공통점을 드러냄. ➡

(4) 어떤 말이나 사물의 뜻을 명백히 밝혀 규정함. ➡

(5) 작은 항목을 일정한 기준에 따라 더 큰 항목으로 묶어 설명함. ➡

2 252017-0065

괄호 안의 단어 중 적절한 것을 고르시오.

(1) '이 시계는 시침과 분침으로 구성되어 있다.'에는 (분류 / 분석)의 방법이 사용되었다.

(2) '수영은 영법에 따라 자유형, 배형, 평형, 접영으로 나눌 수 있다.'에는 (구분 / 분류)의 방법이 사용되었다.

(3) '농구 경기에는 5명, 배구 경기에는 6명이 뛴다.'에는 (비교 / 대조)의 방법이 사용되었다.

3 252017-0066

㉠~㉣에 사용된 설명 방법으로 적절한 것을 〈보기〉에서 찾아 쓰시오.

　　과일은 나무 따위를 가꾸어 얻는, 사람이 먹을 수 있는 열매를 말하고, ㉠채소는 밭에서 기르는 농작물을 말한다. 과일과 채소는 둘 다 식이 섬유가 풍부하다는 공통점이 있으나 ㉡채소는 단맛이 적고 과일은 그에 비해 달콤하거나 신맛을 가지는 경우가 많다는 점에서 차이가 있다.
　　과일은 크기에 따라 대형 과일과 소형 과일로 나눌 수 있고, ㉢채소는 어떤 부위를 주로 사용하느냐에 따라 잎채소, 줄기채소, 열매채소, 뿌리채소로 나눌 수 있다. ㉣과일이나 채소를 충분히 섭취하면 소화 기능이 좋아져서 건강에 도움이 된다. 그러므로 과일과 채소를 즐겨 먹자.

보기
정의　예시　비교
대조　분류　구분
분석　인과　인용

㉠: ☐☐　　㉡: ☐☐

㉢: ☐☐　　㉣: ☐☐

○ 252017-0067

4 제시된 내용과 관련된 설명 방법에 ○표 하시오.

(1) '외국어 고등학교와 과학 고등학교의 차이점'에 대해 설명하는 글. ➡ (비교 / 대조)

(2) '공부할 때 쓰면 유용한 애플리케이션의 예'를 소개하는 글. ➡ (예시 / 분류)

(3) '해금의 구성 요소'를 설명하는 글. ➡ (분석 / 구분)

(4) '메타버스의 개념'을 설명하는 글. ➡ (정의 / 인용)

○ 252017-0068

5 다음 만화의 ㉠~㉣에 들어갈 알맞은 단어를 〈보기〉에서 찾아 쓰시오.

보기

정의	인용	분석	원인	결과	인과	개념

6~8 다음 글을 읽고 물음에 답하시오.

백곰이 얼음 위에 누워 있는 곳은 남극일까, 북극일까? 펭귄들이 떼를 지어 이동하는 곳은 남극일까, 북극일까?

펭귄과 백곰 모두 얼음과 눈으로 둘러싸인 곳에서 생활하다 보니 둘이 같은 지역에 살고 있다고 착각하는 경우가 많다. 그러나 백곰은 북극에, 펭귄은 남극에 살고 있으며, 만약 둘이 같은 지역에 산다면 펭귄은 즉시 백곰의 먹이가 될 것이다. 북극과 남극은 지구의 남쪽과 북쪽 양 ⊙극단에 위치한 지역으로 연중 기온이 매우 낮은 곳이라는 점은 같다. 그러나 이를 ⓒ제외한 거의 모든 점에 차이가 있다.

우선 북극은 대륙으로 둘러싸인 얼음덩어리인데 이것은 주로 바다가 얼어서 형성된 '해빙'이다. 반면에 남극은 바다로 둘러싸인 대륙으로, 남극의 얼음은 주로 땅에 내린 눈이 얼어서 만들어지는 빙하다. 또한 남극과 북극 모두 추운 지역이지만 ⓒ연중 기온 변화를 살펴보면 남극이 훨씬 더 춥다. 남극은 지구에서 가장 추운 지역으로 연간 평균 기온은 영하 49도 정도이다. 반면 북극은 겨울 평균 기온이 영하 34도지만 여름에는 기온이 영상으로 올라갈 만큼 따뜻하다.

마지막으로 남극은 땅과 자원을 과학적 목적으로 이용하도록 ②규정한 남극 조약에 의해 ⑩통치되고 있으며 단 한 번도 원주민이 거주한 적이 없다. 반면에 북극 지역에는 현재 4백만 명 이상의 사람들이 여러 도시에 흩어져 거주하고 있다.

○ 252017-0069

6 ⊙~⑩의 뜻풀이로 적절하지 <u>않은</u> 것은?

① ⊙: 맨 끝
② ⓒ: 따로 떼어 내어 한데 헤아리지 않음.
③ ⓒ: 끊이지 아니하고 죽 이어지거나 지속함.
④ ②: 규칙으로 정함. 또는 그 정하여 놓은 것
⑤ ⑩: 나라나 지역을 도맡아 다스림.

○ 252017-0070

7 주어진 초성을 참고하여 윗글의 내용을 정리하시오.

제목: 남극과 북극의 차이		
특징	• ㅈ ㅁ (으)로 글을 시작하여 독자들의 흥미를 끎. • 남극과 북극의 ㅊ ㅇ 을/를 드러내 보이기 위해 설명 방법 중 ㄷ ㅈ 이/가 주로 사용됨.	

주요 내용		
북극		남극
백곰	서식하는 동물	ㅍ ㄱ
대륙으로 둘러싸인 ㅎ ㅂ	지리적 특징	바다로 둘러싸인 대륙
남극보다 따뜻함.	기온	북극보다 ㅊ ㅇ .
현재 사람들이 ㄱ ㅈ 하고 있음.	원주민 (거주) 여부	원주민이 거주한 적이 없음.

다음 광고를 보고, 지구를 살리는 방법을 생각해 봅시다.

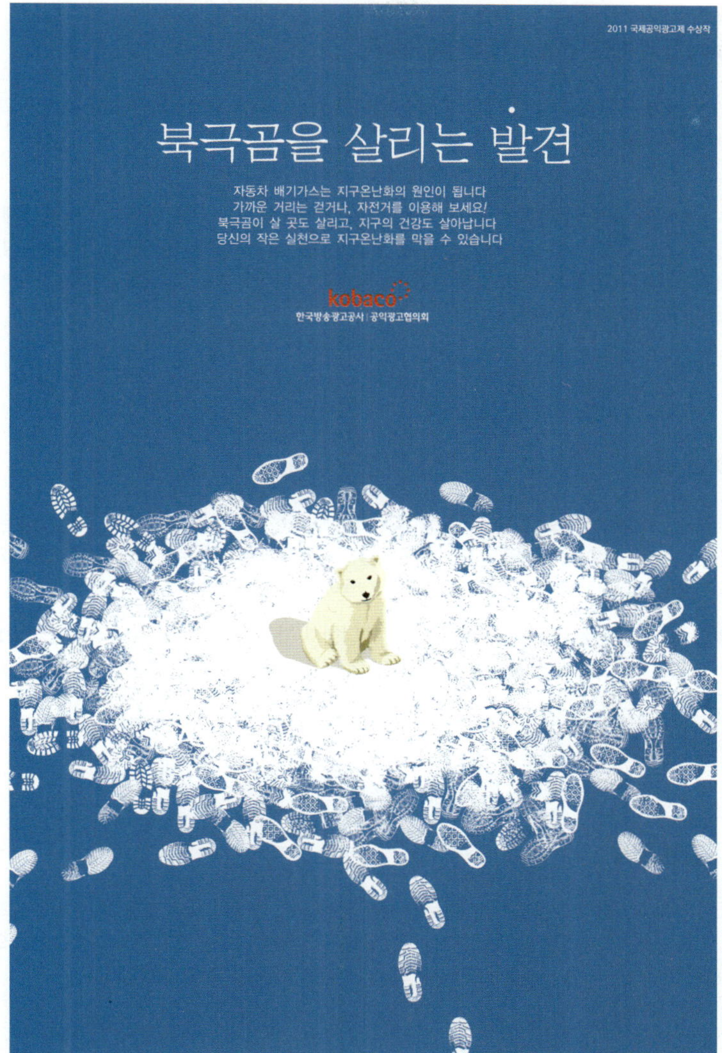

'지구 온난화'는 '지표 부근의 기온이 장기적으로 상승하는 기상 현상'을 말합니다. 18세기 영국의 산업 혁명 이후 전 세계적으로 산업 발전이 꾸준히 이루어졌습니다. 이로 인해 온실 효과의 주범인 이산화 탄소 배출량 또한 급격히 늘어나게 되었죠. 조사에 따르면 지구의 온도는 산업 혁명 이전보다 2도 가까이 올랐다고 합니다. 그로 인해 극지방의 빙하가 녹으면서 북극곰이 살 곳이 사라지고, 폭우, 폭염 등의 기상 이변 또한 늘어났습니다. 지금의 지구는 인류가 건강하게 살 수 없는 곳이 되고 있습니다. 지구는 우리의 것이 아니며 후손들에게 건강하게 물려줘야 할 모두의 소중한 자산임을 기억해야 합니다. 건강한 지구 만들기에 우리 모두 동참합시다.

하나 더 알기 건강한 지구 만들기와 관련한 용어 몇 가지를 더 알아볼까요?

- **온실 효과**: 대기 중의 수증기, 이산화 탄소, 오존 따위가 지표에서 우주 공간으로 향하는 적외선 복사를 대부분 흡수하여 지표의 온도를 비교적 높게 유지하는 작용을 말합니다.
- **온실가스**: 지구 대기를 오염시켜 온실 효과를 일으키는 가스를 통틀어 이르는 말로, 이산화 탄소, 메탄 따위의 가스를 말합니다.
- **탄소 중립**: 탄소 배출량과 흡수량이 균형을 이루어 탄소의 실질 배출량이 0(zero)이 되는 상태'를 말합니다. 탄소의 실질 배출량이 0이 되려면 화석 연료 사용을 줄여 탄소 배출량을 감소시키고, 숲을 복원하거나 탄소 제거 기술 등의 방법을 활용해 탄소 흡수량을 늘려야 합니다.

통일성

큰줄기 **統** + 하나 **一** +
성질 **性**

글의 내용들이 하나의 주제로 긴밀하게 연결되는 것.

친절한 샘 통일성 있는 글은 문단을 이루는 문장들이 해당 문단의 중심 내용과 연결되어 있으며, 각 문단의 중심 내용은 글 전체의 주제와 긴밀하게 이어집니다.

함께 알아 두면 좋은 말
'응집성(凝集性)'은 '문장이나 단어 등 글을 이루는 요소들이 그러나, 그리고 등과 같은 접속 부사 등에 의해 긴밀하게 연결되는 성질'을 말합니다. 응집성 있는 글은 통일성 있는 글일 확률이 높지만 글의 응집성이 글의 통일성으로 곧장 연결되지는 않습니다. 문장 간의 연결이 자연스럽게 연결되어 응집성이 높다고 해도 그 내용이 '주제'로 이어지지 않는다면 통일성 있는 글이라고 보기 어렵거든요.

신뢰성

믿을 **信** + 힘입을 **賴** +
성질 **性**

믿을 만한 바탕이나 성질.

친절한 샘 한 편의 글에는 다양한 정보와 주장이 제시됩니다. 그런데 그중 믿을 만한 것도 있고, 그렇지 않은 것도 있습니다. 글쓴이는 제시한 내용이 신뢰할 만하다는 것을 독자들에게 알리기 위해 해당 분야 전문가의 의견이나 연구팀의 조사 결과 등을 제시합니다. 이러한 자료는 글에 신뢰성을 더합니다.

개념 더하기 글을 읽을 때는 글의 내용이나 글쓴이의 주장이 타당한지 점검해야 합니다. 여기서 '**타당성(妥當性)**'이란 '사물의 이치에 맞는 옳은 성질'을 말하는데, 무조건적으로 내용을 수용하지 말고 타당성을 따지며 비판적인 태도로 글을 읽어야 내용을 더 깊이 있게 이해할 수 있답니다.

통독

통할 **通** + 읽을 **讀**

처음부터 끝까지 훑어 읽음.

친절한 샘 '훑어보다'는 '한쪽 끝에서 다른 끝까지 쭉 보다.'라는 뜻입니다. '한 권의 책을 뜻을 새겨 가며 주의 깊게 읽는 방법'인 '**정독(精讀)**'과는 다른 독서법이지만 어떤 글이든 일부만 읽으면 글의 주제나 글쓴이의 의도를 바르게 파악하기 어렵다는 점에서 '통독' 또한 글을 잘 읽기 위한 매우 효과적인 방법입니다.

함께 알아 두면 좋은 말
- **묵독(默讀)** _ 소리 내지 않고 속으로만 읽는 독서법.
- **속독(速讀)** _ 책을 빨리 읽는 독서법.
- **음독(音讀)** _ 책을 소리 내어 읽는 독서법.

표제

겉 **表** + 제목 **題**

부제

다음 **副** + 제목 **題**

표제: 신문이나 잡지 기사의 제목.
부제: 표제에 덧붙어 그것을 보충하는 제목.

친절한 샘 '표제'와 '부제'는 기사문을 구성하는 요소입니다. '표제'는 기사문의 가장 앞머리에 나오는 제목이고, 부제는 표제에서 담아내지 못한 내용을 간략하지만 구체적으로 제시하는 부분입니다.

예로 이해하기

준비는 끝났다	▶ 표제
– 세계 무대에 도전하는 청소년 여자 축구 대표팀 –	▶ 부제

논증

논의할 **論** + 증거 **證**

근거를 들어서 주장이 타당하다는 것을 증명하는 과정.

 논증하는 글을 쓸 때에는 주장과 논거 사이에 논리적인 관계를 분명히 밝혀야 타당한 논증이 가능합니다. 이 때 '**논거(論據)**'는 '어떤 이론이나 논리, 논설 따위의 근거'를 나타내는 말입니다.

함께 알아 두면 좋은 말

- **논제(論題)** _ 토론이나 논문 따위의 주제나 제목.
- **논쟁(論爭)** _ 서로 다른 의견을 가진 사람들이 각각 자기의 주장을 말이나 글로 논하여 다툼.

연역

펼 **演** + 실 뽑을 **繹**

일반적인 사실이나 원리를 전제로 하여 개별적인 특수한 사실이나 원리를 이끌어 내는 일.

  '연역'은 논증 방법의 하나로 이미 알려진 일반적인 원리나 법칙에서 구체적이고 개별적인 결론을 이끌어 내는 방법입니다. 결론의 내용이 일반적인 원리인 '**전제(前提)**'로부터 나온 것이기 때문에 전제가 참이면 결론도 참이고, 전제가 거짓이면 결론도 거짓입니다.

예로 이해하기

대전제	모든 사람은 죽는다.	일반적 원리
소전제	이순신 장군은 사람이다.	구체적 사실
결론	따라서 이순신 장군은 죽는다.	구체적 사실

귀납

돌아갈 **歸** + 거둘 **納**

개별적인 특수한 사실이나 원리로부터 일반적이고 보편적인 명제 및 법칙을 이끌어 내는 일.

 개별적이고 구체적인 사실이나 현상에서 일반적이고 보편적인 결론을 이끌어 내는 방법입니다. 전제에 포함되어 있지 않은 새로운 지식을 결론으로 삼아 지식을 넓혀 준다는 점에서 '귀납'은 의미가 있는 논증 방법이라고 볼 수 있습니다. 대부분의 과학 실험은 귀납의 방법으로 이루어지는데, 다만 구체적인 사실 100개를 바탕으로 일반적 원리를 결론으로 도출했다고 하더라도, 이후에 구체적 사실 중 하나라도 거짓인 것이 발견된다면 결론은 거짓이 됩니다.

예로 이해하기

이순신 장군은 죽었다. 세종 대왕도 죽었다.	구체적 사실
둘은 사람이다.	구체적 사실
따라서 모든 사람은 죽는다.	일반적 원리

유추

무리 **類** + 옮길 **推**

두 개의 사물이 여러 면에서 비슷하다는 것을 근거로 다른 속성도 유사할 것이라고 추론하는 일.

 '유비 추리'의 줄임말로 두 대상이 몇 가지 공통점을 갖고 있을 때 하나의 대상이 특정한 성질을 갖고 있다면 다른 하나도 같은 성질을 갖고 있을 것이라고 추론하는 것을 뜻합니다. 어려운 개념을 설명하고자 할 때 친숙하고 쉬운 개념에 빗대어 하나씩 비교하며 개념을 설명하는 과정을 의미하기도 합니다.

 '유추'는 특수한 사례를 검토한 뒤 어떤 사실이나 진리를 결론으로 이끌어 낸다는 점에서 '귀납 논증'에 속한다고 볼 수 있습니다.

예로 이해하기

지구에는 생물이 살고 있다.

지구와 화성은 환경이 비슷하다.

그러므로 화성에도 생물이 살 것이다.

○ 252017-0071

1 제시된 뜻을 지닌 단어를 〈보기〉에서 찾아 쓰시오.

보기

통독
통일성
신뢰성

(1) 글의 내용들이 하나의 주제로 긴밀하게 연결되는 것 ➡

(2) 믿을 만한 바탕이나 성질 ➡

(3) 처음부터 끝까지 훑어 읽음. ➡

○ 252017-0072

2 제시된 단어의 의미로 적절한 것을 오른쪽에서 찾아 알맞게 연결하시오.

(1) 귀납 •
• ㉠ 일반적인 사실이나 원리를 전제로 하여 개별적인 특수한 사실이나 원리를 이끌어 내는 일

(2) 유추 •
• ㉡ 두 개의 사물이 여러 면에서 비슷하다는 것을 근거로 다른 속성도 유사할 것이라고 추론하는 일

(3) 연역 •
• ㉢ 개별적인 특수한 사실이나 원리로부터 일반적이고 보편적인 명제 및 법칙을 이끌어 내는 일

○ 252017-0073

3 다음 기사를 읽고 물음에 답하시오.

청소년을 부탁해

– ○○시, 청소년들을 위한 상담 센터 신설 –

우리나라 청소년들의 행복 지수가 다른 나라에 비해 현저하게 낮은 것으로 나타났다. 공부 시간이 길고, 친구들과 어울려 놀 수 있는 시간이 없다 보니 고민을 나눌 수 있는 기회가 많지 않은 것이 그 원인이다. ㉠학업 성취도를 높이기 위해서는 시간의 양보다 질이 중요하다. 그래서 ○○시는 청소년들이 편히 와서 자신의 이야기를 할 수 있도록 학교와 학원가가 몰려 있는 지역에 청소년 상담 센터를 신설하기로 결정했다.

(1) 표제를 찾아 쓰시오. ➡ ______________

(2) 부제를 찾아 쓰시오. ➡ ______________

(3) 제시된 초성을 참고하여 빈칸에 들어갈 알맞은 단어를 쓰시오.

㉠은 글의 ㅌ ㅇ ㅅ 을/를 해치는 문장이므로 삭제해야 한다. ➡ ______________

○ 252017-0074

4 주어진 초성을 참고하여 [A]의 역할을 정리하시오.

> ### 내일 밤, 우주쇼가 열립니다!
>
> 우리가 흔히 별똥별이라고 부르는 유성은 우주 공간을 떠돌던 먼지 입자가 지구 중력에 이끌려 대기 안으로 들어오면서 대기와의 마찰로 불타는 현상을 말한다. 이때 대기로 이끌려 오는 물체가 많을 경우 별똥별이 비처럼 쏟아진다고 하여 유성우(流星雨)라고 한다.
>
> 그런데 내일 밤에 우리나라에서 엄청난 유성우를 볼 수 있다고 한다. [A] 천문학자 김예지 박사는 "유성우는 지구의 공전 방향 때문에 유성우의 종류나 관측자의 위치와 관계없이 새벽 1시부터 날이 밝아오기 전에 가장 잘 보입니다. 유성우를 관측할 때는 하나의 천체를 자세히 보는 것이 아니기 때문에 별도의 장비가 필요 없습니다. 대신 빛 공해를 피해 도심을 벗어나 어두운 곳으로 가서 보면 더 좋습니다."라고 말한다.   – ○○일보, 박□□ 기자

[A]는 유성우 관측과 관련해 전문적인 지식을 가진 ㅊ ㅁ ㅎ ㅈ 의 말을 인용하여 글의 ㅅ ㄹ ㅅ 을/를 높였다.

○ 252017-0075

5 다음 만화에서 ㉠~㉣에 들어갈 알맞은 단어를 〈보기〉에서 찾아 쓰시오.

보기

논증	유추	귀납	연역

6~8 다음 글을 읽고 물음에 답하시오.

○○ 일보   202☆. *월 *일

ⓐ인공 지능과 데이터

— ⓑ인공 지능의 성공과 실패는 데이터의 질과 양에 달려 있다. —

인공 지능은 '인공'과 '지능'이 결합된 단어로 인간의 지능이 가지는 학습, 추리, 적응, 논증 따위의 기능을 갖춘 컴퓨터 시스템을 말한다. 인공 지능은 우리의 삶과 매우 밀접한 기술이다. 매일 사용하는 스마트폰에 카메라의 초점을 자동으로 잡아 주는 얼굴 인식 기능과 인터넷 검색을 할 때 자동으로 추천 검색어를 띄워 주는 것, 영상 검색 사이트에서 외국 영상을 볼 때 자동으로 자막이 생성되는 것도 모두 인공 지능이 우리 삶에서 활용되는 예이다.

인공 지능은 쉽게 말해 사람처럼 생각할 수 있는 기계인데 생각하는 능력을 갖기 위해 가장 중요한 것이 '데이터'이다. 그래서 인공 지능과 데이터의 밀접한 관계를 실과 바늘의 관계에 비유하기도 하는데 이것에 대해 이해하기 위해서는 '머신 러닝'이 무엇인지 알아야 한다. 머신 러닝 기법은 기계가 관찰과 조사를 통해 입력된 몇 가지 데이터를 학습해 예측 가능한 모든 상황을 스스로 깨우치게 하는 기술인데 이것은 예측 가능한 모든 정보를 입력해야 했던 과거에 비해 크게 발달된 형태이다. ㉠딥 러닝은 컴퓨터가 사람의 뇌처럼 사물이나 데이터를 분류할 수 있도록 하는 기술로, 기계 학습의 일종이라는 점에서 머신 러닝과 유사하다. 그러므로 머신 러닝을 통해 만들어지는 인공 지능의 성패는 데이터의 질과 양에 달려 있다.

— △△△ 기자

○ 252017-0076

6 기사문의 내용과 일치하지 <u>않는</u> 것은?

① '인공 지능'은 인공과 지능이 결합된 단어이다.

② 스마트폰의 얼굴 인식 기능은 인공 지능이 적용된 예이다.

③ 인공 지능과 데이터는 실과 바늘처럼 매우 밀접한 관계이다.

④ 머신 러닝은 예측 가능한 모든 데이터를 입력한 후 활용할 수 있다.

⑤ 머신 러닝을 통해 만들어지는 인공 지능이 잘 작동하기 위해서는 좋은 데이터가 입력돼야 한다.

○ 252017-0077

7 ㉠에 대한 설명으로 적절한 것은?

① 통일성을 해치는 문장이므로 삭제해야 한다.

② 신뢰성을 해치는 문장이므로 삭제해야 한다.

③ 일반적인 원리에 해당하므로 구체적인 사실 뒤로 옮겨야 한다.

④ 문단의 중심 내용에 해당하므로 문단의 앞부분으로 옮겨야 한다.

⑤ 응집성을 해치는 문장에 해당하므로 글의 첫 문단으로 옮겨야 한다.

○ 252017-0078

8 주어진 초성을 참고하여, 신문 기사에서 ⓐ, ⓑ를 이르는 말로 알맞은 단어를 쓰시오.

ⓐ 인공 지능과 데이터: ㅍ ㅈ   ⓑ 인공 지능의 성공과 실패는 데이터의 질과 양에 달려 있다. : ㅂ ㅈ

인공 지능과 관련 있는 어휘

인공 지능이 발달하면서 여러 매체를 통해 관련 용어들을 자주 접하게 됩니다. 새로운 기술에 속하는 만큼 대부분의 용어가 외국어라서 이해가 쉽지는 않았을 거예요. 우리 생활과 밀접한 관계가 있는 인공 지능 관련 용어들을 살펴보며 인공 지능과 더 친해지기 바랍니다.

- **AI**: 'Artificial Intelligence'의 줄임말로 우리말로는 '인공 지능'이라고 함.
- **생성형 인공 지능**: 텍스트, 오디오, 이미지 등의 기존 콘텐츠를 활용하여 유사한 콘텐츠를 새로 만들어 내는 인공 지능(AI) 기술
- **챗봇**: 문자나 음성으로 대화를 나눌 수 있도록 시스템이 구현된 컴퓨터 프로그램 또는 인공 지능
- **자율 주행 기술**: 차선 이탈 방지 시스템, 차량 변경 제어 기술, 장애물 회피 제어 기술 따위를 이용하여 출발지와 목적지를 입력하면 최적의 주행 경로를 선택하여 스스로 주행하도록 하는 기술
- **빅 데이터**: 기존의 데이터베이스로는 수집, 저장, 분석 따위를 수행하기 어려울 만큼 방대한 양의 데이터

●● 제시된 내용과 관계있는 말을 〈보기〉에서 찾아 바르게 쓰시오.

보기
| 챗봇 | 빅 데이터 | 생성형 인공 지능 | 자율 주행 기술 |

(1)	기존 콘텐츠 활용	새로운 콘텐츠 생성	
(2)	방대한 양의 데이터	기존의 데이터베이스로는 수집, 저장, 분석이 어려움.	
(3)	차선 이탈 방지	스스로 주행	
(4)	문자나 음성	대화 프로그램	

복습 테스트 (1)

● 252017-0079

1 다음을 읽고 (1)~(5)에 각각 답하시오.

> 수린: 민아야, 지혜까지 셋이서 함께 토요일 오후에 경로당으로 봉사 활동을 가기로 했잖아. 그런데 ㉠아무 생각 없이 오전에 가겠다고 경로당에 연락을 했어. 지혜한테 말했더니 토요일 오전에는 다른 일정이 있다고 하던데.
>
> 민아: 지혜가 봉사 활동 꼭 가고 싶다고 했잖아. 어쩐지 지혜 옆을 지나는데 ㉡찬바람이 쌩쌩 불더라.
>
> 수린: 그랬어? 화가 많이 났나 보네. 염치 ㉢ 하고 용서해 달라고 해야겠다.
>
> 민아: ㉣합리적인 해결 방안을 찾아보자. 내가 지혜한테 혹시 오전 일정을 조정할 수 있는지 물어볼게. 너는 경로당에 연락해서 봉사 활동 시간을 바꿀 수 있는지 알아봐.
>
> 수린: 그래. ㉤네가 도와주니까 나도 조금 힘이 난다. 빨리 연락해 볼게.

(1) ㉠과 바꾸어 쓸 수 있는 단어로 적절한 것은?

　① 골똘히　　　　　② 기하급수적으로　　　　　③ 무심결에

　④ 박탈감에　　　　⑤ 효율적으로

(2) ㉡의 의미로 적절한 것은?

　① 매우 격렬한 열정을 비유적으로 이르는 말

　② 어떤 일이 한때에 많이 생겨남을 비유적으로 이르는 말

　③ 냉랭하고 싸늘한 기운이나 느낌을 비유적으로 이르는 말

　④ 죽기와 살기라는 뜻으로, 어떤 중대한 문제를 비유적으로 이르는 말

　⑤ 매우 짧은 시간이나 매우 재빠른 움직임 따위를 비유적으로 이르는 말

(3) 주어진 초성을 참고하여 ㉢에 들어갈 알맞은 단어를 쓰시오.

　ㅂ　ㄱ

(4) 다음은 ㉣의 뜻풀이이다. 빈칸에 들어갈 알맞은 단어를 쓰시오.

> 이론이나 ㅇ ㅊ 에 ㅎ ㄷ 한 것

(5) ㉤에 쓰인 설명 방법으로 적절한 것은?

　① 정의　　　　② 예시　　　　③ 비교　　　　④ 대조　　　　⑤ 인과

→ 정답과 해설 14쪽

2 ○ 252017-0080

밑줄 친 단어가 같은 의미로 쓰인 문장을 고르시오.

(1) 그의 실력이 매우 뛰어나다는 것은 누구도 <u>부정</u>할 수 없는 사실이다.
   ① 그는 자신이 거짓말을 했다는 사실을 <u>부정</u>했다.
   ② 그는 거짓말을 자주하는 것을 보니 참 <u>부정</u>한 사람이다.

(2) 그들은 협회에서 <u>공인</u>한 물건만을 취급한다.
   ① 나는 국가가 <u>공인</u>한 자격증을 세 개나 가지고 있다.
   ② 그녀의 친구들은 그 모임에서 그녀가 제일 성실히 참여한다고 <u>공인</u>하였다.

(3) 독재적인 정권에 항거하는 <u>의거</u>가 계속 일어났다.
   ① 관련 법률에 <u>의거</u>, 불법적인 행위를 한 사람들을 모두 처벌하였다.
   ② 이번 일은 온 민족의 답답한 마음을 해소해 준 <u>의거</u>로 기록될 것이다.

3 ○ 252017-0081

제시한 단어들과 관련이 있는 것을 〈보기〉에서 찾아 쓰시오.

보기
교섭	약정	순국	순교

(1) 의논, 절충, 결렬, 타결 ——— [   ]

(2) 논개, 유관순, 윤봉길, 현충일 ——— [   ]

4 ○ 252017-0082

다음 설명에 해당하는 단어를 오른쪽에서 찾아 바르게 연결하시오.

(1) 작은 항목을 일정한 기준에 따라 더 큰 항목으로 묶어 설명하는 방법 •   • ㉠ 정의

(2) 큰 항목을 더 작은 항목으로 나누어 설명하는 방법 •   • ㉡ 대조

(3) 어떤 말이나 사물의 뜻을 명백히 밝혀 규정함. 또는 그 뜻 •   • ㉢ 분류

(4) 둘 이상의 대상을 견주어 차이점을 드러냄. •   • ㉣ 구분

○ 252017-0083

5　밑줄 친 두 단어의 의미가 서로 비슷한 것은?

① ┌ 그들은 갖은 <u>박해</u>에도 불구하고 끝내 살아남았다.
　 └ 모진 <u>핍박</u>을 받더라도 우리는 우리의 뜻을 굽히지 않을 것이다.

② ┌ 이것이 병원에서 건강 검진을 할 때 쓰는 <u>통용</u> 문서이다.
　 └ 이곳은 여러 가지 <u>일용</u> 잡화를 싼 가격에 판매하는 곳이다.

③ ┌ 지구가 평평하다는 <u>통념</u>을 깨뜨리는 것은 몹시 힘든 일이었다.
　 └ 할아버지의 오래된 사진을 바라보는 어머니의 <u>상념</u>은 계속되었다.

④ ┌ 나는 불현듯 그가 이번 사건의 주모자일 수 있겠다는 생각이 들었다.
　 └ 그는 숙제를 하지 않았다는 사실이 떠올라 <u>부리나케</u> 집으로 돌아갔다.

⑤ ┌ 그는 쓰레기를 무단으로 투기하는 사람을 <u>적발하는</u> 일을 하고 있었다.
　 └ 이 지역에서는 학생들이 늦은 시간까지 돌아다니지 않도록 학생들을 <u>규제하였다</u>.

○ 252017-0084

6　다음 문장에 쓰인 설명 방법을 오른쪽에서 찾아 바르게 연결하시오.

(1) 하나의 산소 분자는 두 개의 원자로 구성되어 있다.	•		• ㉠ 예시
(2) 현악기에는 바이올린, 하프, 기타 등이 있다.	•		• ㉡ 분석
(3) 테니스와 탁구는 모두 공과 라켓, 네트가 필요한 운동이다.	•		• ㉢ 비교

○ 252017-0085

7　다음의 뜻풀이와 예에 해당하는 단어를 오른쪽 표에서 찾아 글자를 지운 후, 남은 네 글자로 이루어진 사자성어를 쓰시오.

(1) 개별적인 것이나 특수한 것이 일반적인 것으로 됨. 예 성급한 □□□의 오류

(2) 들인 노력과 얻은 결과의 비율 예 □□적인 방법

(3) 일반 대중에게 널리 알림. 예 법령의 □□

(4) 한 나라가 상대국에 선전 포고도 없이 침입하는 일 예 1950년 6월 25일에 일어난 □□

(5) 나쁜 폐단이나 묵은 것을 버리고 새롭게 함. 예 분위기의 □□

(6) 부러워하여 바람 예 □□의 대상

(7) 박탈당하였다고 여기는 느낌이나 기분 예 상대적 □□□

일	응	효	화	보
쇄	감	변	사	반
망	인	포	과	탈
공	선	박	신	율

사자성어 ➜ □□□□

8 ● 252017-0086

문맥을 고려할 때, 밑줄 친 단어의 쓰임이 적절하지 <u>않은</u> 것은?

① 이 근방은 과거에 연합군이 <u>주둔하던</u> 지역이었다.
② 일꾼들이 <u>삯</u>을 제대로 내놓으라고 고용주에게 항의를 하였다.
③ 우리는 문제를 해결할 방법을 찾기 위해 서로 <u>갑론을박하였다</u>.
④ 그들은 선생님의 표정이 좋지 않은 이유를 <u>골똘히</u> 생각해 보았다.
⑤ 예전에는 신에게 제물을 <u>받치고</u> 마을의 한 해 복을 기원하기도 하였다.

9 ● 252017-0087

다음 문장을 간접 인용의 방식으로 고쳐 쓰시오.

나는 "어휘 공부를 계속 열심히 하겠다."라고 말하였다.

➡ ____

10 ● 252017-0088

뜻풀이를 참고하여 오른쪽 십자말풀이의 빈칸을 완성하시오.

| 가로 열쇠 |

1. 제멋대로 해 나감. 또는 삼가는 태도가 없이 건방지게 행동함.
2. 동양과 서양, 옛날과 지금을 통틀어 이르는 말.
4. 생산 과정에 참여한 개개인이 생산물을 사회적 법칙에 따라서 나눔.
6. 못살게 굴어서 해롭게 함.
7. 일반적으로 두루 쓰임.
9. 국민이 정치에 참여할 수 있는 권리

| 세로 열쇠 |

1. 오래전부터 해 오는 대로 함. 또는 관례에 따라서 함.
2. 어떤 것을 간절히 그리워하여 그것만을 생각함.
3. 따로 떨어져 도움을 받지 못하게 된 군사가 많은 수의 적군과 용감하게 잘 싸움.
5. 여러 사람이 서로 자신의 주장을 내세우며 상대편의 주장을 반박함.
7. 일반적으로 널리 통하는 개념
8. 일상적으로 씀.
10. 어떤 일을 약속하여 정함.

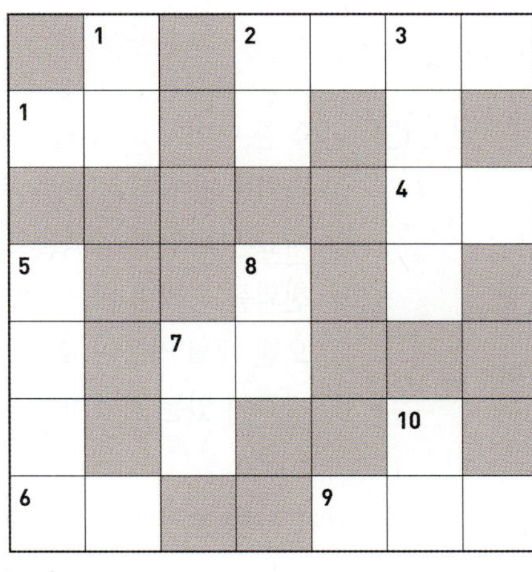

● 252017-0089

1 다음을 읽고 (1)~(5)에 각각 답하시오.

○○ **일보**　　　202☆. *월 *일

⊙<u>국민이 가장 선호하는 야생 동물 1위, 하늘다람쥐를 지켜 주세요</u>
ⓛ – 까맣고 동그란 눈, 하늘을 나는 모습으로 인기를 모아 –

국립 공원 공단이 전국 국립 공원을 방문한 탐방객 1096명을 대상으로 진행한 설문 조사에서 하늘다람쥐가 '국민이 가장 좋아하는 국립 공원 대표 야생 생물'에 1위로 선정되었다. 탐방객들은 까맣고 동그란 눈으로 대표되는 귀여운 외모, 날개막을 펼쳐 나무와 나무 사이를 날아다니는 모습이 하늘다람쥐의 매력이라고 밝혔다.

과거에는 전국에 ©<u>분포하였던</u> 하늘다람쥐는 이제 반드시 보호가 필요한 천연기념물로서 산림 생태계의 건강성을 확인할 수 있는 @<u>지표</u>가 되었다. 이러한 하늘다람쥐를 허가 없이 포획하여 사육하는 경우 법적인 처벌을 받을 수 있다. 특히 외래종인 북미산 하늘다람쥐는 반려동물로 ⓜ<u>주목</u>을 받고 있는데, 이에 환경부 관계자는 북미산 하늘다람쥐와 한반도에만 ⓗ　하는 고유종인 하늘다람쥐를 혼동하여 유통하는 일에 주의를 당부하였다.

– △△△ 기자

(1) 신문 기사에서 ⊙, ⓛ을 가리키는 단어를 각각 쓰시오.

⊙ – ☐☐　　　　　　　　　　　　ⓛ – ☐☐

(2) 다음은 ©의 뜻풀이이다. 빈칸에 들어갈 알맞은 단어를 쓰시오.

일정한 ☐ㅂ☐ㅇ에 ☐ㅎ☐ㅇ져 퍼져 있다.

(3) 밑줄 친 단어가 @과 같은 의미로 쓰인 문장으로 적절한 것은?
① 뜨거운 용암이 지표를 뒤덮어 버렸다.
② 지표는 다양한 암석들로 구성되어 있다.
③ 신뢰를 지키며 사는 것을 삶의 지표로 정했다.
④ 오랜 세월 강물이 흐르면서 지표를 변화시켰다.
⑤ 지표에 있는 로켓이 상공을 향해 날아오를 것이다.

(4) ⓜ과 바꿔 쓰기에 적절한 단어는?
① 각광　　　② 계승　　　③ 교란　　　④ 대응　　　⑤ 반출

(5) 문맥을 고려할 때, ⓗ에 들어갈 단어로 가장 적절한 것은?
① 발생　　　② 분비　　　③ 분화　　　④ 자생　　　⑤ 진화

→ 정답과 해설 16쪽

○ 252017-0090

2 ㉠, ㉡에 들어갈 단어가 모두 바르게 짝 지어진 것은?

> 내가 부모님을 사랑한다는 마음은 형태가 없으므로 [㉠]인 것이라고 할 수 있지만, 부모님을 사랑한다는 마음을 담은 편지는 형태가 있으므로 [㉡]인 것이라고 할 수 있습니다.

	㉠	㉡		㉠	㉡
①	구체적	추상적	②	추상적	구체적
③	가시적	유기적	④	유기적	가시적
⑤	가시적	구체적			

○ 252017-0091

3 제시한 단어들과 관련이 있는 것을 〈보기〉에서 찾아 쓰시오.

보기
관습	궤도	안목	천체

(1) 진위 가치 분별 식견 ——

(2) 기차 전차 행성 길 ——

○ 252017-0092

4 다음 설명에 해당하는 단어를 오른쪽에서 찾아 바르게 연결하시오.

(1) 처음부터 끝까지 훑어 읽는 독서법 •   • ㉠ 통독

(2) 책을 소리 내어 읽는 독서법 •   • ㉡ 묵독

(3) 소리 내지 않고 속으로만 읽는 독서법 •   • ㉢ 속독

(4) 책을 빨리 읽는 독서법 •   • ㉣ 음독

● 252017-0093

5 밑줄 친 두 단어의 의미가 서로 비슷한 것은?

① ┌ 그가 매끄러운 말솜씨는 마치 <u>청산유수</u>와 같다.
　└ 우리나라는 자연이 아름다워 <u>금수강산</u>이라고 불렸다.

② ┌ 그는 <u>불모</u>의 땅을 개척하며 살아온 사람이었다.
　└ 그는 농사꾼으로 살면서 이런 <u>옥토</u>를 본 적이 없었다.

③ ┌ 병에 걸린 그의 몸은 눈에 띄게 <u>못쓰게</u> 되었다.
　└ 공부하느라 <u>축난</u> 그의 얼굴을 보니 마음이 좋지 않다.

④ ┌ 이대로라면 석유는 결국 <u>고갈</u>이 되고 말 것이다.
　└ 비가 한 번 제대로 내려 준다면 곧 <u>해갈</u>이 될 것이다.

⑤ ┌ 결국 일어난 전쟁은 <u>유혈</u> 사태를 불러일으켰다.
　└ 급하게 <u>지혈</u>을 했으니 병원으로 빨리 보내야 한다.

● 252017-0094

6 다음의 글에서 통일성을 해치는 문장을 찾아 쓰시오.

> 우리나라에는 먼 과거로부터 현대까지 전해지는 국가유산이 많이 있다. 그런데 일부는 미술관이나 박물관에서 관리되며 잘 보관되어 있지만, 일부는 해외에 반출되어 국내로 다시 돌아오지 못하고 있는 실정이다. 우리 국가유산의 아름다움은 국내에서뿐만 아니라 해외에서도 모두 사랑받고 있다. 이러한 국가유산을 국내로 환수하기 위한 노력이 지속적으로 이루어지고 있으나 눈에 띄는 성과를 거두지는 못하고 있는 실정이다.

● 252017-0095

7 다음의 뜻풀이에 해당하는 단어를 오른쪽 표에서 찾아 글자를 지운 후, 남은 네 글자로 이루어진 사자성어를 쓰시오.

(1)　병의 원인이 되는 균

(2)　옛것을 익히고 그것을 미루어서 새것을 앎.

(3)　우주와 천체에 대해 연구하는 학문

(4)　눈으로 볼 수 있는 거리

(5)　정지 상태에 있는 (것)

사자성어 ➡ ☐ ☐ ☐ ☐

○ 252017-0096

8 다음 글이 가진 문제점으로 가장 적절한 것은?

> 청소년기에는 충분한 수면을 취하는 것이 중요하다. 첫째, 충분한 수면을 취하지 못하면 성장이 저해된다. 성장 호르몬이 밤 10시경에 분비되기 시작하여 새벽 2시까지 이어진다는 것은 이미 잘 알려진 사실이다. 둘째, 수면이 부족하면 학습에도 악영향을 미친다. 나의 경험에 따르면 충분한 수면을 취하지 못했을 때 학업 성적이 확연히 떨어지게 되었다.

① 통일성에서 벗어난 문장이 제시되었다.
② 신뢰성이 부족한 내용이 근거로 제시되었다.
③ 공통점이 별로 없는 두 대상으로 유추를 하였다.
④ 일반적인 사실이나 원리를 전제로 결론을 이끌어 내었다.
⑤ 개별적인 사실로부터 일반적인 원리나 법칙을 이끌어 내었다.

○ 252017-0097

9 다음 뜻풀이를 참고하여 오른쪽 십자말풀이의 빈칸을 완성하시오.

| 가로 열쇠 |

1. 거의 죽게 된 처지나 형편
3. 무슨 일에 반하거나 혹하여 꼼짝 못 하다. 圓 ○○을 못 쓰다.
4. 생물처럼 물질이 유기적으로 구성되어 생활 기능을 가지게 된 조직체
6. 산과 내와 풀과 나무라는 뜻으로, '자연'을 이르는 말
8. 고령토 따위를 원료로 빚어서 아주 높은 온도로 구운 그릇
9. 세포에서 만들어진 액체가 세포 밖으로 내보내짐.

| 세로 열쇠 |

2. 봄·여름·가을·겨울 네 철 내내의 동안
4. 두 개의 사물이 여러 면에서 비슷하다는 것을 근거로 다른 속성도 유사할 것이라고 추론하는 일. '유비 추리'의 줄임말
5. 사물이 직접 경험하거나 지각할 수 있도록 일정한 형태와 성질을 갖추고 있는 (것)
6. 여기저기 흩어져 있음.
7. 사물의 좋고 나쁨 또는 진위(眞僞)나 가치를 분별하는 능력
8. 몸의 영양을 좋게 하는 성분. 정신의 성장이나 발전에 도움을 주는 정보, 지식, 사상 따위를 비유적으로 이르는 말로도 쓰임.

어휘가 독해다

11강 | 시 | 자연을 표현하는 어휘

까치밥

까치 따위의 날짐승이 먹으라고 따지 않고 몇 개 남겨 두는 감.

예 할아버지 댁 감나무에는 **까치밥**만이 두 알 매달려 있었다.

친절한 샘 예로부터 겨울이 시작되는 절기인 '**입동(立冬)**' 무렵에 새의 먹이로 남겨 두는 까치밥에는 나눔의 뜻을 실천하는 선조들의 지혜가 담겨 있지요. 한편 마을에서는 노인들에게 음식을 대접하기도 했는데 이를 '**치계미(雉鷄米)**'라고 합니다. '꿩, 닭, 쌀'을 뜻하는 치계미는 원래 '사또의 밥상에 올릴 반찬값'을 가리키는 말로, 마을의 노인들을 사또처럼 모신다는 뜻입니다. 사람이나 동물 모두가 따뜻한 겨울을 날 수 있도록 배려한 조상들의 지혜가 돋보이네요.

도랑

매우 좁고 작은 개울.

예 아이들이 **도랑**에서 가재를 잡으며 놀고 있다.

친절한 샘 속담 중에 '**도랑 치고 가재 잡는다.**'라는 말이 있는데요, 이 속담은 두 가지 의미로 사용됩니다. 먼저 도랑을 치기 위해 돌을 들어내고 나면 가재가 살 수 없어 한동안 가재를 잡을 수 없으므로, 도랑을 치기 전에 가재를 잡아야겠지요. 즉 일의 순서가 뒤바뀌어서 애쓴 보람이 나타나지 않는다는 뜻입니다. 다음으로 도랑을 치기 위해 돌을 들면 돌에 숨어 있던 가재까지 잡을 수 있다는 말인데요, 한 가지 일로 두 가지 이상의 이득을 얻게 됨을 뜻합니다.

두메산골

도회에서 멀리 떨어져 사람이 많이 살지 않는 변두리나 깊은 곳.

예 도로에서 한참 떨어진 **두메산골**로 여행을 갔다.

친절한 샘 외따로 뚝 떨어져 있는 후미지고 으슥한 땅을 가리키는 말로 '**벽지(僻地)**'가 있습니다. 도시에서 멀리 떨어져 있어 교통이 불편하고 문화적인 혜택이 적은 곳을 이르는 말이지요. 또, 육지에서 멀리 떨어진 외딴섬을 가리키는 말로는 '**낙도(落島)**'가 있습니다.

삭정이

살아 있는 나무에 붙어 있는, 말라 죽은 가지.

예 아궁이에 넣은 **삭정이**가 활활 타올랐다.

친절한 샘 삭정이는 살아 있는 나뭇가지가 아니라서 쉽게 꺾을 수 있겠지요. 이런 뜻을 가진 말로 '**삭정이 꺾듯**'이 있습니다. 힘들이지 않고 단순하고 쉽게 한다는 뜻입니다. 삭정이와 비슷한 '**검불**'은 가느다란 마른 나뭇가지, 마른 풀, 낙엽 따위를 통틀어 이르는 말입니다. 검불을 모아서 모닥불을 지피기도 하지요.

눈보라

바람에 불리어 휘몰아쳐 날리는 눈.

예 **눈보라**가 몰아치는 겨울 들판.

친절한 샘 '눈보라'는 '눈'과 '보라'라는 말이 합해 하나의 낱말을 이룬 말입니다. 이때의 '**보라**'는 잘게 부스러지거나 한꺼번에 많이 가루처럼 흩어지는 눈이나 물 따위를 가리키는 말입니다.

윗목

온돌방에서 아궁이로부터 먼 쪽의 방바닥.

예 **윗목**이 차가워서 방석을 깔고 앉았다.

친절한 샘 불길이 잘 닿지 않아 아랫목보다 상대적으로 차가운 쪽이 윗목이라면 '**아랫목**'은 온돌방에서 아궁이가 가까운 쪽의 방바닥을 가리키는 말입니다.

쪽빛

짙은 푸른빛.

예 저 멀리 제주의 **쪽빛** 바다를 바라보았다.

친절한 샘 '남빛'과 '쪽빛'은 모두 널리 쓰이는 복수 표준어로, 짙은 푸른빛을 뜻하는 말입니다. '람/남(藍)'은 '쪽'이라는 풀의 이름을 나타내는 말인데요, 제자나 후배가 스승이나 선배보다 낫다는 것을 비유적으로 표현할 때 '**청출어람(靑出於藍)**'이라는 순자의 말을 인용하기도 하지요. 즉 쪽이라는 풀에서 뽑아낸 푸른 물감이 쪽보다 더 푸르다는 뜻입니다.

여우비

볕이 나 있는 날 잠깐 오다가 그치는 비.

예 한낮에 내리는 **여우비**가 더위를 식혀 주었다.

친절한 샘 윤동주 시인의 「햇비」라는 시에 '아씨처럼 나린다. / 보슬보슬 햇비'라는 표현이 있어요. 이 시에 표현된 '**햇비**'는 '여우비'의 함경도 방언이라고 합니다. 푸슬푸슬 적은 양으로 내리는 비지만 여름날 이 비 덕분에 옥수숫대처럼 모든 것이 쑥쑥 크는 것이니 여우비가 정말 고맙고 반가운 비였겠지요.

완연하다

완연할 宛 + 그럴 然

눈에 보이는 것처럼 아주 뚜렷하다.

예 봄이 **완연하다**.

친절한 샘 기상 예보에서 '일요일인 오늘은 전국이 맑고 완연한 봄 날씨가 예상됩니다. 일교차가 크니 주의가 필요한 날입니다.'라는 표현을 들어 본 적이 있을 것입니다. 봄 날씨가 뚜렷하다는 뜻이지요. 비슷한 말로는 '**역력(歷歷)하다**'가 있는데 자취나 기미, 기억 따위가 환히 알 수 있게 또렷하다는 의미입니다.

알싸하다

매운맛이나 독한 냄새 따위로 콧속이나 혀끝이 알알하다.

예 매운 음식을 먹었더니 입안이 **알싸하다**.

친절한 샘 비슷한 말로 맵거나 독하여 혀끝이 약간 아리고 쏘는 느낌이 있을 때 '**알알하다**'라고 합니다. '**얼쩍지근하다**'는 음식의 맛이 약간 달면서도 얼얼한 느낌이 있을 때 사용하는 말이랍니다.

어휘 더하기

헷갈리기 쉬운 말

정답과 해설 17쪽

- **웃옷**
  맨 겉에 입는 옷.
  예 날씨가 추우니 웃옷을 걸쳐 입으렴.

- **윗옷**
  위에 입는 옷.
  예 여행용으로 윗옷 두 벌과 아래옷 세 벌을 준비하였다.

'웃–'과 '윗–' 모두 '위'의 뜻을 더하는 접두사입니다. '아래'와 '위'의 대립이 있는 명사 앞에는 '윗–'을 쓰고, 대립이 없는 경우에는 '웃–'을 씁니다. '아랫니', '아랫도리', '아랫목'처럼 대립하는 말이 있는 경우는 '윗니', '윗도리', '윗목'이 됩니다. '웃어른'은 대립 관계가 없으므로 '웃–'으로 씁니다.

◦ **다음 문장에 들어갈 적절한 단어를 고르시오.**

> 구하기 힘든 약이라 (웃돈 / 윗돈)을 주고 특별히 구했다.

○ 252017-0098

1 다음 빈칸에 들어갈 알맞은 단어를 〈보기〉에서 찾아 쓰시오.

보기

| 삭정이 | 아랫목 | 눈보라 | 완연(하다) | 알싸(하다) |

(1) 검불이랑 (　　　　　)을/를 모아 불을 지폈다.

(2) 고추냉이를 먹었더니 입안이 (　　　　　)했다.

(3) (　　　　　)을/를 맞으며 겨울 산을 넘었다.

○ 252017-0099

2 다음 단어의 뜻을 오른쪽에서 찾아 바르게 연결하시오.

(1) 쪽빛 •　　　　　• ㉠ 매우 좁고 작은 개울

(2) 여우비 •　　　　　• ㉡ 짙은 푸른빛

(3) 도랑 •　　　　　• ㉢ 볕이 나 있는 날 잠깐 오다가 그치는 비

○ 252017-0100

3 밑줄 친 단어와 바꿔 쓰기에 적절한 것은?

　　절기상 춘분(春分)을 사흘 앞두고 봄기운도 더 짙어졌는데요, 아침 공기는 쌀쌀하지만 한낮에는 20도 안팎으로 기온이 올라 따뜻하겠습니다. 서울은 15도, 강릉 22도, 대구는 20도까지 기온이 오르면서, 하루 새 기온 차가 10도에서 15도 안팎으로 크게 벌어지겠습니다. 낮에는 <u>완연한</u> 봄기운에 겉옷이 거추장스러울 수 있겠는데요, 아침저녁으로는 공기가 차갑습니다. 일교차에 대비한 옷차림을 하셔야겠습니다. 오늘도 전국 하늘이 맑겠습니다. 다만 곳곳으로 공기 질이 나쁘겠습니다. 국외 미세 먼지의 영향으로, 수도권 등 중부 지방은 종일 공기가 탁하겠고요, 전북과 영남은 오전 한때 공기 질이 나쁘겠습니다.

① 뚜렷한　　　　　② 비슷한　　　　　③ 알알한

④ 매운　　　　　⑤ 아린

4 ○ 252017-0101

설명을 참고할 때 ㉠~㉣에 들어갈 내용으로 적절한 것은?

㉠	㉡
「접사」	「접사」
'위'의 뜻을 더함.	'위'의 뜻을 더함.
'아래'와 '위'의 대립이 없는 명사 앞에 사용함.	'아래'와 '위'의 대립이 있는 명사 앞에 사용함.
예 ______________ ……… ㉢	예 ______________ ……… ㉣

① ㉠에 들어갈 말은 '윗 –'이다.

② ㉡에 들어갈 말은 '웃 –'이다.

③ ㉢에는 '밭에 웃거름을 주었다.'를 쓸 수 있다.

④ ㉣에는 '해가 뜨자 나그네는 맨 위에 걸쳤던 웃옷을 벗었다.'를 쓸 수 있다.

⑤ ㉢에는 '윗어른'이 들어간 문장을, ㉣에는 '웃도리'가 들어간 문장을 쓸 수 있다.

5 ○ 252017-0102

다음 만화의 ㉠~㉣에 들어갈 알맞은 단어를 〈보기〉에서 찾아 쓰시오.

보기

삭정이	치계미	입동	까치밥	두메산골	눈보라

6~8 다음 시를 읽고 물음에 답해 보세요.

아씨처럼 나린다.
㉠보슬보슬 ㉡햇비
맞아 주자, 다 같이
옥수숫대처럼 크게
닷 ㉢자 엿 자 자라게
해님이 웃는다.
나보고 웃는다.

하늘 다리 놓였다.
㉣알롱달롱 무지개
노래하자, 즐겁게
㉤동무들아 이리 오나.
다 같이 춤을 추자.
해님이 웃는다.
즐거워 웃는다.

– 윤동주, 「햇비」

● 252017-0103

6 ㉠~㉤의 뜻으로 적절하지 <u>않은</u> 것은?

① ㉠: 덩이진 가루 따위가 물기가 적어 엉기지 못하고 바스러지기 쉬운 모양
② ㉡: 떡이나 먹을 수 있게 하는 비라는 뜻으로, 가을비를 이르는 말
③ ㉢: 길이의 단위. 한 자는 한 치의 열 배로 약 30.3cm에 해당한다.
④ ㉣: 여러 가지 빛깔의 작고 또렷한 점이나 줄 따위가 고르지 아니하고 촘촘하게 무늬를 이룬 모양
⑤ ㉤: 늘 친하게 어울리는 사람

● 252017-0104

7 주어진 초성을 참고하여 위 시의 주제를 정리하시오.

> ㅎ ㅂ 을/를 맞으며 밝게 자라는 ㅇ ㅇ ㄷ 의 모습

● 252017-0105

8 위 시에 대한 설명으로 적절하지 <u>않은</u> 것은?

① 아름다운 우리말의 사용이 돋보이는 시이다.
② 해에 인격을 부여하여 의인법으로 표현하였다.
③ 아이들이 쑥쑥 자라는 모습을 직유법으로 표현하였다.
④ 비가 온 뒤에 하늘에 걸린 무지개를 과장법으로 표현하였다.
⑤ 비가 내리는 모습을 의태어를 사용하여 생생하게 표현하였다.

아름다운 **순·우·리·말**

1 제시된 그림을 설명하는 단어를 찾아 연결하시오.

⑦ 

⑭ 

⑮ 

- **황소바람**: 좁은 틈으로 새어 들어오는 몹시 세고 차가운 바람

- **소소리바람**: 이른 봄에 살 속으로 스며드는 듯한 차고 매서운 바람

- **바람꽃**: 큰 바람이 일어나려고 할 때 먼 산에 구름같이 끼는 뽀얀 기운

- **먼지잼**: 비가 겨우 먼지나 날리지 않을 정도로 조금 옴.

- **비설거지**: 비가 오려고 하거나 올 때, 비를 맞으면 안 되는 물건을 치우거나 덮는 일

- **떡비**: 떡이나 먹을 수 있게 하는 비라는 뜻으로, 가을비를 이르는 말

㉠ 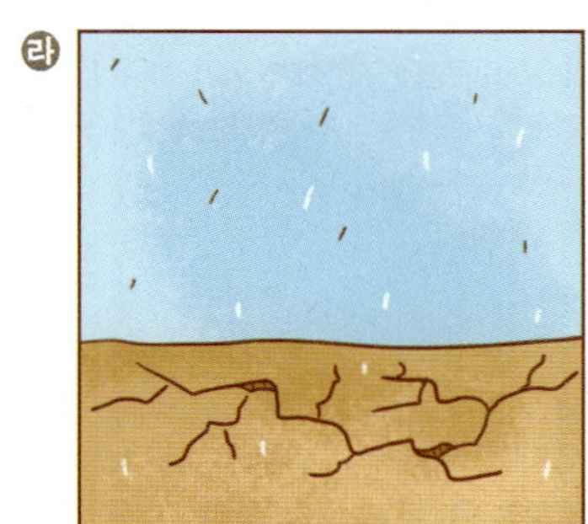

㉡ 

㉢ 

2 위 단어의 뜻풀이를 참고하여, 다음 문장에 적절한 단어를 고르시오.

☐ 이른 봄 (황소바람 / 소소리바람)이 꽃이 피는 걸 샘내듯이 차갑게 불었다.
☐ 봄 가뭄 끝에 온 비가 (먼지잼 / 떡비)(으)로 몇 방울 내리다 말았다.

격정

격할 **激** + 뜻 **情**

강렬하고 갑작스러워 누르기 어려운 감정.

예 그의 일기장에는 젊은 날의 고민과 **격정**이 담겨 있었다.

친절한 샘 '정(情)'은 인간의 마음이나 감정을 나타내는 말에 사용되는데요. 시에서 자주 등장하는 '**정서(情緒)**'라는 말은 사람의 마음에 일어나는 여러 가지 감정 또는 감정을 불러일으키는 기분이나 분위기를 말하지요. 한편 '**열정(熱情)**'은 어떤 일에 열렬한 애정을 가지고 열중하는 마음을 뜻하는 말입니다.

고동치다

❶ 심장이 심하게 뛰다. ❷ 희망이나 이상이 가득 차 마음이 약동하다.

예 내 가슴이 **고동치기** 시작했다.

친절한 샘 심장이 뛰는 것을 나타내는 비슷한 말로 '벌떡거리다'와 '두근거리다'가 있습니다. '**벌떡거리다**'는 맥박이나 심장이 조금 거칠고 크게 자꾸 뛴다는 뜻입니다. '**두근거리다**'는 몹시 놀라거나 불안하여 가슴이 자꾸 뛴다는 말입니다.

성찰적

살필 **省** + 살필 **察** + 어조사 **的**

지나간 일을 되돌아보며 반성하고 살피는 (것).

예 매 순간 자기 삶을 **성찰적**으로 살피자.

친절한 샘 비슷한 말로 '**반성적(反省的)**'이란 자신의 언행에 대하여 잘못이나 부족함이 없는지 돌아보는 것을 말합니다. 접미사 '—적'은 일반적으로 명사 뒤에 붙어서 명사나 관형사를 만들어 주고, '그 성격을 띠는', '그에 관계된', '그 상태로 된'의 뜻을 더하고 있습니다. '—적'이 붙은 단어의 발음을 알아볼까요? 먼저 3음절 이상의 단어에서는 대개 모음이나 'ㄴ', 'ㅁ', 'ㅇ'으로 끝나는 어근 뒤에 '—적'이 붙을 때는 '적[적]'으로 발음하고 그 밖에는 '적[쩍]'으로 발음합니다. 예를 들면 각각 인간적[인간적], 성찰적[성찰쩍]으로 발음을 하겠지요. 한편 2음절 단어에서는 모음이나 'ㄴ', 'ㅁ', 'ㅇ'으로 끝나는 어근 뒤에 붙는 '—적'은 '적[쩍]'으로 발음합니다. '내적(內的)', '미적(美的)', '공적(公的)'은 모두 [내:쩍], [미:쩍], [공쩍]으로 발음합니다.

웅숭깊다

❶ 생각이나 뜻이 크고 넓다. ❷ 사물이 되바라지지 아니하고 깊숙하다.

예 소백산 계곡이 아주 **웅숭깊었다**.

친절한 샘 '웅숭깊다'는 생각이나 사물 모두에 사용합니다. 반면 '**웅숭그리다**'는 비슷한 뜻처럼 보이지만 '춥거나 두려워 몸을 궁상맞게 몹시 웅그리다.'라는 뜻입니다. 형태가 비슷하므로 잘 구분해서 써야 합니다. 비슷한 말로 '**심오(深奧)하다**'는 사상이나 이론 따위가 깊이가 있고 오묘하다고 표현할 때 사용하는 말이지요.

우두망찰하다

정신이 얼떨떨하여 어찌할 바를 모르다.

예 갑자기 닥친 일로 **우두망찰하였다**.

친절한 샘 일반적으로 뜻밖의 일이나 무서움에 가슴이 두근거릴 때 '**놀라다**'라는 말을 많이 사용하는데요, 몹시 놀라거나 당황스러울 때 비슷하게 쓸 수 있는 말이 '당황하다'입니다. '**당황하다**'는 '놀라거나 다급하여 어찌할 바를 모르다.'라는 뜻입니다. 전혀 생각이나 예상을 하지 못한 것을 가리키는 말이 '**뜻밖**'인데요, '**예상외(豫想外)**', '**의외(意外)**' 모두 같은 의미로 사용하는 말입니다.

일편단심

하나 **一** + 조각 **片** + 붉을 **丹** + 마음 **心**

한 조각의 붉은 마음이라는 뜻으로, 진심에서 우러나오는 변치 아니하는 마음을 이르는 말.

예 충신은 임금을 **일편단심**으로 모신다.

친절한 샘 고려 말 정몽주의 일화 중에서 훗날 조선 태종이 된 이방원이 정몽주의 뜻을 물어보자 다음과 같은 시조로 답한 일이 있어요. '이 몸이 죽고 죽어 일백 번 고쳐 죽어 / 백골이 진토되어 넋이라도 있고 없고 / 임 향한 일편단심이야 가실 줄이 있으랴'라고 말이지요. 고려의 충신으로 남겠다는 붉은 마음, 참된 마음을 전달한 것입니다.

적막하다

고요할 寂 + 고요할 寞

❶ 고요하고 쓸쓸하다. ❷ 의지할 데 없이 외롭다.

예 방이 너무 **적막해서** 음악을 크게 틀었다.

친절한 샘 '**적막(寂寞)**'은 고요하고 쓸쓸하다는 말인데요. 이때 '**고요하다**'는 '조용하고 잠잠하다.'라는 말이고, '**쓸쓸하다**'는 '외롭고 적적하다.'라는 말입니다. '세상에 홀로 떨어져 있는 듯이 매우 외롭고 쓸쓸함.'을 뜻하는 말로는 '**고독(孤獨)**'이 있지요. 고독은 외롭고 쓸쓸한 상태 외에도 '부모 없는 어린아이와 자식 없는 늙은이'라는 뜻도 포함하고 있습니다.

질펀하다

❶ 땅이 넓고 평평하게 펼쳐져 있다. ❷ 물건 따위가 즐비하게 널려 있다.

예 넓은 공터에 종잇장들이 **질펀하게** 널려 있었다.

친절한 샘 '질펀하다'는 '주저앉아 하는 일 없이 늘어져 있다.' 또는 '질거나 젖어 있다.'라는 의미로 사용되기도 합니다. 물건 따위가 널려 있는 모양을 나타내는 '**즐비(櫛比)하다**'는 '빗살처럼 줄지어 빽빽하게 늘어서 있다.'라는 뜻이랍니다. 보통 도시의 모습을 묘사할 때 '고층 건물들이 즐비하게 들어섰다.'라고 말하기도 하지요.

찰나적

짧은 시간 刹 + 어찌 那 + 어조사 的

매우 짧은 시간에 이루어지는 (것).

예 **찰나적**으로 스친 생각을 음악으로 만들었다.

친절한 샘 짧은 순간을 나타내는 말로는 짧은 한때를 나타내는 '**일시적(一時的)**'이 있습니다. 일정한 기간에 한정되어 있는 것을 가리킬 때는 '**한시적(限時的)**'이라고 하지요. 이와는 반대로 '오랜 기간'의 의미를 가진 말로 '**영구적(永久的)**', '**항구적(恒久的)**'이 있는데요, 모두 변하지 아니하고 오래가는 것을 나타내는 말입니다.

온기

따뜻할 溫 + 기운 氣

따뜻한 기운.

예 불을 지폈더니 아랫목에 **온기**가 돌았다.

친절한 샘 반대말로 '**냉기(冷氣)**'는 찬 기운이나 공기를 뜻하며, 딱딱하거나 차가운 분위기를 비유적으로 이를 때 쓰는 말입니다. '**한기(寒氣)**'는 추운 기운이나 병이 났을 때 몸으로 느끼는 추운 기운을 뜻하는 말입니다.

어휘 더하기

헷갈리기 쉬운 말

정답과 해설 18쪽

- **곁**

  1. 어떤 대상의 옆. 또는 공간적·심리적으로 가까운 데.
  2. 가까이에서 보살펴 주거나 도와줄 만한 사람.

  예 환자 곁을 지키다.

- **옆**

  사물의 오른쪽이나 왼쪽의 면. 또는 그 근처.

  예 고개를 옆으로 돌리다.

우리가 자주 사용하는 말 중에서 '곁'과 '옆'의 의미를 더 알아볼까요? '옆'은 다소 물리적인 사물의 거리나 자리를 가리키지만 '곁'은 공간적으로 가까운 자리 외에도 심리적인 측면이 더해져서 아끼거나 보살피는 사람을 가리킵니다. 이런 의미에서 생각해 보면 '내 옆'에 있는 사람은 나와 상관없는 '남'일 수 있지만, '내 곁'에 있는 사람은 나와 가까운 사람이 될 수 있겠지요.

○ **다음 문장에 들어갈 가장 적절한 단어를 고르시오.**

> 엄마는 힘들 때나 기쁠 때나 늘 (곁 / 옆)에서 나를 보살펴 주셨지.

1 ○ 252017-0106

빈칸에 들어갈 말의 초성을 보고, 알맞은 단어를 써넣어 문장을 완성하시오.

(1) 겨울이 되니 방바닥이 금방 식어 (_ㅇㄱ_)이/가 다 사라졌다.

(2) 그는 부서지는 파도의 (_ㅊㄴㅈ_) 순간을 화폭에 담았다.

(3) 새 학년이 되어 교실 문을 열자 설렘과 기대로 가슴이 (_ㄱㄷ_)치기 시작했다.

(4) 고층 건물이 (_ㅈㅂ_)한 도심의 모습을 항공 사진으로 촬영했다.

2 ○ 252017-0107

밑줄 친 부분에 들어갈 알맞은 단어를 오른쪽에서 찾아 연결하시오.

(1) 해가 지자 사방이 ________ 어두워졌다. • • 질펀하게

(2) 잔칫날 마을 사람들이 ________ 앉아 놀았다. • • 적막하고

(3) 이 글에 담긴 뜻이 ________ 금방 이해할 수 없었다. • • 웅숭깊어

3 ○ 252017-0108

밑줄 친 구절의 의미로 적절한 것은?

이국적인 풍경이 펼쳐진 도심의 풍경을 살피며 한참을 돌아다녔다. 어디서였을까. 낯선 여행지에서 소매치기를 당했다는 사실을 알았을 때에는 이미 여권이며 휴대 전화도 가지고 있지 않을 때였다. 할 말을 잃고 당황하여 길 한 가운데 서 있는 내 옆으로 지나가던 외국인이 다가왔다. 내가 한국 사람인 것을 간단히 확인하고 나서 한국 영화「기생충」을 본 적이 있다며 반가워했다. 그는 바로 영사 콜센터로 긴급 전화를 할 수 있도록 도와주었다.

① 우두망찰하다   ② 적막하다   ③ 웅숭깊다

④ 고동치다   ⑤ 질펀하다

● 252017-0109

4 설명을 참고할 때 밑줄 친 부분의 발음이 <u>다른</u> 것은?

> **−적(的)** 「접미사」
> 일반적으로 명사 뒤에 붙어서 '그 성격을 띠는', '그에 관계된', '그 상태로 된'의 뜻을 더하는 말.
> ○ 3음절 이상의 단어에서는 대개 모음이나 'ㄴ', 'ㅁ', 'ㅇ'으로 끝나는 어근 뒤에 '−적'이 붙을 때는 '적[적]'으로 발음하고, 그 밖에는 '적[쩍]'으로 발음합니다.
> ○ 2음절 단어에서는 모음이나 'ㄴ', 'ㅁ', 'ㅇ'으로 끝나는 어근 뒤에 붙는 '−적'은 '적[쩍]'으로 발음합니다.

① 영구<u>적</u> ② 사회<u>적</u> ③ 일시<u>적</u>
④ 인간<u>적</u> ⑤ 성찰<u>적</u>

● 252017-0110

5 다음 만화의 ㉠과 ㉡에 들어갈 알맞은 단어를 〈보기〉에서 찾아 쓰시오.

> 보기
>
> 한기   일편단심   격정   온기

6~7 다음 시를 읽고 물음에 답하시오.

여름이 뜨거워서 매미가
우는 것이 아니라 매미가 울어서
여름이 뜨거운 것이다

매미는 아는 것이다
사랑이란, 이렇게
한사코 너의 옆에 붙어서
뜨겁게 우는 것임을

울지 않으면 보이지 않기 때문에
매미는 우는 것이다

– 안도현, 「사랑」

● 252017-0111

6 위 시를 감상한 학생들의 대화로 적절하지 <u>않은</u> 것은?

① 일반적인 상식을 뒤집어 표현한 점이 신선해.
② 매미를 통해 사랑의 의미를 생각해 볼 수 있었지.
③ 뜨거운 여름날 시끄럽게 울어 대는 매미가 떠올라.
④ 사랑을 직접적으로 표현하는 매미의 열정을 느낄 수 있어.
⑤ 매미가 사랑하는 상대를 만나기 위해 더위를 참고 견디고 있어.

● 252017-0112

7 다음은 위 시를 감상하고 적은 메모이다. 빈칸에 들어갈 알맞은 단어를 〈보기〉에서 찾아 쓰시오.

이 시의 매미는 ☐ 에 있는 상대에게 자신의 존재를 알리기 위해 ☐ ☐ 적으로 뜨겁게 울고 있다.

보기

열정   성찰   앞   옆

심리학과 관련한 어휘

•• 인간의 내면을 표현하는 어휘를 알아볼까요?

인공 지능(AI)을 활용한 기술이 우리의 삶을 빠르게 변화시키고 있습니다. 그와 더불어 인간이란 무엇인가에 대한 관심이 전보다 더 많아졌지요. 인간의 성격을 16개로 분류해서 설명하는 MBTI가 주목받기도 하고, 역사적인 사건이나 영화 속 주인공의 심리를 분석하고 이해하려는 시도도 있었지요. 이렇게 생물체의 의식 현상과 행동을 연구하는 학문이 바로 '심리학(心理學)'입니다. 인간의 진정한 내면을 정의하고 설명하는 어휘들을 알고 나면 인간과 세상에 대한 이해가 더 깊어질 것입니다.

• 나르시시즘

그리스 신화에서 호수에 비친 자기 모습을 사랑하며 그리워하다가 물에 빠져 죽은 후 수선화가 된 '나르키소스(Narcissos)'라는 미소년의 이름에서 유래되었어요. 정신 분석학에서는 자기 자신을 너무 사랑하는 것을 지칭*하는 용어로 사용합니다.

* 지칭(指稱): 어떤 대상을 가리켜 이르는 일. 또는 그런 이름.

• 깨진 유리창 이론

유리창이 깨진 자동차를 거리에 방치하면 사회의 법과 질서가 지켜지지 않는다고 생각하게 되고 결국 큰 범죄로 이어질 수 있다고 해요. 즉 일상생활에서 경범죄가 발생했을 때 이를 방치*하면 강력 범죄로 발전할 수 있다는 것을 경고하는 말이지요. 실제로 미국에서는 도시의 낙서를 지우니까 다른 범죄율이 줄어들었다고 합니다.

* 방치(放置): 돌보거나 간섭하지 않고 그대로 둠.

• 리플리 증후군

현실 세계를 부정하고 허구*의 세계만을 진실로 믿어서, 상습적으로 거짓된 말과 행동을 일삼는 이상 행동을 말합니다. 단순한 거짓말쟁이와 달리 리플리 증후군을 보이는 사람은 자신이 한 거짓말을 완전한 진실로 믿고 그 세계 속에 살고 있답니다.

* 허구(虛構): 사실에 없는 일을 사실처럼 꾸며 만듦. 소설이나 희곡 따위에서, 실제로는 없는 사건을 작가의 상상력으로 재창조해 냄. 또는 그런 이야기.

• 확증 편향

자기 신념에 빠져 자신의 견해*가 옳다는 것을 확인시켜 주는 증거는 적극적으로 수용하고, 그렇지 않은 증거는 무시하는 현상입니다. 소셜 미디어의 발달로 알고리즘이 추천해 주는 정보만 보게 되면 확증 편향이 더 심화될 수 있다고 합니다.

* 견해(見解): 어떤 사물이나 현상에 대한 자기의 의견이나 생각.

야광명월

밤 **夜** + 빛 **光** + 밝을 **明** + 달 **月**

밤에 밝게 빛나는 달.

예 야외로 나오니 **야광명월**을 볼 수 있었다.

친절한 샘 '**명월**'은 밝은 달이라는 의미도 있지만 '음력 팔월 보름날 밤의 달'이라는 의미도 있습니다. 이외에도 밝고 흰 달을 나타내는 단어들에는 '**백월(白月)**', '**소월(素月)**', '**교월(皎月)**'이 있고, 수정으로 만든 소반이라는 뜻의 '**수정반(水晶盤)**'도 있답니다. 새벽녘까지 지지 아니하고 희미하게 남아 있는 달을 '**잔월(殘月)**'이라고 합니다.

추풍낙엽

가을 **秋** + 바람 **風** + 떨어질 **落** + 잎 **葉**

❶ 가을바람에 떨어지는 나뭇잎.
❷ 어떤 형세나 세력이 갑자기 기울어지거나 헤어져 흩어지는 모양을 비유적으로 이르는 말.

예 **추풍낙엽**에도 저도 나를 생각하는가   – 계랑의 시조 중에서

친절한 샘 가을에 부는 선선하고 서늘한 바람을 '**추풍**'이라고 합니다. 이른 가을에 부는 선선한 바람이라는 뜻의 '**색바람**'도 있고요, '가을바람'을 줄여서 부르는 '**갈바람**'도 아름다운 우리말이지요.

천 리

일천 **千** + 거리 **里**

백 리의 열 곱절이라는 뜻으로, 매우 먼 거리를 이르는 말.

예 그는 **천 리**나 떨어진 곳으로 유배를 갔다.

친절한 샘 '**리**'는 거리의 단위로 1리는 약 0.393km이니 천 리는 약 393㎞가 되겠지요. '**천리안(千里眼)**'은 천 리 밖의 것을 볼 수 있는 시력이라는 뜻으로, 사물을 꿰뚫어 볼 수 있는 뛰어난 관찰력을 비유적으로 이르는 말입니다. 또 '**천리마(千里馬)**'는 하루에 천 리를 달릴 수 있을 정도로 좋은 말이라는 뜻이지요.

자규

아들 **子** + 법 **規**

두견과의 새.

예 일지춘심을 **자규**야 알랴마는   – 이조년의 시조에서

친절한 샘 자규는 등이 회갈색이고 배는 어두운 푸른빛이 나는 흰색에 검은 가로줄 무늬가 있는 새로 한국, 일본 등지에 분포합니다. '**소쩍새**'는 올빼밋과에 속하는 새로 '접동새'로 알려져 있는데 두견새와 생김새가 다릅니다. 그러나 '자규'와 '소쩍새'를 혼동하여 '**두견새**', '**불여귀(不如歸)**', '**귀촉도(歸蜀道)**' 등으로 부르기도 하지만 작품에서 그리움과 한을 상징한다는 공통점이 있습니다.

시름

마음에 걸려 풀리지 않고 항상 남아 있는 근심과 걱정.

예 그는 **시름**에 젖어 하늘을 보았다.

친절한 샘 '**시름**'과 비슷한 말로 '근심', '애수'가 있습니다. '**근심**'은 해결되지 않은 일 때문에 속을 태우거나 우울해함을 뜻하는 말이고, '**애수(哀愁)**'는 마음을 서글프게 하는 슬픈 시름이라는 뜻입니다.

규방

안방 **閨** + 방 **房**

부녀자가 거처하는 방.

예 옛날에는 **규방**에 남자들이 쉽게 들어갈 수 없었다.

친절한 샘 부녀자가 거처하는 곳으로 '**규중(閨中)**'이라는 말이 있습니다. 조선 후기 작자 미상 수필 중에 「**규중칠우쟁론기(閨中七友爭論記)**」는 규중 부인이 바느질할 때 필요한 일곱 가지 도구인 '바늘, 자, 가위, 인두, 다리미, 실, 골무'를 의인화해서 쓴 글입니다. 인간 심리의 변화나 이해관계를 생동감 있게 묘사했다는 평가를 받은 작품입니다.

강호

강 江 + 호수 湖

❶ 강과 호수를 아울러 이르는 말.
❷ 예전에, 은자(隱者)나 시인(詩人), 묵객(墨客) 등이 현실을 도피하여 생활하던 시골이나 자연.

 강호에 봄이 드니 미친 흥이 절로 난다. — 맹사성, 「강호사시가」에서

친절한 샘 '강호'는 말 그대로 해석하면 강과 호수이지만, 이를 통해 대자연을 나타내는 표현입니다. 조선 시대 자연 속에서 누리는 삶의 여유와 기쁨을 표현한 시가에 자주 등장하는 단어입니다. 자연과 반대되는 속세를 뜻하는 말로는 '**홍진(紅塵)**'이 있습니다. '홍진'은 말이 일으키는 먼지라는 뜻으로 번거롭고 속된 세상을 비유적으로 이르는 말입니다.

삼경

셋 三 + 시각 更

하룻밤을 오경(五更)으로 나눈 셋째 부분. 밤 열한 시에서 새벽 한 시 사이.

 이화에 월백하고 은한이 삼경인제 — 이조년의 시조에서

친절한 샘 하룻밤을 다섯으로 나눈 시각을 통틀어 이르는 말을 '**오경(五更)**'이라고 합니다. 그중에서 밤 열한 시에서 새벽 한 시 사이는 깊은 밤이겠지요. 따라서 '**야삼경(夜三更)**'이라고도 부릅니다. 십이지시를 기준으로 삼경은 '**자시(子時)**'라고도 합니다. 고전 시가에 자주 보이는 시간 표현을 알아보면 다음과 같습니다.

초경(初更)	이경(二更)	삼경(三更)	사경(四更)	오경(五更)
술시(戌時)	해시(亥時)	자시(子時)	축시(丑時)	인시(寅時)
저녁 7시에서 9시 사이	밤 9시부터 11시 사이	밤 11시에서 새벽 1시 사이	새벽 1시에서 3시 사이	새벽 3시에서 5시 사이

백송골

흰 白 + 소나무 松 + 송골매 鶻

매 가운데 몸이 크며 성질이 굳세고 날쌔 사냥하는 데 쓰이는 새.

 건넛산 바라보니 백송골이 떠 있거늘 — 작자 미상의 사설시조에서

친절한 샘 백송골은 매를 가리키는 말입니다. 매는 가장 빠른 새이기도 해서 사냥감을 향해 내려올 때 하강 속도가 무려 400km/h에 가깝다고 합니다. 우리 선조들은 이런 매를 사냥용으로 길들였는데, 태어난 지 1년이 안 된 매를 '**보라매**'라고 하며 길들이기 쉽고 활동력이 왕성해 사냥매 중 최고로 친다고 하네요. 보라매로 들어와 사람 손에서 1년이 지나면 '**수진(手陳)**', '**수지니**'라고 부른답니다.

어혈

병 瘀 + 피 血

타박상 따위로 살 속에 피가 맺힘. 또는 그 피.

날랜 나이니 망정이지 어혈질 뻔했구나 — 작자 미상의 사설시조에서

친절한 샘 비슷한 말로 '**멍**' 또는 '**피멍**'이 있지요. 맞거나 부딪쳐서 살갗 속에 퍼렇게 맺힌 피를 뜻하는 말입니다.

어휘 더하기

헷갈리기 쉬운 말

정답과 해설 19쪽

• **자국**

1. 다른 물건이 닿거나 묻어서 생긴 자리. 또는 어떤 것에 의하여 원래의 상태가 달라진 흔적.
2. 부스럼이나 상처가 생겼다가 아문 자리.
3. 발로 밟은 자리에 남은 모양. 발자국.
4. 무엇이 있었거나 지나가거나 작용하여 남은 결과를 비유적으로 이르는 말.

유리창에 빗물 자국이 있다.

• **자취**

어떤 것이 남긴 표시나 자리.

길고양이가 어디를 갔는지 자취를 못 찾겠어.

'자국'은 무엇이 닿거나 묻으면서 생기는 모습을 가리키고, '자취'는 무엇인가 있는 동안 남기거나 나타내거나 지워진 자리를 가리키는 말입니다. 공책에 연필을 꾹꾹 눌러 쓰면 뒷면에 글씨를 썼던 흔적, 즉 '글씨 자국'이 생깁니다. 댐이나 도로가 생기면서 전에 있던 마을이 갑자기 사라졌을 때는 '마을이 자취도 없이 사라졌다.'라고 표현하지요.

◦ **다음 문장에 들어갈 적절한 단어를 고르시오.**

여름이 지난 바닷가에는 북적거리던 사람들의 (자국 / 자취)을/를 찾을 길이 없다.

1

● 252017-0113

다음 빈칸에 들어갈 알맞은 단어를 〈보기〉에서 찾아 쓰시오.

> 보기
>
> 삼경(三更)　　　규방(閨房)　　　시름　　　어혈(瘀血)

(1) 이곳은 조선 시대 부녀자가 거처하던 (　　　　)입니다.

(2) 할아버지께서는 내가 자시(子時), 즉 (　　　　) 무렵에 태어났다고 하셨다.

(3) 할머니께서는 어릴 적 듣던 노래를 흥얼거리며 (　　　　)을/를 달래셨다.

2

● 252017-0114

다음 단어의 적절한 뜻풀이를 오른쪽에서 찾아 연결하시오.

(1) 강호(江湖) ・ 　　　・ ㉠ 두견새

(2) 추풍낙엽(秋風落葉) ・ 　　　・ ㉡ 가을바람에 떨어지는 나뭇잎

(3) 백송골(白松鶻) ・ 　　　・ ㉢ 사냥하는 데 쓰이는 매

(4) 자규(子規) ・ 　　　・ ㉣ 예전에 은자(隱者)나 시인(詩人), 묵객(墨客) 등이 현실을 도피하여 생활하던 시골이나 자연

3

● 252017-0115

밑줄 친 단어와 의미가 <u>다른</u> 것은?

> 까마귀 눈비 맞아 희는 듯 검노매라
> <u>야광명월(夜光明月)</u>이 밤인들 어두우랴
> 임 향한 일편단심(一片丹心)이야 변할 줄이 있으랴
>
> － 박팽년의 시조

① 백월(白月)　　　　② 소월(素月)　　　　③ 수정반(水晶盤)

④ 잔월(殘月)　　　　⑤ 교월(皎月)

● 252017-0116

4 밑줄 친 부분의 의미가 ㉠에 해당하는 것은?

> **자국**[1] 「명사」
>
> 1. 다른 물건이 닿거나 묻어서 생긴 자리. 또는 어떤 것에 의하여 원래의 상태가 달라진 흔적. ·········· ㉠
>
> 2. 부스럼이나 상처가 생겼다가 아문 자리.
>
> 3. 발로 밟은 자리에 남은 모양.
>
> 4. 무엇이 있었거나 지나가거나 작용하여 남은 결과를 비유적으로 이르는 말.

① 음식에 누군가 손을 댄 자국이 있었다.
② 눈 위에 자국을 내며 걸으니 기분이 좋다.
③ 얼굴에 난 여드름 자국이 잘 없어지지 않는다.
④ 치료를 잘 받았더니 수술 자국이 거의 사라졌다.
⑤ 한국 전쟁은 우리 역사에 커다란 자국을 남겼다.

● 252017-0117

5 다음 만화에서 ㉠~㉢에 들어갈 알맞은 단어를 〈보기〉에서 찾아 쓰시오.

보기

백 리(百里)	천리안(千里眼)	천리마(千里馬)	천 리(千里)

6~8 다음 시조를 읽고 물음에 답하시오.

이화(梨花)에 월백(月白)하고 은한(銀漢)이 삼경(三更)인 제
일지춘심(一枝春心)을 <u>자규(子規)</u>야 알랴마는
다정(多情)도 병(病)인 양하여 잠 못 들어 하노라.

– 이조년의 시조

* 은한(銀漢): 은하수.
* 일지춘심(一枝春心): 나뭇가지에 어린 봄의 정서.

● 252017-0118

6 위 시에 대한 설명으로 적절하지 <u>않은</u> 것은?

① 계절적인 배경은 봄이다.
② 시간적인 배경은 해 뜨기 전 새벽이다.
③ 초장에는 시각적인 심상이 드러나 있다.
④ 두견새를 통해 청각적 심상을 표현하였다.
⑤ 화자는 걱정이 많아 잠을 이루지 못하고 있다.

● 252017-0119

7 위 시를 감상하고 다음과 같이 정리할 때, 빈칸에 들어갈 적절한 단어를 쓰시오.

이 시의 화자는 ㅂ ㅂ 에 느끼는 ㅅ ㄹ 을/를 감각적으로 표현하였다.

● 252017-0120

8 밑줄 친 '자규(子規)'와 관련이 없는 단어는?

① 두견새   ② 까마귀   ③ 소쩍새
④ 귀촉도   ⑤ 불여귀

●● 다음 광고를 보고, 부패와 관련된 어휘를 알아봅시다.

❶ 내가 하는 부탁이 남이 보면 청탁*일 수 있습니다.

❷ 내가 하는 선물이 남이 보면 뇌물*일 수 있습니다.

❸ 내가 하는 단합이 남이 보면 담합*일 수 있습니다.

❹ 내가 할 땐 정과 의리지만 남이 볼 땐 부정*과 비리*일 수 있습니다. 남의 시선으로 나를 돌아볼 때 청렴*한 대한민국이 보입니다.

* 청탁(請託): 청하여 남에게 부탁함.
* 뇌물(賂物): 어떤 직위에 있는 사람을 매수하여 사사로운 일에 이용하기 위하여 넌지시 건네는 부정한 돈이나 물건
* 담합(談合): 경쟁 입찰을 할 때에 입찰 참가자가 서로 의논하여 미리 입찰 가격이나 낙찰자 따위를 정하는 일
* 부정(不正): 올바르지 아니하거나 옳지 못함.
* 비리(非理): 올바른 이치나 도리에서 어그러짐.
* 청렴(淸廉): 성품과 행실이 높고 맑으며, 탐욕이 없음.

하나 더 알기 이 단어는 위의 광고에서 설명하는 청렴을 실천하지 못한 사람을 뜻하는 말로, '백성의 재물을 탐내어 빼앗는, 행실이 깨끗하지 못한 관리'를 가리키는 단어입니다. 이 단어는 무엇일까요?

( )

갈래

❶ 하나에서 둘 이상으로 갈라져 나간 낱낱의 부분이나 계통. ❷ 문예 양식의 갈래. 특히 문학에서는 서정, 서사, 극 또는 시, 소설, 희곡, 수필, 평론 따위로 나눈 기본형을 이른다.

예 오늘 회의에서는 두 **갈래**의 방법이 제시되었다.

친절한 샘 김소월 시인의 「길」이라는 시에는 '갈래갈래 갈린 길 / 길이라도'와 같은 표현이 있습니다. 하나에서 둘 이상으로 갈라져 나간 부분을 나타내는 말이지요. '갈래'는 '수량을 나타내는 말 뒤에 쓰여 갈라진 낱낱을 세는 단위'라는 뜻을 가지기도 합니다.

비유

견줄 比 + 깨달을 喩

어떤 현상이나 사물을 직접 설명하지 아니하고 다른 비슷한 현상이나 사물에 빗대어서 설명하는 일. 또는 그런 설명 방법.

예 낫의 모양을 기역(ㄱ) 자에 **비유**하다니 정말 훌륭한 걸!

친절한 샘 어떤 사물의 특징을 공통점이 있는 다른 사물에 빗대어 표현하면 더 효과적으로 특징을 전달할 수 있습니다. 대표적인 **비유법**을 알아보면 다음과 같습니다.

직유	비슷한 성질이나 모양을 가진 두 사물을 '같이', '처럼', '듯이'와 같은 연결어로 결합하여 직접 비유하는 것 예 구름에 달 가듯이 / 가는 나그네　　　　　　　　　　　　　　　　　 – 박목월, 「나그네」에서
은유	사물의 특성을 암시적으로 나타내는 것 예 내 마음은 호수요　　　　　　　 – 김동명, 「내 마음은」에서
의인	사람이 아닌 것을 사람이 행동하는 것처럼 표현하는 것 예 말라깽이 전봇대는 꼿꼿이 서서　　　　　　　　　　　　　　 – 장철문, 「전봇대」에서
활유	생명이 없는 것을 생명이 있는 것처럼 표현하는 것 예 바다는 뿔뿔이 / 달아나려고 했다.　　　　　　　　　　　　 – 정지용, 「바다 9」에서

시적 화자

시 詩 + 어조사 的 + 말할 話 + 사람 者

시 속에서 말하는 이.

예 이 작품의 **시적 화자**는 아이이다.

친절한 샘 '화자(話者)'는 '이야기를 하는 사람'을 말합니다. 특별히 시에서 말하는 주체를 '**시적 화자**' 또는 '**시적 자아**', '**서정적 자아**'라고 해요. 시적 화자는 시인 자신일 수도 있지만, 시적 상황에 맞게 허구적으로 설정할 수 있답니다. 한용운의 시 「나룻배와 행인」을 보면 다음과 같이 '나는 나룻배 / 당신은 행인 // 당신은 흙발로 나를 짓밟습니다'가 있는데요, 이 시의 시적 화자는 '나'로 의인화된 '나룻배'라고 할 수 있습니다.

상징

모양 象 + 부를 徵

추상적인 사물이나 관념 또는 사상을 구체적인 사물로 나타내는 일. 또는 그 사물.

예 비둘기는 평화를 **상징**한다.

친절한 샘 뉴스와 같은 매체에서 비둘기를 날리는 장면을 본 적 있나요? 비둘기는 평화를 상징하는 대표적인 동물입니다. '평화'라는 추상적인 관념을 '비둘기'라는 구체적인 사물로 나타내는 것이 바로 상징이지요.

수미상관

머리 首 + 꼬리 尾 + 서로 相 + 관계할 關

머리와 꼬리, 처음과 끝이 서로 이어 통함. 처음과 끝 구절을 비슷하거나 같게 표현하는 방법.

예 이 시는 **수미상관**의 방식으로 전개된다.

친절한 샘 시의 처음과 끝 구절에 유사하거나 같은 부분을 반복해서 전달하려는 의미를 강조하는 방법을 '수미상관'이라고 합니다. 시의 형태가 전체적으로 안정감을 얻게 되는 효과도 있습니다.

반어

돌이킬 反 + 말씀 語

표현의 효과를 높이기 위하여 실제와 반대되는 뜻의 말을 하는 것.

예 시적 화자는 이 구절에서 **반어**법을 사용했다.

친절한 샘 '반어법'은 본래의 의미와는 달리 반대되는 말을 하여 의미를 강조하는 방법입니다. 흔히 잘못을 저질렀을 때 듣는 '잘한다.'라고 하는 표현이 반어에 속하지요.

심상

마음 心 + 모양 象

감각에 의하여 획득한 현상이 마음속에서 재생된 것.

 이 작품은 후각적 **심상**이 두드러지네요.

친절한 샘 시어에서 떠올릴 수 있는 구체적이고 선명한 인상을 '심상'이라고 합니다. 시인은 시어를 통해 우리가 보고, 듣고, 냄새 맡고, 만지고, 맛보는 여러 감각들을 떠올리게 만든답니다. 각각 시각, 청각, 후각, 촉각, 미각이라고 합니다.

원관념

근원 元 + 볼 觀 + 생각 念

비유법에서, 표현하고자 하는 실제 내용.

 비유란 표현하려는 대상인 **원관념**을 다른 대상인 보조 관념에 빗대어 나타내는 방법이다.

친절한 샘 '보조 관념(補助觀念)'이란 비유법에서 원관념의 뜻이나 분위기가 잘 드러나도록 도와주는 관념을 말합니다. '구름에 달 가듯이 가는 나그네'에서는 원관념 '나그네'와 보조 관념 '구름에 가는 달'을 '~듯이'를 사용하여 직접적으로 연결하여 직유법으로 표현하고 있습니다. '내 마음은 호수요'에서는 원관념 '내 마음'을 보조 관념 '호수'에 간접적으로 연결하여 표현한 은유법이 쓰였습니다.

운율

운 韻 + 가락 律

시에서 비슷한 소리의 특성이 일정하게 반복되는 형식.

 운율에 맞추어 시를 낭송해 봅시다.

친절한 샘 운율은 시의 음성적 형식으로 시를 읽을 때 느껴지는 음악성이지요. 운율에서 '운(韻)'은 같거나 비슷한 소리가 되풀이된다는 의미이고, '율(律)'은 음의 높낮이, 길고 짧음, 강함과 약함, 글자수가 규칙적으로 반복되는 것을 뜻합니다. 즉 시에서 운율을 느끼려면 반복되는 시어에 주목하여 읽어 보면 되겠지요. 앞서 예를 들었던 시 중에서 '갈래갈래 갈린 길'에서는 'ㄱ'이 반복되고 있습니다. 또한 시조의 일반적인 형식인 3장 6구에서는 각 장마다 일정한 수의 음절인 세 글자 또는 네 글자가 반복되면서 운율을 형성합니다.

어조

말씀 語 + 고를 調

말의 가락.

시에 형상화된 **어조**를 말해 봅시다.

친절한 샘 시는 상징적이며 함축적(含蓄的)인 의미를 담고 있는 시어를 사용하고 있습니다. 이때 시적 화자는 억양과 강세, 음색, 속도, 목소리의 크기 등을 통해 시적 대상에 대한 태도를 드러냅니다. 일반적으로 진취적 어조, 해학적 어조, 냉소적 어조, 영탄적 어조 등으로 설명하기도 합니다.

어휘 더하기

헷갈리기 쉬운 말

정답과 해설 21쪽

- **시각적 심상**
  눈으로 빛깔, 모양, 크기, 움직임 등을 보는 듯한 느낌.
  예 새파란 하늘

- **청각적 심상**
  귀로 소리를 듣는 것 같은 느낌.　예 둥둥 울리는 북소리

- **미각적 심상**
  혀로 맛을 보는 듯한 느낌.　예 달콤한 꿀맛

- **후각적 심상**
  코로 냄새를 맡는 듯한 느낌.　예 향기로운 꽃내음

- **촉각적 심상**
  피부에 온도, 촉감이 전해지는 듯한 느낌.　예 손이 시린 겨울 바람

- **공감각적 심상**
  하나의 감각을 다른 감각으로 옮겨서 표현한 느낌.
  예 놀이터를 노랗게 물들이는 아이들의 웃음소리

　일반적으로 심상을 표현할 때 여기 다섯 가지 감각을 사용합니다. 어떤 감각을 자극하는지에 따라 시각적 심상, 청각적 심상, 미각적 심상, 후각적 심상, 촉각적 심상으로 구분할 수 있지요. 그리고 하나의 감각이 다른 감각으로 옮아 전이를 일으킨 공감각적 심상도 있습니다. 위 예시에서는 '아이들의 웃음소리'인 청각이 '노랗게'라는 시각으로 전이된 것을 알 수 있습니다.

○ 다음 문장에 들어갈 적절한 단어를 고르시오.

　박성룡의 시 「풀잎」에서는 '푸른 휘파람 소리가 나거든요'와 같이 휘파람 소리를 시각적으로 표현한 (청각적 / 공감각적) 심상이 쓰였다.

1 ● 252017-0121

주어진 초성을 참고하여 빈칸에 적절한 단어를 쓰시오.

(1) 시 속에서 말하는 이를 [ㅅ][ㅈ][ㅎ][ㅈ](이)라고 한다.

(2) '앵두 같은 입술'에서는 입술을 앵두에 [ㅂ][ㅇ]하였다.

(3) 표현하고자 하는 원래의 대상이나 의미를 [ㅇ][ㄱ][ㄴ](이)라고 한다.

(4) 이 시의 화자는 봄밤의 아름다움을 영탄적인 [ㅇ][ㅈ](으)로 드러내고 있다.

2 ● 252017-0122

제시된 용어와 관련이 있는 것끼리 서로 연결하시오.

(1) 은유 ·   · ㉠ 하얗고 둥근 조약돌

(2) 활유 ·   · ㉡ 너는 나의 태양

(3) 시각적 심상 ·   · ㉢ 방 안을 가득 채우는 국화꽃 향기

(4) 후각적 심상 ·   · ㉣ 고요하게 잠자는 도시

3 ● 252017-0123

다음 상황을 설명할 수 있는 적절한 단어는?

> 방송에 출연 중인 한 진행자는 음식 만드는 순간을 시청자들이 함께 느낄 수 있도록 다음과 같이 생생하게 표현하고 있습니다. "탱글탱글하고 뽀얀 굴을 보들보들한 미역에 넣고 고소한 참기름 두어 방울을 뿌려 보글보글 끓여 주면, 구수한 미역국 냄새가 온 집 안에 퍼집니다. 뜨끈한 국물을 한입 먹어 보면 짭조름한 국물 맛이 푸른 바다를 느끼게 해 주지요." 이렇게 감각적인 표현을 사용하면 시청자의 마음속에 음식의 맛과 분위기가 잘 전달됩니다.

① 반어   ② 심상   ③ 어조
④ 함축   ⑤ 비유

○ 252017-0124

4 밑줄 친 부분의 의미가 ㉠에 해당하지 <u>않는</u> 것은?

> **갈래** 「명사」
> 1. 하나에서 둘 이상으로 갈라져 나간 낱낱의 부분이나 계통. 예 나는 갈래 많은 길 앞에 서 있다.
> 2. ((수량을 나타내는 말 뒤에 쓰여)) 갈라진 낱낱을 세는 단위. ┈┈┈┈┈┈┈┈┈┈┈┈┈┈┈ ㉠
>   예 두 갈래의 길이 나왔다.
> 3. 문예 양식의 갈래. 특히 문학에서는 서정, 서사, 극 또는 시, 소설, 희곡, 수필, 평론 따위로 나눈 기본
>   형을 이른다. 예 시는 서정 갈래이다.

① 아이의 머리를 네 갈래로 땋아 주었다.
② 적군은 몇 갈래로 나뉘어 공습을 시작했다.
③ 그를 보니 가슴이 천 갈래 만 갈래로 찢기는 듯하다.
④ 하나로 흐르던 강은 이곳을 기점으로 두 갈래로 갈라진다.
⑤ 하나의 조상어에서 나온 갈래들이 고대 삼국의 언어로 분화되었다.

○ 252017-0125

5 다음 만화의 ㉠과 ㉡에 들어갈 알맞은 단어를 〈보기〉에서 찾아 쓰시오.

> 보기
>
> 상징　　　비유　　　어조　　　운율

6~8 다음 시를 읽고 물음에 답하시오.

> 나 보기가 역겨워
> 가실 때에는
> 말없이 고이 보내 드리우리다
>
> 영변에 약산*
> 진달래꽃
> 아름 따다 가실 길에 뿌리우리다
>
> 가시는 걸음걸음
> 놓인 그 꽃을
> 사뿐히 즈려밟고* 가시옵소서
>
> 나 보기가 역겨워
> 가실 때에는
> 죽어도 아니 눈물 흘리우리다
>
> – 김소월, 「진달래꽃」
>
> * 영변에 약산: 평안북도 영변에 있는 산의 이름.
> * 즈려밟고: 위에서 눌러 밟고. 표준어는 '지르밟고'.

○ 252017-0126

6 위 시에 대한 설명으로 적절하지 <u>않은</u> 것은?

① 꽃을 뿌리는 행동을 통해 임에게 정성을 다하고 있다.
② 화자가 이별하고 난 뒤의 슬픔과 그리움을 노래한 시이다.
③ '드리우리다', '뿌리우리다'와 같은 종결 어미가 운율을 형성하고 있다.
④ '죽어도 아니 눈물 흘리우리다'에서는 반어적인 표현으로 주제를 강조한다.
⑤ '말없이 고이 보내 드리우리다'와 같이 임의 뜻을 따르겠다는 화자의 자세가 드러난다.

○ 252017-0127

7 위 시의 형식적인 특징을 다음과 같이 정리할 때, 빈칸에 들어갈 적절한 단어를 쓰시오.

> 이 시는 전통 민요의 형식인 3음보의 ㅇ ㅇ (으)로 구성되어 있고, 1연과 4연에서 비슷한 구절이 반복되어 형태적 안정감과 주제를 강조하는 ㅅ ㅁ ㅅ ㄱ (으)로 구성되어 있다.

○ 252017-0128

8 '진달래꽃'의 상징적 의미와 거리가 <u>먼</u> 것은?

① 시적 화자의 분신　　② 임에 대한 사랑　　③ 임에 대한 희생
④ 임에 대한 정성　　⑤ 임에 대한 증오

친구와 관련한 사자성어

1 다음 만화를 보고, 빈칸에 들어갈 알맞은 사자성어를 〈보기〉에서 고르고 그 뜻을 추측해 보시오.

보기

⊙ 결초보은(結草報恩)　　ⓒ 대기만성(大器晚成)　　ⓒ 일거양득(一擧兩得)　　ⓒ 죽마고우(竹馬故友)

'죽마고우(竹馬故友)'는 대나무 말을 타고 놀던 벗이라는 뜻으로, 어릴 때부터 같이 놀며 자란 벗이라는 의미의 사자성어입니다. 우리도 어릴 때 블록을 가지고 같이 놀거나 놀이터에서 함께 놀던 친구들이 있었을 거예요. 친구들과 함께 멋진 사람으로 성장하길 바랍니다.

2 다음에서 뜻풀이와 관련이 있는 사자성어를 오른쪽에서 찾아 연결하시오.

(1) 오나라 사람과 월나라 사람이 같은 배를 탔다는 뜻으로, 적대 관계에 있는 사람끼리 이해 때문에 뭉치는 경우를 비유한 말　　·

·　⊙ 금란지계(金蘭之契)

(2) 친한 친구끼리 마음을 합치면 단단한 쇠도 자를 수 있고, 그 우정은 난초의 향기처럼 아름답다는 뜻으로, 벗 사이의 우정이 깊음을 의미하는 말　　·

·　ⓒ 수어지교(水魚之交)

(3) 물고기와 물처럼 친한 사이라는 뜻으로, 고기가 물을 떠나서는 잠시도 살 수 없는 것처럼 친밀한 사이를 비유한 말　　·

·　ⓒ 오월동주(吳越同舟)

당숙

친족 **堂** + 아저씨 **叔**

아버지의 사촌 형제.

 아버지 고향에 **당숙**이 한 분 살고 계신다.

친절한 샘 친족 간의 멀고 가까움을 나타내는 말을 '촌수'라고 합니다. 나를 중심으로 부모와 자식은 일 촌(一寸), 형제 및 자매, 조부모는 이 촌(二寸), 부모의 형제 자매 및 자신의 형제의 자녀나 자매의 자녀는 삼촌(三寸)이 됩니다. 아버지와 사촌(四寸) 간인 당숙은 나와 오촌(五寸)이 됩니다.

독수공방

홀로 **獨** + 지킬 **守** +
빌 **空** + 방 **房**

❶ 혼자서 지내는 것. ❷ 아내가 남편 없이 혼자 지내는 것.

 부모님이 여행을 가셔서 나 혼자 **독수공방**하였다.

친절한 샘 속담 중에 '**독수공방에 정든 님 기다리듯**'이 있습니다. 이 속담은 말 그대로 홀로 빈방을 지키며 사랑하는 사람이 오기만을 기다린다는 뜻으로, 무엇인가를 간절히 바라는 모양을 비유적으로 이르는 말입니다.

무남독녀

없을 **無** + 아들 **男** +
홀로 **獨** + 딸 **女**

아들이 없는 집안의 외동딸.

 부부는 **무남독녀**를 무척이나 사랑하였다.

친절한 샘 '**외동딸**'은 무남독녀와 같이 다른 자식 없이 단 하나뿐인 딸을 가리키는 말인데 '**외딸**'이라고도 합니다. 반면 '**고명딸**'은 딸이 하나라는 점에서는 비슷하지만 아들 많은 집에 있는 외딸을 가리킬 때 사용합니다. '**고명**'은 음식의 모양과 빛깔을 돋보이게 하고 음식의 맛을 더하기 위하여 음식 위에 얹거나 뿌리는 깨소금, 지단 등을 말하지요. '고명아들'이란 말이 없다는 점에서 과거 농경 사회의 남아 선호 사상이 반영된 말이라는 시각도 있답니다.

백년해로

일백 **百** + 해 **年** +
함께 **偕** + 늙을 **老**

부부가 되어 한평생을 사이좋게 지내고 즐겁게 함께 늙음.

 부부가 **백년해로**를 맹세했습니다.

친절한 샘 예전에는 결혼식에서 주례사를 할 때 '**검은 머리가 파뿌리 되도록**'이라는 말을 사용해서 검던 머리가 파 뿌리처럼 하얗게 셀 때까지 함께하라는 의미로 행복을 빌어 주었습니다. 일반적으로 백이라는 숫자는 자연수 100을 가리키지만 문학적으로 사용할 때는 많다는 뜻을 포함하고 있지요. '백년해로'에서 '백년'도 같은 의미로 생각하면 100년 동안을 말하는 것이 아니라 오랜 세월을 말한다고 볼 수 있답니다.

슬하

무릎 **膝** + 아래 **下**

무릎의 아래라는 뜻으로, 어버이나 조부모의 보살핌 아래. 주로 부모의 보호를 받는 테두리 안.

 슬하에 자녀는 한 명을 두었습니다.

친절한 샘 '슬하(膝下)'는 직접적으로 '무릎 아래'를 가리키는 말이 아니라 자녀와 한 울타리 안에서 지낸다는 뜻으로 '그늘'과 '품'이란 의미로 사용됩니다. 또 상대방의 자녀 관계를 물을 때 "슬하에 자녀를 몇이나 두셨습니까?"라고 한답니다.

본적

근본 **本** + 문서 **籍**

호적법에서, 호적이 있는 지역을 이르던 말.

 용의자가 작성한 나이, **본적**, 주소 모두 가짜였다.

친절한 샘 '호적(戶籍)'은 호주(戶主)를 중심으로 하여 그 집에 속하는 사람의 본적지, 성명, 생년월일 따위의 신분에 관한 사항을 기록한 공문서였습니다. 2008년 호적법 폐지에 따라 폐지되었고, '가족 관계 등록부'가 이를 대체하게 되었지요. '**본가(本家)**'는 '본래 살던 집'으로, 잠시 따로 나와 사는 사람이 가족들이 사는 중심이 되는 집을 가리킬 때 사용합니다.

소자

작을 **小** + 아들 **子**

아들이 부모를 상대하여 자기를 낮추어 이르는 일인칭 대명사.

 아버님, **소자**는 건강히 잘 지내고 있습니다.

친절한 샘 딸이 자신을 낮추어 이르는 말은 '**소녀(小女)**'입니다. 한편 소설 「홍길동전」에서는 길동이 다음과 같이 말합니다. "소인이 평생 설운 바는, 대감 정기로 당당한 남자 되었사오매 부생 모육지은이 깊거늘, 그 부친을 부친이라 못하옵고 그 형을 형이라 못하오니, 어찌 사람이라 하오리까?"라고 하여 아들이지만 신분이 낮은 사람이 자기보다 신분이 높은 사람을 상대하여 자기를 낮추어 이르던 일인칭 대명사인 '**소인(小人)**'이라고 자신을 낮추어 표현하였습니다.

세대

세대 **世** + 시대 **代**

❶ 어린아이가 성장하여 부모 일을 계승할 때까지의 30년 정도 되는 기간. ❷ 같은 시대에 살면서 공통의 의식을 가지는 비슷한 연령층의 사람 전체.

 요즘은 부모 **세대**와 독립하여 지내는 자녀 **세대**가 많다.

친절한 샘 '세대' 하면 어떤 단어가 떠오르세요? 6·25 전쟁과 제2 차 세계 대전이 끝난 후에 태어나고 자란 세대를 '베이비 붐 세대'라고 합니다. 현대 디지털 시대에서 새로운 문화를 창조하면서 살아가는 세대를 'MZ 세대', '알파 세대'라고 특징적인 이름을 붙여서 표현하지요.

섬기다

신(神)이나 윗사람을 잘 모시어 받들다.

 사람들은 그를 스승으로 **섬겼다**.

친절한 샘 효를 중시하는 우리 사회에서 공손히 받들어 모신다는 의미로는 '**공경(恭敬)하다**'라는 말도 있지요. 또, '**모시다**'는 웃어른이나 존경하는 이를 가까이서 받든다는 의미 외에도 제사 등을 지내는 것을 뜻합니다.

혈혈단신

외로울 **孑** + 외로울 **孑** + 홑 **單** + 몸 **身**

의지할 곳이 없는 외로운 홀몸.

 그는 가족이나 친척도 없는 **혈혈단신**이었다.

친절한 샘 '혈혈단신'은 함께 고통을 나눌 가족이나 친척, 친구 하나 없이 오직 자신 혼자뿐인 사람을 가리키는 표현으로 스스로 외로움을 택하여 혼자 사는 사람에게 쓰는 것은 적절하지 않습니다. 비슷한 뜻을 가진 말로 '**사고무친(四顧無親)**'이 있습니다. 사방을 둘러보아도 친척이나 가까운 사람이 없어 의지할 곳 없는 외로운 상태를 가리킵니다.

어휘 더하기

헷갈리기 쉬운 말

정답과 해설 22쪽

- **홑몸**

  딸린 사람이 없는 혼자의 몸. 아이를 배지 아니한 몸.

  예 교통사고로 가족을 모두 잃고 홑몸이 되었다.

- **홀몸**

  배우자나 형제가 없는 사람.

  예 어머니는 어린 나이에 홀몸이 되어 우리 남매를 키우셨다.

10월 10일은 임산부의 날로 임신 기간 10개월 동안 건강한 아이를 품고 출산토록 하여 임산부(임신부와 산부를 아울러 이르는 말)들이 배려받는 사회적 분위기를 조성하기 위해 제정된 날이지요. 드라마를 보거나 어른들의 대화를 들어 보면 임신부를 배려하기 위해, 자리를 양보하면서 관용적으로 "홀몸이 아니시네요?" 하며 말을 건네는 경우가 있습니다. 임신부에게 '아이를 임신하다.'의 의미를 전달하기 위해서는 "홑몸이 아니시네요."로 표현해야 맞는 말입니다.

○ 다음 문장에 들어갈 적절한 단어를 고르시오.

> 의사는 그녀에게 (홑몸/ 홀몸)도 아닌데 장시간 서서 일하는 것은 무리라고 말했다.

1 ● 252017-0129

빈칸에 들어갈 낱말의 초성과 뜻을 보고, 알맞은 단어를 써넣어 문장을 완성하시오.

(1) 이분은 오촌 (ㄷ ㅅ)(으)로 오랜만에 고향을 찾으셨다.
　　　아버지의 사촌 형제.

(2) 초면에 실례지만 (ㅅ ㅎ)에 자녀는 몇이신지요?
　　　무릎의 아래라는 뜻으로, 어버이나 조부모의 보살핌 아래.

(3) 제 (ㅂ ㄱ)은/는 원래 제주인데 취업하면서 부산으로 왔습니다.
　　　본래 살던 집을 이르는 말.

2 ● 252017-0130

제시된 의미와 밀접한 관계가 있는 단어를 〈보기〉에서 찾아 쓰시오.

보기					
섬기다	소자	백년해로	세대	당숙	무남독녀

(1) 어른 — 공경 ……………… [ ]

(2) 부부 — 함께 늙음. ……………… [ ]

(3) 아들 — 낮춤. ……………… [ ]

(4) 딸 — 외동 ……………… [ ]

3 ● 252017-0131

다음에서 '박씨'의 상황을 설명할 수 있는 적절한 단어는?

「박씨전」은 조선 후기 병자호란을 배경으로 여성 영웅이 등장하는 소설이다. 이득춘과 박 처사는 아들 이시백과 딸 박씨를 결혼시킨다. 그러나 이시백은 신부의 용모가 못생겨서 실망을 하고 박씨를 보려고 하지 않는다. 박씨는 시아버지에게 부탁하여 후원에 화를 피하는 집이라는 뜻의 '피화당'을 짓고 홀로 외롭게 지내고, 박씨 곁에는 몸종 계화만이 정성을 다해 그녀를 섬긴다.

① 독수공방　　　② 백년해로　　　③ 사고무친
④ 추풍낙엽　　　⑤ 혈혈단신

4
○ 252017-0132

단어의 뜻을 참고하여 빈칸을 채우고 문장을 완성할 때, ㉠의 예문으로 적절한 것은?

홑몸	홀몸
「명사」	「명사」
「1」 딸린 사람이 없는 혼자의 몸.	배우자나 형제가 없는 사람.
「2」 아이를 배지 아니한 몸. ·········· ㉠	

① 이번 여행은 동반자 없이 □□으로 떠났다.
② 참사를 당한 후 그는 혼자 남아 □□이 되었다.
③ 아버지는 □□으로 오랜 세월 우리 형제를 힘들게 키우셨다.
④ 처자식이 없는 □□이니 당장 고향을 떠나 더 넓은 세상으로 가야겠다.
⑤ 시아버지는 □□이 아닌 며느리가 감기라도 걸리지 않을까 걱정이 되었다.

5
○ 252017-0133

다음 만화의 ㉠, ㉡에 공통으로 들어갈 알맞은 단어를 쓰시오.

6~7 다음 글을 읽고 물음에 답하시오.

그날 밤에 아버지는 명선이를 안방으로 불러 아랫목에 앉혀 놓고, 밤늦도록 타일러도 보고 으름장도 놓아 보았다. 하지만, 명선이의 대답은 한결같았다.

"거짓말이 아니라구요. 참말이라구요. 길에서 놀다가……." / "너 이놈, 바른대로 대지 못허까!"

아버지의 호통 소리에 명선이는 비죽비죽 울기 시작했다. 우는 명선이를 아버지는 또 부드러운 말로 달래기 시작했다.

"말은 안 혔어도 너를 친자식 진배없이[*] 생각혀 왔다. 너 같은 어린것이 그런 물건 갖고 있으면은 될 좋은 법이다. 이 아저씨가 잘 맡아 놨다가 후제[*] 크면 줄 테니께 얻다 숨겼는지 바른대로 대거라."

아무리 달래고 타일러도 소용이 없자 아버지는 마침내 화를 버럭 내면서 명선이의 몸뚱이를 뒤지려 했다. 아버지의 손이 옷에 닿기 전에 명선이는 미꾸라지같이 안방을 빠져나가 자취를 감추어 버렸다. 그리고 그날 밤 끝내 우리 집에 돌아오지 않았다.

"틀림없다. 몇 개나 되는지는 몰라도 더 있을 게다. 어디다 감췄는지 니가 살살 알어봐라. 혼자서 어딜 가거든 눈치 안 채게 따러가 봐라." / 입맛을 쩝쩝 다시던 아버지는 나한테 이렇게 분부했다.

"옷 속에다 누볐는지도 모른다."

어머니가 옆에서 거들었다. 어머니 역시 아버지 못잖게 아쉬운 표정이었다. 아버지의 이마에서는 땀방울이 찌걱찌걱 배어 나오고 있었다. 아버지는 벌겋게 충혈(充血)된 눈을 등잔 불빛에 번들번들 빛내면서 숨을 씩씩거렸다. 꼭 무슨 일을 저지르고야 말 것만 같은 모습이었다.

그 이튿날 점심 무렵부터 명선이에 관한 소문이 마을에 파다하게 퍼졌다. 난리통에 혈혈단신이 된 서울 아이가 금반지를 많이 가지고 있다는 이야기였다. 어떤 사람들은 그 아이가 열 개도 넘는 금반지를 저만 아는 곳에 꽁꽁 감춰 두고 하나씩 꺼낸다더라고 쑤군거리기도 했다.

– 윤흥길, 「기억 속의 들꽃」에서

[*] 진배없이: 그보다 못하거나 다를 것이 없이.　　　[*] 후제: 뒷날의 어느 때.

6 ● 252017-0134

윗글에 대한 설명으로 적절하지 <u>않은</u> 것은?

① 아버지는 명선이를 친딸처럼 대하고 있다.
② 명선이는 전쟁 중에 혼자 남겨진 아이였다.
③ 아버지와 어머니의 탐욕스러운 모습이 드러나 있다.
④ 명선이와 '나'의 아버지는 금반지를 두고 갈등하고 있다.
⑤ 아버지는 명선이가 금반지를 더 가지고 있다고 생각한다.

7 ● 252017-0135

제시된 뜻에 해당하는 단어를 윗글에서 찾아 쓰시오.

(1) 의지할 곳이 없는 외로운 홀몸: ☐☐☐☐

(2) 말과 행동으로 위협하는 짓: ☐☐☐

가족과 관련한 속담

1 다음 만화에 적절한 속담을 〈보기〉에서 고르고 그 뜻을 추측해 보시오.

보기
- ㉠ 형만 한 아우 없다.
- ㉡ 피는 물보다 진하다.
- ㉢ 열 손가락 깨물어 안 아픈 손가락 없다.
- ㉣ 부모 말을 들으면 자다가도 떡이 생긴다.

'혈육(血肉)'이라는 말을 들어 본 적이 있나요? 혈육은 피와 살을 아울러 이르는 말이면서 부모, 자식, 형제 따위의 한 혈통으로 맺어진 관계를 뜻해요. 가족과 관련된 속담들과 함께 혈육의 의미를 생각해 봅시다.

2 다음 속담의 빈칸에 들어갈 알맞은 단어와 그 뜻을 연결하시오.

(1) (   )도 위아래가 있다. •   • ㉠ 고슴도치 •   • ⓐ 찬물을 먹더라도 어른부터 차례로 대접해야 한다는 말

(2) 효성이 지극하면 돌 위에 (   )이/가 난다. •   • ㉡ 찬물 •   • ⓑ 모든 부모에게는 자기 자식이 가장 예뻐 보인다는 뜻

(3) (   )도 제 새끼가 제일 곱다고 한다. •   • ㉢ 풀 •   • ⓒ 효성이 깊으면 기적 같은 일도 생긴다는 뜻

괄시

푸대접할 恝 + 볼 視

업신여겨 하찮게 대함.

 사람을 **괄시**하면 안 된다.

친절한 샘 '업신여김'은 교만한 마음에서 남을 낮추어 보거나 하찮게 여기는 일입니다. 이 의미가 공통적으로 들어간 말로 '멸시', '무시', '경시' 등이 있습니다. **멸시(蔑視)**'는 업신여기거나 하찮게 여겨 깔본다는 말이고, **무시(無視)**'는 사물의 존재 의의나 가치를 알아주지 아니하거나 사람을 깔보거나 업신여긴다는 말입니다. **경시(輕視)**'는 대수롭지 않게 보거나 업신여김의 뜻으로 '인명 경시 현상'과 같은 표현으로 많이 쓰입니다.

너스레

수다스럽게 떠벌려 늘어놓는 말이나 짓.

 나를 보자마자 그는 **너스레**를 떨었다.

친절한 샘 부끄러운 기색이 없이 비위 좋게 구는 짓이나 성미를 나타낸 말로 **넉살**'이 있습니다. 부끄러움을 많이 타는 사람을 흔히 '숫기 없는 사람'이라고 하지요. 이때 **숫기(氣)**'는 '활발하여 부끄러워하지 않는 기운'이라는 뜻입니다. '조금도 부끄러운 기색이 없이 비위가 좋아 뻔뻔한 모양'을 나타내는 말로 **언죽번죽**'도 있습니다. 이렇게 인간관계에서 성격을 나타내는 다양한 우리말 표현들이 많이 있네요.

다분하다

많을 多 + 나눌 分

그 비율이 어느 정도 많다.

 같은 일이 반복될 여지가 **다분하다**.

친절한 샘 많거나 진하다는 의미를 지닌 말로 '단백질 성분이 농후한 사료'와 같이 **농후(濃厚)하다**'가 있습니다. '농후하다'는 '맛, 빛깔, 성분 따위가 매우 짙거나 어떤 경향이나 기색 따위가 뚜렷하다.'의 의미로 쓰입니다.

생색

날 生 + 빛 色

❶ 다른 사람 앞에 당당히 나설 수 있거나 자랑할 수 있는 체면. ❷ 활기 있는 기색.

 그는 작은 부탁을 하나 들어주고 내게 **생색**을 냈다.

친절한 샘 ①의 뜻과 관련지어 다른 사람 앞에 당당히 나서거나 지나치게 자랑한다는 의미로 **생색내다**'가 있습니다. 또, 남을 위해 수고한 것을 스스로 자랑할 때 **공치사(功致辭)**'를 한다고 합니다. 반면 ②의 뜻으로는 활기, 생기와 비슷한 의미로 사용되어 '우리 동네 일대에 생색이 돌곤 했다.'와 같은 말로 쓰입니다.

서슬

❶ 쇠붙이로 만든 연장이나 유리 조각 따위의 날카로운 부분. ❷ 강하고 날카로운 기세.

 도둑을 잡겠다는 경찰의 **서슬**에 기가 죽은 범인이 자백했다.

친절한 샘 칼, 낫, 도끼 등의 연장을 통틀어 '날붙이'라고 합니다. 일반적으로 날붙이가 날카롭게 빛나는 것을 **서슬이 푸르다(퍼렇다).**'라고 하는데요, 이 말이 사람에게 쓰여 '권세나 기세 따위가 대단하다.'는 의미로 사용됩니다. 또 날카로운 기운이 일어나거나 더해진다는 의미로 **서슬이 오르다.**'라는 표현을 쓰기도 합니다.

야멸차다

자기만 생각하고 남의 사정을 돌볼 마음이 거의 없다.

 그는 인정도 없고 **야멸찬** 사람이다.

친절한 샘 다른 사람을 생각하지 않는 사람의 모습을 나타낸 말로 '모질다', '인색하다', '냉정하다'가 있습니다. **모질다**'는 마음씨가 몹시 매섭고 독하다는 뜻으로 '모진 성격'과 같이 표현하지요. **인색(吝嗇)하다**'는 재물을 아끼는 태도가 몹시 지나치거나 어떤 일을 하는 데 대하여 지나치게 박하다는 의미로 사용되지요, 각각 '돈에 인색하다'와 '웃음에 인색하다'가 대표적인 예라고 할 수 있습니다. **냉정(冷情)하다**'는 태도가 정다운 맛이 없고 차갑다는 의미로 사용되어 '냉정한 표정', '냉정한 말투' 등으로 표현합니다.

쌍심지

둘 **雙** + 마음 **心**

한 등잔에 있는 두 개의 심지.

심지

예 그는 눈에 **쌍심지**를 켰다.

친절한 샘 '**심지**'는 원래 잔, 남포등, 초 따위에 불을 붙이기 위하여 꼬아서 꽂은 실오라기나 헝겊을 뜻하는 말입니다. 몹시 화가 나서 두 눈에 핏발이 서는 일을 비유적으로 이르는 말로도 쓰입니다. 그러니까 '쌍심지'는 두 개의 심지를 뜻하는데, 이 의미를 비유적으로 표현하여 눈에 핏발이 서는 모양을 나타냅니다.

혼동하기 쉬운 말
- **심지(心志)** _ 마음에 품은 의지.
- **심지(心地)** _ 마음의 본바탕.
- **심(心)지** _ 등잔, 남포등, 초 따위에 불을 붙이기 위하여 꼬아서 꽂은 실오라기나 헝겊.

힐난

물을 **詰** + 어려울 **難**

트집을 잡아 거북할 만큼 따지고 듦.

예 그들은 노골적으로 **힐난**을 퍼부었다.

친절한 샘 비슷한 말로 '비난'과 '책망'이 있습니다. '**비난(非難)**'은 남의 잘못이나 결점을 책잡아서 나쁘게 말하는 것이죠. '**책망(責望)**'은 잘못을 꾸짖거나 나무라며 못마땅하게 여긴다는 뜻입니다. 공연히 작은 일을 들추어 트집을 잡으면 안 되겠지요.

평판

평할 **評** + 판단할 **判**

세상 사람들의 비평.

예 그에 대한 **평판**은 효자라는 것이다.

친절한 샘 세상에 널리 퍼진 소문이나 사람들의 평가를 '평판'이라고 합니다. 비슷한 말로 '**평설(評說)**'이 있지요. 사람들로부터 좋은 평가를 받은 것을 '**호평(好評)**'이라고 하고, 반대로 안 좋은 평판인 '**낙인(烙印)**'은 원래 쇠붙이로 만들어 불에 달구어 찍는 도장으로, 예전에는 형벌로 죄인의 몸에 찍는 도장에서 확대되어 씻기 어려운 불명예스럽고 욕된 판정이나 평판을 이르는 말이 되었습니다. '**누명(陋名)**'은 사실이 아닌 일로 이름을 더럽힌다는 의미로 억울하게 뒤집어 쓴 평판을 말합니다.

동정

같을 **同** + 뜻 **情**

❶ 남의 어려운 처지를 자기 일처럼 딱하고 가엾게 여김.
❷ 남의 어려운 사정을 이해하고 정신적으로나 물질적으로 도움을 베풂.

예 따뜻한 **동정**의 손길을 베풀 때입니다.

친절한 샘 '동정'의 동음이의어로는 저고리 깃 위에 덧대는 하얀 헝겊을 뜻하는 '**동정**'이 있고, 일이나 현상이 벌어지고 있는 낌새를 뜻하는 '**동정(動靜)**'이 있습니다. 이때에는 '적의 동정을 살피다.'와 같이 사용합니다.

어휘 더하기

헷갈리기 쉬운 말

정답과 해설 24쪽

- **-데**

과거 어느 때에 직접 경험하여 알게 된 사실을 현재의 말하는 장면에 그대로 옮겨 와서 말함을 나타내는 말.

예 초등학교 운동장을 보니 그 시절이 그립데.

- **-대**

'-다고 해'가 준 말. 이미 알고 있거나 다른 사람에게 들은 어떤 사실을 상대방에게 옮겨 전하는 뜻을 나타내는 말.

예 오늘 급식 정말 맛있대.

'-데'는 화자가 과거에 직접 보거나 경험한 사실을 회상하며 현재 상대방에게 쓰는 말로 '-더라'와 같은 의미입니다. '-대'는 내가 경험한 것이 아니라 다른 사람이 한 말을 간접적으로 전달할 때 쓰는 말로 '-다고 해'와 같은 의미입니다. 즉 자신의 경험과 관련이 있으면 '-데'를 쓰고, 남이 한 말을 전달할 때는 '-대'를 쓴다고 생각하면 쉽게 구별할 수 있습니다.

◦ 다음 문장 들어갈 적절한 단어를 고르시오.

우리 반 학생들이 그러는데 옆 반에 새로 전학 온 친구가 그렇게 (예쁘데 / 예쁘대).

● 252017-0136

1 다음 문장에 적절한 단어를 골라 문장을 완성하시오.

(1) 경제가 발전할수록 인명 (경시 / 괄시) 풍조가 점점 심해지고 있다.

(2) 수해를 입은 이재민을 (동정하여 / 다분하여) 복구 작업에 힘껏 참여하였다.

(3) 반별 축구 예선 경기에서 그 친구가 수비를 엄청 (잘하데 / 잘하대)!

(4) 그는 어디를 가나 기회주의자라는 (낙인 / 호평)이 평생 따라다녔다.

● 252017-0137

2 밑줄 친 단어의 뜻을 〈보기〉에서 찾아 그 기호를 쓰시오.

> 보기
>
> ㉠ 강하고 날카로운 기세   ㉡ 트집을 잡아 거북할 만큼 따지고 듦.
> ㉢ 세상 사람들의 비평   ㉣ 수다스럽게 떠벌려 늘어놓는 말이나 짓

(1) 그가 잘못하자 가족들은 몹시 힐난하였다.   ➡ (   )

(2) 그에 대한 마을 사람들의 평판은 좋지 않았다.   ➡ (   )

(3) 그는 너스레를 떨며 다가왔다.   ➡ (   )

(4) 권력의 서슬에 모두가 침묵하였다.   ➡ (   )

● 252017-0138

3 다음에서 '놀부'의 성품을 설명할 수 있는 단어로 보기 <u>어려운</u> 것은?

> 「흥부전」을 보면 인물의 선과 악의 특성이 명확하게 드러나는데 동생 흥부는 곡식이라도 빌리려고 매를 대신 맞아 주기도 하고, 다친 제비를 정성껏 보살펴 주는 등 선한 인물의 특징을 보인다. 반면 형 놀부는 흥부가 먹을 것을 청하자 몽둥이찜질하며 내쫓으려 하고, 제비 다리를 일부러 부러뜨려 재물을 얻고자 하는 탐욕스러운 모습으로 묘사된다.

① 모질다   ② 인색하다   ③ 야멸차다
④ 냉정하다   ⑤ 생색내다

● 252017-0139

4 밑줄 친 부분의 의미가 ㉠에 해당하지 <u>않는</u> 것은?

생색 「명사」

　1. 다른 사람 앞에 당당히 나설 수 있거나 자랑할 수 있는 체면. ························· ㉠
　예 그는 비단옷을 입고 생색을 내었다.

　2. 활기 있는 기색.
　예 도로가 새로 개통되면서 마을에 생색이 돌았다.

① 매일같이 집을 치워도 생색이 나지 않는다.
② 그는 나를 위해 기다렸다는 듯이 생색을 냈다.
③ 작은 것으로 생색을 내다니 너무한 것 아니야?
④ 일은 내가 다 했는데 생색은 자기가 다 내고 있군그래.
⑤ 비로소 강아지 얼굴에 생색이 돌고 눈빛도 선명해졌다.

● 252017-0140

5 다음 만화의 ㉠~㉢에 들어갈 알맞은 단어를 〈보기〉에서 찾아 쓰시오.

보기

서슬　　　비난　　　생색　　　무시

6~7 다음 글을 읽고 물음에 답하시오.

눈물을 흘리고 간 담날 저녁나절이었다. 나무를 한짐 잔뜩 지고 산을 내려오려니까 어디서 닭이 죽는 소리를 친다. 이거 뉘 집에서 닭을 잡나, 하고 점순네 울 뒤로 돌아오다가 나는 고만 두 눈이 뚱그래졌다. 점순이가 저희 집 봉당에 홀로 걸터앉았는데 이게 치마 앞에다 우리 씨암탉을 꼭 붙들어 놓고는,

"이놈의 닭! 죽어라, 죽어라."

요렇게 암팡스레 패 주는 것이 아닌가. 그것도 대가리나 치면 모른다마는 아주 알도 못 낳으라고 그 볼기짝께를 주먹으로 콕콕 쥐어박는 것이다.

나는 눈에 쌍심지가 오르고 사지가 부르르 떨렸으나 사방을 한번 휘돌아보고야 그제서 점순이 집에 아무도 없음을 알았다. 잡은 참 지게막대기를 들어 울타리의 중턱을 후려치며,

"이놈의 계집애! 남의 닭 알 못 낳으라구 그러니?" / 하고 소리를 빽 질렀다.

그러나 점순이는 조금도 놀라는 기색이 없고 그대로 의젓이 앉아서 제 닭 가지고 하듯이 또 죽어라, 죽어라, 하고 패는 것이다. 이걸 보면 내가 산에서 내려올 때를 겨냥해 가지고 미리부터 닭을 잡아 가지고 있다가 너 보란 듯이 내 앞에 쥐지르고 있음이 확실하다. 그러나 나는 그렇다고 남의 집에 뛰어 들어가 계집애하고 싸울 수도 없는 노릇이고 형편이 썩 불리함을 알았다. 그래 닭이 맞을 적마다 지게막대기로 울타리나 후려칠 수밖에 별도리가 없다. 왜냐하면 울타리를 치면 칠수록 울섶[*]이 물러앉으며 뼈대만 남기 때문이다. 하나 아무리 생각하여도 나만 밑지는 노릇이다.

"야, 이년아! 남의 닭 아주 죽일 터이냐?"

내가 도끼눈을 뜨고 다시 꽥 호령을 하니까 그제야 울타리께로 쪼르르 오더니 울 밖에 섰는 나의 머리를 겨누고 닭을 내팽개친다.

– 김유정, 「동백꽃」에서

* 울섶: 울타리를 만드는 데 쓰는 섶나무.

● 252017-0141

6 윗글의 인물에 대해 알 수 있는 사실이 <u>아닌</u> 것은?

① 점순이는 '나'의 닭을 죽이지 않았다.

② '나'는 씨암탉이 당하자 화가 치밀어 올랐다.

③ '나'는 점순이와 직접 싸우지도 못하고 속만 태웠다.

④ 점순이는 일부러 '나'의 관심을 끌며 약을 올리고 있다.

⑤ '나'가 막대기로 울타리를 친 것이 점순이에게 큰 위협이 되었다.

● 252017-0142

7 빈칸에 들어갈 단어로 적절한 것을 윗글에서 찾아 쓰시오.

(1) 몹시 화가 나서 두 눈에 핏발이 서는 일을 비유적으로 일컫는 말: □□□

(2) 분하거나 미워서 매섭게 쏘아 노려보는 눈을 비유적으로 이르는 말: □□□

●● **공중에 날아가는 기러기를 보며 읊은 다음 시를 읽어 봅시다.**

> 여보소 공중에
> 저 기러기
> 공중엔 길 있어서 잘 가는가?
>
> 여보소 공중에
> 저 기러기
> 열십자(十字) 복판에 내가 섰소.
>
> 갈래갈래 갈린 길
> 길이라도
> 내게 바이 갈 길은 하나 없소.
>
> — 김소월, 「길」에서

☞ 갈 곳을 모르는 시적 화자가 하늘을 유유히 날아가는 기러기를 보며 부러움을 느끼고 있습니다. 예로부터 기러기는 고향에 대한 그리움을 느낄 때 소식을 전해 달라고 부탁하는 대상으로 등장하거나, 화자가 못 가는 곳을 갈 수 있어 화자의 처지와 대조를 이루는 존재로 등장해 왔습니다.

또한 기러기는 암컷과 수컷이 서로 사이가 좋아 부부간의 정과 의리를 상징하기도 합니다. 그래서 기러기가 우리 전통 혼례에 등장하지요.

▲ **목안(木雁):** 나무로 만든 기러기라는 뜻으로, 부부의 백년해로를 상징함. 신랑이 신부를 데리러 갔을 때 이 목안을 신부의 집에 전함.

☞ 한편 기러기와 관련된 다음과 같은 속담도 있습니다.

짝 잃은 기러기 → 몹시 외로운 사람을 비유적으로 이르는 말. 홀아비나 홀어미의 외로운 신세를 비유적으로 이르는 말.

사회상을 표현하는 어휘

경위
날 經 + 씨줄 緯

❶ 직물(織物)의 날과 씨를 아울러 이르는 말. ❷ 일이 진행되어 온 과정.

例 지금부터 이 사건의 **경위**를 말씀드리겠습니다.

친절한 샘 어떤 사안이 발생한 과정을 적은 문서를 '**경위서(經緯書)**'라고 하지요. 이렇게 일이 진행된 과정을 뜻하는 말로는 '경과', '경로' 등이 있습니다. '**경과(經過)**'는 과정이라는 뜻도 있지만 일반적으로 시간이 지나간다는 의미로 많이 사용되고, '**경로(經路)**'는 지나는 길 또는 일이 진행되는 방법이나 순서를 말할 때 쓰입니다.

고진감래
쓸 苦 + 다할 盡 + 달 甘 + 올 來

쓴 것이 다하면 단 것이 온다는 뜻으로, 고생 끝에 즐거움이 옴을 이르는 말.

例 힘든 일을 겪었으니 **고진감래**할 일만 남았구나.

친절한 샘 '고진감래'와는 반대로 '**흥진비래(興盡悲來)**'는 즐거운 일이 다하면 슬픈 일이 닥쳐온다는 뜻으로 사용되는 말입니다. 두 단어 모두 세상일은 순환된다는 삶의 이치를 알려 주는 말이지요. 그러니 안 좋은 일을 겪었다고 해서 낙심하지 말고 좋은 일이 올 수 있도록 긍정적인 마음으로 준비해 보는 것은 어떨까요?

북새통

많은 사람이 야단스럽게 부산을 떨며 법석이는 상황.

例 여행지에서 찾은 야시장은 사람들로 **북새통**을 이루고 있었다.

친절한 샘 '북새통'과 의미가 비슷한 단어로는 '야단', '부산', '법석'이 있습니다. '**야단(惹端)**'은 매우 떠들썩하게 일을 벌이거나 부산하게 법석거림. 또는 그런 짓을 가리킵니다. '**부산**'은 급하게 서두르거나 시끄럽게 떠들어 어수선함을 뜻하고, '**법석**'은 소란스럽게 떠드는 모양을 가리키는 말입니다. 이 단어들은 시끄럽고 어수선하다는 뜻의 '**소란(騷亂)**'과 연결되는 말입니다.

속수무책
묶을 束 + 손 手 + 없을 無 + 꾀 策

손을 묶은 것처럼 어찌할 도리가 없어 꼼짝 못 함.

例 배구 경기에서 상대팀 주전의 블로킹에 막히니 공격이 **속수무책**이었다.

친절한 샘 '**속수(束手)**'는 손을 묶은 것처럼 어찌할 도리가 없어 꼼짝 못 함을 나타내는 말입니다. 여기서 일을 해결할 방법과 '손'이 관련되어 있다는 것을 알 수 있습니다. 이와는 달리 자의적으로 방법을 찾으려 하지 않는 경우를 나타내는 관용 표현 '**팔짱을 끼다.**'는 눈앞의 일을 나서서 하려 하지 않고 보고만 있다는 의미로 사용됩니다.

혼동하기 쉬운 말 **손(手)을 뜻하는 말**
- **수어(手語)** _ '수화 언어'를 줄여 이르는 말.
- **수완(手腕)** _ 일을 꾸미거나 치러 나가는 재간.
- **수족(手足)** _ 손과 발을 아울러 이르는 말. 마음대로 부리는 사람.
- **박수(拍手)** _ 기쁨, 찬성, 환영을 나타내거나 장단을 맞추려고 할 때 두 손뼉을 마주침.

엄습하다
가릴 掩 + 때릴 襲

❶ 뜻하지 아니하는 사이에 습격하다. ❷ 감정, 생각, 감각 따위가 갑작스럽게 들이닥치거나 덮치다.

例 갑자기 적군들이 배후에서 **엄습해** 왔다.

친절한 샘 '엄습하다'와 비슷한 단어로 '**습격(襲擊)하다**'는 갑자기 상대편을 덮쳐 친다는 뜻이고, '**기습(奇襲)하다**'는 적이 생각지 않았던 때에, 갑자기 들이쳐 공격한다는 의미입니다. 미처 생각할 겨를도 없이 '급히'라는 의미를 가진 부사어로 '**갑자기**'를 많이 사용하는데요, 이와 비슷한 단어로 '나타나는 모양이 아주 뜻밖이고 갑작스럽게'라는 의미의 '**느닷없이**'도 있습니다. 갑작스럽고 아주 짧은 동안을 뜻하는 '**별안간(瞥眼間)**'이라는 부사도 알아 두세요.

유야무야
있을 有 + 어조사 耶 + 없을 無 + 어조사 耶

있는 듯 없는 듯 흐지부지함.

例 소문은 시간이 지날수록 **유야무야** 잠잠해졌다.

친절한 샘 비슷하게 사용되는 말로 '흐지부지'와 '어름어름'이 있습니다. '**흐지부지**'는 확실하게 하지 못하고 흐리멍덩하게 넘어가거나 넘기는 모양을 나타내고, '**어름어름**'은 일을 대충 적당히 하고 눈을 속여 넘기는 모양을 나타냅니다. 같은 음을 반복하여 운율이 느껴지는 단어들이네요.

천신만고

일천 **千** + 매울 **辛** +
일만 **萬** + 쓸 **苦**

천 가지 매운 것과 만 가지 쓴 것이라는 뜻으로, 온갖 어려운 고비를 다 겪으며 심하게 고생함을
이르는 말.

 그는 **천신만고** 끝에 집에 돌아왔다.

친절한 샘 전쟁 중에는 온갖 고생을 겪게 되지요. '천신만고'와 비슷하게 세상의 온갖 고생과 어려움을 다 겪었음을 이르는 말로는 '**산전수전(山戰水戰)**'이 있습니다. 이 단어는 산에서도 싸우고 물에서도 싸웠다는 뜻이니 그 고생의 정도가 느껴지지요.

통제

거느릴 **統** + 억제할 **制**

❶ 일정한 방침이나 목적에 따라 행위를 제한하거나 제약함.
❷ 권력으로 언론·경제 활동 따위에 제한을 가하는 일.

 사건 현장에서 경찰은 출입을 **통제**하였다.

친절한 샘 시험 기간에 교무실에 학생들의 출입을 제한하는 '출입 통제' 안내를 본 적이 있을 것입니다. 이렇게 행동을 제한하는 것을 통제라고 합니다. 국가 정책으로 신문 기사에서 볼 수 있는 '물가 통제'는 국가가 물가를 단속하는 일을 뜻합니다.

피란민

피할 **避** + 어지러울 **亂** +
백성 **民**

난리를 피하여 가는 백성.

 밤사이 **피란민**들의 행렬이 더 늘었다.

친절한 샘 전쟁으로 어려움을 겪는 사람은 피란민 외에도 포로와 난민이 있지요. '**포로(捕虜)**'는 전쟁 중 적군에 의해 포획된 군인이나 민간인을 말합니다. '**난민(難民)**'은 전쟁이나 재난 따위를 당하여 곤경에 빠진 사람 또는 인종, 종교, 국적, 정치적 견해를 이유로 박해를 받을 수 있다는 두려움 때문에 자기 나라의 보호를 받을 수 없거나 보호를 받기 원하지 않는 외국인을 말합니다.

형국

모양 **形** + 판 **局**

어떤 일이 벌어진 형편이나 국면. 사람이나 사물의 모양이나 상태.

예 부도의 여파가 다른 계열사로 확산되는 **형국**이다.

친절한 샘 '**국(局)**'은 바둑이나 장기에서 승부를 세는 판을 나타내는 말입니다. 형국과 마찬가지로 어떤 일이 벌어진 장면이나 형편을 뜻하는 말로 '**국면(局面)**'이 있습니다. 바둑이나 장기에서 그 판세를 이를 때 쓰는 말이지만 비유적으로 사회 현상을 가리킬 때도 사용되는 말이랍니다.

어휘 더하기

헷갈리기 쉬운 말

정답과 해설 25쪽

- **참상**
  비참하고 끔찍한 모습이나 상황.
  예 전쟁의 참상을 담은 영화 한 편.

- **참변**
  뜻밖에 당하는 끔찍하고 비참한 재앙이나 사고.
  예 열차 사고로 많은 승객이 다치는 참변을 당하였다.

뉴스를 보면 지진이나 전쟁, 대형 사고 등으로 많은 사상자가 난 경우에 '참상', '참변'이라는 표현을 사용합니다. 모두 참혹하다는 뜻을 나타내는 '참(慘)'이 들어간 단어로 '참상(慘狀)'은 비참한 상태 그 자체를 가리키는 반면, '참변(慘變)'은 갑작스럽게 벌어진 끔찍하고 비참한 재앙이나 사고를 나타냅니다.

○ **다음 문장에 들어갈 적절한 단어를 고르시오.**

> 수해를 입은 마을의 (참상 / 참변)은 차마 눈 뜨고 볼 수가 없었다.

● 252017-0143

1 빈칸에 제시된 초성과 뜻을 보고, 알맞은 단어를 써넣어 문장을 완성하시오.

(1) 그는 어려운 일을 겪고도 (ㄱㅈㄱㄹ)하여 성공한 사업가가 되었다.
　　쓴 것이 다하면 단 것이 온다는 뜻으로 고생 끝에 즐거움이 옴을 이름.

(2) 불길이 급속히 번지자 (ㅅㅅㅁㅊ)(으)로 화재를 지켜볼 수밖에 없었다.
　　손을 묶은 것처럼 어찌할 도리가 없어 꼼짝 못 함.

(3) 최근 몇 년간의 (ㄱㅇ)을/를 분석해서, 주요 문제점을 파악했다.
　　일이 진행되어 온 과정.

(4) 새로 온 직원은 (ㅅㅇ)이/가 좋다.
　　일을 꾸미거나 치러 나가는 재간.

● 252017-0144

2 제시된 단어의 뜻을 오른쪽에서 찾아 바르게 연결하시오.

(1) 북새통 ・

(2) 유야무야 ・

(3) 형국 ・

・ ㉠ 어떤 일이 벌어진 형편이나 국면. 사람이나 사물의 모양이나 상태

・ ㉡ 있는 듯 없는 듯 흐지부지함.

・ ㉢ 많은 사람이 야단스럽게 부산을 떨며 법석이는 상황

● 252017-0145

3 다음 상황의 '말벌'과 관련된 사자성어로 적절한 것은?

> 10여 마리의 말벌이 벌집 주변에서 경계 비행을 하며 접근을 차단하고 있었다. 소방관들은 드론을 이용하기로 결정했고, 얼마 후 살충제 분사 장치가 장착된 드론이 출동했다. 소방관 이○○가 드론을 벌집 근처까지 접근시켰고, 드론이 살충제를 분사했다. 말벌들은 갑작스러운 공격에 놀라 벌집에서 쏟아져 나오며 드론을 에워싸고 반격했지만, 효과를 보지 못했다. 곧바로 살충제를 맞은 말벌들이 지면에 떨어지며, 말벌집도 파괴되었다. 전체 과정은 드론을 띄운 지 10여 분 만에 마무리되었다.

① 사필귀정(事必歸正)　　② 삼십육계(三十六計)　　③ 속수무책(束手無策)
④ 순망치한(脣亡齒寒)　　⑤ 식자우환(識字憂患)

○ 252017-0146

4 밑줄 친 부분에 들어갈 단어의 기본형으로 적절한 것은?

「동사」

【…을】

1. 뜻하지 아니하는 사이에 습격하다.
   예 별안간 적군의 특공대가 우리 군사의 등 뒤를 ___________.

2. 감정, 생각, 감각 따위가 갑작스럽게 들이닥치거나 덮치다.
   예 때때로 그에게 부정적인 망상이 ___________.

① 부산하다 ② 잠잠하다 ③ 공격하다
④ 떠오르다 ⑤ 엄습하다

○ 252017-0147

5 다음 만화의 ㉠~㉣에 들어갈 알맞은 단어를 〈보기〉에서 찾아 쓰시오.

보기

| 형국 | 참변 | 피란민 | 통제 | 경위 | 천신만고 |

6~8 다음 글을 읽고 물음에 답하시오.

> ㉠내리막은 오르막에 비하면 아무것도 아니었다. 대고 팔을 흔들라치면 절로 굴러 내려가는 것이다. 만도는 오른쪽 팔만을 앞뒤로 흔들고 있었다. 왼쪽 팔은 조끼 주머니에 아무렇게나 쑤셔 넣고 있는 것이다.
> '㉡삼대독자가 죽다니 말이 되나, 살아서 돌아와야 일이 옳고말고. 그런데 병원에서 나온다 하니 어디를 좀 다치기는 다친 모양이지만, 설마 나같이 이렇게야 되지 않았겠지.'
> 만도는 왼쪽 조끼 주머니에 꽂힌 소맷자락을 내려다보았다. 그 소맷자락 속에는 아무것도 든 것이 없었다. 그저 소맷자락만이 어깨 밑으로 덜렁 처져 있는 것이다. 그래서 ㉢노상 그쪽은 조끼 주머니 속에 꽂혀 있는 것이다.
> '㉣볼기짝이나 장딴지 같은 데를 총알이 약간 스쳐 갔을 따름이겠지. 나처럼 팔뚝 하나가 몽땅 달아날 지경이었다면 그 엄살스런 놈이 견뎌 냈을 ㉤턱이 없고말고.'
> 슬며시 걱정이 되기도 하는 듯, 그는 속으로 이런 소리를 주워섬겼다.
>
> — 하근찬, 「수난이대」에서

● 252017-0148

6 윗글을 이해한 내용으로 가장 적절한 것은?

① 만도는 팔을 잃고 고단하게 살고 있다.
② 만도의 아들은 볼기짝에 총을 맞았다.
③ 만도는 아들을 못 만날까 두려워하고 있다.
④ 만도는 아들의 병원으로 갈 기차를 기다린다.
⑤ 만도의 아들은 평소 인내심이 강한 사람이다.

● 252017-0149

7 밑줄 친 ㉠~㉤의 뜻이 알맞지 <u>않은</u> 것은?

① ㉠: 높은 곳에서 낮은 곳으로 이어지는 비탈진 곳
② ㉡: 삼대에 걸쳐 형제가 없는 외아들
③ ㉢: 언제나 변함없이 한 모양으로 줄곧
④ ㉣: 뒤쪽 허리 아래, 허벅다리 위의 양쪽으로 살이 불룩한 부분을 낮잡아 이르는 말
⑤ ㉤: 사람의 입 아래에 있는 뾰족하게 나온 부분

● 252017-0150

8 주어진 초성을 참고하여 윗글의 상황을 정리하시오.

> ㅊ ㅂ 을/를 당한 아들을 기다리며 불안감이 ㅇ ㅅ 한 만도

일과 관련한 사자성어

●● 다음 만화를 보고, 밑줄 친 단어의 뜻을 추측해 보시오.

파란만장(波瀾萬丈)은 사람의 생활이나 일의 진행이 여러 가지 곡절과 시련이 많고 변화가 심하다는 뜻을 가진 사자성어입니다. '파란(波瀾)'은 잔물결과 큰 물결을 뜻하는 단어로 순탄하지 아니하고 어수선하게 계속되는 여러 가지 어려움이나 시련을 뜻합니다. '만장(萬丈)'은 높이가 만 길이나 된다는 뜻으로, '장(丈)'은 길이의 단위를 나타내는 말입니다. 한 장이 3미터니까 만장이면 30킬로미터의 높이의 파도를 만났다는 뜻이고요, 일반적으로 만장은 아주 높거나 대단함을 이르는 말입니다. 잔잔한 물이 아니라 바닷가에서 본 파도를 떠올려 보세요. 크게 일렁이는 파도처럼 크게 성공했다가 다시 실패하기를 반복하는 삶을 가리키는 말이랍니다.

●● 다음 한자를 따라 써 보면서 '파란만장'의 뜻을 외워 보시오.

波	瀾	萬	丈	→	
물결 **파**	물결 **란**	일만 **만**	길이 **장**		

●● '파란만장'과 유사한 뜻을 지닌 사자성어를 고르시오.

☐ 우여곡절　　☐ 우이독경　　☐ 우유부단　　☐ 우왕좌왕

18강 소설 | 마음·태도를 표현하는 어휘

고역
괴로울 苦 + 부릴 役

몹시 힘들고 고되어 견디기 어려운 일.

예 비가 오는 밤길을 걷는 것은 여간 **고역**이 아니다.

친절한 샘 '**고되다**'는 '하는 일이 힘에 겨워 고단하다.'라는 의미이며 '일이 힘에 벅차다.'라는 뜻을 가진 '**되다**'와 뜻이 비슷합니다. '고역'은 '일'이라는 의미를 포함하고 있으며 '고역을 당하다.', '고역을 치르다.'와 같이 쓰입니다.

관망하다
볼 觀 + 멀리 내다볼 望

한발 물러나서 어떤 일이 되어 가는 형편을 바라보다.

예 여론이 좋지 않으니 일단 상황을 **관망하도록** 합시다.

친절한 샘 '관망하다'는 '한발 물러나서'라는 의미를 포함하고 있는 단어로 조심스러운 태도를 취한다는 의미를 갖고 있습니다. 문맥에 따라 '풍경 따위를 멀리서 바라보다.'라는 뜻으로 해석할 수 있으며, '이곳은 시내 전체를 관망하기 좋은 장소이다.'처럼 쓸 수 있습니다.

난감하다
어려울 難 + 견딜 堪

이렇게 하기도 저렇게 하기도 어려워 처지가 매우 딱하다.

예 누구를 선택해야 하는지 정말 **난감하다**.

친절한 샘 '난감하다'는 '사정이 몹시 딱하고 어렵다.'는 뜻의 '**곤란(困難)하다**', '이럴 수도 저럴 수도 없이 처신하기 곤란하다.'는 뜻의 '**난처(難處)하다**'와 의미가 비슷합니다. 문학 작품 속 등장인물이 갈등을 겪고 있어 이러지도 저러지도 못할 때 '난감한' 상황에 처했다고 말한답니다.

맹목적
눈이 멀다 盲 + 눈 目 + 어조사 的

주관이나 원칙이 없이 덮어놓고 행동하는 (것).

예 **맹목적**인 믿음은 큰 실수를 낳을 수 있다.

친절한 샘 '맹목적'이라는 단어는 사물이나 상황에 대한 무비판적인 태도를 가리키므로 부정적인 상황에서 주로 사용됩니다. '**맹목(盲目)**'이라는 단어를 한자어 뜻대로 풀이하면 '눈이 멀어서 보지 못하는 눈'입니다. 그래서 본래는 시각 장애인을 가리키는 표현이었으나 '판단력이 없는 상태'라는 의미도 갖게 되었습니다.

필사적
반드시 必 + 죽을 死 + 어조사 的

죽을힘을 다하는 (것).

예 선수들은 매 경기 **필사적**으로 싸웠다.

친절한 샘 '필사적'은 '죽기를 각오하고 있는 힘을 다할 것을 결심한 (것)'이라는 뜻의 '**결사적(決死的)**'과 뜻이 비슷합니다. 소설 속 인물이 자신을 위협하는 인생의 여러 고난을 극복하기 위해 노력하는 상황에서 자주 등장합니다.

문외한
문 門 + 바깥 外 + 사내 漢

어떤 일에 전문적인 지식이 없는 사람.

예 그 방면에 **문외한**인 나는 무슨 말인지 알 수 없었다.

친절한 샘 '문외한'을 한자어 그대로 해석하면 '문밖에 있는 사내'입니다. 어느 집에서 왁자지껄한 소동이 벌어지고 있다고 생각해 봅시다. 그런데 밖에 있으면 안에서 나는 소리를 정확히 들을 수 없습니다. 즉 '문밖에 있는 사내'는 집 안에서 벌어지는 사정을 전혀 알 수 없겠죠? 여기서 어떤 일에 직접적인 관계가 없는 사람이란 의미가 생겼고, 시간이 흐르면서 어떤 일에 전문 지식이 없는 사람이란 뜻을 갖게 되었습니다.

맹랑하다

맏 **孟** + 방자할 **浪**

❶ 생각하던 바와 달리 허망하다. ❷ 하는 짓이 만만히 볼 수 없을 만큼 똘똘하고 깜찍하다.

⟨예⟩ 이렇게 **맹랑한** 일이 또 어디 있단 말인가?

〔친절한 샘〕 '허무맹랑(虛無孟浪)하다'는 '터무니없이 거짓되고 실속이 없다.'라는 뜻으로, '맹랑하다'의 뜻 ①과 유사합니다.

〔혼동하기 쉬운 말〕
- **명랑(明朗)하다** _ 유쾌하고 활발하다.
- **명량(明亮)하다** _ 환하게 밝다.

'명랑하다'와 '명량하다'는 발음도 의미도 비슷합니다. 부정적인 의미를 포함하는 '맹랑하다'와는 전혀 다르네요.

미온적

작을 **微** + 따뜻할 **溫** + 어조사 **的**

태도가 미적지근한 (것).

⟨예⟩ 그는 이 문제에 대해 **미온적**인 태도를 취했다.

〔친절한 샘〕 '미온적인 대처', '미온적 태도', '미온적 반응'으로 자주 사용되는데 '스스로 앞으로 나아가거나 상황을 개선하려는 기백이 부족하고 비활동적인 것'이라는 뜻을 가진 **소극적(消極的)**과 의미가 유사합니다.

반사회적

돌이킬 **反** + 모일 **社** + 모일 **會** + 어조사 **的**

사회의 규범이나 질서 또는 이익에 반대되는 (것).

⟨예⟩ 절도는 **반사회적**인 행동이다.

〔친절한 샘〕 '반사회적 행동'은 다른 사람의 권리를 지속적으로 무시하고 침해하는 모든 행태를 말합니다. 반사회적 행동을 하는 사람의 경우 타인의 상황에 공감하거나 배려하는 마음이 없고 규칙이나 법률을 지키지 않는 경우가 많아 사회에 피해를 주는 행동을 하기도 합니다.

편파

치우칠 **偏** + 상당히 **頗**

공정하지 못하고 어느 한쪽으로 치우쳐 있음.

⟨예⟩ 심판의 **편파** 판정으로 우리 반이 패배했다.

〔친절한 샘〕 '공평하고 올바르지 아니함.'이라는 뜻을 가진 **불공정(不公正)**과 의미가 유사합니다. 스포츠 경기나 언론 보도와 관련하여 '편파 판정', '편파 보도'처럼 자주 사용됩니다.

측은지심

슬퍼할 **惻** + 가엾어 할 **隱** + 갈 **之** + 마음 **心**

불쌍히 여기는 마음.

⟨예⟩ 곤경에 처한 사람을 동정하는 것은 누구나 가지고 있는 **측은지심**이다.

〔친절한 샘〕 맹자는 인간이 '부끄럽게 여기는 마음'인 **수오지심(羞惡之心)**, '타인에게 양보하는 마음'인 **사양지심(辭讓之心)**, '선악과 시비를 판별하는 마음'인 **시비지심(是非之心)**, 그리고 '타인의 불행을 아파하는 마음'인 '측은지심'을 지니고 태어난다고 했습니다. 맹자에 의하면 이 네 가지는 모든 사람이 다 가지고 있는 것으로 이것을 확충함으로써 인(仁)·의(義)·예(禮)·지(智)의 덕을 실현할 수 있다고 하였습니다.

어휘 더하기

헷갈리기 쉬운 말

정답과 해설 27쪽

- **곤욕(困辱)**

  심한 모욕. 또는 참기 힘든 일.

  ⟨예⟩ 그는 갖은 곤욕을 당하면서도 노력을 멈추지 않았다.

- **곤혹(困惑)**

  곤란한 일을 당하여 어찌할 바를 모름.

  ⟨예⟩ 나는 예기치 못한 상황에 곤혹을 느꼈다.

'곤욕'과 '곤혹'은 모두 당황스러운 상황에서 사용되기 때문에 많은 사람들이 헷갈려 하지만 '곤욕'은 사람을 '곤혹'하게 만드는 상황이라고 이해하면 쉽습니다. '곤욕을 치러 곤혹을 느꼈다.'라는 문장을 기억하면 두 단어를 헷갈리지 않고 쓸 수 있을 거예요.

○ 다음 문장에 들어갈 적절한 단어를 고르시오.

강연자는 예상치 못한 질문을 받고 (곤욕 / 곤혹)을 느꼈다.

1 ● 252017-0151

제시된 단어가 들어갈 문장을 바르게 연결하시오.

(1) 맹목적 •

(2) 필사적 •

(3) 미온적 •

• ㉠ 확신에 차 있는 나와 달리 언니는 이번 계획에 상당히 (　　　) 인 태도를 보이며 나서기를 주저했다.

• ㉡ 우리나라 선수들은 포기하지 않고 (　　　)으로 달렸다.

• ㉢ 부정확한 지식에 대한 무비판적이고 (　　　)인 믿음이 문제를 악화시켰다.

2 ● 252017-0152

제시된 내용과 밀접한 관계가 있는 단어를 〈보기〉에서 찾아 쓰시오.

보기				
맹랑하다	고역	반사회적	관망하다	난감하다

(1) 어떻게 하지? — 사정이 곤란함. ……………… [　　　]

(2) 허망하다. — 하는 짓이 깜찍하다. ……………… [　　　]

(3) 몹시 힘듦. — 견디기 어려움. ……………… [　　　]

(4) 사회 규범 — 반대 ……………… [　　　]

(5) 물러섬. — 바라봄. ……………… [　　　]

3 ● 252017-0153

다음 이야기의 상황과 관련된 사자성어로 적절한 것은?

　학원 마치고 집에 가는 길이었어. 내일 중간고사 시작이라 마음이 바빠서 옆을 돌아보지도 못하고 빠르게 걸었지. 그런데 집에 거의 다 왔는데 힘없는 고양이 울음소리가 들리잖아. 옆을 보니 너무나 작은 새끼 고양이가 몸을 덜덜 떨며 나를 보고 있어. 다가가 자세히 보니 다리를 다친 거야. 어떻게 하지? 동물병원에 데리고 가야 하나? 내일 시험이라 일분일초가 급한데 꼭 그래야 하나? 고민이 됐지만 끙끙대는 고양이를 두고 자리를 뜰 수는 없었어. 그래서 학원 1층에 있는 동물병원으로 고양이를 데리고 갔지.

① 다다익선　　　② 개과천선　　　③ 측은지심　　　④ 동병상련　　　⑤ 시비지심

4

○ 252017-0154

㉠, ㉡ 중 빈칸에 들어갈 단어가 <u>다른</u> 하나는?

㉠	㉡
곤욕(困辱)	**곤혹(困惑)**
「명사」	「명사」
심한 모욕. 또는 참기 힘든 일. ≒군욕.	곤란한 일을 당하여 어찌할 바를 모름.

① □□을 겪었지만 무너지지 않겠다.
② 예상치 못한 질문에 □□을 느꼈다.
③ 이번 일로 큰 □□을 당하셨다고 들었습니다.
④ 그는 자신이 고생과 □□을 당하면서 쌓은 탑을 무너뜨렸다.
⑤ 이모는 적지 않은 □□을 치른 후에야 그 문제를 해결할 수 있었다.

5

○ 252017-0155

다음 만화의 ㉠~㉢에 들어갈 알맞은 단어를 〈보기〉에서 찾아 쓰시오.

보기

편파	문외한	필사적	미온적	반사회적

6~7 다음 글을 읽고 물음에 답하시오.

이 고을에는 부자 한 사람이 살고 있었는데 상황이 ㉠난처해진 양반의 얘기를 듣고는 식구들과 함께 이 일에 관해 의논하기 시작했다.

"아무리 가난해도 양반이라 하면 사람들은 그를 존경하는데 우리는 아무리 돈이 많아도 늘 ㉡천대받고 살지 않느냐. 말 한번 못 타 보고 양반 앞에선 어쩔 줄 몰라 ㉢굽실거려야 하고 무릎으로 기어가 땅바닥에 코가 닿게 절을 해야 하지 않느냐. 참으로 ㉣비참한 일이로다. 한데 지금 이 고을에 한 양반이 관곡을 갚지 못해 감옥에 갈 처지라니 더 이상 양반 자리는 지키지 못할 형편인 것 같구나. 그래서 하는 말인데 내가 그 양반 대신 빚을 갚아 주고 양반의 신분을 사려 하는데 어떻겠느냐?"

가족들과 상의한 끝에 부자는 즉시 양반을 찾아가 자기가 관곡을 갚아 줄 테니 자신에게 양반 신분을 넘겨 달라고 말했다. 그러자 양반은 몹시 기뻐하며 즉시 부자의 제안을 받아들였다. 부자는 곧 곡식을 싣고 관아로 가서 양반의 빚을 모두 갚아 주었다.

[중략 부분 줄거리] 군수는 양반의 빚을 모두 갚은 부자를 진정한 양반이라고 칭송하며 혹여 나중에 소송이 생길까 염려해 양반 증서를 써 준다.

군수가 증서를 반쯤 고쳐 쓸 때쯤 부자는 어이가 없다는 듯 혀를 내두르며 말했다.

"제발 그만두십시오! 양반이라는 건 참으로 ㉤맹랑한 것이구려. 당신들은 지금 나를 도둑놈으로 만들 작정이시오?"

말을 마친 부자는 머리를 흔들며 서둘러 달아났다. 그리고 죽는 날까지 '양반'이라는 말을 입 밖에 꺼내지 않았다.

– 박지원, 「양반전」에서

* 관곡: 국가나 관청에서 가지고 있는 곡식.

● 252017-0156

6 ㉠~㉤의 뜻풀이로 적절하지 <u>않은</u> 것은?

① ㉠: 이럴 수도 없고 저럴 수도 없어 처신하기 곤란해진

② ㉡: 천하게 대우받고

③ ㉢: 남의 비위를 맞추느라고 자꾸 비굴하게 행동해야

④ ㉣: 더할 수 없이 슬프고 끔찍한

⑤ ㉤: 유쾌하고 활발한

● 252017-0157

7 윗글을 이해한 내용으로 적절하지 <u>않은</u> 것은?

① 양반은 관곡을 갚지 못할 만큼 가난했다.

② 당시 양반들은 양반이라는 이유만으로 존경받았다.

③ 돈이 많아도 양반이 아니면 양반의 비위를 맞춰야 했다.

④ 양반은 부자의 제안을 받고 고민하지만 어쩔 수 없이 제안을 받아들인다.

⑤ 부자는 군수가 쓴 증서를 보고 양반이 도둑놈과 다를 바 없다고 생각한다.

인생과 관련한 사자성어

•• 다음 만화를 보고, 밑줄 친 단어의 뜻을 추측해 보시오.

옛날에 중국 북쪽 변방에 사는 노인이 기르던 말이 오랑캐 땅으로 달아나자 사람들은 그를 위로했습니다. 그러자 노인은 "이것이 또 무슨 복이 되는지 알겠소?"라고 말하죠. 얼마 뒤 도망갔던 말이 좋은 말 한 마리를 데리고 옵니다. 사람들이 이를 축하하자 노인은 "이것이 또 무슨 화가 되는지 알겠소?"라고 합니다. 얼마 후 노인의 아들이 그 말을 타다가 다리가 부러졌습니다. 하지만 노인은 낙심하지 않았죠. 얼마 지나지 않아 전쟁이 일어났는데 다리가 부러진 아들은 전쟁에 나가지 않아 목숨을 구하게 됩니다. 노인의 말 한 필이 화도 복도 가져온 것이죠. '새옹지마'는 여기에서 유래한 사자성어로 인생의 길흉화복은 변화가 많아 예측하기 어렵다는 뜻을 가지고 있습니다.

•• 다음 한자를 따라 써 보면서 '새옹지마'의 뜻을 외워 보시오.

塞	翁	之	馬
변방 **새**	늙은이 **옹**	어조사 **지**	말 **마**

→

•• '새옹지마'와 유사한 뜻을 지닌 사자성어를 고르시오.

☐ 전화위복(轉禍爲福) ☐ 감언이설(甘言利說)

☐ 백전백승(百戰百勝) ☐ 역지사지(易地思之)

의관

옷 **衣** + 갓 **冠**

남자의 윗옷과 갓이라는 뜻으로, 남자가 정식으로 갖추어 입는 옷차림을 이르는 말.

 신하는 **의관**을 갖추고 왕 앞에 섰다.

친절한 샘 '옷을 바르게 입고 모자를 바르게 쓴다.'는 뜻의 '**의관 정제**'는 조선 시대 선비의 근본이었습니다. 조선 후기 실학자 이덕무는 '갓이 비록 낡았더라도 그것을 바르게 정제하려 해야 하고 옷이 비록 거칠더라도 그것을 모두 갖추려 해야 한다.'라며 '의관 정제'의 중요성을 강조했답니다.

• 의복(衣服) _ 몸을 싸서 가리거나 보호하기 위하여 피륙 따위로 만들어 입는 물건.
• 의상(衣裳) _ 겉에 입는 옷.
• 의류(衣類) _ 옷 종류를 통틀어 이르는 말.

▲ 이하응 초상화

낭패

이리 **狼** + 이리 **狽**

계획한 일이 실패로 돌아가거나 기대에 어긋나 매우 딱하게 됨.

 가뭄이 계속되면 올해 농사는 **낭패**를 볼 것이다.

친절한 샘 '낭패'의 '**낭**'과 '**패**'는 모두 현실에 존재하지 않는 상상 속 동물로 개를 닮은 산짐승의 한 종류입니다. '낭'은 앞다리는 길지만 뒷다리가 짧고, '패'는 앞다리는 짧지만 뒷다리는 길어서, 둘은 같이 다니지 않으면 넘어지고 어떤 일을 잘 해낼 수 없게 되지요. 여기에서 '낭패'라는 단어의 뜻이 생겨났답니다.

허장성세

빌 **虛** + 떠벌릴 **張** +
소리 **聲** + 형세 **勢**

실속은 없으면서 큰소리치거나 허세를 부림.

 내 말이 **허장성세**인지 아닌지 두고 보면 알겠지.

친절한 샘 '허장성세'는 줄여서 '**허세**'라고 하며, 허장성세를 부리는 태도를 비유적으로 이르는 속담으로는 '**빈 수레가 요란하다.**'가 있습니다.

사자성어의 유래

중국 진나라 장수 선진은 위나라를 정복하기 위해 군사를 이끌고 '오록성'으로 갑니다. 이때 선진은 모든 군사에게 긴 깃발을 산이나 언덕을 지나갈 때마다 여기저기 꽂아 놓으라고 명령을 내리지요. 다른 장수가 선진에게 그렇게 하는 이유를 묻자 깃발의 과장된 형세를 통해 위나라 백성들에게 위압감을 주기 위함이라고 설명합니다. 선진의 말처럼 진나라 군사가 성에 도착했을 때는 나부끼는 진나라 깃발을 본 위나라 사람들이 다 도망가 버려 쉽게 성을 함락할 수 있었다고 합니다. 이때부터 허장성세는 '실속이 없이 허세를 부린다.'라는 의미로 쓰이게 되었습니다.

혼비백산

넋 **魂** + 날 **飛** +
넋 **魄** + 흩어질 **散**

혼백이 어지러이 흩어진다는 뜻으로, 몹시 놀라 넋을 잃음을 이르는 말.

 병사들은 기습 공격에 **혼비백산**했다.

친절한 샘 '혼(魂)'은 '얼'이라고도 하며, '정신의 줏대'라는 뜻이 있습니다. '백(魄)'은 육체의 형체가 갖추어진 것으로 '넋'이라고도 합니다. 갑작스러운 자연재해나 예기치 않은 충격적인 소식 등을 마주했을 때 '혼비백산'이라는 어휘를 사용할 수 있습니다.

장안

길 **長** + 편안할 **安**

'수도'라는 뜻으로 '서울'을 이르는 말.

예 그는 남산에 올라가서 **장안** 거리를 굽어보았다.

친절한 샘 '장안'은 중국 한나라와 당나라의 수도였던 곳입니다. 우리나라가 중국의 영향을 많이 받았던 때에 수도 이름인 '장안'을 들여와 사용했던 거죠.

혈안
피 血 + 눈 眼

기를 쓰고 달려들어 독이 오른 눈.

예 자신의 이익만을 챙기는 데 **혈안**이 된 사람들이 있다.

친절한 샘 '**혈안이 되다.**'는 '어떠한 일에 미친 듯이 날뛰다.'라는 뜻을 가진 관용구입니다. '사람들은 단서를 찾기 위해 혈안이다.'처럼 '혈안'만 사용되기도 하지만 '혈안이 되었다.'와 같이 관용구로 사용되는 경우가 더 많습니다.

재화
재물 財 + 재물 貨

사람이 바라는 바를 충족시켜 주는 모든 물건.

예 세상의 **재화**는 한정적인데, 인간의 욕망은 무한하다.

친절한 샘 '재화'와 의미상 대비를 이루는 어휘로는 '물질적 재화의 형태를 취하지 아니하고 생산과 소비에 필요한 노동을 제공하는 일'이라는 뜻의 '**용역(用役)**'이 있습니다.

탕감
털어 없앨 蕩 + 줄일 減

세금이나 빚 따위를 덜어 주거나 모두 없애 줌.

예 정부는 농가의 빚을 **탕감**해 주겠다고 약속했다.

친절한 샘 '탕감'은 빚이나 세금 등 응당 지불해야 할 금액을 덜어 주거나 없애 주는 것을 의미합니다. 고전 소설에는 궁핍한 상황에서 빚을 지거나 내야 할 많은 세금 앞에 좌절하는 백성들이 종종 등장합니다. 그리고 이러한 처지를 가엽게 여기는 관리들이 그들의 빚을 탕감해 주기도 하고요.

혼동하기 쉬운 말
- **탕진(蕩盡)** _ 재물 따위를 다 써서 없앰.
- **소진(消盡)** _ 점점 줄어들어 다 없어짐. 또는 다 써서 없앰.

방자하다
놓을 放 +
마음 내키는 대로 할 恣

어려워하거나 조심스러워하는 태도가 없이 무례하고 건방지다.

예 임금은 신하의 **방자한** 태도에 몹시 언짢아하셨다.

친절한 샘 17세기에 창작된 고전 소설 「창선감의록」에는 "진이 교만하고 방자하더니 천도가 바로잡혀 죄를 받게 되었구나."라는 부분이 나옵니다. '방자하다'는 우리가 일상에서 자주 쓰는 말은 아니지만 앞서 예로 든 「창선감의록」 외에도 여러 고전 소설에 자주 등장한답니다.

어휘 더하기

헷갈리기 쉬운 말

정답과 해설 28쪽

- **풍비박산**(風飛雹散)
  바람에 날려 우박이 흩어진다는 뜻으로, 산산이 부서져 사방으로 날아가거나 흩어짐을 비유적으로 이르는 말.

  예 아버지의 사업 실패로 우리 집안은 풍비박산이 났다.

- **평지풍파**(平地風波)
  평온한 자리에서 일어나는 풍파라는 뜻으로, 뜻밖에 분쟁이 일어남을 비유적으로 이르는 말.

  예 삼촌의 말이 평화롭던 집안에 평지풍파를 일으켰다.

'풍지박산'은 '풍비박산'을 잘못 표기한 것입니다. 이는 '평지풍파'와 '풍비박산'을 섞어서 쓰다가 혼동을 일으킨 표기로 보입니다.

○ 다음 문장에 들어갈 적절한 단어를 고르시오.

전쟁으로 집안이 (풍비박산 / 풍지박산)이 났으니 앞으로 어떻게 살아야 할지 막막했다.

252017-0158

1 제시된 초성과 뜻을 참고하여 빈칸에 들어갈 적절한 단어를 쓰시오.

(1) 그는 법원의 결정으로 세금을 (ㅌ ㄱ)받았다.
　　세금이나 빚 따위를 덜어 주거나 모두 없애 줌.

(2) 한정된 (ㅈ ㅎ)의 재분배를 통해 빈부 격차를 줄일 수 있다.
　　사람이 바라는 바를 충족시켜 주는 모든 물건.

(3) 정 대감 댁에 사람을 잘못 들여 (ㅍ ㅂ ㅂ ㅅ)이/가 났다고 하더라.
　　바람에 날려 우박이 흩어진다는 뜻으로, 산산이 부서져 사방으로 날아가거나 흩어짐을 비유적으로 이름.

(4) 그는 아침 식사를 마치고 천천히 (ㅇ ㄱ)을/를 챙겨 입었다.
　　남자가 정식으로 갖추어 입는 옷차림.

(5) 그 소식은 모처럼 평화로웠던 마을에 (ㅍ ㅈ ㅍ ㅍ)을/를 일으켰다.
　　평온한 자리에서 일어나는 풍파라는 뜻으로 뜻밖에 분쟁이 일어남을 비유적으로 이름.

252017-0159

2 다음 이야기와 관계 있는 단어로 적절한 것은?

> 　현실에 존재하지 않는 상상 속 동물을 뜻하는 두 글자가 결합돼 만들어졌습니다. 첫 번째 글자는 앞다리가 길지만 뒷다리가 짧고, 두 번째 글자는 앞다리는 짧지만 뒷다리가 긴 산짐승입니다. 둘은 같이 다니지 않으면 균형을 잡지 못해 넘어지기 일쑤죠. 여기에서 '계획한 일이 실패로 돌아가거나 기대에 어긋나 매우 딱하게 됨.'이라는 뜻을 가진 이 단어가 유래했습니다.

① 실망　　　　② 낭패　　　　③ 잘못　　　　④ 실패　　　　⑤ 고통

252017-0160

3 제시된 예문과 초성을 참고하여 빈칸에 공통적으로 들어갈 단어를 쓰시오.

> • 권력을 등에 업고 　　　 하게 행동하는 사람이었구나.
> • 내가 누군 줄 알면 이리 　　　 하게 굴지 못할 것이다.
> • 너의 소문을 내가 익히 들었으나 듣던 것보다 훨씬 　　　 하구나.

➡ ㅂ ㅈ

● 252017-0161

4 [A]에 들어갈 단어로 적절한 것은?

	실속 없음.	
빈 수레가 요란하다.	[A]	큰소리침.
	중국 진나라 장수 선진의 전략	

① 혼비백산　　　　② 설상가상　　　　③ 명명백백
④ 안하무인　　　　⑤ 허장성세

● 252017-0162

5 ㉠~㉢에 들어갈 알맞은 단어를 〈보기〉의 뜻을 참고하여 쓰시오.

보기
㉠ 기를 쓰고 달려들어 독이 오른 눈
㉡ '수도'라는 뜻으로 '서울'을 이르는 말
㉢ 혼백이 어지러이 흩어진다는 뜻으로, 몹시 놀라 넋을 잃음을 이르는 말

6~7 다음 글을 읽고 물음에 답하시오.

"여보시오, 서울 장안에서 누가 제일 부자요?"

때마침 그 사람이 변씨 성을 가진 부자를 일러 주었다. 허생은 그 길로 변 부자를 찾아가 예를 갖춘 뒤에 한마디로 잘라 말하였다.

"내가 집이 가난해서 뭘 좀 해 보고 싶은데 밑천이 없구려. 돈 만 냥만 빌려주시오."

"그러시오."

변 부자는 대뜸 그 자리에서 만 냥을 내주었다. 허생은 돈을 받더니, 고맙다는 인사 한마디 없이 가지고 나왔다.

(중략)

허생이 휑허케* 나가고 나자 모두들 어리둥절해서 물었다.

"저 사람을 아시나요?" / "모르지."

"아니, 그렇다면 누군지 알지도 못하는 사람한테 선뜻 만 냥을 내주셨단 말입니까? 이름 석 자도 묻지 않고!"

변 부자는 천연덕스럽게 말하였다.

"자네들이 나설 일이 아닐세. 대체로 남에게 돈을 빌리러 오는 사람은 으레 이것저것 늘어놓으면서 자기 뜻이 크고 넓다고 과장을 하게 마련이지. 약속은 꼭 지키겠다느니 어쩌겠다느니 비굴한 얼굴로 중언부언*하면서 말이야. 그런데 저 사람은 옷과 신발은 비록 허술하지만, 말이 간단할 뿐 아니라 눈망울이 또록또록하고, 얼굴에는 부끄럽거나 비겁한 구석이 전혀 없네. 재물 같은 건 없어도 스스로 만족하고 사는 사람임에 틀림없어. 분명 그 사람이 한번 해 보고 싶다는 것도 쩨쩨한 일은 아닐 게야. 그래서 그 사람을 한번 시험해 보려는 거야. 안 줄 거라면 모르지만 이왕 줄 바에야 이름은 알아서 뭐하겠나."

– 박지원, 「허생전」에서

* 휑허케: '중도에서 지체하지 아니하고 곧장 빠르게 가는 모양'을 예스럽게 이르는 말.
* 중언부언: 이미 한 말을 자꾸 되풀이함. 또는 그런 말.

▶ 252017-0163

6 윗글의 내용에 대한 이해로 적절하지 <u>않은</u> 것은?

① 허생은 변 부자를 찾아가 돈을 빌려 달라고 말한다.

② 허생은 변 부자에게 자신이 가난한 처지에 있다고 말한다.

③ 변 부자는 허생에게 별다른 것을 묻지 않고 돈을 빌려준다.

④ 변 부자는 허생을 보고 그가 만족을 모르는 사람이라고 생각한다.

⑤ 변 부자는 허생이 하고자 하는 것이 결코 작은 일이 아닐 거라고 생각한다.

▶ 252017-0164

7 윗글을 읽고 난 후 한 학생이 쓴 감상이다. 초성을 참고하여 빈칸에 들어갈 적절한 단어를 쓰시오.

> 비굴하게 (ㅈㅇㅂㅇ)하지 않고 당당하게 돈을 빌려 달라는 허생의 태도도 인상적이었지만, 허생의 가치를 단번에 눈치채고 돈을 빌려준 (ㅈㅇ)에서 제일 부자라는 변 부자의 안목도 놀라웠다.

가난과 관련한 속담

•• 다음 만화의 밑줄 친 부분과 관련한 속담을 알아봅시다.

목구멍이 포도청	입에 거미줄 치다	깡통을 차다
먹고살기 위해 무엇이든 한다는 뜻	가난하여 오랫동안 먹지 못한 상황을 이르는 표현	밥을 빌어먹는 신세가 되었다는 뜻
'포도청'은 옛날에 죄인을 잡아 가두던 곳으로, '목구멍이 포도청'은 먹고살기 위해, 해서는 안 될 짓까지 하지 않을 수 없다는 의미를 가지고 있답니다.	거미는 한적하고 어두운 곳에 거미줄을 칩니다. 그런데 사람 입에 거미줄을 치려면 사람의 입에 무언가 들어간 적이 없어야겠죠. 그만큼 오랫동안 굶었다는 데서 이 표현이 유래했답니다.	과거에는 거지들이 깡통을 들고 다니면서 밥을 빌어먹었다고 합니다. 여기에서 '깡통을 차다'의 의미가 유래한 거죠.

 우리 선조들 중 배부르게 먹고 편히 살 수 있을 만큼의 넉넉함을 가진 사람은 극히 일부였습니다. 그래서 우리 속담과 관용 표현 중에는 가난과 관련한 것이 많습니다.

•• 가난과 관련한 속담이 <u>아닌</u> 것에 ✔ 표시를 하시오.

☐ 가난 구제는 나라님도 못 한다.　　☐ 가난한 집 제사 돌아오듯 하다.
☐ 보기 좋은 떡이 먹기도 좋다.　　☐ 서 발 막대 거칠 것 없다.

갈등

칡 **葛** + 등나무 **藤**

❶ 서로 생각이 달라 부딪치는 것. ❷ 소설이나 희곡에서, 등장인물 사이에 일어나는 대립과 충돌 또는 등장인물과 환경 사이의 대립을 이르는 말.

예 성장 소설 속 주인공은 **갈등**을 통해 성장한다.

친절한 샘 칡덩굴과 등나무 덩굴처럼 얽히고설킨 모습을 '갈등'이라고 부릅니다. 대부분의 소설은 갈등을 중심으로 전개되기 때문에 소설을 '갈등의 문학'이라고도 합니다. 등장인물의 내면에서 일어나는 갈등을 '**내적 갈등**', 인물과 인물 혹은 인물과 사회 사이에서 생기는 갈등을 '**외적 갈등**'이라고 한답니다.

서술자

차례 **敍** + 설명할 **述** + 사람 **者**

사건이나 생각을 일정한 기준이나 관점에 따라 이야기해 주는 이.

예 이 작품의 **서술자**는 9살 어린이이다.

친절한 샘 소설에서 이야기를 전해 주는 이를 '서술자'라고 합니다. 서술자는 작품 안에 등장인물 중 하나로 존재하기도 하고, 작품에 등장하지 않으면서 이야기를 전하기도 합니다. 소설 안에 '나'로 등장하는 서술자를 '**1인칭 서술자**', 소설에 등장하지 않으면서 이야기를 전해 주는 서술자를 '**3인칭 서술자**'라고 합니다.

시점

볼 **視** + 점찍을 **點**

소설에서 이야기를 서술하여 나가는 방식이나 관점.

예 같은 내용이라도 서술자의 **시점**에 따라 다르게 전달할 수 있다.

1인칭 시점	3인칭 시점
1인칭 주인공 시점: 서술자 '나'가 자신의 이야기를 전달해 줌.	3인칭 전지적 시점: 이야기 밖 서술자가 인물들의 내면 심리까지 모두 전달함.
1인칭 관찰자 시점: 서술자 '나'가 다른 사람의 이야기를 전달해 줌.	3인칭 관찰자 시점: 이야기 밖 서술자가 등장인물들을 관찰한 이야기를 서술함.

과거에는 표에서 설명한 4가지 시점에 따라 작품을 이해했지만 최근에는 1인칭이나 3인칭 같은 용어로 나누어 설명하지 않는 경우도 많습니다. 소설의 시점을 파악하기 위해서는 서술자가 내용을 전하는 방식에 주목해서 보고 서술자가 특정 인물의 시각에 의존하여 서술하는지 이야기의 밖에서 서술하는지 구분해서 이해하면 됩니다.

발상

쏠 **發** + 생각 **想**

어떤 생각을 해 냄. 또는 그 생각.

예 해결책을 찾으려면 **발상**의 전환이 필요해.

친절한 샘 '전환(轉換)'은 '다른 방향이나 상태로 바뀌거나 바꿈.'을 뜻합니다. 그래서 '발상의 전환'은 생각의 방향을 바꾸는 행위이므로 이를 통해 오랫동안 풀지 못했던 과제를 해결하거나 일상적인 상황을 다르게 인식하는 계기를 마련할 수 있습니다.

- **생각** _ 사물을 헤아리고 판단하는 작용.
- **사고(思考)** _ 생각하고 궁리함.
- **사려(思慮)** _ 여러 가지 일에 대하여 깊게 생각함. 또는 그런 생각.

순행적 구성

이을 **順** + 갈 **行** + 어조사 **的** + 얽을 **構** + 이룰 **成**

이야기의 흐름이 시간의 순서대로 흘러가는 구성 방식.

예 이 소설은 **순행적 구성**을 취하고 있다.

친절한 샘 '순행적 구성'이란 시간의 순서대로 이야기가 흘러가는 방식을 말합니다. 작품 속 이야기가 '과거'로부터 시작해서 '현재'로 흘러간다면 순행적 구성을 취하고 있다고 말할 수 있습니다. 다른 말로 '**평면적(平面的) 구성**'이라고도 합니다. 반면 시간을 거스르는 순서로 이야기가 진행된다면 '**역(逆)(순)행적 구성**'을 취하고 있다고 말합니다. 순행적, 연대기적(年代記的) 구성은 인물의 일대기를 다룬 작품이나 기행문 등에 자주 사용되는 구성 방식입니다.

- **연대기적(年代記的) 구성** _ 시간의 흐름이 자연적으로 흘러가는 구성.
- **순차적(順次的) 구성** _ 일정한 순서에 따라 차례차례 흘러가는 구성.

풍자

욀 **諷** + 찌를 **刺**

현실의 바람직하지 못한 점이나 이치에 맞지 않는 일 등을 빗대어 비웃으면서 씀.

 이 이야기는 당대 지도층에 대한 **풍자**로 가득 차 있다.

친절한 샘 소설 「흥부전」에서 '놀부'는 우스꽝스러운 행동을 반복합니다. 이는 욕심 많은 놀부를 비웃으며 비꼬아 풍자하기 위한 설정입니다. 요즘에도 여러 매체에서 문제를 일으킨 사람들의 모습을 과장되게 표현한 글이나 그림, 영상 등을 볼 수 있습니다. 풍자를 통해 바람직하지 못한 상황을 꼬집기 위함이지요.

내면화

안 **內** + 표면 **面** + 될 **化**

정신적 · 심리적으로 깊이 마음속에 자리 잡힘. 또는 그렇게 되게 함.

 문학 작품을 읽으면 인생의 가치를 **내면화**할 수 있다.

친절한 샘 좋은 문학 작품은 독자에게 인생의 여러 가치를 전하고, 인간이 성숙할 수 있는 귀중한 계기를 제공합니다. 그래서 독자는 문학 작품을 읽고 깊이 있게 감상하는 활동을 통해 문학의 가치, 인생의 의미를 내면화할 수 있답니다.

액자식 구성

이마 **額** + 아들 **子** + 법 **式** + 얽을 **構** + 이룰 **成**

소설, 희곡 따위에서, 이야기 속에 하나 또는 그 이상의 이야기가 들어 있는 구성.

 이 소설은 **액자식 구성**을 취하고 있다.

친절한 샘 '액자식 구성'이란 하나의 이야기 안에 또 다른 이야기가 들어 있는 소설의 구성 방법입니다. 액자식 구성에는 외부 이야기와 내부 이야기 이렇게 두 개의 이야기가 존재하는데요, 둘 중 내부 이야기가 더 핵심적인 내용, 즉 소설의 주제나 창작 의도 등을 담고 있답니다. 그리고 외부 이야기는 내부 이야기의 신뢰도를 높여 주는 역할을 한답니다.

형상화

형상 **形** + 형상 **象** + 될 **化**

형체로는 분명히 나타나 있지 않은 것을 어떤 방법이나 매체를 통하여 구체적이고 명확한 형상으로 나타냄. 특히 어떤 소재를 예술적으로 재창조하는 것을 이른다.

 이 소설에는 글쓴이의 체험이 잘 **형상화**되어 있다.

친절한 샘 '형상화'란 소설에서 추상적인 개념이나 감정을 구체적이고 실감 나는 표현, 특히 묘사나 대화 등의 기법을 통해 제시되는 것을 말합니다. 예를 들어 '슬픈 공기가 피부에 닿았다.'는 슬픔이라는 감정을 촉각적으로 형상화했다고 말할 수 있습니다.

어휘 더하기

헷갈리기 쉬운 말

정답과 해설 29쪽

- **해학**(諧謔)
  익살스럽고도 품위가 있는 말이나 행동.

  예 이 작품은 심각한 현실을 해학적으로 드러냈다.

- **골계**(滑稽)
  익살을 부리는 가운데 어떤 교훈을 주는 일.

  예 어리숙한 양반이 등장하는 이 연극은 골계가 돋보인다.

'해학'과 '풍자'는 문학의 서술 방법 중 하나로 작품에 '골계미'를 더하는 방법에 해당합니다. 이 중 '해학'은 대상에 대한 연민의 마음을 전제로 하고, '풍자'는 대상에 대해 비판적인 생각을 가지고 서술된다는 점에서 차이가 있습니다. 그러므로 해학과 풍자는 의도의 측면에서 차이가 있고, 골계미를 추구한다는 점에서 공통점이 있다고 이해하면 됩니다.

○ 다음 문장에 들어갈 적절한 단어를 쓰시오.

> 풍자와 (ㅎㅎ)은/는 (ㄱㄱ)미라는 정서를 불러일으키는 서술 방법으로 여러 고전 소설에서 확인할 수 있습니다.

○ 252017-0165

1 제시된 초성을 참고하여 빈칸에 들어갈 적절한 단어를 쓰시오.

> 소설은 ㅅ ㅅ ㅈ 이/가 이야기를 전달하며 진행됩니다. 이때 소설 속 대부분의 사건은 인물들 간의 혹은 인물 내부의 ㄱ ㄷ 을/를 중심으로 전개되기 때문에 사건의 진행 방향이나 해결 과정에 주목하여 작품을 읽으면 훨씬 더 깊이 있게 이해할 수 있을 거예요.

○ 252017-0166

2 제시된 내용과 밀접한 관계가 있는 단어를 〈보기〉에서 찾아 쓰시오.

> 보기
>
> 풍자   시점   갈등   순행적 구성   액자식 구성

(1) 과거 → 현재 → 미래 ── 평면적 구성 ┈┈┈┈┈┈ [   ]

(2) 외부 이야기 ── 내부 이야기 ┈┈┈┈┈┈ [   ]

(3) 바람직하지 못한 점 ── 비웃음 ┈┈┈┈┈┈ [   ]

(4) 이야기 ── 서술의 방식 또는 관점 ┈┈┈┈┈┈ [   ]

(5) 칡덩굴과 등나무 덩굴 ── 외적, 내적 ┈┈┈┈┈┈ [   ]

○ 252017-0167

3 빈칸에 공통적으로 쓸 수 있는 단어로 적절한 것은?

> • □□의 전환이 필요한 때입니다.
> • 이렇게 케케묵은 □□은 아무 도움도 되지 않습니다.
> • 다수결의 원칙이 언제나 옳다는 것은 위험한 □□입니다.

① 발명   ② 발견   ③ 발상   ④ 발전   ⑤ 발굴

4 ● 252017-0168

학생이 쓴 독서 감상문의 일부이다. 제시된 초성을 참고하여 빈칸에 들어갈 적절한 단어를 쓰시오.

> …… 이 소설을 읽고, 다른 사람보다 더 많이 갖는 것에만 집중하며 그동안 주변 사람들에게 못되게 굴었던 기억이 떠올라 부끄러웠다. 당장은 손해 보는 것처럼 보일지라도 타인에게 친절하기 위해 노력해야 행복한 인생을 살 수 있다는 점을 깨달았다. 소설이 말하는 교훈을 오랫동안 기억하고 싶다.
>
> ┗ 작품을 깊이 있게 읽고 작가가 전달하고자 하는 가치를 발견하여 ㄴ ㅁ ㅎ 하였군요. 남에게 친절하게 사는 것이 행복한 인생이라는 깨달음을 삶에서 실천할 수 있기를 바랍니다.

5 ● 252017-0169

다음 만화의 ㉠~㉢에 들어갈 알맞은 단어를 〈보기〉에서 찾아 쓰시오.

보기				
풍자	해학	골계	비웃음	갈등

6~7 다음 글을 읽고 물음에 답하시오.

> 어느덧 걸음은 삼거리를 건너고 있었다. 문기 등 뒤에서 아주 멀리 뿡뿡하고 자동차 소리와 비켜라 하는 사람의 소리가 나는 듯하더니 갑자기 귀밑에서 크게 울린다. 언뜻 돌아다보니 바로 눈앞에 자동차 머리가 달려든다. 그리고 문기는 으쓱하고 높은 데서 아래로 떨어져 가는 듯싶은 감과 함께 정신을 잃고 말았다.
>
> 얼마 동안을 지났는지 모른다. 문기가 어렴풋이 눈을 떴을 때 무섭게 전등불이 밝아 눈이 부셨다. 문기는 다시 눈을 감았다. 두 번째 문기는 눈을 뜨자 희미하게 삼촌의 얼굴이 나타나며 그것이 차차 똑똑해지더니 삼촌은,
>
> "너, 내가 누군 줄 알겠니?"
>
> 하고 웃지도 않고 내려다본다.
>
> 문기는 이것도 꿈인가 하고 한번 웃어 주려면서 그대로 맑은 정신이 났다. 문기는 병원 침대 위에 누워 있었다. 어디 아픈 데는 없으면서도 몸을 움직일 수는 없다. 삼촌은 근심스러운 얼굴로 내려다본다.
>
> "작은아버지."
>
> 하고 문기는 입을 열었다. 그리고,
>
> "저는 마땅히 받아야 할 벌을 받은 거예요."
>
> 하고 문기는 눈을 감으며 한 마디 한 마디 그러나 똑똑하게 처음서부터 끝까지 먼저 고깃간 주인이 일 원을 십 원으로 알고 거슬러 준 것, 그 돈을 써 버린 것, 그리고 또 붙장 안의 돈을 자기가 훔쳐 낸 것, 이렇게 하나하나 숨김없이 자백을 하자 이때까지 겹겹으로 몸을 싸고 있던 허물이 한 꺼풀 한 꺼풀 벗어지면서 따라 마음속의 어둠도 차차 사라지며 맑아지는 것을, 문기는 확실히 깨달을 수 있었다. 마음이 맑아지며 따라 몸도 가뜬해진다.[*]
>
>   – 현덕, 「하늘은 맑건만」에서
>
> [*] 가뜬해진다: 몸과 마음이 가벼워 기분이 좋아지다.

○ 252017-0170

6   윗글을 이해한 내용으로 적절하지 <u>않은</u> 것은?

① 문기는 길을 걷다가 쓰러진다.

② 문기는 병원 침대에서 눈을 뜬다.

③ 병원에 온 삼촌은 문기가 자신을 알아보는지 묻는다.

④ 문기는 삼촌이 저지른 잘못 때문에 갈등을 겪어 왔다.

⑤ 문기는 작은아버지에게 그동안의 일을 털어놓고 마음이 편안해짐을 느낀다.

○ 252017-0171

7   윗글의 서술 방식을 이해한 내용으로 적절한 것은?

① '나'가 이야기 안에서 자신의 이야기를 서술하고 있다.

② '나'가 이야기 안에서 다른 사람의 이야기를 전달하고 있다.

③ 서술자가 이야기 밖에서 인물들의 행동과 심리를 서술하고 있다.

④ 서술자가 이야기 밖에서 인물들의 이야기를 관찰자적 입장에서 서술하고 있다.

⑤ '나'가 서술자가 되어 작가와 등장인물들의 내면 심리까지 모두 서술하고 있다.

●● 다음은 현덕의 소설 「하늘은 맑건만」의 일부입니다. 밑줄 친 '하늘'의 의미를 떠올리며 읽어 봅시다.

> 언제나 다름없이 여러 아이들은 넓은 운동장에서 마음대로 뛰고 마음대로 지껄이고 마음대로 즐기건만 문기 한 사람만은 어둠과 같이 컴컴하고 무거운 마음에 잠겨 고개를 들지 못한다. 무엇보다도 문기는 전날처럼 맑은 <u>하늘</u> 아래서 아무 거리낌 없이 즐길 수 있는 마음이 갖고 싶다. 떳떳이 <u>하늘</u>을 쳐다볼 수 있는, 떳떳이 남을 대할 수 있는 마음이 갖고 싶었다.
>
> (중략)
>
> 내일도 해는 뜨고 <u>하늘</u>은 맑아지리라. 그리고 문기는 그 <u>하늘</u>을 떳떳이 마음껏 쳐다볼 수 있을 것이다.

「하늘은 맑건만」은 주인공 문기가 거스름돈을 잘못 받은 뒤 일어나는 사건 속에서 다양한 갈등을 겪는 모습이 잘 드러나 있는 소설입니다. 어린 문기가 순간적인 욕심 때문에 양심에 어긋난 행동을 하게 되지만 자신의 잘못 때문에 내적, 외적으로 갈등하는 모습은 독자들로 하여금 스스로를 돌아보게 만듭니다. 아울러 문기의 심리 변화가 구체적으로 드러나 있어서 몰입감을 선사하는 작품이죠.

제시된 부분은 소설의 끝부분에 해당하는데요, 이 짧은 대목에 '하늘'이라는 단어가 네 번 등장합니다. 문기가 자신의 잘못을 마음속에만 담고 있을 때엔 하늘을 거리낌 없이 즐기지 못합니다. 그런데 마지막엔 하늘을 '떳떳이 마음껏' 쳐다보게 되죠. 이렇게 하늘을 대하는 태도가 변한 이유는 문기가 잘못을 털어놓았기 때문입니다. 즉 '하늘'은 양심, 인간으로서 지켜야 할 삶의 규범 등을 의미한다고 이해할 수 있습니다.

문학 작품에 등장하는 '하늘'은 이렇듯 자신의 삶이 떳떳한지 비춰 주는 거울의 역할을 한답니다.

윤동주 시인의 대표작 「서시」를 한번 살펴볼까요?

> 죽는 날까지 하늘을 우러러
> 한 점 부끄럼이 없기를
> 잎새에 이는 바람에도
> 나는 괴로워했다.
>
> – 윤동주, 「서시」에서

이 시의 '하늘'도 시의 화자가 부끄럼이 없는 삶을 사는지 판단하는 기준, 즉 '도덕적 삶의 기준'의 의미를 갖습니다.

앞으로 여러분이 문학 작품을 읽을 때 '하늘'이 등장한다면, 지금 배운 개념을 떠올리며, 어떤 의미를 갖는지 곰곰이 생각해 보세요. 그러면 훨씬 더 깊이 있게 감상할 수 있을 거예요.

화수분

재물이 계속 나오는 보물단지. 그 안에 온갖 물건을 담아 두면 끝없이 새끼를 쳐 그 내용물이 줄 어들지 않는다는 설화 속의 단지를 이른다.

예 꾸준히 선수들을 육성한 덕에 우리 팀은 **화수분** 야구를 한다고 평가받는다.

친절한 샘 중국 진시황이 만리장성을 쌓을 때 군사 10만 명을 시켜 황하수(黃河水)를 길어다 큰 구리로 만든 동이인 '하수분(河水盆)'을 채우게 했습니다. 그 물동이가 얼마나 컸던지 한 번 채우면 아무리 써도 없어지지 않았다는 데서 유래한 어휘입니다.

유목
놀 **遊** + 칠 **牧**

일정한 거처를 정하지 아니하고 물과 풀밭을 찾아 옮겨 다니면서 목축을 하여 삶.

예 이 지역 사람들은 전통적으로 **유목**을 하면서 살아왔다.

친절한 샘 '유목'이란 유랑하면서 목축하는 생활 양식을 말합니다. 이렇게 생활하는 사람들을 '**유목민(遊牧民)**'이라고 하고요. 사전적으로는 이런 뜻이지만 최근에는 뭐든 하나에 정착하지 못하고 자신에게 맞는 새로운 것을 찾는 사람들을 빗대어 '○○ 유목민'이라고 부르기도 합니다. '떡볶이 유목민', '샴푸 유목민'처럼요. 뜻이 반대되는 말로는 '**정착(定着)**'이 있습니다.

차일피일
이 **此** + 해 **日** + 저 **彼** + 해 **日**

이날 저 날 하고 자꾸 기한을 미루는 모양.

예 해야 할 일을 하지 않고 **차일피일** 미루기만 한다.

친절한 샘 '차일피일'에서 '차'는 '여기, 이쪽'을 뜻하고 '피'는 '저기, 저쪽'을 의미합니다. 그래서 '차일피일'이라고 하면 '이날 저 날 하고 자꾸 기한을 미루는 모양'을 가리키죠. '차'와 '피'가 활용된 다른 단어로 '이렇게 하든지 저렇게 하든지.'라는 뜻의 '어차피(於此彼)'가 있습니다.

혼백
넋 **魂** + 넋 **魄**

사람의 몸에 있으면서 몸을 거느리고 정신을 다스리는 비물질적인 것. 몸이 죽어도 영원히 남아 있다고 생각하는 초자연적인 것.

예 **혼백**을 위로하기 위해 기도를 드렸다.

친절한 샘 유교 경전인 『예기(禮記)』에 '사람이 죽으면 혼은 하늘로 돌아가고, 백은 땅으로 돌아간다.'라고 나와 있습니다. 여기서 '**혼**'이란 정신을 말하고, '**백**'은 이목구비를 갖춘 육체를 일컫는 것으로서, 책에 나온 구절은 죽음으로 혼과 백이 분리되어 혼은 하늘로 올라가고 백은 땅으로 돌아간다는 것을 의미합니다.

이실직고하다
써 **以** + 진실 **實** + 곧을 **直** + 아뢸 **告**

사실 그대로 고하다.

예 그동안 어디서 무엇을 했는지 **이실직고하여라**.

친절한 샘 잘못을 저지른 사람이나 어떤 사건에 대해 속속들이 알고 있는 사람에게 사건의 전말을 듣고 싶을 때 "그동안 있었던 일을 이실직고해라.", "네가 지은 죄를 이실직고하여라."와 같이 말할 수 있습니다.

노심초사
수고로울 **勞** + 마음 **心** + 그을릴 **焦** + 생각 **思**

몹시 마음을 쓰며 애를 태움.

예 할머니께서는 자식들 걱정에 늘 **노심초사**하셨다.

친절한 샘 '**노심**'은 마음을 수고롭게 한다는 뜻이고, '**초사**'는 애를 태우며 생각한다는 뜻으로 두 개의 뜻을 가진 단어가 결합해 '노심초사'라는 단어가 탄생했습니다. 비슷한 말로 '마음이 초조하고 불안하여 어찌할 바를 모르다.'는 뜻의 '안절부절못하다'가 있습니다. '안절부절하다'는 잘못된 표기입니다. 반대말로는 '마음에 어떠한 충동을 받아도 움직임이 없이 천연스러움.'이라는 뜻을 가진 '**태연자약(泰然自若)**'이 있습니다.

상책

위 **上** + 꾀 **策**

가장 좋은 대책이나 방책.

 지난 실수는 빨리 잊는 게 **상책**이다.

친절한 샘 인간의 모든 결정에는 상책, 중책, 하책이 있다고 말합니다. '**중책(中策)**'은 '중간 정도의 대책이나 방책'을, '**하책(下策)**'은 '가장 나쁜 대책이나 방책'을 말하죠.

태곳적

클 **太** + 옛 **古**

아득한 옛적.

 이 이야기는 **태곳적**부터 이어져 내려왔다.

친절한 샘 '**태고(太古)**'는 '아득한 옛날'이라는 뜻을 가진 명사입니다. '태곳적'은 '태고'에 '적'이 결합되어 형성된 단어입니다. 뜻이 비슷한 말로 '하늘과 땅이 생겨난 맨 처음'이라는 의미의 '**태초(太初)**'가 있습니다.

판국

판 **局**

일이 벌어진 사태의 형편이나 국면.

 이 **판국**에 무슨 여행이니?

친절한 샘 '판국'은 '어떤 일이 벌어질 장면이나 형편'이라는 뜻의 '**국면(局面)**'과 의미가 유사하지만 '판국'은 주로 부정적인 상황을 전제합니다. '노력해도 될까 말까 한 판국에 이렇게 하다니.', '어찌 된 판국인지 알 수 없다.'처럼 벌어진 사태나 형편이 흡족하지 않을 때 쓰이지요.

쑥대밭

매우 어지럽거나 못 쓰게 된 모양을 비유적으로 이르는 말.

 갑작스러운 소식에 교실은 **쑥대밭**이 되었다.

친절한 샘 쑥은 강한 생명력을 가지고 있어 어디에서나 잘 자랍니다. 황폐화된 땅에서 가장 먼저 자라는 식물은 쑥이고, 쑥이 들판을 뒤덮어 버리면 다른 작물이 잘 자라지 못합니다. 그래서 '쑥대밭'은 쑥이 무성하게 우거져 거친 땅 혹은 매우 어지럽게 된 모양을 의미하게 되었습니다.

 **어휘 더하기**

둘 다 맞아요!

정답과 해설 30쪽

과거에는 '자장면'만 표준어였으나 사람들 사이에 '짜장면'이 널리 쓰이면서 '짜장면'도 표준어로 인정되었습니다. 이처럼 복수 표준어에 해당하는 어휘 몇 개를 소개할게요.

복수 표준어	
택견 / 태껸	굽신 / 굽실
짜장면 / 자장면	삐지다 / 삐치다
잎새 / 잎사귀	섬찟 / 섬뜩
복숭아뼈 / 복사뼈	이쁘다 / 예쁘다
개발새발 / 괴발개발	아무쪼록 / 모쪼록
푸르르다 / 푸르다	딴지 / 딴죽

'복수 표준어'는 '한 가지 의미를 나타내는 형태 몇 가지가 널리 쓰일 때, 이들 중 하나만을 표준으로 인정하는 것이 아니라 규범에 맞는 것은 모두 표준으로 인정하는 것'이라는 뜻을 가진 말로 사전에 등재된 단어입니다.

○ 다음 중 표준어에 해당하는 단어만으로 짝 지어진 것을 있는 대로 고르시오.

엎쳐살다 – 엎혀살다	섬찟 – 섬뜩	딴지 – 딴죽
맛보기 – 맛배기	금세 – 금새	

252017-0172

1 제시된 초성을 참고하여, 빈칸에 들어갈 적절한 단어를 쓰시오.

(1) 돈을 그렇게 낭비하면 ㅎㅅㅂ 이/가 있다고 해도 감당하기 어려울 거야.

(2) 아무것도 하지 않고 과제를 ㅊㅇㅍㅇ 미루다 보니 어느새 제출일이 되었다.

(3) 위험해 보이는 일은 애초에 시작하지 않는 게 ㅅㅊ (이)다.

(4) 그는 억울하게 생을 마감한 이들의 ㅎㅂ 을/를 달래기 위해 제사를 지냈다.

252017-0173

2 다음 뜻풀이에 해당하는 단어를 오른쪽에서 찾아 연결하시오.

(1) 몹시 마음을 쓰며 애를 태움. · · ㉠ 태곳적

(2) 아득한 옛적 · · ㉡ 노심초사

(3) 일이 벌어진 사태의 형편이나 국면 · · ㉢ 이실직고하다

(4) 사실 그대로 고하다. · · ㉣ 판국

252017-0174

3 빈칸에 들어갈 단어로 적절한 것은?

> **[구매 고객 후기]**
>
> 저는 햇빛 알레르기가 있어서 밖에 나갈 땐 꼭 선크림을 바릅니다. 그런데 오랫동안 저한테 맞는 선크림을 찾지 못해 애를 먹었어요. 그래서 이런저런 선크림을 발라 보고 저에게 꼭 맞는 제품을 찾기 시작했죠. 그래서 친구들은 저를 선크림 □□□(이)라고 불렀답니다. 그런데 이젠 찾았습니다. 오늘부로 정착! 좋은 제품 감사합니다.

① 여행가　　　② 유목민　　　③ 관찰자　　　④ 관람객　　　⑤ 개발자

4 252017-0175

단어들 간의 관계가 나머지와 <u>다른</u> 것은?

① 굽신―굽실　　　　　② 이쁘다―예쁘다　　　　　③ 바램―바람
④ 복숭아뼈―복사뼈　　　⑤ 짜장면―자장면

5 252017-0176

빈칸에 공통적으로 들어갈 단어로 가장 적절한 것은?

> • 날이 더워 학생들이 쓰러질 □□이니 어서 실내로 들어갑시다.
> • 저마다 하는 말이 다르니 일이 어떻게 돌아가는 □□인지 알 수 없다.
> • 할머니께서는 먹고살기도 힘든 □□에, 책이나 읽고 있는 할아버지를 보고 화를 내셨다.

① 모습　　　　② 판국　　　　③ 세상　　　　④ 형태　　　　⑤ 단면

6 252017-0177

다음 만화의 ㉠~㉢에 들어갈 알맞은 단어를 〈보기〉에서 찾아 쓰시오.

보기

쑥대밭　　　판국　　　차일피일　　　노심초사　　　태곳적　　　상책

7~8 다음 글을 읽고 물음에 답하시오.

선물을 주고받는 문화를 낳는 터전은 ⓐ유목적이고 도시적인 환경일 터인데 내가 자란 곳은 정착민, 농경의 세계였다. 오늘이 내일 같고 내일이 어제 같아서 좀처럼 변하지 않는 풍경, 관계, ⓑ면면에서는 선물을 주고받을 일이 없었다. 식구끼리 선물을 주고받는다는 건 상상할 수도 없었다. 그렇지만 나는 선물을 받은 적이 있다. 그것도 아버지에게서. "이건 네(게 주는) 선물."이라고 아버지가 말했기 때문에 그건 선물이 되었다. 개였다. 정확하게는 강아지였다.

아버지는 어느 날 점퍼 속에 강아지 한 마리를 넣어 왔다. 난 지 며칠이나 지났을까. 호떡을 싸는 종이 봉지에 들어갈 수 있을 정도로 작았다.

(중략)

방으로 돌아와 누웠을 때에도 선물의 울음소리는 계속해서 들려왔다. 천둥 치듯 아버지는 코를 골았지만 선물의 가느다란, 여린 낑낑거림은 정확하게 나의 ⓒ청각을 자극하고 잠 못 들게 했다. 결국 다시 밖으로 나갔다. ⓓ철회했던 선물을 다시 주고 그 옆에 쭈그리고 앉았다. 선물의 머리를 쓰다듬기 시작하자 울음이 그쳤다. 선물은 너무 어려서 백설기를 먹을 수 없었다. 물을 마시지도 않았다. 다만 관심과 ⓔ연민에 반응할 수 있을 뿐이었다. 관심과 연민의 공급이 중단되면 즉시 울음이 시작됐다. 결국 나는 내복 바람으로 날이 밝아 오는 것을 보았다.

아버지는 강아지를 선물했다. 나는 강아지에게 백설기를 선물했다. 밤이 아침을 선물하듯 강아지는 내게 난생처음 경험하는 연민의 감정을 선물했다.

– 성석제, 「선물」에서

● 252017-0178

7 윗글을 이해한 내용으로 적절하지 <u>않은</u> 것은?

① '나'는 선물을 주고받는 상황에 익숙하지 않았다.
② 아버지는 '나'에게 작은 강아지를 선물로 주었다.
③ '나'의 아버지는 강아지에게 '선물'이라는 이름을 붙여 준다.
④ '나'는 내내 우는 강아지를 달래기 위하여 백설기를 선물했다.
⑤ '나'는 강아지를 돌보다가 연민이라는 감정을 처음으로 느꼈다.

● 252017-0179

8 ⓐ~ⓔ의 뜻풀이로 적절하지 <u>않은</u> 것은?

① ⓐ: 일정한 거처를 정하지 않고 물과 풀밭을 찾아 옮겨 다니면서 목축을 하여 사는 것과 같은
② ⓑ: 여러 면 또는 각 방면
③ ⓒ: 소리를 느끼는 감각
④ ⓓ: 잘못되거나 틀린 것을 바로잡다.
⑤ ⓔ: 불쌍하고 가련하게 여김.

1 다음의 그림을 설명하는 단어로 가장 적절한 것을 찾아 연결하시오.

- 운김
  1. 남은 기운.
  2. 여럿이 한창 함께 일할 때에 우러나오는 힘.
  3. 사람들이 있는 곳의 따뜻한 기운.

- 뭇바리
  여러 친구와 동료.

- 너나들이
  서로 너니 나니 하고 부르며 허물없이 말을 건넴. 또는 그런 사이.

- 풋낯
  서로 낯이나 익힐 정도로 앎. 또는 그 정도의 낯.

- 도담도담
  어린아이가 탈 없이 잘 놀며 자라는 모양.

- 몽니
  받고자 하는 대우를 받지 못할 때 내는 심술.

2 위 단어의 뜻풀이를 참고하여 적절한 단어를 골라 문장을 완성하시오.

여럿이 함께 있을 때 나오는 힘은 (운김 / 몽니), 대우를 받지 못할 때 나오는 심술은 (운님 / 몽니) !

희곡

놀 **戲** + 악곡 **曲**

❶ 공연을 목적으로 하는 연극의 대본.
❷ 등장인물들의 행동이나 대화를 기본 수단으로 하여 표현하는 예술 작품.

예 희곡은 다루고 있는 내용에 따라 희극과 비극으로 나눌 수 있다.

친절한 샘 '희곡'은 공연을 전제로 한 문학을 말하며 해설, 대사, 지시문으로 이루어집니다. '연극이나 영화를 만들기 위하여 쓴 글'이라는 뜻을 가진 '**극본(劇本)**', '등장인물들의 행동이나 대화를 기본 수단으로 하여 표현하는 예술 작품'이라는 뜻의 '**드라마**'와 의미가 유사합니다.

해설	등장인물과 배경, 무대 등을 설명하는 글
대사	등장인물들이 주고받는 말
지시문	해설과 대사를 제외한 나머지 부분. 인물의 표정, 몸짓, 말투 등을 설명함.

예로 이해하기

- 무대 위 조명 서서히 밝아지고, 고요한 거리에, 두 학생이 마주보고 서 있다.
  　　　　　　　　　　　　해설
- 학생 1: (걱정스러운 표정으로) 무슨 일 있어?
  　　　　지시문　　　　대사
- 학생 2: (당황한 표정으로 손사래를 치며) 아니야. 아무 일 없어.
  　　　　지시문　　　　대사

희극

즐거울 **喜** + 악곡 **劇**

웃음을 주된 경향으로 하여 인간과 사회의 문제점을 경쾌하고 흥미 있게 다룬 연극이나 극 형식.

예 극단은 프랑스의 유명한 **희극** 작가의 작품을 무대에 올리기로 했다.

친절한 샘 극 갈래는 다루고 있는 내용에 따라 소극, 희극, 비극, 희비극 등으로 나뉩니다.

소극(笑劇)	관객을 웃기기 위한 목적으로만 만든 비속한 연극. 과장된 표현, 노골적인 농담, 황당무계함 따위를 특징으로 함.
비극(悲劇)	인생의 슬픔과 비참함을 제재로 하고 주인공의 파멸, 패배, 죽음 따위의 불행한 결말을 갖는 극 형식
희비극(喜悲劇)	비극적이면서도 희극적인 연극. 비극의 절정에서 행복한 장면으로 전환하여 막을 내리는 특징이 있음.

시나리오

영화나 드라마를 만들기 위하여 쓴 대본. 장면이나 그 순서, 배우의 행동이나 대사 따위를 상세하게 표현하는 것이 특징임.

예 이 영화는 올해 **시나리오** 공모전에서 대상을 받은 작품으로 만들어졌다.

친절한 샘 '시나리오'는 희곡과 마찬가지로 해설, 대사, 지시문 등으로 구성되며, 촬영을 고려한 특수 용어가 사용됩니다.

S#	장면 번호. 장면의 위치나 순서 등을 나타냄.	S#13. 공원(낮)
NAR	내레이션. 화면 밖에서 들리는 설명 형식의 대사	NAR 다시 생각해 보니 좀 이상했다. 처음부터 그랬다.
E	이펙트=효과음. 보통 대사와 음악을 제외한 소리를 말하지만 등장인물은 보이지 않고 소리만 나는 경우에도 사용됨.	수연 (주위를 둘러보며) 왜 이렇게 사람이 없지? 유리창이 깨지는 소리(E)
CU	클로즈업. 어떤 특정 부분을 강조하기 위해 화면에 크게 나타내는 일	지호 (공원 벤치를 보다가 흠칫 놀라며) 근데, 이건 뭐지? (놀란 지호의 얼굴 CU)

방백

곁 **傍** + 아뢸 **白**

연극에서, 등장인물이 말을 하지만 무대 위의 다른 인물에게는 들리지 않고 관객만 들을 수 있는 것으로 약속되어 있는 대사.

예 감독은 극의 주제가 드러나는 부분을 인물의 **방백**으로 처리했다.

친절한 샘 방백은 무대 위에 다른 인물이 있지만 그에게는 말소리가 들리지 않는다는 상황을 전제로 합니다. 타인에게 말하지 않은 인물의 계획이나 비밀 등을 관객들이 알 수 있다는 점에서 희곡의 재미를 더하는 흥미로운 장치로 쓰입니다.

함께 알아 두면 좋은 말

- **독백(獨白)** _ 배우가 상대역 없이 혼자 말하는 행위. 또는 그런 대사.
- **대화(對話)** _ 둘 이상의 인물 사이에 직접 주고받는 말.

컷투

CUT TO

장면을 전환할 때 아무런 효과 없이 두 개의 컷을 붙이는 것을 뜻하는 시나리오 용어.

예 장소 전환이 작게 일어나는 경우에는 신(Scene)을 나누지 않고 **컷투**로 처리하는 것이 보통이다.

친절한 샘 컷투는 한 신에서 공간이나 시간의 변화 등을 나타낼 때 주로 씁니다. 컷투 전후로 시간이나 장소가 달라지는데 짧은 시간의 경과, 인근 장소로의 변화 등이 이루어집니다.

중수필

무거울 **重** + 따를 **隨** + 붓 **筆**

주로 무거운 내용을 담고 있는 논리적이고 객관적인 수필. 비개성적인 것으로, 비평적 수필·과학적 수필 따위가 있음.(=에세이)

예 이 글은 다루고 있는 내용으로 보아 **중수필**에 가깝다.

친절한 샘 일정한 형식을 따르지 않고 인생이나 자연 또는 일상생활에서의 느낌이나 체험을 생각나는 대로 쓴 산문 형식의 글을 '**수필(隨筆)**'이라고 합니다. 보통 경수필과 중수필로 나뉘고, 일상생활에서 일어나는 잡다한 일들에 대한 감상이나 견해를 가볍게 쓴 수필을 '**경수필(輕隨筆)**'이라고 합니다.

어휘 더하기

헷갈리기 쉬운 말

정답과 해설 32쪽

'–률(–렬)'과 '–율(–열)' 중 무엇을 써야 할지 헷갈린다면?

➡ 앞 글자를 보면 됩니다. 앞말의 끝음절이 모음으로 끝나거나 'ㄴ' 받침이라면 '–율(–열)', 'ㄴ'이 아닌 다른 받침이라면 '–률(–렬)'을 씁니다.

'률/율' 앞 글자의 끝음절이	
모음 또는 'ㄴ' 받침이면 '**율(열)**'	'ㄴ'을 뺀 모든 받침이면 '**률(렬)**'
비율	출석률
생존율	수익률
백분율	응답률
진열	행렬

● 다음 문장에 들어갈 적절한 단어를 고르시오.

(1) 성적이 (백분율 / 백분률)로 표시된다.

(2) 이번 달 우리 반 (출석율 / 출석률)이 좋다.

(3) 올해 경제 (성장율 / 성장률)이 작년에 비해 5% 상승했다.

(4) 방송 출연 이후 후보의 (지지율 / 지지률)이 크게 상승했다.

○ 252017-0180

1 밑줄 친 단어의 뜻을 〈보기〉에서 찾아 기호를 쓰시오.

> 보기
> ㉠ 영화나 드라마를 만들기 위하여 쓴 대본
> ㉡ 웃음을 주된 경향으로 하여 인간과 사회의 문제점을 경쾌하고 흥미 있게 다룬 연극이나 극 형식
> ㉢ 연극에서 등장인물이 말을 하지만 무대 위의 다른 인물에게는 들리지 않고 관객만 들을 수 있는 것으로 약속되어 있는 대사

(1) 관객들은 주인공의 <u>방백</u>을 통해 이 사건의 범인이 누구인지 알 수 있었다.　　➡ ____________

(2) 17세기에 만들어진 대표적인 <u>희극</u>을 여러분에게 소개하겠습니다.　　➡ ____________

(3) 영화 제작자들은 아이디어가 신선한 <u>시나리오</u>를 찾기 위해 애를 쓰고 있다.　　➡ ____________

○ 252017-0181

2 다음은 시나리오 용어에 대한 설명이다. 제시된 초성을 참고하여 빈칸에 들어갈 알맞은 단어를 쓰시오.

S#	(ㅈ ㅁ) 번호	장면의 위치나 순서 등을 나타냄.
E	(ㅎ ㄱ ㅇ)	대사와 음악을 제외한 (ㅅ ㄹ)을/를 말하지만 등장인물은 보이지 않고 소리만 나는 경우에도 사용됨.
CU	클로즈업	특정 부분을 (ㄱ ㅈ)하기 위해 크게 확대하는 것
NAR	(ㄴ ㄹ ㅇ ㅅ)	화면 밖에서 들리는 설명 형식의 대사

○ 252017-0182

3 제시된 초성을 참고하여 빈칸에 들어갈 적절한 단어를 쓰시오.

> 딱히 놀이기구가 없던 그때, 친구들은 대부분 술래잡기, 사방치기, 공기놀이, 고무줄놀이 등을 하고 놀았지만 나는 공기놀이 외에는 어떤 놀이에도 참여할 수 없었다. 하지만 골목 안 친구들은 나를 위해 꼭 무언가 역할을 만들어 주었다. 고무줄놀이나 달리기를 할 때면 내게 심판을 시키거나 신발주머니와 책가방을 맡겼다. 그뿐인가. 술래잡기를 할 때는 한곳에 앉아 있어야 하는 내가 답답해할까 봐 어디에 숨을지 미리 말해 주고 숨는 친구도 있었다.
> 　　　　　　　　　　　　　　　　　　　　　　　　　　　　　　　－ 장영희, 「괜찮아」에서

⬇

> 이 글은 다리가 불편했지만 친구들의 배려로 소외감을 느끼지 않았던 어린 시절의 경험을 떠올려 자유로운 형식으로 쓴 (ㅅ ㅍ)입니다. 일상에서 일어난 일에 대한 감상을 가볍게 썼으므로 (ㄱ ㅅ ㅍ)에 해당한다고 볼 수 있습니다.

○ 252017-0183

4 〈보기〉를 참고하여 다음 문장에 쓰일 단어로 적절한 것을 고르시오.

보기

한글 맞춤법 제5절

제11항 한자음 '랴, 려, 례, 료, 류, 리'가 단어의 첫머리에 올 적에는 두음 법칙에 따라 '야, 여, 예, 요, 유, 이'로 적는다.

　　　　다만, 모음이나 'ㄴ' 받침 뒤에 이어지는 '렬, 률'은 '열, 율'로 적는다.

(1) 설문 조사 (응답률 / 응답율)이 낮아 다시 조사를 진행하기로 했다.

(2) 새로운 가게들이 계속 생겨나고 있지만 (생존률 / 생존율)은 높지 않다.

(3) 반도체 산업의 발달이 경제 (성장률 / 성장율)을 높이는 데 결정적인 역할을 했다.

(4) 이번 회의는 (출석률 / 출석율)이 저조하여, 다음 주에 다시 회의를 개최하겠습니다.

(5) 학생이 받은 점수를 (백분률 / 백분율)로 환산한 수치를 제공할 예정입니다.

○ 252017-0184

5 다음 만화의 ㉠~㉢에 들어갈 적절한 단어를 〈보기〉에서 찾아 쓰시오.

보기

방백　　　독백　　　대화　　　컷투　　　이펙트　　　희극　　　시나리오

6~7 다음 글을 읽고 물음에 답하시오.

㉠S# 62 레스토랑 마르셀 – 정원과 홀과 집무실, 낮(㉡Montage)

1. 레스토랑 마르셀의 정원: 지소와 채랑은 창문을 통해 홀 내부를 살핀다. 때마침 마르셀로 들어가는 한 부부를 본 채랑은 그 부부의 딸인 듯 자연스럽게 뒤에 쫓아가 마르셀 안으로 들어간다. 〈중략〉

5. 레스토랑 마르셀의 정원: 한 손 가득 사료를 들고 월리가 다가오기를 기다리는 지소. 지소의 손(㉢CU). 지소의 손에 있는 사료를 발견하고는 지소와 채랑 쪽으로 가기 위해 움직이는 월리. 그 순간 월리의 목줄을 '탁'하고 밟는 구둣발. 수영이다.

수영 (㉣월리를 내려다보며) 너, 어디를 혼자서 그렇게 막 다니냐?

　지소와 채랑은 놀라 벽 뒤로 휙 숨고, 수영은 월리를 안고 주위를 둘러보며 대문 밖으로 나간다. 수영이 나가자 자리에서 일어나며 상심한 표정을 짓는 지소.

S# 63 레스토랑 마르셀 – 밖, 낮

　어느새 마르셀 밖으로 나온 지소와 채랑. 모퉁이에서 고개를 살짝 내밀고 보는데, 수영이 월리를 안고 골목으로 나와 주위를 살피고 있다.

채랑 ㉤망했어. 오늘은 점심시간에 병원 가나 봐.

– 바바라 오코너 원작, 김성호 · 신연식 각색, 「개를 훔치는 완벽한 방법」에서

⏵ 252017-0185

6 윗글의 내용과 일치하는 것은?

① 시간적 배경이 낮에서 저녁으로 바뀌고 있다.
② 수영은 지소와 채랑의 의도를 이미 눈치채고 있다.
③ 지소와 채랑은 계획대로 일이 되지 않아 실망하고 있다.
④ 공간적 배경은 레스토랑 마르셀의 내부로 한정되어 있다.
⑤ 지소와 채랑은 부모님과 함께 레스토랑 마르셀에 방문했다.

⏵ 252017-0186

7 ㉠~㉤에 대한 설명으로 적절하지 <u>않은</u> 것은?

① ㉠은 '장면 번호'로 장면의 위치나 장면의 극중 순서를 나타낸다.
② ㉡은 여러 장면을 적절히 떼어 붙여서 새로운 장면을 만드는 것이다.
③ ㉢은 한 화면에 다른 화면을 겹쳐서 장면을 전환하는 것이다.
④ ㉣은 '지시문'으로 등장인물의 몸짓을 설명한다.
⑤ ㉤은 '대사'로 등장인물이 하는 말이다.

극 갈래와 관련한 어휘

•• 영화, 드라마 등의 극 갈래와 관련 있는 어휘를 더 알아볼까요?

- **오마주**: 다른 작가나 감독에 대한 존경의 표시로 특정 대사나 장면 등을 인용하는 일
- **클리셰**: 예측 가능한 진부한 표현, 설정 또는 상황 등
- **페르소나**: 사전적으로는 '이성과 의지를 가지고 자유로이 책임을 지며 행동하는 주체'라는 뜻을 가지고 있으나, 영화계에서는 감독의 영화 제작에 늘상 함께해 온 분신 같은 배우를 지칭하기도 함.
- **미장센**: 무대에 오른 등장인물의 배치나 동작, 무대 장치, 조명 따위에 관한 총체적인 계획
- **맥거핀**: 영화 등의 줄거리에서 중요하지 않은 것을 마치 중요한 것처럼 위장해서 관객의 주의를 끄는 일종의 미끼가 되는 사건, 상황, 인물, 소품 등

요즘엔 다양한 OTT 서비스를 통해 집에서 편안하게 영화와 드라마를 시청하는 학생들이 많습니다. 과거에는 영화관이나 공연장에 가야만 접할 수 있었던 극 예술을 쉽게 접할 수 있게 된 거죠. 다양한 작품을 보다 보면 각 작품이 갖고 있는 아름다움이나 부족한 부분, 흥미로운 점 등을 발견할 수 있습니다. 극 갈래와 관련된 이런 어휘들을 알고 작품을 본다면 훨씬 더 깊이 있게 작품을 감상할 수 있을 거예요.

•• 빈칸에 들어갈 알맞은 단어를 〈보기〉에서 찾아 쓰시오.

(1) 이 배우는 김 감독의 ☐☐☐☐(으)로 벌써 3편의 작품에 출연했다.

(2) 감독은 다른 감독들과는 다른 우아하고 독특한 ☐☐☐(으)로 큰 사랑을 받았다.

(3) 등장인물이 집을 나서자마자 사고가 난 장면은 아무리 ☐☐☐(이)라고 해도 너무 진부해.

(4) 오랫동안 봉준호 감독을 존경해 온 감독은 이번 작품에서 영화 「괴물」을 ☐☐☐ 했다고 밝혔다.

(5) 영화 초반에 '열쇠'가 중요한 소재처럼 등장한다. 그러나 사실 '열쇠'는 관객의 주의를 끌기 위한 일종의 트릭인, ☐☐☐이었다.

보기

| 맥거핀 | 페르소나 | 미장센 | 오마주 | 클리셰 |

복습 테스트 (1)

● 252017-0187

1 다음 설명에 해당하는 단어를 오른쪽에서 찾아 바르게 연결하시오.

(1) 어떤 현상이나 사물을 직접 설명하지 아니하고 다른 비슷한 현상이나 사물에 빗대어 설명하는 일 · · ㉠ 비유

(2) 표현의 효과를 높이기 위하여 실제와 반대되는 뜻의 말을 하는 것 · · ㉡ 운율

(3) 시에서 비슷한 소리의 특성이 일정하게 반복되는 형식 · · ㉢ 심상

(4) 감각에 의하여 획득한 현상이 마음속에서 재생된 것 · · ㉣ 반어

● 252017-0188

2 빈칸에 공통적으로 쓸 수 있는 단어의 기본형으로 적절한 것은?

- 한국 경제는 다시 힘차게 □□□□ 있다.
- 지각을 해서 급히 뛰었더니 심장이 □□□□.
- 그를 보자 나도 모르게 가슴이 □□□□ 있었다.

① 고동치다　　　② 웅숭깊다　　　③ 다분하다
④ 야멸차다　　　⑤ 방치하다

● 252017-0189

3 제시한 단어들과 관련이 있는 단어를 〈보기〉에서 찾아 쓰시오.

보기			
야광명월	추풍낙엽	일편단심	죽마고우

(1) 가을, 나뭇잎, 흩어짐, 바람 ··················

(2) 한 조각, 붉은 마음, 충절 ··················

● 252017-0190

4 제시된 문장에 사용된 비유적 표현이 바르게 짝 지어진 것은?

> ㉠ 그 친구는 바위처럼 묵묵히 자기가 할 일을 수행하였다.
> ㉡ 미세 먼지가 심한 날 쉴 새 없이 돌아가는 공기 청정기가 가쁜 숨을 내쉬고 있었다.

	㉠	㉡			㉠	㉡
①	은유법	직유법		②	의인법	직유법
③	직유법	의인법		④	활유법	은유법
⑤	직유법	활유법				

● 252017-0191

5 밑줄 친 두 단어의 의미가 서로 비슷한 것은?

① 30년 만에 돌아온 서울에는 고층 건물이 <u>즐비하였다</u>.
  아이는 혼자 울었는지 두 눈이 <u>질펀하였다</u>.

② 그는 매일같이 자신의 삶을 <u>반성적</u>으로 되짚었다.
  성공하는 사람들은 <u>성찰적</u>인 태도를 지녔음을 명심하자.

③ 그는 <u>찰나적</u>인 감정을 그림으로 승화하였다.
  특가 상품은 <u>한시적</u>으로 매장에서 판매하였다.

④ 우리 집안의 큰어른은 <u>당숙</u>이다.
  어느덧 내가 <u>삼촌</u>보다 키가 컸다.

⑤ 지역 화폐를 공급하자 전통 시장은 <u>생색</u>이 돌았다.
  모아 두었던 돈을 아내에게 주고 나니 <u>체면</u>이 섰다.

● 252017-0192

6 다음의 뜻풀이에 해당하는 단어를 오른쪽 표에서 찾아 글자를 지운 후, 남은 네 글자로 이루어진 사자성어를 쓰시오.

(1) 육지에서 멀리 떨어진 외딴섬

(2) 부끄러운 기색이 없이 비위 좋게 구는 짓이나 성미

(3) 호적이 있는 지역을 이르는 말

(4) 추상적인 사물이나 관념 또는 사상을 구체적인 사물로 나타내는 일

(5) 억울하게 이름을 더럽힘.

(6) 사상이나 이론 따위가 깊이가 있고 오묘하다.

(7) 다른 물건이 닿거나 묻어서 생긴 자리. 또는 어떤 것에 의하여 원래의 상태가 달라진 흔적

넉	수	누	자	적
심	낙	어	다	본
도	국	오	살	교
지	하	상	명	징

사자성어 ➡ | | | | |

● 252017-0193

7 밑줄 친 부분을 대신해 쓸 수 있는 단어로 가장 적절한 것은?

(1)
> 그는 평생을 강호에서 시를 지으며 <u>행실이 깨끗하며 재물 따위를 탐하는 마음이 없었다.</u>

① 알싸했다   ② 청렴했다   ③ 동정했다   ④ 선명했다   ⑤ 즐비했다

(2)
> 전쟁에서 무사히 돌아온 아들을 본 어머니는 이제야 <u>근심과 걱정</u>이 사라졌다.

① 온기   ② 쪽빛   ③ 낙인   ④ 심지   ⑤ 시름

(3)
> 나무에 눈꽃이 아름답게 피고 하얀 유리 조각이 알알이 맺혀 <u>눈에 보이는 것처럼 뚜렷한</u> 겨울이었다.

① 질펀한   ② 냉정한   ③ 완연한   ④ 당황한   ⑤ 적막한

(4)
> 그들은 <u>결혼하여 한평생 사이좋게 지내고 즐겁게 늙으며 함께하였다.</u>

① 백년해로   ② 오월동주   ③ 독수공방   ④ 혈혈단신   ⑤ 무남독녀

● 252017-0194

8 다음 설명이 맞으면 ○표, 틀리면 ×표를 하시오.

(1) 훈훈하고 따뜻한 기운을 '온기'라고 한다. ……………… ▢

(2) 하룻밤을 다섯 부분으로 나눌 때, 밤 9시에서 11시를 '삼경'이라고 한다. ……………… ▢

(3) '자규'는 올빼밋과의 새로 접동새 또는 소쩍새라고 부른다. ……………… ▢

(4) 태어난 지 1년이 안 된 매를 '백송골'이라고 한다. ……………… ▢

(5) 강과 호수를 일컫는 말로 시인이나 묵객이 현실을 도피하던 공간을 '도랑'이라고 한다. ……………… ▢

9 ○ 252017-0195

다음 뜻풀이에 해당하는 단어를 오른쪽에서 찾아 바르게 연결하시오.

(1) 겨울이 시작되는 절기 · · ㉠ 입동

(2) 하나에서 둘 이상으로 갈라져 나간 낱낱의 부분이나 계통 · · ㉡ 너스레

(3) 수다스럽게 떠벌려 늘어놓는 말이나 짓 · · ㉢ 갈래

10 ○ 252017-0196

〈보기〉에서 설명하는 단어가 빈칸에 들어갈 수 있는 문장으로 적절한 것은?

> 보기
>
> 이것은 몹시 화가 나서 두 눈에 핏발이 서는 일을 비유적으로 이르는 말이다.

① 황소바람이 불어도 따뜻한 □□□에 누우니 잠이 왔다.
② 그는 삿대질을 하며 눈에 □□□을/를 켜고 달려들었다.
③ 비유법에서 원래 표현하려는 대상을 □□□(이)라고 한다.
④ 세상이 온통 하얗고 겨울 왕국인 듯 □□□이/가 치고 있었다.
⑤ 햇빛이 내리쬐는 와중에 갑자기 □□□이/가 쏟아졌다는 소식이 들렸다.

11 ○ 252017-0197

다음 뜻풀이를 참고하여 오른쪽에 있는 표의 빈칸을 완성하시오.

| 가로 열쇠 |

1. 주로 입동 무렵 마을에서 일정한 연령을 넘긴 노인들을 모시고 선물과 음식을 마련하여 잔치를 벌이는 풍속
2. 쇠붙이로 만든 연장이나 유리 조각 따위의 날카로운 부분
3. 백성의 재물을 탐내어 빼앗는, 행실이 깨끗하지 못한 관리
4. 혼자서 지내는 것
5. 강렬하고 갑작스러워 누르기 어려운 감정

| 세로 열쇠 |

1. 처음과 끝 구절을 비슷하거나 같게 표현하는 방법
2. 무릎의 아래라는 뜻으로, 어버이나 조부모의 보살핌 아래. 주로 부모의 보호를 받는 테두리 안
3. 올바른 이치나 도리에서 어그러짐.
4. 부모 없는 어린아이와 자식 없는 늙은이
5. 부녀자나 안주인이 거처하는 방
6. 살아 있는 나무에 붙어 있는, 말라 죽은 가지

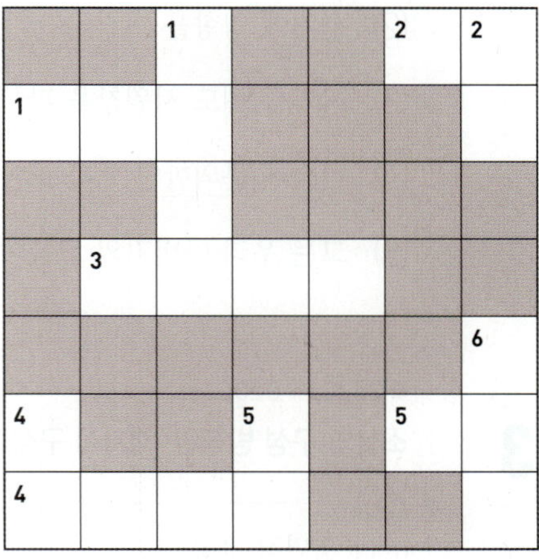

● 252017-0198

1 다음 설명에 해당하는 단어를 오른쪽에서 찾아 바르게 연결하시오.

(1) 영화나 드라마를 만들기 위하여 쓴 대본 • • ㉠ 희곡

(2) 공연을 목적으로 하는 연극의 대본 • • ㉡ 희극

(3) 웃음을 주된 경향으로 하여 인간과 사회의 문제점을 경쾌하고 흥미 있게 다룬 연극이나 극 형식 • • ㉢ 시나리오

(4) 인생의 슬픔과 비참함을 제재로 하고 주인공의 파멸, 패배, 죽음 따위의 불행한 결말을 갖는 극 형식 • • ㉣ 비극

● 252017-0199

2 밑줄 친 단어의 뜻으로 적절한 것을 〈보기〉에서 찾아 그 기호를 쓰시오.

> **보기**
> ㉠ 가장 좋은 대책이나 방책 ㉡ 심한 모욕 또는 참기 힘든 일
> ㉢ 일이 벌어진 사태의 형편이나 국면 ㉣ 어떤 일에 전문적인 지식이 없는 사람
> ㉤ 공정하지 못하고 어느 한쪽으로 치우쳐 있음.

(1) 좋지 않은 일은 오래 마음에 담아 두지 않는 게 <u>상책</u>이야. ➡ (   )

(2) 선거에 영향을 끼칠 수 있는 <u>편파</u> 방송은 강하게 규제되어야 한다. ➡ (   )

(3) 사과를 해도 시원찮을 <u>판국</u>에 큰소리치는 사람들을 보니 화가 났다. ➡ (   )

(4) 미술에 <u>문외한</u>인 내가 보아도 이 작품은 매우 훌륭한 그림임에 틀림없다. ➡ (   )

(5) 그는 우리 아버지의 도움이 없었다면 큰 <u>곤욕</u>을 당했을 거라며 감사 인사를 전했다. ➡ (   )

● 252017-0200

3 소설의 구성 방식인 '액자식 구성'과 '순행적 구성'에 대한 설명으로 적절한 것을 〈보기〉에서 찾아 기호를 쓰시오.

> **보기**
> ㉠ 평면적 구성
> ㉡ 이야기의 흐름이 시간의 순서대로 흘러가는 구성 방식
> ㉢ 이야기 속에 하나 이상의 이야기가 들어 있는 구성 방식
> ㉣ 내부 이야기가 소설의 주제나 창작 의도 등을 담고 있음.

액자식 구성	순행적 구성

○ 252017-0201

4 빈칸에 공통적으로 쓸 수 있는 단어로 적절한 것은?

> • 갑작스러운 화재로 중요한 서류가 다 타서 큰 □□을/를 보았다.
> • 공연히 힘자랑하다가 □□을/를 볼 수 있으니 조심하렴.
> • 약속 시간을 얼마 안 남기고 길을 잃어 □□을/를 당했다.

① 고배　　　② 낭보　　　③ 낭패　　　④ 실격　　　⑤ 완패

○ 252017-0202

5 문맥을 고려할 때, 밑줄 친 단어의 쓰임이 적절하지 <u>않은</u> 것은?

① 그는 한곳에 머무르지 않고 떠도는 <u>유목형</u> 인간이다.
② 해야 할 일을 <u>차일피일</u> 미루는 동안 체력이 바닥나고 말았다.
③ 책임은 다하지 않고 자신의 권리를 찾는 데만 <u>혈안</u>이 된 사람들이 늘고 있다.
④ 어떠한 의심도 품지 않고 누군가를 <u>미온적</u>으로 따르는 것은 문제를 야기할 수 있다.
⑤ 다루고 있는 내용이 무겁고 논리적이므로 이 글은 <u>중수필</u>에 해당한다고 볼 수 있다.

○ 252017-0203

6 다음의 뜻풀이에 해당하는 단어를 오른쪽 표에서 찾아 글자를 지운 후, 남은 네 글자로 이루어진 사자성어를 쓰시오.

(1) 사람이 바라는 바를 충족시켜 주는 모든 물건

(2) 실속은 없으면서 큰소리치거나 허세를 부림.

(3) 남자의 웃옷과 갓이라는 뜻으로 남자가 정식으로 갖추어 입는 옷차림을 이름.

(4) 인생의 길흉화복은 변화가 많아 예측하기 어렵다는 의미를 가진 사자성어로, 중국 북쪽 변방 노인이 기르던 말과 관련한 유래를 갖고 있음.

(5) 사회의 규범이나 질서 또는 이익에 반대되는 것

(6) 난리를 피하여 가는 백성

(7) 일이 진행되어 온 과정

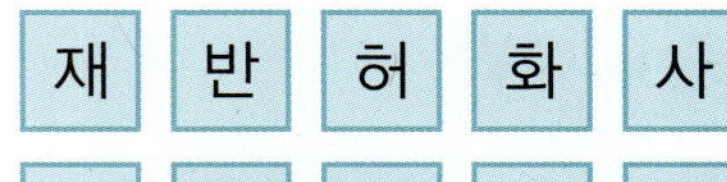
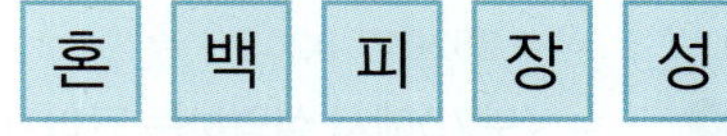
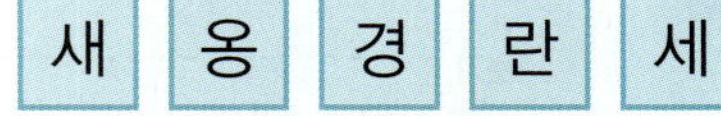

재	반	허	화	사
혼	백	피	장	성
새	옹	경	란	세
지	산	의	민	회
비	마	관	적	위

사자성어 ➡ 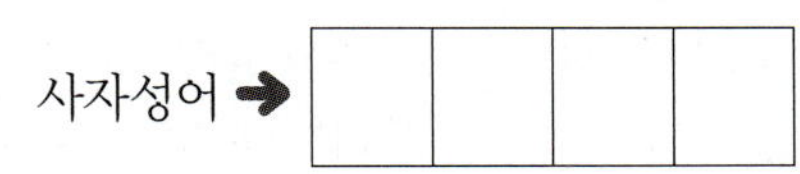

7

● 252017-0204

밑줄 친 부분을 대신해 쓸 수 있는 단어로 가장 적절한 것은?

(1)
> 그 사람의 <u>만만히 볼 수 없을 만큼 깜찍한</u> 행동에 많은 이들이 충격을 받고 돌아갔다.

① 맹랑한   ② 명량한   ③ 명랑한   ④ 난감한   ⑤ 애달픈

(2)
> 너의 모든 잘못을 용서할테니 <u>사실 그대로 고해라.</u>

① 보고해라   ② 바로잡아라   ③ 자백해라   ④ 자수해라   ⑤ 이실직고해라

(3)
> 아직 상황이 불안정하니 <u>한발 물러나서 일이 되어 가는 형편을 지켜보자.</u>

① 관망하자   ② 관측하자   ③ 예보하자   ④ 예측하자   ⑤ 추측하자

(4)
> 임금은 굶주린 백성들을 구제하기 위해 그동안의 빚을 <u>모두 없애</u> 주기로 하였다.

① 삭제해   ② 제거해   ③ 탕진해   ④ 탕감해   ⑤ 해소해

(5)
> 밤에 자려고 누우면 <u>공포가 갑작스레 들이닥쳐</u> 잠을 설치는 날이 많다.

① 공습해   ② 엄습해   ③ 수습해   ④ 세습해   ⑤ 답습해

8

● 252017-0205

〈보기〉에서 설명하는 단어가 빈칸에 들어갈 수 있는 문장으로 적절한 것은?

> 보기
>
> 이것은 재물이 계속 나오는 보물단지를 가리킨다. 그 안에 온갖 물건을 담아 두면 끝없이 새끼를 쳐 그 내용물이 줄어들지 않는다는 설화 속 단지를 이른다.

① 이 배우는 다양한 표정이 있어 □□□ 같은 매력을 갖고 있다.
② 홍길동은 비범한 능력을 갖춘 인물로 작품 속에 잘 □□□되어 있다.
③ 할머니가 쓰러지셨다는 소식에 우리 집은 순식간에 □□□이 되었다.
④ 그는 어른을 몰라보고 □□□ 태도로 일관하는 사람들 때문에 분노했다.
⑤ 오늘 들려드릴 동화는 옛날 아주 먼 옛날, □□□부터 이어져 온 이야기입니다.

9 ● 252017-0206

다음 뜻풀이에 해당하는 단어를 오른쪽에서 찾아 바르게 연결하시오.

(1)	현실의 바람직하지 못한 점이나 이치에 맞지 않는 일 등을 빗대어 비웃으면서 씀.	㉠ 유야무야
(2)	서로 생각이 달라 부딪치는 것	㉡ 쑥대밭
(3)	매우 어지럽거나 못 쓰게 된 모양을 비유적으로 이르는 말	㉢ 풍자
(4)	고생 끝에 즐거움이 옴.	㉣ 고진감래
(5)	있는 듯 없는 듯 흐지부지함.	㉤ 갈등

10 ● 252017-0207

제시한 단어들과 관련이 있는 단어를 〈보기〉에서 찾아 쓰시오.

보기			
컷투	서술자	오마주	페르소나

(1) 소설, 이야기를 전달해 주는 이 ……………… [　]

(2) 장면 전환, 시나리오, 컷 붙이기 ……………… [　]

11 ● 252017-0208

다음 뜻풀이를 참고하여 오른쪽에 있는 표의 빈칸을 완성하시오.

| 가로 열쇠 |

1. 무대에 오른 등장인물의 배치나 동작, 무대 장치, 조명 따위에 관한 총체적인 설계
2. 불쌍히 여기는 마음
3. 죽을힘을 다하는 (것) 예 ○○○으로 매달렸다.
4. 어려워하거나 조심스러워하는 태도가 없이 무례하고 건방지다.
5. 많은 사람이 야단스럽게 부산을 떨며 법석이는 상황 예 □□□을 이루다.

| 세로 열쇠 |

1. 태도가 미적지근한 (것)
2. 몹시 마음을 쓰며 애를 태움.
3. 사건이나 생각을 일정한 기준이나 관점에 따라 이야기해 주는 이
4. 연극에서 등장인물이 말을 하지만 무대 위의 다른 인물에게는 들리지 않고 관객만 들을 수 있는 것으로 약속되어 있는 대사

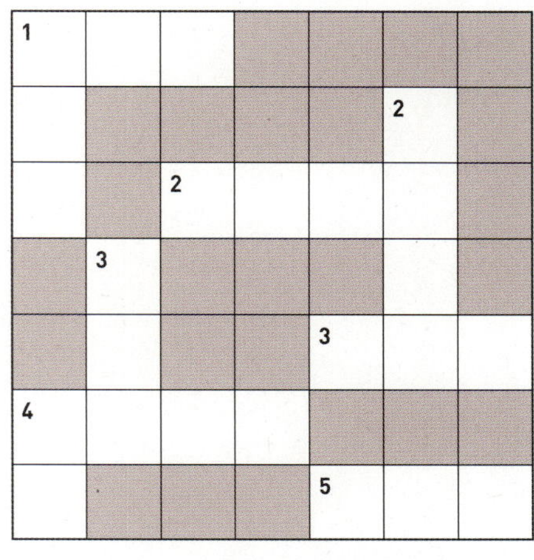

어휘가 독해다

Ⅲ

듣기·말하기
매체
문법

경청

기울일 傾 + 들을 聽

귀를 기울여 들음.

예 말을 잘하는 사람보다는 남의 말을 **경청**할 줄 아는 사람이 진정한 리더이다.

친절한 샘 '경청'은 주의를 기울여 상대방의 말을 집중해 듣는 것으로 상대방을 존중하고 배려하는 마음에서 비롯합니다. 비슷한 뜻을 지닌 순우리말 표현에는 **'귀를 기울이다', '귀담아듣다', '귀여겨듣다'**가 있습니다.

공감

함께 共 + 느낄 感

남의 감정, 의견, 주장 따위에 대하여 자기도 그렇다고 느낌. 또는 그렇게 느끼는 기분.

예 지구 온난화가 우리의 당면한 현실 문제라고 지적한 데 대해서는 나 역시 **공감**이 갔다.

친절한 샘 '공감'은 가치관이나 감수성이 비슷해서 어떤 대상에 대해 자기도 상대방과 같은 반응을 보이는 것입니다. 비슷한 말에 **'동감(同感)'**이 있습니다. 그런데 **'공감적 대화'**나 **'공감 능력'**에서의 '공감'은 보다 적극적으로 상대방의 마음을 헤아려서 그 사람의 처지에서 느끼고 생각해 주는 행위를 뜻합니다.

공정성

공평할 公 + 바를 正 + 성질 性

공평하고 올바른 성질.

예 언론에서 가장 중요한 점은 **공정성**과 진실성이다.

친절한 샘 어느 한쪽으로 치우쳐 공정성을 잃는 것을 **'편파성(偏頗性)'**이라고 합니다. 공정성을 판단하기 위해서는 '한쪽의 이익에 치우치지는 않았는가?', '주장하는 내용이 정의로운가?' 등의 질문을 떠올려야 합니다.

참고 어휘

타당성	주장(의견)과 그 근거가 합리적이고 일관성을 갖추고 있는 성질
신뢰성	굳게 믿고 의지할 수 있는 성질

맥락

줄기 脈 + 이을 絡

서로 이어져 있는 관계나 연관.

예 주제에서 벗어난 그의 말은 더 이상 **맥락**을 알 수 없게 되어 버렸다.

친절한 샘 어휘력이 부족한 학생이라 하더라도 글의 맥락만 잘 살피면 잘 모르는 단어의 의미를 짐작해 낼 수 있습니다. 그만큼 맥락은 말과 글의 해석에 영향을 미치는 중요한 요소라고 할 수 있습니다. 따라서 글을 읽거나 말을 들을 때는 맥락을 파악하는 것이 중요합니다.

참고 어휘

맥락의 종류

상황 맥락	주제, 목적, 화자(필자), 청자(독자), 담화(글)의 유형, 활용 매체 등
사회·문화적 맥락	역사적·사회적 상황, 공동체의 가치관이나 신념 등

설득

말씀 說 + 얻을 得

상대편이 이쪽 편의 이야기를 따르도록 여러 가지로 깨우쳐 말함.

예 그 사람의 끈질긴 **설득**에 나는 그의 계획을 따르기로 하였다.

친절한 샘 '설득'과 종종 짝을 이루어 쓰이는 말에 **'설명(說明)'**이 있습니다. '설명'은 '어떤 일이나 대상의 내용을 상대편이 잘 알 수 있도록 밝혀 말함. 또는 그런 말'을 뜻합니다. '설득'은 상대방이 자신을 따르도록 하는 것을, '설명'은 상대방을 이해시키는 것을 목표로 합니다.

질의응답

물을 質 + 의심할 疑 +
응할 應 + 답할 答

의심나거나 모르는 점을 묻고 물음에 대답을 하는 일.

 예 발표가 끝난 후, 청중과의 **질의응답**이 이어졌다.

친절한 샘 ‘질의’와 ‘응답’이 결합된 단어입니다. 이와 비슷하게 서로 묻고 대답하는 것은 ‘**문답(問答)**’이라고 합니다. 공부를 잘하기 위해서는 질문을 잘해야 합니다. 그리고 질문을 잘하기 위해서는 경청하는 태도가 필요합니다.

추론

옮길 推 + 논의할 論

❶ 미루어 생각하여 논함.
❷ 어떠한 판단을 근거로 삼아 다른 판단을 이끌어 냄.

 예 확실한 증거가 없이 **추론**에 의해서만 결론을 내리는 것은 위험하다.

친절한 샘 겉으로 나타나거나 눈에 띄는 부분을 ‘**표면(表面)**’이라고 하고, 겉으로 나타나지 않거나 눈에 보이지 않는 부분을 ‘**이면(裏面)**’이라고 합니다. 추론은 표면을 바탕으로 이면을 밝혀내는 과정이라고 할 수 있습니다. 비슷한 말에 ‘**추리(推理)**’가 있습니다.

청자

들을 聽 + 사람 者

이야기를 듣는 사람.

 예 발표를 할 때에는 **청자**의 나이나 지식수준 등을 고려해야 한다.

친절한 샘 ‘청자’와 뜻이 반대되는 말로, ‘이야기를 하는 사람’을 뜻하는 ‘**화자(話者)**’가 있습니다. 그리고 화자가 하는 말을 ‘**발화(發話)**’라고 합니다.

중립적

가운데 中 + 설 立 +
어조사 的

어느 편에도 치우치지 않고 중간적인 입장에 서는 (것).

예 사회자는 공정하게 **중립적**으로 토론을 진행해야 한다.

친절한 샘 어느 한쪽을 편든다면 ‘**우호적(友好的)**’ 태도를, 어느 한쪽을 미워한다면 ‘**적대적(敵對的)**’ 태도를 보이는 것이죠. 둘 다 ‘중립적’이지 않다는 점에서 ‘**편향적(偏向的)**’, ‘**편파적(偏頗的)**’이라고 할 수 있습니다.

어휘 더하기

‘청(聽)’이 쓰인 단어

정답과 해설 38쪽

청각(聽覺)

소리를 느끼는 감각.

시청(視聽)

눈으로 보고 귀로 들음.

청(聽)

청중(聽衆)

강연이나 설교, 음악 따위를 듣기 위하여 모인 사람들.

방청(傍聽)

정식 성원이 아니거나 직접적인 관계가 없는 사람이 회의, 토론, 연설, 공판, 공개 방송 따위에 참석하여 들음.

‘청(聽)’에는 ‘듣다’라는 뜻이 있어요. 집중하여 듣는 것을 나타낼 때 이 한자가 들어갑니다.

○ 다음 밑줄 친 단어들과 관련 있는 감각 기관은?

• 그의 연설은 청중을 사로잡았다.
• 텔레비전 시청 시간을 줄이기로 했다.
• 박쥐들은 시력보다 청력이 월등히 좋다.

① 눈　　　　② 코　　　　③ 귀
④ 혀　　　　⑤ 피부

1 ● 252017-0209

빈칸에 공통으로 들어갈 단어로 가장 적절한 것은?

(1)
- ____을 잘하는 사람일수록 다른 사람의 말을 잘 듣고, 이해하려고 노력한다.
- 소설을 읽으면 자연스럽게 인물의 마음을 헤아려 보는 연습을 하게 되어 ____ 능력이 향상된다.
- 비슷한 경험이 있는 사람들끼리 대화가 잘 통하는 까닭은 서로에 대해 ____할 수 있기 때문이다.

① 경청 ② 공감 ③ 공정
④ 설득 ⑤ 설명

(2)
- ____이란 주어진 자료에서 결론을 도출하는 논리적 과정을 가리키는 말이다.
- 학자들은 발견된 유물을 통해 구석기 시대 사람들의 생활 방식을 ____하였다.
- 형사는 사건 현장에서 발견된 물품들을 바탕으로 하여 사건의 경위를 ____하였다.

① 동감 ② 맥락 ③ 설득
④ 추론 ⑤ 질의응답

2 ● 252017-0210

다른 사람의 주장을 들을 때 떠올려야 할 다음 질문들과 가장 관련 깊은 것은?

- 근거로 든 자료의 출처가 명확한가?
- 말하는 내용이 실제 사실과 일치하는가?
- 권위를 인정할 수 있는 기관이나 전문가의 말을 인용하였는가?

① 공정성 ② 신뢰성 ③ 편파성
④ 중립성 ⑤ 타당성

3 ● 252017-0211

다음 글에서 강조하는 것으로 가장 적절한 것은?

로마 시대 철학자인 에픽테토스는 "인간의 귀는 둘인데 입은 하나인 이유는 말하는 것만큼 두 배를 들을 수 있기 때문이다."라고 하였다. 이 말은 자신의 말을 많이 하려고 하기보다는 상대방의 말을 잘 들어야 함을 강조할 때 자주 언급된다. 상대방의 말에 귀를 기울이는 상황에서 불필요한 갈등과 오해가 생겨날 리 없을 것이다.

① 맥락 ② 추론 ③ 경청
④ 공감 ⑤ 중립

○ 252017-0212

4 다음 국어사전에서 ㉠과 ㉡에 들어갈 단어가 모두 적절하게 짝 지어진 것은?

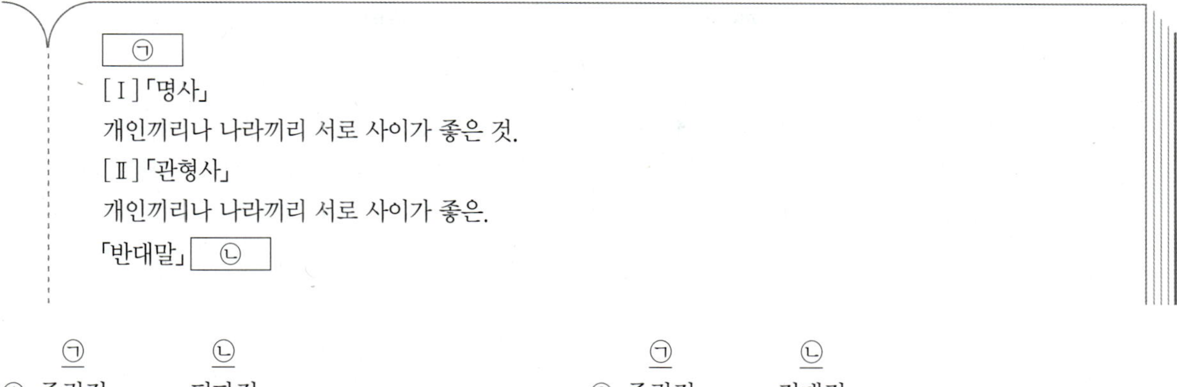

	㉠	㉡		㉠	㉡
①	중립적	편파적	②	중립적	적대적
③	우호적	중립적	④	편향적	중립적
⑤	우호적	적대적			

○ 252017-0213

5 ㉠, ㉡에 들어가기에 적절한 단어를 〈보기〉에서 각각 찾아 쓰시오.

보기

공감 능력	상황 맥락	사회·문화적 맥락	질의응답

6~8 다음 글을 읽고 물음에 답하시오.

공감적 듣기는 상대방의 감정을 깊이 있게 이해하고 상대방의 관점에서 문제를 바라보며 협력적으로 소통하기 위한 듣기로, 상대방의 말을 분석하거나 비판하기보다는 일단 상대방의 관점에서 문제를 바라보고 이해하려고 노력하는 데 목적이 있다. 공감적 듣기는 상대방에게 부담을 주지 않고 상대방의 마음을 열게 할 수 있고, 상대방으로 하여금 인간적인 존중감을 느끼게 하며, 나와 상대방 사이의 정서적 친밀감 형성에 기여할 수 있다.

공감적 듣기의 핵심은 일단 자신의 의견이나 생각을 개입시키지 않고 상대방의 말을 들어 주는 '들어 주기'에 있다. 들어 주기에는 ㉠<u>소극적인 들어 주기</u>와 적극적인 들어 주기가 있다. 소극적인 들어 주기는 상대방에게 관심을 나타내면서 상대방이 계속 이야기를 이어 갈 수 있도록 맥락을 조절하여 주는 듣기를 말한다. 이에 비해 적극적인 들어 주기는 객관적인 관점에서 문제에 접근할 수 있도록 상대방의 말을 요약정리해 주며 반응하는 듣기를 말한다.

공감적 대화는 원만한 대인 관계를 형성하고 유지하는 데 필요할 뿐만 아니라, 듣기·말하기 활동에 협력적으로 참여하는 바탕이 된다. 나아가 공감적 대화를 통해 다양한 사회·문화적 배경을 가진 상대의 상황과 처지에서 문제를 바라보고 상대의 생각과 감정을 보다 깊이 이해하기 위해 노력하는 포용적 태도를 ㉡<u>함양할</u> 수 있다.

● 252017-0214

6 윗글을 이해한 내용으로 적절한 것은?

① 공감적 듣기는 상대방의 말을 비판하는 데 목적이 있다.
② 공감적 듣기는 화자가 인간적 존중감을 느끼도록 해 준다.
③ 소극적인 들어 주기보다는 적극적인 들어 주기가 더 효과적이다.
④ 공감적 듣기는 자신의 입장에서 상대방을 이해해 보려는 태도이다.
⑤ 공감적 듣기는 화자와 청자 사이의 정서적 친밀감 형성에 도움을 준다.

● 252017-0215

7 〈보기〉에서 ㉠에 해당하는 것만을 있는 대로 고른 것은?

보기
ㄱ. 상대방을 향해 앉고, 상대방과 눈을 맞춘다.
ㄴ. 미소를 짓거나 고개를 끄덕이며 상대방이 편안함을 느끼도록 한다.
ㄷ. 상대방의 말을 간추려 주며 상대방의 말을 분명하게 이해했음을 드러낸다.
ㄹ. '그래서?', '그런데?'와 같은 말을 하며 상대방이 이야기를 지속할 수 있도록 한다.

① ㄱ, ㄴ ② ㄴ, ㄷ ③ ㄱ, ㄴ, ㄷ
④ ㄱ, ㄴ, ㄹ ⑤ ㄴ, ㄷ, ㄹ

● 252017-0216

8 문맥상 ㉡과 바꿔 쓰기에 가장 적절한 말은?

① 고칠 ② 남길 ③ 미룰
④ 기를 ⑤ 살펴볼

귀와 관련한 관용어

1 다음 만화의 ㉮와 ㉯에 들어갈 관용어를 각각 〈보기〉에서 고르시오.

보기
㉠ 귀가 얇다.　　㉡ 귀에 못이 박히다.　　㉢ 귀를 의심하다.　　㉣ 귀가 번쩍 뜨이다.

'**귀가 얇다.**'는 '남의 말을 쉽게 받아들인다.'를 뜻하는 관용어이다.
'**귀에 못이 박히다.**'는 '같은 말을 여러 번 듣다.'를 뜻하는 관용어이다. 이때 '못'은 '살가죽에 어떤 것이 스치거나 살가죽을 압박하여 살가죽이 두껍게 된 자리'를 뜻한다. 같은 뜻의 관용어로 '**귀에 딱지가 앉다.**'가 있다.
'**귀를 의심하다.**'는 '믿기 어려운 이야기를 들어 잘못 들은 것이 아닌가 생각하다.'를 뜻하는 관용어이다.
'**귀가 번쩍 뜨이다.**'는 '들리는 말에 선뜻 마음이 끌리다.'를 뜻하는 관용어이다.

2 빈칸에 '귀'가 들어가지 <u>않는</u> 속담은?

① 쇠[　]에 경 읽기.　　　　② [　]막고 방울 도둑질한다.

③ [　]장사 하지 말고 눈 장사 하라.　　④ [　]은/는 그 사람의 마음을 닮는다.

⑤ [　]에 걸면 [　]걸이, 코에 걸면 코걸이.

담화
말할 **談** + 말할 **話**

❶ 서로 이야기를 주고받음.
❷ 한 단체나 공적인 자리에 있는 사람이 어떤 문제에 대한 견해나 태도를 밝히는 말.
❸ 둘 이상의 문장이 연속되어 이루어지는 말의 단위.

예 **담화**는 하나 이상의 발화나 문장으로 이루어진다.

친절한 샘 ❶은 '대화(對話)'와 유사한 뜻이죠? ❷는 '특별 담화', '대통령의 담화' 등과 같이 뉴스나 신문에서 자주 접할 수 있어요. 말하기에서는 ❸의 의미로 쓰이죠. 담화는 화자와 청자, 내용, 맥락으로 구성됩니다.

면담
얼굴 **面** + 말할 **談**

서로 만나서 이야기함.

예 동네 빵집 사장님을 **면담**한 뒤 진로 체험 보고서를 작성하였다.

친절한 샘 서로 얼굴을 맞대고 만나 이야기한다는 점에서 '**면접(面接)**'과 비슷합니다. 하지만 '면담'은 상대방에게서 정보나 도움을 얻는 것을 목적으로 하는 반면, '면접'은 상대방의 품성이나 능력 등을 평가하는 것을 목적으로 한다는 점에서 차이가 있습니다.

토론
탐구할 **討** + 논의할 **論**

어떤 문제에 대하여 여러 사람이 각각 의견을 말하며 논의함.

예 우리는 '동물원을 폐지해야 한다.'라는 논제로 열띤 **토론**을 벌였다.

친절한 샘 토론은 어떤 논제에 대하여 찬성 의견과 반대 의견을 가진 사람들이 각자의 주장이 정당함을 논리적으로 입증하여 상대방을 설득하는 말하기입니다. 서로 대립적인 분위기에서 진행되며, 토론의 결과는 찬성과 반대 둘 중 하나로 결정됩니다.

참고 어휘

입론(立論)	자신의 주장이 타당함을 논리적으로 입증하는 말하기
반론(反論)	상대 주장이 타당하지 않음을 증명하기 위해 근거의 부정확함이나 불충분함, 부적절함 등을 지적하는 말하기

토의
탐구할 **討** + 의논할 **議**

어떤 문제에 대하여 검토하고 협의함.

예 이번 활동의 주제는 모둠원끼리 서로 **토의**하여 정하기로 했다.

친절한 샘 토의에서 다루는 문제를 '**의제(議題)**'라고 합니다. 토의 참가자들은 협조적인 분위기에서 '**협의(協議)**'를 통해 '**의결(議決)**'을 합니다. '협의'는 여러 사람이 협력해 의논하는 것을, '의결'은 의논하여 결정하는 것을 뜻합니다.

발표
드러낼 **發** + 나타낼 **表**

어떤 사실이나 결과, 작품 따위를 세상에 널리 드러내어 알림.

예 인공 지능에 대한 **발표** 자료를 준비하기 위해 도서관에 갔다.

친절한 샘 '발표'와 비슷한 담화 유형으로 '**강연(講演)**'이 있습니다. '강연'은 일정한 주제에 대하여 청중 앞에서 강의 형식으로 말하는 것입니다.

참고 어휘

발표의 효과를 높여 주는 표현	
준언어적 표현	언어적 표현에 따르는 억양, 세기, 말투, 높낮이, 빠르기 등
비언어적 표현	말할 때의 시선, 표정, 몸짓, 손짓 등

쟁점
다툴 **爭** + 점 **點**

서로 다투는 중심이 되는 점.

 막판에 불거져 나온 **쟁점**으로 인하여 협상이 원점으로 되돌아갔다.

친절한 샘 각자의 주장을 말이나 글로 논하여 다투는 것을 '**논쟁(論爭)**'이라고 합니다. '논쟁'에서 다루는 문제가 '쟁점'이지요. 비슷한 단어로 '**논점(論點)**'이 있는데, 이 말은 논의나 논쟁 등의 중심이 되는 문제점을 뜻합니다.

허점
빌 **虛** + 점 **點**

불충분하거나 허술한 점. 또는 주의가 미치지 못하거나 틈이 생긴 구석.

 그의 주장은 환경 문제를 다루고 있으면서도 생태학적인 관점을 빠뜨린 **허점**이 있다.

친절한 샘 발음은 [허쩜]이라고 하지만 표기할 때에는 '헛점'이 아니라 '허점'이라고 해야 합니다. 한자어는 몇 개 단어를 제외하고는 사이시옷을 쓰지 않기 때문이죠. '허점'이 부족한 점과 관련이 있다면 부적절한 점과 관련이 있는 것은 '**오류(誤謬)**'라고 합니다. '오류'는 그릇되어 이치에 맞지 않는 일을 뜻합니다.

간단명료하다
줄일 **簡** + 홑 **單** +
밝을 **明** + 맑을 **瞭**

간단하고 분명하다.

 사회자는 의견이 대립할 경우 논점을 **간단명료하게** 정리하여 참가자에게 알려 주어야 한다.

친절한 샘 '간단명료하다'를 줄여서 '**간명(簡明)하다**'라고도 합니다. 그리고 간단하면서도 짜임새가 있는 것은 '**간결(簡潔)하다**'라고 합니다. 이와 달리 매우 길고 번거로운 것은 '**장황(張皇)하다**'라고 합니다. 이미 한 말을 자꾸 되풀이하는 것을 뜻하는 사자성어인 '**중언부언(重言復言)**'도 함께 알아 두세요.

환기하다
부를 **喚** + 일어날 **起**

주의나 여론, 생각 따위를 불러일으키다.

 그는 청중의 흥미를 **환기하기** 위해 커다란 도표를 펼쳤다.

친절한 샘 '환기하다'와 유사한 상황에서 쓰이는 말로 '**유발(誘發)하다**'가 있습니다. 이는 '어떤 것이 다른 일을 일어나게 하다.'를 뜻합니다. '환기하다'의 동음이의어인 '**환기(換氣)하다**'는 '탁한 공기를 맑은 공기로 바꾸다.'를 뜻합니다.

어휘 더하기

헷갈리기 쉬운 말

정답과 해설 39쪽

논제	토론의 주제.
논거	주장을 뒷받침하는 논리적인 근거.
논증	구체적인 근거와 이유를 들어 주장을 논리적으로 증명하고, 그 정당성을 입증함.
논박	어떤 주장이나 의견에 대하여 그 잘못된 점을 조리 있게 공격하여 말함.

'**논리(論理)**'는 '말이나 글에서 사고나 추리 따위를 이치에 맞게 이끌어 가는 과정이나 원리'를 뜻합니다. 타당한 근거들을 바탕으로 주장을 효과적으로 뒷받침할 때 '논리적'이라고 합니다.

● **왼쪽에서 학습한 단어 중, ㉠과 ㉡에 들어갈 적절한 단어를 골라 쓰시오.**

> 토론을 할 때, (㉠)이/가 충분하지 않거나, 적절하지 않으면 상대방에게 (㉡)을/를 당할 수 있다.

1 ● 252017-0217

〈보기〉를 참고하여, 아래와 같은 표현에 해당하는 것을 오른쪽에서 찾아 연결하시오.

> 보기
>
> 　발표를 할 때에는 언어적 표현 못지않게 준언어적 표현과 비언어적 표현도 적절하게 구사할 수 있어야 한다. 준언어적 표현은 말을 할 때 수반되는 목소리의 크기, 빠르기, 억양, 말투 등을 가리킨다. 비언어적 표현은 생각이나 감정을 표현하거나 전달하는 데 쓰이는 몸짓, 손짓, 표정 등을 가리킨다.

(1) 살짝 미소를 지으며　　　·

(2) 목소리를 높여서　　　·

(3) 손가락을 하나씩 펼치며　　　·

(4) 고개를 천천히 내저으며　　　·

· ㉠　준언어적 표현

· ㉡　비언어적 표현

2 ● 252017-0218

다음은 국어 수업 시간에 공부한 내용을 필기한 것이다. ㉠~㉢에 들어갈 말이 모두 적절하게 짝 지어진 것은?

	토론	토의
공통점	어떤 문제에 대한 집단적 의사소통 활동	
차이점	· ㉠ 에 대해 찬성과 반대의 의견을 가진 사람들이 자신의 주장이 정당함을 논리적으로 입증하여 상대방을 설득하는 과정 · 일정한 형식과 규칙에 따라 발언함. · 참가자들: 상호 ㉡ 관계	· 특정 문제에 대한 다양한 ㉢ 을/를 제시하는 의견 교환의 과정 · 비교적 자유롭게 발언함. · 참가자들: 상호 협력적 관계

	㉠	㉡	㉢		㉠	㉡	㉢
①	논제	협조적	합의안	②	의제	중립적	합의안
③	논제	대립적	해결 방안	④	의제	대립적	해결 방안
⑤	논제	중립적	해결 방안				

3 ● 252017-0219

다음 빈칸에 공통으로 들어갈 말로 가장 적절한 것은?

> · 사회적 쟁점을 두고 참가자들 사이에서 열띤 □□□이/가 벌어졌다.
> · 학교의 중요한 문제를 해결하기 위해 □□□하고 의견을 나누는 것은 민주적 의사소통의 첫걸음이라고 생각한다.

① 논점　　　② 면담　　　③ 발표　　　④ 논증　　　⑤ 논쟁

4 ● 252017-0220

다음 사회자의 말을 평가한 내용 중, 빈칸에 들어갈 말로 가장 적절한 것은?

> 사회자: 지난번 논의에서 학교 축제 때 동아리 행사로 우리가 창작한 동화를 각색하여 소강당에서 공연하기로 했잖아. 오늘은 우리 동아리 행사에 마을 주민의 참여를 높일 수 있는 방법을 이야기해 보자.
>
> [평가] 사회자는 지난 논의에서 결정된 사항을   화제를 제시하고 있다.

① 환기하며   ② 한정하며   ③ 공감하며
④ 수정하며   ⑤ 지시하며

5 ● 252017-0221

문맥상 밑줄 친 단어의 쓰임이 적절하지 않은 것은?

① 표어는 <u>간단명료하게</u> 중심 생각을 표현해야 한다.
② 주요 후보자의 정책이 가진 치명적 <u>허점</u>을 지적하였다.
③ 요약을 잘해서 전체적으로 <u>장황하고</u> 명료한 느낌을 준다.
④ 보고서를 검토하다 중대한 <u>오류</u>를 발견하고 수정을 지시하였다.
⑤ 학생회 임원들은 교칙의 개정과 관련한 문제로 교장 선생님을 <u>면담</u>하였다.

6 ● 252017-0222

㉠~㉢에 들어갈 적절한 단어를 〈보기〉에서 각각 찾아 쓰시오.

보기

논점	논제	논거	입론	반론	변론

7~8 다음 글을 읽고 물음에 답하시오.

> 지인: 어떻게 경찰관이라는 직업을 선택하셨나요?
>
> 경찰관: 어릴 때부터 시민들의 안전을 책임지는 일을 하고 싶었어요. 그래서 대학에서 경찰 행정학을 전공했고, 졸업 이후에 경찰관 시험에 합격해서 경찰이 되었어요.
>
> 지인: 경찰관으로 꼭 갖추어야 할 능력이 있다면 무엇인가요?
>
> 경찰관: 경찰관은 사건 현장에 자주 출동합니다. 그런데 현장에 나가 보면 시민들이 충격에 빠져 있어서 어쩔 줄 몰라 하는 경우가 많아요. 이럴 때 경찰관이 정신적으로 흔들리면 시민들의 안전을 책임질 수가 없어요. 그래서 경찰관에게는 강인한 정신력이 무엇보다 필요해요. 그래야 침착하게 상황을 판단하고 필요한 조치를 할 수 있으니까요. 물론 범죄자를 잡기 위해서는 추리력도 있어야 하고, 강한 체력도 반드시 필요해요.
>
> 지인: 경찰관을 하면서 힘든 순간이 많았을 것 같아요. 어떤 때 가장 힘드셨나요?
>
> 경찰관: 힘들 때보다는 아쉬운 순간이 더 많았어요. 특히, 허위 신고를 받을 때에요. 사건 신고가 들어와서 현장에 출동했더니 장난 전화인 것으로 확인되면 허탈해져요. 더 큰 문제는 이런 장난 전화 때문에 경찰관이 꼭 필요한 위급한 사건 현장에 출동하지 못하거나 출동이 늦어질 수 있다는 거예요. 그렇게 되면 시민들이 위험에 처할 수 있다는 사실을 꼭 기억해 주었으면 좋겠어요.

● 252017-0223

7 윗글을 읽은 뒤 추가 설명을 요청하는 학생의 질문으로 적절한 것은?

① 경찰관에게 강인한 정신력이 필요한 까닭은 무엇인가요?
② 경찰관 일을 하면서 가장 보람을 느꼈던 때는 언제인가요?
③ 경찰관이 되기 위해 대학의 어떤 학과에서 공부를 하셨나요?
④ 경찰서에 허위 신고나 장난 전화를 하면 어떤 문제가 생길 수 있나요?
⑤ 경찰관으로서 갖춰야 할 능력에 강인한 정신력 외에 더 필요한 것은 무엇인가요?

● 252017-0224

8 윗글과 같은 담화 유형의 특성만을 〈보기〉에서 고른 것은?

> **보기**
> ㄱ. 인물의 품성과 능력을 평가하는 것이 목적이다.
> ㄴ. 특별한 목적을 갖고 이루어지는 질의응답식 대화이다.
> ㄷ. 상대방에게 정보나 도움을 얻기 위해 이루어지는 대화이다.
> ㄹ. 갈등이 생겼을 때 서로 타협하고 조정하면서 해결 방법을 찾아가기 위한 의사소통 방식이다.

① ㄱ, ㄴ   ② ㄱ, ㄷ   ③ ㄴ, ㄷ
④ ㄴ, ㄹ   ⑤ ㄷ, ㄹ

말과 관련한 사자성어

1 다음 만화의 빈칸에 들어갈 적절한 말을 〈보기〉에서 골라 그 뜻을 추측하여 말해 보시오.

보기

㉠ 중언부언(重言復言)	㉡ 이구동성(異口同聲)
㉢ 중구난방(衆口難防)	㉣ 감언이설(甘言利說)

'**중언부언**'은 '이미 한 말을 자꾸 되풀이함. 또는 그런 말'을 뜻한다. 여기에서 '중(重)'은 '거듭되다', '부(復)'는 '다시'라는 뜻으로 쓰였다.

'**이구동성**'은 '입은 다르나 목소리는 같음.'을 뜻하며, 여러 사람의 말이 한결같음을 이르는 말이다.

'**중구난방**'은 '뭇사람의 말을 막기가 어려움.'을 뜻하며, 막기 어려울 정도로 여럿이 마구 지껄임을 이르는 말이다.

'**감언이설**'은 '귀가 솔깃하도록 남의 비위를 맞추거나 이로운 조건을 내세워 꾀는 말'을 뜻한다.

2 다음 속담의 빈칸에 공통으로 들어갈 적절한 단어를 쓰시오.

- ☐ 이/가 여럿이면 금도 녹인다.
- ☐ 에 쓴 약이 병에는 좋다.
- ☐ 은/는 비뚤어져도 말은 바로 해라.

➡ ☐

매체와 관련한 어휘

대중 매체

큰 大 + 무리 衆 +
매개할 媒 + 몸 體

신문, 잡지, 영화, 텔레비전 따위와 같이 많은 사람에게 대량으로 정보와 사상을 전달하는 매체.

예 **대중 매체**가 사실을 확인하지 않은 채 보도하는 것은 무척 위험하다.

친절한 샘 '**매체(媒體)**'는 어떤 작용을 한쪽에서 다른 쪽으로 전달하는 물체나 그런 수단을 뜻해요. 매체의 종류에는 인쇄 매체, 방송 매체, 디지털 매체 등이 있습니다. '대중 매체'를 외래어로 '**매스 미디어(mass media)**'라고도 합니다.

누리집

개인이나 단체가 월드 와이드 웹에서 볼 수 있게 만든 하이퍼텍스트.

예 다음 달 우리 학교 점심 식단은 학교 **누리집**에서 확인할 수 있다.

친절한 샘 '누리집'은 외래어 '홈페이지(homepage)'를 순화한 말입니다. '소셜 네트워크 서비스(SNS)'를 순화한 말은 '**누리 소통망**'입니다.

참고 어휘

순우리말로 순화된 정보 통신 관련 어휘

갈무리	통신상에 보이는 자료들 가운데 필요한 내용을 파일 형태로 저장하는 일 = 캡처(capture)
내려받기	컴퓨터 통신망을 통하여 파일이나 자료를 받아 오는 것 = 다운로드(download)
글꼴	글자 모양의 양식 = 폰트(font)
댓글	인터넷에 오른 원문에 대하여 짤막하게 답하여 올리는 글 = 리플(← reply)

복합양식성

겹칠 複 + 합할 合 +
형태 樣 + 나타낼 式 +
성질 性

소리, 문자, 이미지, 영상, 음악 등의 여러 양식이 복합적으로 결합한 성질.

예 오늘날의 매체 자료는 **복합양식성**을 띠어, 이를 통해 풍부한 의미를 전달할 수 있다.

친절한 샘 종이 신문은 문자나 이미지 등 시각 자료를 통해 정보를 전달하지만, 인터넷 신문은 시각 자료뿐만 아니라 소리나 영상 등 다양한 자료들을 통해 정보를 전달합니다.

공유

함께 共 + 있을 有

❶ 두 사람 이상이 한 물건을 공동으로 소유하거나 이용함.
❷ 정보나 의견, 감정 따위를 나눔.

예 누리 소통망 덕분에 다른 나라에 있는 친구와도 일상을 **공유**할 수 있다.

친절한 샘 공유의 대상은 물건뿐만 아니라 생각이나 느낌, 경험도 가능합니다. '공유'와 반대로 오로지 혼자만 소유하는 것은 '**전유(專有)**'라고 합니다. '혼자서 모두 차지함.'을 뜻하는 '**독점(獨占)**'과 유사합니다.

수용자

받을 受 + 받을 容 +
사람 者

어떠한 것을 받아들이는 사람.

예 매체 자료를 만들 때는 **수용자**의 특성을 반영해야 한다.

친절한 샘 '수용자'와 반대로 어떠한 것을 만들어 내는 사람을 '**생산자(生産者)**'라고 합니다. 텔레비전 매체의 수용자는 '**시청자(視聽者)**', 라디오 매체의 수용자는 '**청취자(聽取者)**'라고 합니다.

인신공격

사람 **人** + 몸 **身** +
칠 **攻** + 칠 **擊**

남의 신상에 관한 일을 들어 비난함.

 게시판에 **인신공격**에 해당하는 글을 올리면 안 됩니다.

친절한 샘 '인신(人身)'은 '사람의 몸'과 '개인의 신상이나 신분'을 뜻합니다. 근거 없는 사실을 바탕으로 다른 사람의 명예를 떨어뜨리는 것을 '**명예 훼손(名譽毁損)**'이라고 합니다. 법적으로 처벌을 받을 수 있는 만큼 인신공격이나 명예 훼손에 해당하는 행위를 해서는 안 됩니다.

왜곡

비뚤 **歪** + 굽을 **曲**

사실과 다르게 해석하거나 그릇되게 함.

 역사 **왜곡**에 단호하게 맞서야 한다.

친절한 샘 '왜곡'과 비슷한 말에 '사실을 옳지 아니하게 해석함. 또는 그런 해석'을 뜻하는 '**곡해(曲解)**'가 있습니다. 사물이나 현상의 거짓 없는 모습이나 내용은 '**진상(眞相)**'이라고 합니다.

짜깁기

기존의 글이나 영화 따위를 편집하여 하나의 완성품으로 만드는 일.

 그는 인터넷에 있는 여러 글을 **짜깁기**하여 보고서를 작성하였다.

친절한 샘 흔히 '짜집기'라는 말을 사용하는데, 이는 '짜깁기'의 잘못된 표현입니다. '짜깁기'는 본래 옷의 찢어진 곳을 그 옷감의 올을 살려 본디대로 흠집 없이 짜서 깁는 일을 뜻합니다. '**깁다**'는 '떨어지거나 해어진 곳에 다른 조각을 대거나 또는 그대로 꿰매다.'를 뜻합니다.

저작권

지을 **著** + 지을 **作** +
권리 **權**

문학, 예술, 학술에 속하는 창작물에 대하여 저작자나 그 권리 승계인이 행사하는 배타적·독점적 권리.

 불법 파일 공유나 **저작권** 침해를 막을 수 있는 확실한 대안을 마련해야 한다.

친절한 샘 '저작(著作)'은 '예술이나 학문에 관한 책이나 작품 따위를 지음. 또는 그 책이나 작품'을 뜻하고, 그것을 지은 사람을 '**저작자(著作者)**'라고 합니다. 저작자의 허락을 받지 않고 남의 작품을 함부로 쓰면 처벌을 받을 수 있습니다. 침범하여 해를 끼치는 것을 '**침해(侵害)**'라고 합니다.

비슷하지만 다른 말

정답과 해설 41쪽

우리말에는 비슷한 형태의 단어지만 그 뜻이 전혀 다른 말의 짝이 많이 있습니다. 잘못 사용하면 의사소통에 큰 문제가 생길 수 있으므로 그때그때 정확하게 알아 두는 것이 좋습니다.

가리키다	지향하다
손가락 따위로 어떤 방향이나 대상을 집어서 보이거나 말하거나 알리다.	어떤 목표로 뜻이 쏠리어 향하다.
vs	**vs**
가르치다	지양하다
지식이나 기능, 이치 따위를 깨닫게 하거나 익히게 하다.	더 높은 단계로 오르기 위하여 어떠한 것을 하지 아니하다.

◆ **문맥을 고려하여, 다음 문장에 들어갈 적절한 단어를 고르시오.**

(1) 누나는 나에게 동영상을 편집하는 방법을 (가리켜 / 가르쳐) 주었다.
(2) 외래문화의 무비판적 수용은 (지향 / 지양)해야 한다.

○ 252017-0225

1 다음 빈칸에 들어갈 적절한 말을 〈보기〉에서 각각 찾아 쓰시오.

> 보기
>
> 공유　　　독점　　　복합양식성　　　특수성　　　진상　　　왜곡　　　짜깁기

(1) 한 평론가는 이 책이 단순히 여러 책의 내용들을 [　　　]한 글에 불과하다고 혹평하였다.

(2) 사건에 대한 [　　　]을/를 빨리 밝히고 그 결과에 따라서 적절한 해결 방안을 마련해야 한다.

(3) 이번에 출시된 넷 하드는 인터넷을 통해 디지털 파일을 다른 사람들과도 쉽게 [　　　]할 수 있는 네트워크 저장 장치다.

(4) 매체 언어는 소리와 음성, 이미지, 문자, 동영상 등 다양한 기호가 함께 어우러져 의미를 만들어 내는 [　　　]을/를 지니고 있다.

○ 252017-0226

2 다음 국어사전의 ㉠, ㉡에 들어갈 적절한 단어를 각각 쓰시오.

전유(專有)	㉡
「명사」	「명사」
한 사람이나 특정한 부류만 소유하거나 누림.	사실과 달리 그릇되게 하거나 진실과 다르게 함.
〈반의어〉 ㉠	〈유의어〉 거짓꾸미기

○ 252017-0227

3 다음 빈칸에 공통으로 들어갈 말로 가장 적절한 것은?

> • 대중교통을 이용한 광고는 일정 기간에 특정 공간을 이용하는 [　　　]들에게 광고 메시지를 전달할 수 있기 때문에 효과적이다.
> • 실시간 인터넷 방송은 영상과 채팅의 결합을 통해 방송 내용의 생산과 수용이 쌍방향으로 이뤄진다. 예컨대 [　　　]은/는 방송 중 채팅을 통해 이어질 방송의 내용과 순서를 정하는 데 영향을 미칠 수 있다.

① 승객　　　　　② 수용자　　　　　③ 생산자
④ 관리자　　　　　⑤ 청취자

● 252017-0228

4 다음 ㉠~㉣에 들어갈 단어에 해당하지 <u>않는</u> 것은?

> 선생님: 정보 통신 기술이 빠르게 발전하면서 우리말에는 이와 관련된 외국어와 외래어가 많이 들어와 쓰이고 있습니다. 한편에서는 이러한 말들을 다듬으려는 노력이 계속되고 있어요. 그중에서 '누리'라는 말이 들어간 단어가 많이 있는데, '누리'는 '세상'을 예스럽게 이르는 순우리말입니다. 어떤 말들이 있는지 말해 볼까요?
> 학생: '홈페이지'는 ㉠ (으)로, '사회 관계망 서비스'는 ㉡ (으)로, '네티즌'은 ㉢ (으)로, '인터넷'은 ㉣ (으)로 다듬었는데, 이 중에는 널리 쓰이지 못하는 말도 있습니다.
> 선생님: 네, 잘했습니다.

① 누리망   ② 누리집   ③ 누리꾼
④ 누리지기   ⑤ 누리 소통망

● 252017-0229

5 ㉠~㉣에 들어갈 적절한 단어를 〈보기〉에서 각각 찾아 쓰시오.

보기

| 대중 매체 | 공유 | 청취자 | 시청자 | 명예 | 인신공격 |

6~7 다음 글을 읽고 물음에 답해 보세요.

저작권이란 시, 소설, 음악, 미술, 영화, 연극, 컴퓨터 프로그램 등과 같은 '저작물'에 대하여 창작자가 가지는 권리를 말한다. 예를 들면, 소설가가 소설 작품을 창작한 경우에 그는 원고 그대로 출판·배포할 수 있는 복제·배포권과 함께 그 소설을 영화나 번역물 등과 같이 다른 형태로 저작할 수 있는 2차적 저작물 작성권, 연극 등으로 공연할 수 있는 공연권, 방송물로 만들어 방송할 수 있는 방송권 등 여러 가지의 권리를 가지게 된다. 이러한 여러 가지 권리의 전체를 저작권이라고 하는데, 이러한 저작권은 크게 저작 재산권과 저작 인격권으로 ㉠나누어 볼 수 있다.

저작권은 토지와 같은 부동산과 마찬가지로 매매하거나 상속할 수 있고, 다른 사람에게 빌려줄 수도 있다. 만일 어떤 사람이 허락을 받지 않고 타인의 저작물을 사용한다면 저작권자는 그를 상대로 민사상의 손해 배상을 청구할 수 있고, 그 침해자에 대하여 형사상 처벌을 요구할 수도 있다. 저작권자는 일반적으로 저작권을 다른 사람에게 넘겨주거나 다른 사람에게 자신의 저작물을 사용할 수 있도록 허락함으로써 경제적인 대가를 받을 수 있다. 이러한 저작권의 경제적 측면을 저작 재산권이라고 한다.

또한 저작자, 예를 들면 소설가는 위에서 본 바와 같이 여러 가지 형태로 저작물이 이용되는 과정에서 그 소설의 제목, 내용 등이 바뀌지 않도록 하는 동일성 유지권과 함께 출판된 소설책에 자신의 성명을 표시할 수 있는 성명 표시권, 그리고 그 소설을 출판할 것인지의 여부를 결정할 수 있는 공표권을 가진다. 이는 저작자의 인격을 보호하고자 하는 측면에서 주어진 권리이므로, 이를 저작 인격권이라 하여 저작 재산권과 구분한다.

– 출처: 문화 체육 관광부 누리집 –

● 252017-0230

6 윗글에 대한 설명으로 가장 적절한 것은?

① 예시를 활용하여 2차적 저작물이 갖추어야 할 요건을 설명하고 있다.
② 저작권 침해 사례를 나열하여 저작권 보호의 중요성을 강조하고 있다.
③ 저작권을 저작 재산권과 저작 인격권으로 나누어 그 차이를 설명하고 있다.
④ 묻고 답하는 방식을 통하여 저작권 침해가 발생하는 경우를 나열하고 있다.
⑤ 저작권의 개념을 설명한 후, 저작권이 보호받기 위한 조건을 제시하고 있다.

● 252017-0231

7 문맥상 ㉠과 바꾸어 쓰기에 가장 적절한 것은?

① 분석(分析)하여
② 변별(辨別)하여
③ 배분(配分)하여
④ 구분(區分)하여
⑤ 해석(解析)하여

→ 정답과 해설 42쪽

●● 다음 광고를 보고, '표적'의 뜻을 추측해 봅시다.

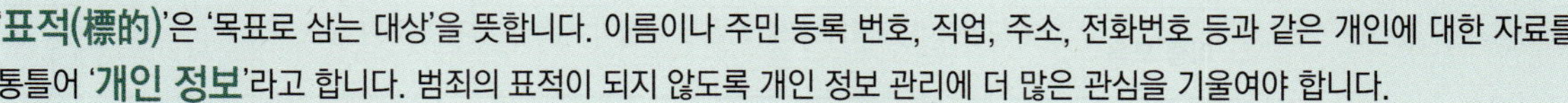
'표적(標的)'은 '목표로 삼는 대상'을 뜻합니다. 이름이나 주민 등록 번호, 직업, 주소, 전화번호 등과 같은 개인에 대한 자료를 통틀어 '개인 정보'라고 합니다. 범죄의 표적이 되지 않도록 개인 정보 관리에 더 많은 관심을 기울여야 합니다.

하나 더 알기 제시된 초성과 뜻풀이를 참고하여 빈칸에 들어갈 단어를 쓰시오.

ㅇ ㅊ : ① 밖으로 흘러 나가거나 흘려 내보냄. 예 원유 ○○

② 귀중한 물품이나 정보 따위가 불법적으로 나라나 조직의 밖으로 나가 버림. 또는 그것을 내보냄.

예 개인 정보 ○○

음운

소리 **音** + 소리 **韻**

말의 뜻을 구별하여 주는 소리의 가장 작은 단위.

예 두 **음운**이 결합할 때 어느 한 음운이 없어지기도 한다.

친절한 샘 '말'과 '발'은 'ㅁ'과 'ㅂ'의 차이로, '말'과 '물'은 'ㅏ'와 'ㅜ'의 차이로, '말'과 '막'은 'ㄹ'과 'ㄱ'의 차이로 뜻이 달라집니다. 이렇게 말의 뜻을 구별해 주는 것을 음운이라고 합니다. 말의 뜻은 자음과 모음뿐만 아니라 소리의 길이에 따라 달라질 수도 있어요. '말[말]'은 동물을, '말[말ː]'은 음성 언어를 뜻합니다.

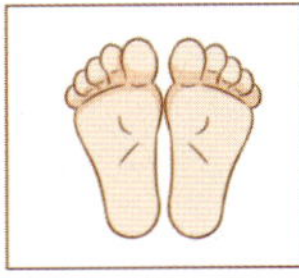

자음

아들 **子** + 소리 **音**

목, 입, 혀 따위의 발음 기관에 의해 구강 통로가 좁아지거나 완전히 막히는 따위의 장애를 받으며 나는 소리.

예 **자음**은 모음과 결합해야 소리를 낼 수 있어서 '닿소리'라고 한다.

친절한 샘 국어의 자음은 아래와 같이 예사소리, 거센소리, 된소리, 울림소리로 나눌 수 있습니다. 울림소리를 제외한 나머지는 안울림소리에 해당합니다.

참고 어휘

예사소리	숨을 세게 내뿜지 않고, 발음 기관을 긴장시키지 않아 약하게 발음하는 자음	ㄱ, ㄷ, ㅂ, ㅅ, ㅈ
거센소리	숨이 거세게 나오는 자음	ㅋ, ㅌ, ㅍ, ㅊ
된소리	발음 기관을 강하게 긴장시켜 발음하는 자음	ㄲ, ㄸ, ㅃ, ㅆ, ㅉ
울림소리	발음할 때, 코안이나 입안이 울리는 소리	ㄴ, ㄹ, ㅁ, ㅇ

모음

어미 **母** + 소리 **音**

성대의 진동을 받은 소리가 목, 입, 코를 거쳐 나오면서, 그 통로가 좁아지거나 완전히 막히거나 하는 따위의 장애를 받지 않고 나는 소리.

예 국어의 **모음**은 단모음 10개, 이중 모음 11개로 모두 21개이다.

친절한 샘 국어의 모음은 아래와 같이 단모음과 이중 모음으로 나뉩니다.

참고 어휘

단모음	소리를 내는 도중에 입술 모양이나 혀의 위치가 달라지지 않는 모음	ㅏ, ㅓ, ㅗ, ㅜ, ㅡ, ㅣ, ㅐ, ㅔ, ㅚ, ㅟ
이중 모음	입술 모양이나 혀의 위치를 처음과 나중이 서로 달라지게 하여 내는 모음	ㅑ, ㅒ, ㅕ, ㅖ, ㅘ, ㅙ, ㅛ, ㅝ, ㅞ, ㅠ, ㅢ

창제

비롯할 **創** + 지을 **製**

전에 없던 것을 처음으로 만들거나 제정함.

예 한글은 세종 대왕이 훈민정음이라는 이름으로 **창제**하여 반포한 우리나라 고유의 문자이다.

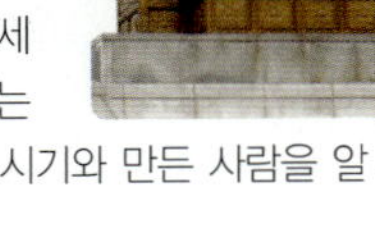

친절한 샘 세종이 한글을 만들기 전에 우리 조상들은 중국의 한자를 빌려서 썼습니다. 그런데 한자는 배우기에 너무나 어려워서 일부 계층만이 문자 생활을 할 수 있었습니다. 세종은 일반 민중이 글자 없이 생활하는 것을 안타깝게 여겨, 우리말을 적을 수 있는 우리 글자를 만들었습니다. 현재 널리 쓰이고 있는 문자 중에서 한글은 만들어진 시기와 만든 사람을 알 수 있는 유일한 문자이기도 합니다.

표음 문자

나타낼 **表** + 소리 **音** + 글월 **文** + 글자 **字**

말소리를 그대로 기호로 나타낸 문자.

 한글은 로마자와 마찬가지로 **표음 문자**에 해당한다.

친절한 샘 한글은 표음 문자로서, 문자 'ㅏ'는 [아]라고 발음합니다. 소리와 문자가 거의 1:1로 결합될 만큼 우수한 문자라고 할 수 있습니다. 반면 같은 표음 문자인 로마자의 경우 문자 'a'가 다양하게 발음됩니다. '표음 문자'와 달리 하나하나의 글자가 음과 상관없이 일정한 뜻을 나타내는 문자를 '**표의 문자(表意文字)**'라고 합니다. 중국의 한자가 대표적인 표의 문자입니다. 예를 들어, 한자 '水'는 '물'을 뜻하는 글자입니다.

음절

소리 **音** + 마디 **節**

하나의 종합된 음의 느낌을 주는 말소리의 단위.

 아이가 한 **음절**씩 '엄', '마' 하면서 단어를 읽었다.

친절한 샘 사전적 풀이가 어렵게 느껴지죠? '음절'은 쉽게 말해 각각의 소리 덩어리(마디)를 뜻합니다. '숲길'을 발음하면 [숨낄]이 되죠? 이때 각각의 소리 덩어리인 [숨]과 [낄]을 음절이라고 합니다. 한 음절에는 반드시 하나의 모음이 포함되어야 하기 때문에 음절의 개수와 모음의 개수는 같아요. 첫소리와 끝소리에 오는 자음은 필수가 아닌 선택입니다.

어휘 더하기

한글은 어떻게 만들어졌을까?

정답과 해설 42쪽

• **자음**(초성, 종성): 발음 기관을 본뜸.

기본자	본뜬 모양	발음 기관
ㄱ	혀뿌리가 목구멍을 막는 모양	
ㄴ	혀가 윗잇몸에 붙는 모양	
ㅁ	입의 모양	
ㅅ	이의 모양	
ㅇ	목구멍의 모양	

• **모음**(중성): 천지인(天地人)을 본뜸.

기본자	•	―	ㅣ
본뜬 모양	하늘의 둥근 모양	땅의 평평한 모양	사람이 서 있는 모양
천지인			

한글의 자음과 모음은 모두 '**상형(象形)**'의 원리로 만들어졌습니다. '상형'은 물체의 형상을 본떠서 글자를 만드는 방법입니다. 자음은 기본자에 획을 더하는 방식으로 'ㅋ, ㄷ, ㅌ, ㅂ, ㅍ, ㅈ, ㅊ, ㆆ, ㅎ' 등을, 모음은 기본자를 서로 결합하여 'ㅗ, ㅜ, ㅏ, ㅓ, ㅛ, ㅠ, ㅑ, ㅕ' 등을 추가로 만들었습니다.

○ ㉠과 ㉡에 들어갈 적절한 단어를 각각 쓰시오.

자음 'ㅁ'은 [㉠]의 모양을 본떠서 만들었고, 모음 'ㅣ'는 [㉡]이/가 서 있는 모양을 본떠서 만들었다.

1 ● 252017-0232

〈보기〉에서 자음과 모음에 대한 설명으로 적절한 것만을 있는 대로 고른 것은?

보기
ㄱ. 자음은 홀로 소리를 낼 수 없지만, 모음은 홀로 소리를 낼 수 있다.
ㄴ. 어떤 단어에서 자음이나 모음이 달라지면 단어의 뜻이 바뀔 수도 있다.
ㄷ. 자음은 모음과 달리 발음할 때 발음 기관에 의하여 날숨이 장애를 받는다.

① ㄱ ② ㄱ, ㄴ ③ ㄱ, ㄷ
④ ㄴ, ㄷ ⑤ ㄱ, ㄴ, ㄷ

2 ● 252017-0233

다음 빈칸에 들어갈 적절한 단어를 〈보기〉에서 찾아 쓰시오.

보기
예사소리   된소리   거센소리   울림소리

(1)　"열심히 운동을 할 꺼야.", "내 꺼 건들지 마."라는 표현을 흔히 볼 수 있다. 그러나 '할 꺼야'는 '할 것이야'의 구어적 표기인 '할 거야'의 잘못된 표기이고, '내 꺼'도 '내 거'의 잘못된 표기이다. 센 느낌의 ［　　　　］를 사용해야 말의 느낌이 살고, 전달하려는 의미가 잘 전달된다고 생각해서 생기는 현상이다. 하지만 이러한 ［　　　　］의 무분별한 사용 탓에 바른 표기가 무엇인지 모르는 사람들이 늘고 있다.

(2)　［　　　　］는 발음할 때 코안이나 입안이 울리는 소리이다. 국어의 모든 모음은 여기에 해당하고, 자음 중에서는 'ㄴ', 'ㄹ', 'ㅁ', 'ㅇ' 등이 여기에 해당한다. '말랑말랑', '초롱초롱' 등과 같이 ［　　　　］가 쓰인 말은 생동감과 밝은 느낌을 준다.

3 ● 252017-0234

국어의 모음을 다음과 같이 분류할 때, 그 기준으로 가장 적절한 것은?

(가)	(나)
ㅏ, ㅓ, ㅗ, ㅜ, ㅡ, ㅣ, ㅐ, ㅔ, ㅚ, ㅟ	ㅑ, ㅒ, ㅕ, ㅖ, ㅘ, ㅙ, ㅛ, ㅝ, ㅞ, ㅠ, ㅢ

① 발음할 때 입술 모양을 둥글게 하는가?
② 한글을 만들 당시 기본 글자에 해당하는가?
③ 발음할 때 입을 크게 벌리는가, 작게 벌리는가?
④ 작고 밝은 느낌을 주는가, 크고 어두운 느낌을 주는가?
⑤ 소리를 내는 도중에 입술 모양이나 혀의 위치가 달라지는가?

4 ○ 252017-0235

다음 빈칸에 들어갈 내용으로 가장 적절한 것은?

> 선생님: 한글 모음 'ㅏ'는 모든 단어에서 '[아]'라는 같은 소리를 나타내지만, 알파벳을 사용하는 영어의 경우, 'a'는
> '[아], [애], [에이]' 등과 같이 다양한 소리를 나타냅니다. 이를 통해 알 수 있는 한글의 우수성은 무엇일까요?
> 학생: ___________________________
> 선생님: 맞아요. 그래서 사용하기에 매우 편리한 문자랍니다.

① 표현할 수 있는 말이 많습니다.　　　　　② 문자로 뜻을 나타낼 수 있습니다.

③ 소리를 정확하게 표기할 수 있습니다.　　④ 알파벳에 비하여 문자의 수가 많습니다.

⑤ 문자의 모양이 단순하여 외우기 쉽습니다.

5 ○ 252017-0236

다음 빈칸에 들어갈 단어로 가장 적절한 것은?

> 세종 대왕은 1443년에 한글을 ______하였으며 3년 후에 이를 반포하였다. 우리말을 적을 수 있는 우리 문자를
> 갖게 되면서, 양반층에게 독점되어 온 문자의 혜택을 일반 백성들도 누리게 되었다.

① 창설(創設)　　　　　② 창업(創業)　　　　　③ 창작(創作)

④ 창제(創製)　　　　　⑤ 창간(創刊)

6 ○ 252017-0237

㉠~㉢에 들어가기에 적절한 단어를 〈보기〉에서 각각 찾아 쓰시오.

보기

표음 문자　　　　표의 문자　　　　음운　　　　음절　　　　소리　　　　뜻

7~8 다음 글을 읽고 물음에 답하시오.

한글을 만드는 기본 원리는 상형(象形)이다. 즉 사물의 형상을 ⊙본떠서 글자를 만들었는데, 이것은 자음과 모음에 모두 적용된다.

초성인 자음의 기본 글자는 'ㄱ, ㄴ, ㅁ, ㅅ, ㅇ'의 다섯 글자인데, 이들은 모두 발음 기관의 모양을 본떠 만들어졌다. 'ㄱ'은 혀뿌리가 목구멍을 막는 모양을 본떴고, 'ㄴ'은 혀가 윗잇몸에 붙는 모양을 본떴다. 'ㅁ'은 입 모양을, 'ㅅ'은 이의 모양을, 'ㅇ'은 목구멍 모양을 본떴다. 다음으로 획을 더하는 가획(加劃)의 원리에 따라 기본 글자 'ㄱ, ㄴ, ㅁ, ㅅ, ㅇ'에 획을 더하여 'ㅋ, ㄷ, ㅌ, ㅂ, ㅍ, ㅈ, ㅊ, ㆆ, ㅎ'의 아홉 글자를 만들었다. 'ㅋ'은 'ㄱ'에 비해 소리가 세다. 그러므로 획을 더한다. 'ㄴ'에서 'ㄷ', 'ㄷ'에서 'ㅌ', 'ㅁ'에서 'ㅂ', 'ㅂ'에서 'ㅍ', 'ㅅ'에서 'ㅈ', 'ㅈ'에서 'ㅊ', 'ㅇ'에서 'ㆆ', 'ㆆ'에서 'ㅎ'을 만들었는데, 모두 소리가 세지므로 획을 더한 것이다. 이렇게 만든 14자에, 획은 더하였지만 가획의 의미가 없는 'ㆁ, ㄹ, ㅿ'을 합쳐 모두 17자를 만들었다. 그리고 같은 발음 위치에서 나는 소리들을 비슷한 모양의 문자로 표현해 낸 덕분에 한글은 배우기 쉽고 쓰기 쉬운 문자가 되었다.

중성인 모음의 기본 글자는 'ㆍ, ㅡ, ㅣ'의 세 글자인데, 이들은 각각 '하늘, 땅, 사람'을 본떠 만들어졌다. 'ㆍ'는 둥근 하늘을, 'ㅡ'는 평평한 땅을, 'ㅣ'는 서 있는 사람의 모양을 본뜬 것이다. 이 세 글자를 바탕으로 하여 'ㅡ'와 'ㆍ'를 합하여 'ㅗ, ㅜ'를 만들고, 'ㅣ'와 'ㆍ'를 합하여, 'ㅏ, ㅓ'를 만들었다. 여기에 다시 'ㆍ'를 하나씩 더하여 'ㅛ, ㅠ, ㅑ, ㅕ'를 만들어, 모두 11자를 완성하였다.

종성을 적는 글자는 따로 만들지 않고, 초성 글자를 다시 쓸 수 있도록 하였다. 왜냐하면 종성은 초성과 같이 자음에 속하기 때문이다. 이 방법을 생각해 냄으로써 글자를 쓰는 이가 기억해야 하는 문자의 수가 대폭 줄어들었다.

○ 252017-0238

7 윗글을 이해한 내용으로 적절하지 <u>않은</u> 것은?

① 'ㄹ'은 'ㄴ, ㄷ, ㅌ'보다 훨씬 더 센 소리였군.
② 한글의 자음과 모음은 모두 사물의 모양을 본떠서 만들었군.
③ 'ㅋ, ㄷ, ㅂ, ㅈ, ㆆ' 등은 기본 글자에 획을 더하여 만들었군.
④ 창제 당시에 한글의 글자 수는 자음과 모음을 합하여 28자였군.
⑤ 자음의 기본 글자는 혀, 입술, 이, 목구멍의 모양과 관련이 있군.

○ 252017-0239

8 문맥상 ⊙과 바꿔 쓰기에 가장 적절한 것은?

① 표절(剽竊)하여　　　　　② 묘사(描寫)하여
③ 복사(複寫)하여　　　　　④ 모방(模倣)하여
⑤ 계승(繼承)하여

공부와 관련한 사자성어

1 다음 만화의 빈칸에 들어갈 알맞은 한자 성어를 〈보기〉에서 고른 뒤 그 뜻을 추측해 보시오.

보기

㉠ 온고지신(溫故知新)	㉡ 식자우환(識字憂患)
㉢ 형설지공(螢雪之功)	㉣ 곡학아세(曲學阿世)

'형설지공(螢雪之功)'은 반딧불, 눈과 함께 하는 노력이라는 뜻으로, 고생을 하면서 부지런하고 꾸준하게 공부하는 자세를 이르는 한자 성어입니다. '형(螢)'은 반딧불을, '설(雪)'은 눈을 뜻합니다. 중국의 『진서(晉書)』라는 책에 나오는 말입니다. 이 책에 소개된 진나라의 차윤(車胤)이라는 사람은 가난하여 밤에 등불을 켤 수 없게 되자 반딧불을 모아 그 불빛으로 글을 읽었다고 합니다. 또한 손강(孫康)이라는 사람도 가난하여 겨울밤에는 눈빛에 비추어 글을 읽었다고 합니다. '형설지공'은 바로 이 두 사람의 고사에서 유래하였습니다.

2 다음 뜻풀이를 참고하여 오른쪽 십자말풀이의 빈칸에 들어갈 적절한 한자 성어를 쓰시오.

| 가로 열쇠 |

1. 바른길에서 벗어난 학문으로 세상에 아첨함. 예 ○○○세
2. 학식이 있는 것이 오히려 근심을 사게 됨. 아는 게 병이다. 예 ○○○환

| 세로 열쇠 |

1. 학식이 넓고 아는 것이 많음. 예 박○○식
2. 준비를 미리 해 두면 걱정할 일이 없음. 예 유○○환

형태소

형상 **形** + 모양 **態** + 근본 **素**

뜻을 가진 가장 작은 말의 단위.

㉾ '나무'는 **형태소** 1개로, '밤나무'는 **형태소** 2개로 이루어진 단어이다.

친절한 샘 형태소는 의미의 최소 단위이므로 더 나누면 본래의 의미가 사라집니다. '나무'를 '나'와 '무'로 쪼개면 '나무'가 지닌 의미가 사라지기 때문에 '나무'는 하나의 형태소입니다.

참고 어휘

형태소의 종류

실질 형태소	구체적인 대상이나 동작, 상태를 표시하는 형태소
형식 형태소	실질 형태소에 붙어 주로 말과 말 사이의 관계를 표시하는 형태소
자립 형태소	다른 말에 의존하지 아니하고 혼자 설 수 있는 형태소
의존 형태소	다른 말에 의존하여 쓰이는 형태소

품사

갈래 **品** + 말 **詞**

단어를 형태, 기능, 의미에 따라 나눈 갈래.

㉾ 국어의 **품사**는 모두 9개이다.

친절한 샘 품사는 형태와 기능, 의미를 기준으로 하여 공통된 성질을 지닌 단어끼리 '**분류(分類)**'한 것입니다. '형태'는 문장에서 쓰일 때에 형태가 바뀌는지, 그렇지 않은지를 가리키고, '기능'은 문장에서 주로 어떤 역할을 하는지를 가리킵니다. '의미'는 단어들이 지니는 공통된 뜻을 가리킵니다.

기준	형태	기능	의미
단어	불변어	체언	명사: 사람이나 사물의 이름을 나타냄.
			대명사: 사람이나 사물의 이름을 대신 나타냄.
			수사: 사물의 수량이나 순서를 나타냄.
		수식언	관형사: '어떤', '몇'이라는 의미를 지니고 체언을 꾸며 줌.
			부사: '어떻게'라는 의미를 지니고 주로 용언을 꾸며 줌.
		관계언	조사: 형식적(문법적)인 의미를 지니고 앞말에 붙어 그 말과 다른 말과의 문법적 관계를 나타냄.
		독립언	감탄사: 부름, 대답, 놀람, 느낌 등을 나타냄.
	가변어	용언	동사: 움직임을 나타냄.
			형용사: 성질이나 상태를 나타냄.

※ 조사 중에서 서술격 조사 '이다'는 '가변어'에 해당함.

활용

살 **活** + 쓸 **用**

용언이나 서술격 조사의 어간에 변하는 말이 붙어 문장의 성격을 바꿈. 또는 그런 일.

㉾ 동사나 형용사는 **활용**에 의해 여러 가지 형태로 바뀌어, 문장 안에서 다양한 기능을 한다.

친절한 샘 '먹다'를 예로 들면 '먹고, 먹으니, 먹어서, 먹던, …'과 같이 '먹–' 뒤에 다양한 말이 붙어서 쓰이는데, 이걸 활용이라고 해요. 이때, '먹–'과 같이 변하지 않는 부분을 '**어간(語幹)**', '–고', '–으니', '–어서', '–던'과 같이 변하는 부분을 '**어미(語尾)**'라고 합니다.

기본형

터 **基** + 근본 **本** + 형상 **形**

활용하는 단어에서 활용형의 기본이 되는 형태.

㉾ '잡아', '잡고', '잡지', '잡으면' 등의 **기본형**은 '잡다'이다.

친절한 샘 국어에서는 어간에 어미 '–다'를 붙인 것을 기본형이라고 합니다. 가령 '좋아, 좋고, 좋소, 좋지, ……'에서 어간 '좋–'에 어미 '–다'를 붙인 '좋다'가 기본형이 되는 것이죠. 국어사전에는 기본형이 표제어로 올라가 있기 때문에, 단어의 뜻을 찾아보기 위해서는 그 기본형을 알아야 합니다.

단일어

홀 **單** + 하나 **一** +
말 **語**

하나의 실질 형태소로 된 말.

 '하늘', '땅', '밥'은 모두 하나의 실질 형태소로 이루어진 **단일어**이다.

친절한 샘 '단일어'와 달리 두 개 이상의 실질 형태소가 결합되었거나 하나의 실질 형태소에 접사가 붙은 말을 '**복합어 (複合語)**'라고 합니다. '복합어'에는 합성어와 파생어가 있습니다.

참고 어휘

복합어의 종류

합성어	둘 이상의 실질 형태소가 결합하여 하나의 단어가 된 말
파생어	실질 형태소에 접사가 결합하여 하나의 단어가 된 말

새말

새로 생긴 말. 또는 새로 귀화한 외래어.

 사회의 변화와 문명의 발전에 따라 **새말**이 계속해서 만들어지고 있다.

친절한 샘 '새말'과 같은 뜻을 지닌 한자어로 '**신조어(新造語)**', '**신어(新語)**'가 있습니다. 최근에는 정보 통신 기술의 발달로 외국어에서 차용된 새말이 많이 쓰이는데, 가능하다면 우리말로 다듬어 쓰는 노력이 필요합니다. 이렇듯 외국어를 가능한 한 고유어로, 비속한 말을 고운 말로 쓰는 것 등을 '**순화(醇化)**'라고 합니다.

고유어

본디 **固** + 있을 **有** +
말 **語**

해당 언어에 본디부터 있던 말이나 그것에 기초하여 새로 만들어진 말.

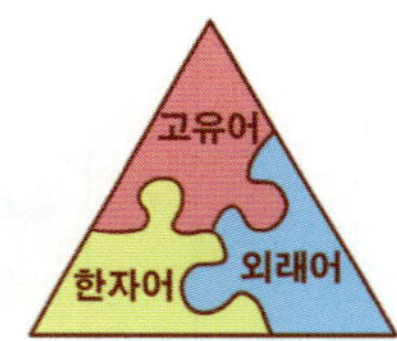 한자어가 들어오면서 국어의 많은 **고유어**들은 사라지게 되었다.

친절한 샘 우리말 중에서 고유어만을 이르는 말을 '**순우리말**'이라고 합니다. 국어는 어종에 따라 '**고유어**'와 '**한자어(漢字語)**', '**외래어(外來語)**'로 나눌 수 있습니다. '한자어' 는 한자에 기초하여 만들어진 단어를, '외래어'는 외국에서 들어온 말로 국어에서 널리 쓰이는 단어를 뜻합니다.

어휘 더하기

개념어의 짝을 찾아라! – 어근, 어간, 어미, 접사

정답과 해설 44쪽

• 용언이 활용할 때

어간	용언이 활용할 때에 변하지 않는 부분
어미	용언이 활용할 때에 변하는 부분

　용언의 기본형에서 어미 '–다'를 제외한 부분이 어간이라고 생각하면 쉽습니다. '던졌다'의 기본형은 '던지다'이므로 '던지–' 가 어간, 나머지 '–었–'과 '–다'는 어미에 해당합니다.

• 단어를 형성할 때

어근	실질적 의미를 나타내는 중심이 되는 부분
접사	어근에 붙어 새로운 단어를 구성하는 부분

　명사의 경우 '어근'과 '접사'뿐이니 헷갈리지 않는데, 동사나 형용사의 경우 '어간'과 '어미', '어근'과 '접사'가 모두 쓰이는 경우가 있어 헷갈릴 때가 있습니다.

　'잡히다'라는 단어로 연습해 볼까요?

○ 빈칸에 들어갈 적절한 형태소를 쓰시오.

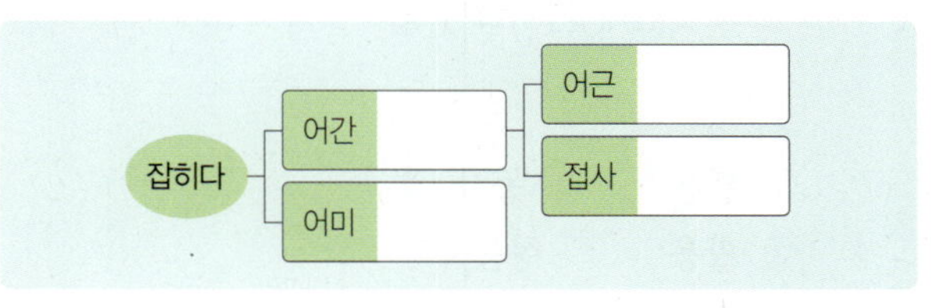

1 ◉ 252017-0240

빈칸에 들어갈 적절한 단어를 쓰고, 오른쪽 표에서 그 단어를 찾아 지운 후 남은 네 글자로 이루어진 사자성어를 쓰시오.

(1) 단어를 품사로 분류할 때의 기준은 형태, ☐☐, ☐☐ 세 가지이다.

(2) 뜻을 가진 가장 작은 말의 단위를 ☐☐☐(이)라고 한다. '잡았다'의 '잡-', '-았-', '-다'가 여기에 해당한다.

(3) 새로 생긴 말을 '새말' 또는 ☐☐☐(이)라고 한다.

(4) 사물의 수량이나 순서를 나타내는 품사를 ☐☐(이)라고 한다.

수	괄	형	의
기	소	신	목
태	상	미	어
조	사	능	대

사자성어 ➡ ☐☐☐☐

2 ◉ 252017-0241

〈보기〉의 ㉠과 ㉡에 공통으로 들어가는 형태소를 쓰시오.

보기

형태소는 다음 두 기준에 따라 자립 형태소와 의존 형태소, 실질 형태소와 형식 형태소로 나눌 수 있습니다. '나는 밥을 먹었다.'는 '나, 는, 밥, 을, 먹-, -었-, -다'와 같이 형태소를 나눌 수 있는데, 이 형태소들을 다음 기준에 따라 나누어 볼까요?

홀로 쓰일 수 있는가?	예	자립 형태소
	아니요	의존 형태소 ㉠

실질적 의미가 있는가?	예	실질 형태소 ㉡
	아니요	형식 형태소

3 ◉ 252017-0242

다음 국어사전에서 ㉠과 ㉡에 들어갈 말이 모두 적절하게 짝 지어진 것은?

좋다

발음 [조:타]

☐ ㉠ ☐ 좋아[조:아], 좋으니[조:으니], 좋소[조:쏘]

「 ㉡ 」

「1」 대상의 성질이나 내용 따위가 보통 이상의 수준이어서 만족할 만하다.

 • 품질이 좋다.　　　 • 그는 집안이 좋다.

「반대말」 나쁘다

	㉠	㉡			㉠	㉡
①	활용	동사		②	활용	관형사
③	활용	형용사		④	변용	동사
⑤	변용	형용사				

→ 정답과 해설 44쪽

○ 252017-0243

4 〈보기〉의 단어들을 짜임에 따라 각각 나누어 쓰시오.

보기

| 어머니 | 지우개 | 불고기 | 잠꾸러기 | 손수건 | 민들레 |

단어
- 단일어
- 복합어
  - 합성어
  - 파생어

○ 252017-0244

5 ㉠, ㉡에 들어갈 적절한 단어를 〈보기〉에서 각각 찾아 쓰시오.

보기

| 새말 | 고유어 | 파생어 | 합성어 |

6~7 다음 글을 읽고 물음에 답하시오.

품사란 단어를 공통된 성질에 따라 분류해 놓은 갈래를 뜻한다. 모든 분류가 그러하듯 품사 분류에도 기준이 있는데, '형태', '기능', '의미'가 그것이다.

먼저 '형태'를 기준으로 하여 형태가 변하는 말인 '가변어'와 형태가 변하지 않는 말인 '불변어'로 나눌 수 있다. 예를 들어, '높다'는 '높고, 높아, 높으니, …'와 같이 형태가 변하는 가변어이고, '산'은 형태가 변하지 않는 불변어이다.

다음 '기능'을 기준으로 하여 문장에서 주로 주어나 목적어, 보어 등의 역할을 하는 '체언'과 다른 단어를 꾸며 주는 역할을 하는 '수식언', 단어와 단어의 문법적 관계를 맺어 주는 '관계언', 독립적으로 쓰이는 '독립언', 문장에서 주로 서술어의 역할을 하는 '용언'으로 나눌 수 있다. 이 중 용언과 서술격 조사 '이다'는 가변어에 해당하며, 나머지는 불변어에 해당한다.

마지막으로 '의미'를 기준으로 하여 체언은 '명사, 대명사, 수사'로, 수식언은 '관형사, 부사'로, 용언은 '동사, 형용사'로 나눌 수 있다. 관계언에는 '조사' 한 종류가, 독립언에는 '감탄사' 한 종류가 있다. 이렇게 국어의 단어는 모두 9개의 품사로 나눌 수 있다. 명사는 사람이나 사물의 이름을 나타내고, 대명사는 사람이나 사물의 이름을 대신 나타내며, 수사는 사물의 수량이나 순서를 나타낸다. 관형사는 체언을, 부사는 주로 용언을 꾸며 준다. 동사는 사물의 동작이나 작용을 나타내고, 형용사는 사물의 성질이나 상태를 나타낸다. 조사는 단어와 단어의 문법적 관계를 나타내며, 감탄사는 놀람이나 느낌, 부름, 응답 등을 나타낸다.

● 252017-0245

6 윗글을 이해한 내용으로 적절하지 <u>않은</u> 것은?

① 모든 단어는 9개의 품사 중 하나로 분류될 수 있겠군.
② '해', '별', '달'은 형태가 변하지 않는다는 공통점이 있겠군.
③ 관형사와 부사는 둘 다 다른 단어를 꾸며 주는 역할을 하는군.
④ 품사 분류의 기준은 '형태 → 기능 → 의미' 순으로 적용하는군.
⑤ 문장에서 쓰일 때에 형태가 바뀌는 것은 동사와 형용사뿐이겠군.

● 252017-0246

7 윗글을 참고할 때, 다음 조건을 모두 만족하는 단어들로만 묶인 것은?

- 조건 1: 문장에서 쓰일 때에 단어의 형태가 바뀔 수 있다.
- 조건 2: 문장에서 주로 서술어의 기능을 수행한다.
- 조건 3: 사물의 상태나 성질을 의미한다.

① 어디, 누구, 우리
② 자전거, 학교, 친구
③ 으로서, 에게, 이다
④ 걷다, 좋아하다, 흐르다
⑤ 쉽다, 푸르다, 행복하다

●● 다음 광고를 보고, '남용'의 뜻을 추측해 봅시다.

❶ 시청자: 요새 이게 재미있다던데…….

❷ 시청자: 신조어? 자막 켜야겠다.

❸ 여배우1: 이건 킹리적 갓심이라고!

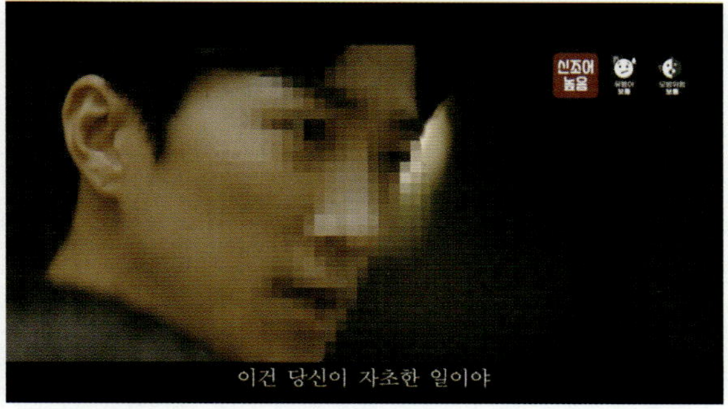

❹ 남배우: 이건 스불재야.

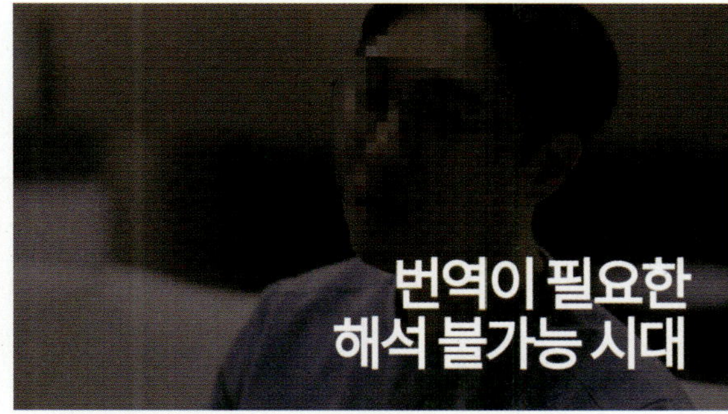

❺ 내레이션: 번역이 필요한 해석 불가능 시대

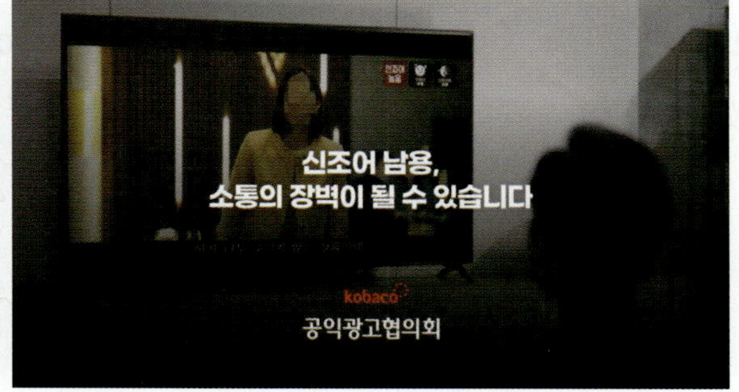

❻ 내레이션: 신조어 남용, 소통의 장벽이 될 수 있습니다.

'남용(濫用)'은 '일정한 기준이나 한도를 넘어서 함부로 씀.'을 뜻합니다. 어떤 경우든 그렇겠지만, 지나치게 함부로 사용하는 것은 바람직하지 않습니다. '정도를 지나침은 미치지 못함과 같다.'라는 뜻을 지닌 한자 성어로 '과유불급(過猶不及)'이 있습니다.

하나 더 알기 다음은 말조심을 강조하는 속담들이다. 빈칸에 공통으로 들어갈 한 글자의 단어는?

• [ㅎ] 아래 도끼 들었다.　　　• [ㅎ] 밑에 죽을 말 있다.

총칙
거느릴 總 + 법 則

전체를 포괄하는 규칙이나 법칙.

📖 먼저 **총칙**을 정하고 이에 맞춰 세부 규정을 정해 나갔다.

친절한 샘 한글 맞춤법을 공부할 때 만나게 되는 단어입니다. '**한글 맞춤법**'은 한글로써 우리말을 표기하는 법을 체계화한 규정인데, 제1장에 총칙을 제시하고 있습니다. 그 첫 번째 항목은 '한글 맞춤법은 표준어를 소리대로 적되, 어법에 맞도록 함을 원칙으로 한다.'입니다. 여기에서 '어법에 맞도록 함'은 뜻을 파악하기 쉽도록 각 형태소의 본모양을 밝혀 적는다는 말입니다.

문장 성분
글월 文 + 글월 章 + 이룰 成 + 나눌 分

문장을 구성하는 기능적 단위.

📖 어절은 **문장 성분**의 최소 단위로서 띄어쓰기의 단위와 대체로 일치한다.

친절한 샘 국어의 문장 성분은 아래와 같이 7개로 나눌 수 있습니다.

참고 어휘

문장 성분의 종류

주성분	주어	서술어가 나타내는 동작이나 상태의 주체가 되는 말
	서술어	주어의 움직임, 상태, 성질 따위를 서술하는 말
	목적어	동작의 대상이 되는 말
	보어	'되다', '아니다' 앞에 조사 '이', '가'를 취하여 의미를 보충하는 말
부속 성분	관형어	체언 앞에서 체언의 뜻을 꾸며 주는 구실을 하는 말
	부사어	용언이나 관형사, 부사 등을 꾸며 주는 구실을 하는 말
독립 성분	독립어	문장의 다른 성분과 밀접한 관계가 없이 독립적으로 쓰는 말

홑문장
글월 文 + 글월 章

주어와 서술어가 각각 하나씩 있어서 둘 사이의 관계가 한 번만 이루어지는 문장.

📖 길고 복잡한 문장을 **홑문장**으로 나누면, 이해가 더 잘 될 수 있다.

친절한 샘 홑문장과 달리 주어와 서술어의 관계가 두 번 이상 나타나는 문장을 '**겹문장**'이라고 합니다. 겹문장은 한 개의 홑문장이 다른 문장 속에 한 성분으로 들어가 있는 '**안은문장**'과 홑문장이 서로 이어져 있는 '**이어진문장**'이 있습니다.

참고 어휘

겹문장의 종류

• 안은문장

명사절을 안은 문장	한 문장 안에 명사 역할을 하는 절이 들어가 있는 문장
관형사절을 안은 문장	한 문장 안에 관형사 역할을 하는 절이 들어가 있는 문장
부사절을 안은 문장	한 문장 안에 부사 역할을 하는 절이 들어가 있는 문장
서술절을 안은 문장	한 문장 안에 서술어 역할을 하는 절이 들어가 있는 문장
인용절을 안은 문장	한 문장 안에 인용한 말이나 글이 들어가 있는 문장

• 이어진문장

대등적으로 이어진 문장	둘 혹은 그 이상의 절이 동등한 자격으로 접속된 문장
종속적으로 이어진 문장	두 개 이상의 절이 동등하지 않은 자격으로 접속된 문장

피동

입을 **被** + 움직일 **動**

주체가 다른 힘에 의하여 움직이는 동사의 성질.

[예] 서술어에 **피동**을 쓰면 남의 힘을 받아 움직이는 대상이 주어로 온다.

[친절한 샘] '피동'과 반대로 주체가 자발적으로 움직이는 동사의 성질은 '**능동(能動)**'이라고 합니다. '경찰이 도둑을 잡았다.'는 능동문, '도둑이 경찰에게 잡혔다.'는 피동문이 됩니다.

인용

끌 **引** + 쓸 **用**

남의 말이나 글을 자신의 말이나 글 속에 끌어 씀.

[예] 전문가의 말을 **인용**하여 자신의 주장에 객관성을 더했다.

[친절한 샘] 다른 사람의 말이나 글을 그대로 가져오는 것을 '**직접 인용**'이라고 합니다. 인용한 문장의 앞뒤에 큰따옴표를 찍고, 그 뒤에 조사 '라고'를 붙여서 표현합니다. 이와 달리 원문의 뜻을 살리면서 화자의 문장으로 표현하는 것을 '**간접 인용**'이라고 하며, 큰따옴표를 찍지 않습니다.

비속어

낮을 **卑** + 속될 **俗** + 말 **語**

격이 낮고 속된 말.

[예] **비속어**를 사용하면 상대방에게 불쾌감을 줄 수 있다.

[친절한 샘] 비속어는 대상을 낮추거나 낮잡는 말인 '**비어(卑語)**'와 점잖지 못하고 상스러운 말인 '**속어(俗語)**'를 합친 말입니다. 남의 인격을 무시하는 모욕적인 말을 '**욕설(辱說)**'이라고 합니다. 이 말들은 상대에 대한 싫어하고 미워하는 정서인 '**혐오(嫌惡)**'를 나타내는 부정적 표현이므로, 건전한 정체성을 확립하기 위해서는 가급적 쓰지 않는 것이 좋습니다.

편견

치우칠 **偏** + 볼 **見**

공정하지 못하고 한쪽으로 치우친 생각.

[예] 그는 **편견**에 사로잡혀 자신과 견해가 다른 사람과는 대화도 하지 않았다.

[친절한 샘] '편견'과 자주 어울려 쓰이는 말에 '**선입견(先入見)**'이 있는데, 이는 '어떤 대상에 대하여 이미 마음속에 가지고 있는 고정적인 관념이나 관점'을 뜻합니다. 선입견에 얽매여 좋지 아니하게 보는 것을 '**색안경을 끼고 보다.**'라고 합니다. '**고정 관념(固定觀念)**'은 '어떤 집단의 사람들에 대한 단순하고 지나치게 일반화된 생각들'을 뜻합니다.

어휘 더하기

비슷하지만 다른 말 – '좇다'와 '쫓다'

정답과 해설 45쪽

좇다	① 목표, 이상, 행복 따위를 추구하다. ② 남의 말이나 뜻을 따르다. ③ 규칙이나 관습 따위를 지켜서 그대로 하다. ④ 눈여겨보거나 눈길을 보내다.

VS

쫓다	① 어떤 대상을 잡거나 만나기 위하여 뒤를 급히 따르다. ② 어떤 자리에서 떠나도록 몰다. ③ 밀려드는 졸음이나 잡념 따위를 물리치다.

일상생활에서 자주 혼동하여 사용하는 단어죠? '좇다'와 '쫓다'처럼 형태가 비슷하면서도 의미가 다른 말들은 평소 올바른 발음을 한다면, 필요한 순간에 정확하게 구별하여 사용할 수 있습니다. 발음이 표기에 큰 영향을 주기 때문이죠.

○ **다음 문장에 들어갈 적절한 단어를 고르시오.**

보도의 공정성은 언론이 (좇아야 / 쫓아야) 할 최우선의 원칙이며 언론을 평가하는 가장 중요한 척도의 하나이기도 하다.

○ 252017-0247

1 다음 빈칸에 들어가기에 적절한 단어를 〈보기〉에서 각각 찾아 쓰시오.

보기

피동   능동   대등적   종속적

(1) 주어가 다른 주체에 의해 동작을 당하는 것을 ☐이라고 한다. ☐ 표현은 주로 어근에 접사 '−이−', '−히−', '−리−', '−기−', '−되다' 등이 결합하여 실현된다.

(2) ☐으로 이어진 문장은 둘 혹은 그 이상의 절이 동등한 자격으로 접속된 문장을 뜻한다. 예를 들어 "나는 야구를 좋아하고, 누나는 축구를 좋아한다."라는 문장은 앞에 있는 절과 뒤에 있는 절이 동등한 자격으로 연결된 문장으로 절의 순서를 바꾸어도 의미가 바뀌지 않는다.

○ 252017-0248

2 다음은 〈한글 맞춤법〉 제1장 총칙의 내용이다. ㉠과 ㉡의 예가 모두 적절하게 묶인 것은?

제1항 한글 맞춤법은 표준어를 ㉠소리대로 적되, ㉡어법에 맞도록 함을 원칙으로 한다.

	㉠	㉡
①	얼음, 던지다	설거지, 깨끗하다
②	지붕, 드러나다	목걸이, 망설이다
③	마중, 익히다	해돋이, 귀엽다
④	지푸라기, 잡다	첫눈, 사라지다
⑤	살며시, 먹이다	비로소, 깜빡하다

○ 252017-0249

3 다음 문장을 간접 인용은 직접 인용으로, 직접 인용은 간접 인용으로 바꾸어 쓰시오.

(1) 동생은 엄마께 놀이공원에 가고 싶다고 하였다.

➡ _______________________________________

(2) 준호는 나에게 "내가 너희 집으로 갈게."라고 말하였다.

➡ _______________________________________

4 ○ 252017-0250

안은문장의 예를 든 것으로 적절하지 않은 것은?

① [명사절을 안은 문장] 나는 그 친구가 성공하기를 바란다.
② [관형사절을 안은 문장] 어제 먹었던 빵이 아직 남아 있다.
③ [부사절을 안은 문장] 드디어 그가 돌아왔음을 알게 되었다.
④ [서술절을 안은 문장] 할아버지께서는 인정이 무척 많으시다.
⑤ [인용절을 안은 문장] 누나에게서 조금 늦는다고 연락이 왔다.

5 ○ 252017-0251

문맥상 밑줄 친 단어의 쓰임이 적절하지 않은 것은?

① 나는 형과 함께 잠자리를 쫓으며 들판을 뛰어다녔다.
② 나는 잡생각을 쫓으려고 게임에 몰두해 봤지만 소용이 없었다.
③ 지도자는 모름지기 구성원들의 뜻을 좇아 단체를 이끌어야 한다.
④ 편리함을 좇는 사람들의 욕구로 인해 많은 가전 제품들이 발명되었다.
⑤ 생물학자의 시선은 강변에서 먹이를 구하고 있는 희귀종을 쫓고 있다.

6 ○ 252017-0252

㉠, ㉡에 들어가기에 적절한 단어를 〈보기〉에서 각각 찾아 쓰시오.

보기

| 선입견 | 인정 | 혐오 | 호감 |

7~8 다음 글을 읽고 물음에 답하시오.

한글 맞춤법 총칙 제1항은 '한글 맞춤법은 표준어를 소리대로 적되, 어법에 맞도록 함을 원칙으로 한다.'이다. 이는 한글 맞춤법의 대원칙을 밝히는 조항으로, 한글 맞춤법은 이 조항에 따라 표준어를 한글로 올바르게 ㉠적는 방법이다.

먼저 '표준어를 소리대로 적'는다는 원칙은 한글 맞춤법이 표준어를 대상으로 한다는 뜻이 ㉡담겨 있다. 그리고 '소리대로' 적는다는 것은 표준어를 적을 때 발음에 따라 적는다는 뜻이다. 이는 자음이나 모음을 조합하여 다양한 말소리를 그대로 기호로 ㉢나타낼 수 있는 표음 문자인 한글의 기본 기능에 충실한 원칙이다. 이를테면 [하늘]이라고 소리 나는 표준어는 'ㅎ'과 'ㅏ'로 조합된 음절과 'ㄴ'과 'ㅡ', 'ㄹ'로 조합된 음절을 그대로 '하늘'로 적는 것이다.

그런데 '표준어를 소리대로 적'는다는 원칙만으로 충분하지 않은 경우가 있다. 그래서 '어법에 맞도록' 한다는 원칙을 ㉣덧붙였다. 예를 들어 체언 '꽃'에 다양한 조사가 결합한 형태를 소리 나는 대로 적으면, '꼬치', '꼳또', '꼰만' 등이 된다. 하지만 이렇게 적으면 '꽃'이라는 하나의 말이 여러 가지로 표기되어 실질 형태소의 본 모양과 형식 형태소의 본 모양이 무엇인지, 둘의 경계가 어디인지를 알아보기가 어렵다. 이와 달리 실질 형태소와 형식 형태소를 구분해서 어법에 맞도록 '꽃이', '꽃도', '꽃만' 등으로 적으면 의미와 기능을 나타내는 각각의 형태소의 모양이 일관되게 고정되어서 뜻을 파악하기가 쉽고 독서의 능률도 ㉤나아진다. 이렇게 체언과 조사를 구별하여 적는 것은 한글 맞춤법 제14항에 나와 있는데, 이는 용언의 어간 뒤에 어미가 결합할 때도 적용된다. 한글 맞춤법 제15항에 따르면, 용언의 어간과 어미는 구별하여 적도록 하였다. '입어'는 [이버]로 발음되지만 어간 '입–'과 어미 '–어'를 구별하여 적는다.

● 252017-0253

7 윗글을 이해한 내용으로 적절하지 <u>않은</u> 것은?

① 한글은 말소리를 그대로 기호로 나타낸 표음 문자에 해당한다.
② '쓰러지다'와 '보조개'는 표준어를 소리대로 적은 경우에 해당한다.
③ 소리대로 적을 경우 뜻을 파악하기 쉽기 때문에 읽기에 도움이 된다.
④ 용언의 어간과 어미를 적을 때는 어법에 맞게 구별하여 적어야 한다.
⑤ 한글 맞춤법은 표준어가 아닌 방언과 관련한 표기에 대해서는 다루지 않았다.

● 252017-0254

8 ㉠~㉤을 대신하여 바꾸어 쓸 말로 적절하지 <u>않은</u> 것은?

① ㉠: 표기(表記)하는
② ㉡: 포함(包含)되어
③ ㉢: 표현(表現)할
④ ㉣: 삭감(削減)하였다
⑤ ㉤: 향상(向上)된다

1 〈보기〉에서 제시된 순우리말과 뜻을 참고하여 ㉠~㉢에 들어갈 적절한 단어를 찾아 쓰시오.
(단, 용언은 적절한 형태로 활용하여 쓸 것)

보기
- 애면글면: 몹시 힘에 겨운 일을 이루려고 갖은 애를 쓰는 모양
- 시나브로: 모르는 사이에 조금씩 조금씩
- 너울: 바다의 크고 사나운 물결
- 윤슬: 햇빛이나 달빛에 비치어 반짝이는 잔물결 = 물비늘
- 소담하다: 생김새가 탐스럽다.
- 아련하다: 똑똑히 분간하기 힘들게 아렴풋하다.

2 〈보기〉에서 단어 하나를 골라 문장을 완성해 쓰시오.

보기
- 휘뚜루마뚜루: 이것저것 가리지 아니하고 닥치는 대로 마구 해치우는 모양
- 바투: 두 대상이나 물체의 사이가 썩 가깝게
- 도닐다: 가장자리를 빙빙 돌며 거닐다.
- 다솜: 애틋하게 사랑함.

➡ ____

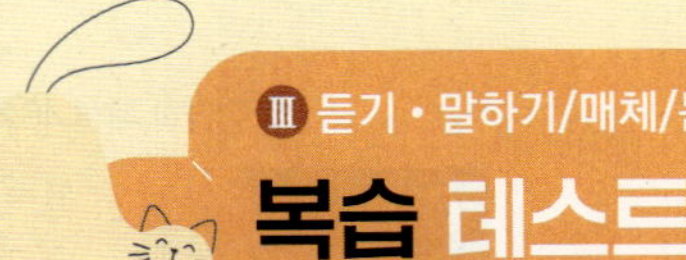

복습 테스트

● 252017-0255

1 다음 밑줄 친 단어와 바꿔 쓰기에 가장 적절한 것은?

(1)
그의 노래는 우리가 잊고 살았던 어린 시절의 순수한 꿈을 <u>환기시켰다</u>. 노래를 따라 부를 때마다 어린 시절로 돌아가는 기분이 들었다.

① 망설였다　　　　② 바꾸었다　　　　③ 되돌아갔다
④ 잊어버렸다　　　⑤ 불러일으켰다

(2)
의료진이 환자와 가족들의 말을 <u>귀담아듣고</u>, 환자가 느끼는 증상을 조절해 줄 수 있다는 확신을 주는 것은 그 어떤 치료보다도 가치가 있다.

① 시청(視聽)하고　　② 동감(同感)하고　　③ 경청(傾聽)하고
④ 분석(分析)하고　　⑤ 경시(輕視)하고

● 252017-0256

2 ㉠, ㉡에 들어갈 단어가 모두 적절하게 짝 지어진 것은?

우리는 일상생활에서 다양한 종류의 담화를 경험합니다. 예를 들어 살펴볼까요? 주말에 극장에서 영화를 볼지 말지 결정하기 위하여 가족이 찬반으로 나뉘어 논의하는 것은 ㉠ 의 한 형태라고 할 수 있습니다. 가족이 함께 어떤 영화를 볼지 의견을 나누는 것은 ㉡ 의 한 형태라고 할 수 있습니다.

	㉠	㉡			㉠	㉡
①	면담	토의		②	토의	협상
③	토의	면담		④	토론	토의
⑤	토론	협상				

● 252017-0257

3 제시한 단어들과 관련이 있는 말을 〈보기〉에서 찾아 쓰시오.

보기
상황 맥락　　　사회·문화적 맥락　　　비언어적 표현　　　준언어적 표현

(1) 담화, 화자와 청자의 관계, 시간과 장소 등 —————

(2) 말소리의 억양, 어조, 강약, 높낮이, 속도 —————

4 ○ 252017-0258

다음 설명에 해당하는 개념어를 오른쪽에서 찾아 적절하게 연결하시오.

(1) 구체적인 이유나 근거를 들어 주장을 논리적으로 증명하고, 그 정당성을 입증함.　·　·　㉠　논제

(2) 토론의 주제. 찬성과 반대의 의견 대립이 분명해야 함.　·　·　㉡　논박

(3) 주장을 뒷받침하는 논리적 근거　·　·　㉢　논거

(4) 어떤 주장이나 의견에 대하여 그 잘못된 점을 조리 있게 공격하여 말함.　·　·　㉣　논증

5 ○ 252017-0259

밑줄 친 두 단어의 의미가 서로 비슷한 것은?

① ┌ 정보의 <u>공유</u>는 정보화 시대에 있어서 매우 중요한 것이다.
　 └ 놀부는 부모가 물려준 재산을 <u>독점</u>하고 흥부를 내쫓는다.

② ┌ <u>화자</u>가 편안하게 말할 수 있는 분위기를 조성하였다.
　 └ 발표를 할 때는 항상 <u>청자</u>의 상황을 고려하여야 한다.

③ ┌ 앞뒤 내용을 바탕으로 그 말의 의미를 <u>추론</u>해 보았다.
　 └ 그의 그림만 보고도 그의 인간적 면모를 <u>추리</u>할 수 있다.

④ ┌ 드디어 사건의 모든 진상이 <u>표면</u>에 드러났다.
　 └ 그녀의 성공 <u>이면</u>에는 고뇌의 그림자가 있었다.

⑤ ┌ 그의 처방이 <u>간명</u>하긴 해도 효과는 정말 확실하다.
　 └ 네 설명이 너무 <u>장황</u>하니 사람들이 모두 지겨워하는 것이다.

6 ○ 252017-0260

다음 뜻풀이에 해당하는 단어를 오른쪽 표에서 찾아 글자를 지운 후, 남은 네 글자로 이루어진 사자성어를 쓰시오.

(1) 서로 다투는 중심이 되는 점 📵 뜨거운 ○○

(2) 의심하거나 모르는 점을 묻고 물음에 대답을 하는 일 📵 ○○○○ 시간

(3) 어느 편에도 치우치지 않고 중간적인 입장에 서는 (것) 📵 ○○○ 태도

(4) 남의 권리나 재산 따위를 함부로 침범하여 손해를 끼침. 📵 저작권 ○○

(5) 사물 따위가 서로 이어져 있는 관계나 연관 📵 ○○ 파악

(6) '홈페이지'를 이르는 순우리말 📵 학교 ○○○

사자성어 ➡ ☐ ☐ ☐ ☐

7 ● 252017-0261

다음 빈칸에 공통으로 들어갈 단어로 가장 적절한 것은?

> ☐은/는 단어의 뜻을 구별해 주는 소리의 가장 작은 단위이다. 예를 들어 '달'과 '탈'은 [ㄷ]과 [ㅌ]의 차이로 인해, '달'과 '돌'은 [ㅏ]와 [ㅗ]의 차이로 인해 의미가 구별된다. 이때 'ㄷ'과 'ㅌ', 'ㅏ'와 'ㅗ'는 서로 다른 ☐이다.

① 음운 ② 음절 ③ 단어 ④ 품사 ⑤ 형태소

8 ● 252017-0262

다음 문장을 분석한 것으로 적절하지 <u>않은</u> 것은?

> 동생의 눈망울이 유난히 초롱초롱 빛났다.

① 이 문장의 주어는 '눈망울이'이다.
② '빛났다'의 기본형은 '빛나다'이다.
③ '동생의'는 뒤에 오는 '눈망울'을 꾸며 준다.
④ '의', '이', '유'는 모음 하나로 이루어진 음절이다.
⑤ '유난히'와 '초롱초롱'은 둘 다 관형사에 해당한다.

9 ● 252017-0263

〈보기〉와 같이 '치솟다'를 분석할 때, ㉠~㉣에 들어갈 개념어를 적절하게 묶은 것은?

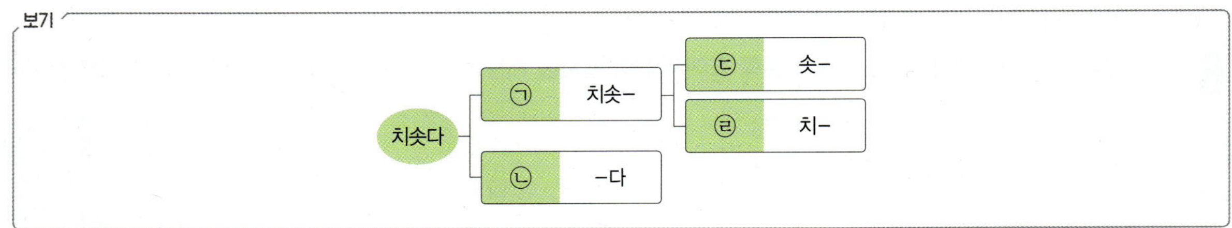

	㉠	㉡	㉢	㉣
①	어간	어미	접사	어근
②	어간	어미	어근	접사
③	어근	어미	어간	접사
④	어근	접사	어간	어미
⑤	접사	어미	어근	어간

10 ○ 252017-0264

문맥을 고려할 때, 밑줄 친 단어의 쓰임이 적절하지 <u>않은</u> 것은?

① 사회자는 공정하게 <u>편파적</u>으로 토론을 진행해야 한다.
② 올림픽은 인류의 평화와 공존을 <u>지향하는</u> 지구촌 축제이다.
③ 그가 손끝으로 <u>가리킨</u> 그곳은 날이 어두워 잘 보이지 않았다.
④ 현실을 무시하고 이상만 <u>좇다가는</u> 망상가라는 소리를 듣기 쉽다.
⑤ 지나치게 자기중심적인 생각은 잘못된 <u>편견</u>을 만들어 낼 수 있다.

11 ○ 252017-0265

다음 문장의 유형을 오른쪽에서 찾아 적절하게 연결하시오.

(1) 비가 그치자 무더위가 찾아왔다. ·

(2) 친구가 내 손을 살며시 잡았다. ·

(3) 모든 부모는 자식이 행복하기를 바란다. ·

· ㉠ 홑문장

· ㉡ 안은문장

· ㉢ 이어진문장

12 ○ 252017-0266

다음 뜻풀이를 참고하여 오른쪽 십자말풀이의 빈칸을 완성하시오.

| 가로 열쇠 |

1. 뜻을 가진 가장 작은 말의 단위
5. 소리, 문자, 이미지, 영상, 음악 등의 여러 양식이 복합적으로 결합한 성질
6. 격이 낮고 속된 말. 비어(卑語) + 속어(俗語)
7. 용언이 활용할 때에 변하지 않는 부분. '보다', '보니', '보고'에서 '보–'와 '먹다', '먹니', '먹고'에서 '먹–' 따위이다.
8. 남의 신상에 관한 일을 들어 비난함. 예 인○○격

| 세로 열쇠 |

1. 사물의 성질이나 상태를 나타내는 품사 예 '예쁘다', '푸르다' 등
2. 공평하고 올바른 성질
3. 더 높은 단계로 오르기 위하여 어떠한 것을 하지 아니함.
4. 분별하여 알아봄.
5. 하나의 실질 형태소에 접사가 붙거나 두 개 이상의 실질 형태소가 결합된 말 〈반대말〉 단일어
6. 언어가 아닌, 의사나 감정을 표현하거나 전달하는 데 쓰이는 몸짓, 손짓, 표정 따위의 신체 동작을 통틀어 이르는 말
8. 남의 말이나 글을 자신의 말이나 글 속에 끌어 씀.
9. 남의 감정, 의견, 주장 따위에 대하여 자기도 그렇다고 느낌. 또는 그렇게 느끼는 기분

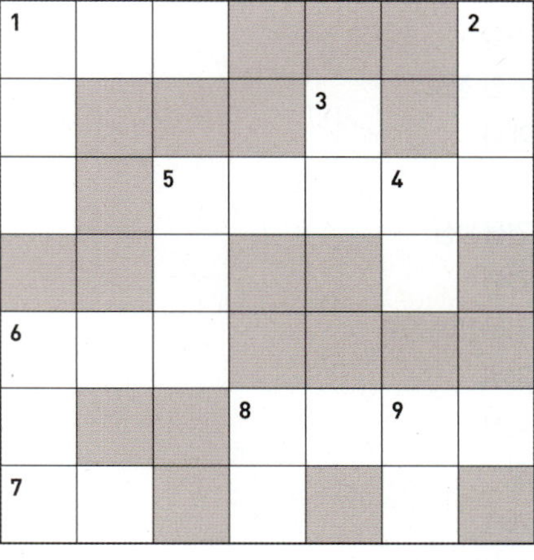

ㅂ

ㅅ

ㅇ

한눈에 보는 **정답**

Ⅰ 읽기·쓰기

01강
9쪽 › 어휘 더하기 통념
10~11쪽 › 문제로 확인하기 1 (1) 염치 (2) 일반화 (3) 골몰 (4) 선망
2 (1) 고려해서 (2) 추산 (3) 감안 3 ④ 4 ② 5 ㉠ 추리 ㉡ 합리적 ㉢ 간주 ㉣ 무심결
12쪽 › 독해로 완성하기 6 ③ 7 ㉠ 간주 ㉡ 무심결 ㉢ 감안 8 위험성
13쪽 › 관용 표현 익히기 ㉠

02강
15쪽 › 어휘 더하기 삯
16~17쪽 › 문제로 확인하기 1 (1) ㉢ (2) ㉠ (3) ㉣ (4) ㉡ 2 ① 3 ②
4 ② 5 ㉠ 기하급수적 ㉡ 산출 ㉢ 효율
18쪽 › 독해로 완성하기 6 ④ 7 ⑤ 8 납부, 종류
19쪽 › 관용 표현 익히기 1 (1) ㉡ (2) ㉢ (3) ㉠

03강
21쪽 › 어휘 더하기 공인(共認)
22~23쪽 › 문제로 확인하기 1 (1) ㉢ (2) ㉠ (3) ㉡ (4) ① 2 (1) 적발 (2) 입법 (3) 공표 3 ④ 4 (1) ㉡ (2) ㉠ 5 ㉠ 갑론을박 ㉡ 규제 ㉢ 부정
24쪽 › 독해로 완성하기 6 ⑤ 7 ① 8 뜻, 준수
25쪽 › 관용 표현 익히기 1 ㉢ 2 (1) ㉠ (2) ㉢ (3) ㉡

04강
27쪽 › 어휘 더하기 바쳤다
28~29쪽 › 문제로 확인하기 1 ② 2 (1) 주둔하다 (2) 의거 (3) 냉전 (4) 동서고금 3 ④ 4 ② 5 ㉠ 박해 ㉡ 자행 ㉢ 고군분투 ㉣ 순국
30쪽 › 독해로 완성하기 6 ③ 7 ㉠ 악전고투 ㉡ 감행 8 덕수궁, 역사
31쪽 › 광고 속 어휘 알쏭달쏭 왕도

05강
33쪽 › 어휘 더하기 햇사과
34~35쪽 › 문제로 확인하기 1 (1) ㉢ (2) ㉣ (3) ㉠ (4) ㉡ 2 (1) 사시사철 (2) 방전 (3) 가시거리 3 ② 4 ① 5 ㉠ 고갈 ㉡ 재해 ㉢ 교란 ㉣ 산천초목
36쪽 › 독해로 완성하기 6 ④ 7 ④ 8 원인, 문제

06강
39쪽 › 어휘 더하기 껍질
40~41쪽 › 문제로 확인하기 1 (1) ㉡ (2) ㉠ (3) ㉢ (4) ㉣ 2 (1) 사지 (2) 오장육부 (3) 빈사지경 (4) 신진대사 3 ③ 4 ② 5 ㉠ 축나 ㉡ 지혈 ㉢ 자양분
42쪽 › 독해로 완성하기 6 ④ 7 ㉠ 분비 ㉡ 병원균 8 웃음, 긍정적
43쪽 › 아름다운 순우리말 1 ㉮ 눈부처 ㉯ 가자미눈 ㉰ 샛별눈 ㉱ 해사하다 ㉲ 매무새 ㉳ 사랑옵다 2 매무새, 샛별눈

07강
45쪽 › 어휘 더하기 지표(指標)
46~47쪽 › 문제로 확인하기 1 (1) ㉣ (2) ㉢ (3) ㉡ (4) ㉠ 2 (1) 운행 (2) 궤도 3 ⑤ 4 (1) ㉠ (2) ㉡ 5 ㉠ 천체 ㉡ 분포 ㉢ 추진력
48쪽 › 독해로 완성하기 6 ⑤ 7 ③ 8 현황, 노력
49쪽 › 광고 속 어휘 알쏭달쏭 하늘이 무너져도 솟아날 구멍이 있다.

08강
51쪽 › 어휘 더하기 ⑤
52~53쪽 › 문제로 확인하기 1 (1) 역동적 (2) 조형 (3) 각인 (4) 각색 2 ② 3 ⑤ 4 ㉠ 반출 ㉡ 환수 5 ㉠ 역동적 ㉡ 대비 ㉢ 안목
54쪽 › 독해로 완성하기 6 ③ 7 ③
55쪽 › 관용 표현 익히기 1 ㉣ 2 고장난명(孤掌難鳴)

09강
58~59쪽 › 문제로 확인하기 1 (1) 예시 (2) 인과 (3) 비교 (4) 정의 (5) 분류 2 (1) 분석 (2) 구분 (3) 대조 3 ㉠ 정의 ㉡ 대조 ㉢ 구분 ㉣ 인과 4 (1) 대조 (2) 예시 (3) 분석 (4) 정의 5 ㉠ 인용 ㉡ 인과 ㉢ 원인 ㉣ 결과
60쪽 › 독해로 완성하기 6 ③ 7 질문, 차이, 대조, 빙하, 거주, 펭귄, 추움

10강
64~65쪽 › 문제로 확인하기 1 (1) 통일성 (2) 신뢰성 (3) 통독 2 (1) ㉢ (2) ㉡ (3) ㉠ 3 (1) 청소년을 부탁해 (2) ○○시, 청소년을 위한 상담 센터 신설 4 통일성 5 ㉠ 논증 ㉡ 연역 ㉢ 귀납 ㉣ 유추
66쪽 › 독해로 완성하기 6 ④ 7 ① 8 표제, 부제
67쪽 › 어휘 실력 더하기 (1) 생성형 인공 지능 (2) 빅 데이터 (3) 자율 주행 기술 (4) 챗봇

복습 테스트 [1]
68~71쪽 › 1 (1) ③ (2) ㉢ (3) 불고 (4) 이치, 합당 (5) ⑤ 2 (1) ① (2) ① (3) ㉢ 2 3 (1) 교섭 (2) 순국 4 (1) ㉢ (2) ㉠ (3) ㉢ (4) ㉡ 5 ① 6 (1) ㉡ (2) ㉠ (3) ㉢ 7 인과응보 8 ⑤ 9 나는 어휘 공부를 계속 열심히 하겠다고 말하였다. 10 해설 참고

복습 테스트 [2]
72~75쪽 › 1 (1) ㉠ 표제 ㉡ 부제 (2) 범위, 흩어 (3) ③ (4) ① (5) ④ 2 ② 3 (1) 안목 (2) 궤도 4 (1) ㉠ (2) ㉣ (3) ㉡ (4) ㉢ 5 ③ 6 우리 국가유산의 아름다움은 국내에서뿐만 아니라 해외에서도 모두 사랑받고 있다. 7 상전벽해 8 ② 9 해설 참고

Ⅱ 문학

11강
79쪽 › 어휘 더하기 웃돈
80~81쪽 › 문제로 확인하기 1 (1) 삭정이 (2) 알싸(하다) (3) 눈보라 2 (1) ㉡ (2) ㉢ (3) ㉠ 3 ① 4 ③ 5 ㉠ 입동 ㉡ 두메산골 ㉢ 까치밥 ㉣ 치계미
82쪽 › 독해로 완성하기 6 ② 7 햇비, 아이들 8 ④
83쪽 › 아름다운 순우리말 1 ㉮ 소소리바람 ㉯ 황소바람 ㉰ 바람꽃 ㉱ 먼지잼 ㉲ 떡비 ㉳ 비설거지 2 소소리바람, 먼지잼

12강
85쪽 › 어휘 더하기 결
86~87쪽 › 문제로 확인하기 1 (1) 온기 (2) 찰나적 (3) 고동 (4) 즐비 2 (1) 적막하고 (2) 질편하게 (3) 웅숭깊어 3 ① 4 ⑤ 5 ㉠ 격정 ㉡ 일편단심
88쪽 › 독해로 완성하기 6 ⑤ 7 옆, 열정

13강
91쪽 › 어휘 더하기 자취
92~93쪽 › 문제로 확인하기 1 (1) 규방 (2) 삼경 (3) 시름 2 (1) ㉣ (2) ㉡ (3) ㉢ (4) ㉠ 3 ④ 4 ① 5 ㉠ 천리안 ㉡ 천리마 ㉢ 천 리
94쪽 › 독해로 완성하기 6 ② 7 봄밤, 시름 8 ②
95쪽 › 광고 속 어휘 알쏭달쏭 탐관오리

14강
97쪽 › 어휘 더하기 공감각적
98~99쪽 › 문제로 확인하기 1 (1) 시적 화자 (2) 비유 (3) 원관념 (4) 어조 2 (1) ㉢ (2) ㉠ (3) ㉡ 3 ② 4 ⑤ 5 ㉠ 상징 ㉡ 운율
100쪽 › 독해로 완성하기 6 ② 7 운율, 수미상관 8 ⑤
101쪽 › 관용 표현 익히기 1 ㉢ 죽마고우: 대나무 말을 타고 놀던 벗. 2 (1) ㉡

15강
103쪽 › 어휘 더하기 홀몸
104~105쪽 › 문제로 확인하기 1 (1) 당숙 (2) 슬하 (3) 본가 2 (1) 섬기다 (2) 백년해로 (3) 소자 (4) 무남독녀 3 ① 4 ⑤ 5 세대
106쪽 › 독해로 완성하기 6 ① 7 (1) 혈혈단신 (2) 으름장
107쪽 › 관용 표현 익히기 1 ㉣ 부모 말을 들으면 자다가도 떡이 생긴다.: 부모의 말을 잘 듣고 따르면 좋은 일이 생긴다는 말 2 (1) ㉡ – ㉠ (2) ㉢ – ㉢ (3) ㉠ – ㉡

16강
109쪽 › 어휘 더하기 예쁘대
110~111쪽 › 문제로 확인하기 1 (1) 경시 (2) 동정하여 (3) 잘하데 (4) 낙인 2 (1) ㉡ (2) ㉢ (3) ㉣ (4) ㉠ 3 ⑤ 4 ⑤ 5 ㉠ 서슬 ㉡ 무시 ㉢ 비난 ㉣ 동정
112쪽 › 독해로 완성하기 6 ⑤ 7 (1) 쌍심지 (2) 도끼눈

17강
115쪽 › 어휘 더하기 참상
116~117쪽 › 문제로 확인하기 1 (1) 고진감래 (2) 속수무책 (3) 경위 (4) 수완 2 (1) ㉢ (2) ㉠ 3 ③ 4 ⑤ 5 ㉠ 참변 ㉡ 통제 ㉢ 피란민 ㉣ 천신만고
118쪽 › 독해로 완성하기 6 ① 7 ⑤ 8 참변, 엄습
119쪽 › 관용 표현 익히기 우여곡절

18강
121쪽 › 어휘 더하기 곤혹
122~123쪽 › 문제로 확인하기 1 (1) ㉢ (2) ㉡ (3) ㉠ 2 (1) 난감하다 (2) 맹랑하다 (3) 고역 (4) 반사회적 (5) 관망하다 3 ③ 4 ② 5 ㉠ 편파 ㉡ 문외한 ㉢ 필사적
124쪽 › 독해로 완성하기 6 ⑤ 7 ④
125쪽 › 관용 표현 익히기 전화위복

19강
127쪽 › 어휘 더하기 풍비박산
128~129쪽 › 문제로 확인하기 1 (1) 탕감 (2) 재화 (3) 풍비박산 (4) 의관 (5) 평지풍파 2 ② 3 방자 4 ⑤ 5 ㉠ 혈안 ㉡ 장안 ㉢ 혼비백산
130쪽 › 독해로 완성하기 6 ④ 7 중언부언, 장안
131쪽 › 관용 표현 익히기 보기 좋은 떡이 먹기도 좋다.

20강
133쪽 › 어휘 더하기 해학, 골계
134~135쪽 › 문제로 확인하기 1 서술자, 갈등 2 (1) 순행적 구성 (2) 액자식 구성 (3) 풍자 (4) 시점 (5) 갈등 3 ③ 4 내면화 5 ㉠ 풍자 ㉡ 해학 ㉢ 골계
136쪽 › 독해로 완성하기 6 ④ 7 ③

Ⅲ 듣기·말하기/매체/문법

중학 국어 어휘 **인용 자료 출처**

- 어느 안전, 2019, 한국방송광고진흥공사(KOBACO) ·········· 31쪽
- 지금 보이는건 지구입니다, 2023, 한국방송광고진흥공사(KOBACO) ·········· 49쪽
- 북극곰을 살리는 발견, 2011, 한국방송광고진흥공사(KOBACO) ·········· 61쪽
- 돌아볼 때 보입니다, 2014, 한국방송광고진흥공사(KOBACO) ·········· 95쪽
- 쌍심지, 국립민속박물관 ·········· 109쪽
- 이하응 초상화, 서울역사박물관 ·········· 126쪽
- 우리 아이 새로운 표적이 되다, 2023, 한국방송광고진흥공사(KOBACO) ·········· 177쪽
- 해석 불가능 시대, 2022, 한국방송광고진흥공사(KOBACO) ·········· 189쪽

EBS

전국 중학생 **4명 중 1명은**, 이미

EBS 중학프리미엄

EBS 중학프리미엄으로 중학 학습 완벽 해결!

EBS 교재 강좌

   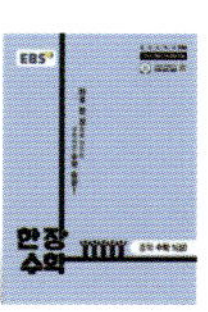

EBS 교재로 기초부터 발전까지 맞춤 학습!
내신 기본서 + 과목별 특화 강좌 총 망라!

+

교과서 및 참고서 강좌

교과서별 내신 강좌로 학교 시험 대비!
시중 유명한 참고서 · 학습서 해설 강의

EBS 중학 회원이라면

누구나 중학프리미엄 **0원** 프리패스

☑ EBS 중학 회원이라면 **누구나 신청가능**

☑ 연간 약 710,000원 상당의 프리패스 무료!

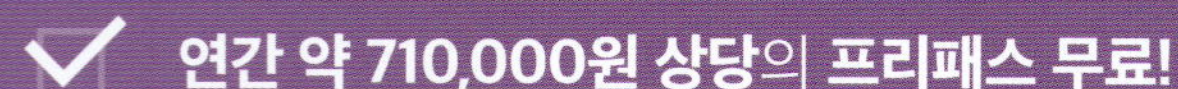

STEP 1	STEP 2	STEP 3	STEP 4

   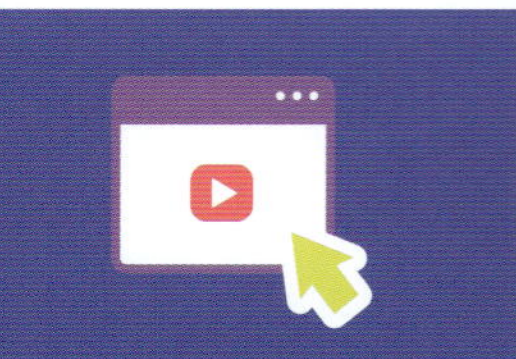

무료 신청하기
버튼 클릭

신청을 위한
개인정보 이용동의

개인정보 입력
(지역/학년/학교)

프리패스 강좌
무료로 이용하기

어휘가 독해다!

정답과 해설

인터넷·모바일·TV
무료 강의 제공

중학 국어 교과서 필수 어휘 총정리

중학 국어 어휘

01강 사고 작용을 표현하는 어휘

> 읽기·쓰기

어휘 더하기

본문 9쪽

정답 | 통념

'이런'이 가리키는 것은 '여러 사람의 생각'이므로 일반적으로 널리 통하는 개념을 뜻하는 '통념(通念)'이 들어가는 것이 적절합니다.

문제로 확인하기

본문 10~11쪽

1 (1) 염치 (2) 일반화 (3) 골몰 (4) 선망

2 (1) 고려해서 (2) 추산 (3) 감안 **3** ④ **4** ②

5 ㉠ 추리 ㉡ 합리적 ㉢ 간주 ㉣ 무심결

1

(1) '체면을 차릴 줄 알며 부끄러움을 아는 마음'을 뜻하는 말은 '염치(廉恥)'입니다.

(2) '개별적인 것이나 특수한 것이 일반적인 것으로 됨. 또는 그렇게 만듦.'을 뜻하는 말은 '일반화(一般化)'입니다.

(3) '다른 생각을 할 여유도 없이 한 가지 일에만 파묻힘.'을 뜻하는 말은 '골몰(汨沒)'입니다.

(4) '부러워하여 바람.'을 뜻하는 말은 '선망(羨望)'입니다.

2

(1) 고생했던 것을 생각해서 휴식하겠다고 결정하는 상황이므로 '생각하고 헤아려서'를 뜻하는 '고려(考慮)해서'가 적절합니다.

(2) 기업이 입은 손실액을 셈하는 상황이므로 '짐작으로 미루어 셈함.'을 뜻하는 '추산(推算)'이 적절합니다.

(3) 선행을 해 온 점을 참고하여 그가 회장이 될 것으로 추측하는 상황이므로 '감안(勘案)'이 적절합니다. '감안(勘案)'은 '여러 사정을 참고하여 생각함.'을 뜻하는 말입니다.

3

'불현듯'은 불을 켜서 불이 일어나는 것과 같다는 뜻으로, '갑자기 어떠한 생각이 걷잡을 수 없이 일어나는 모양'을 뜻하는 말입니다.

오답 풀이

① '여러모로 깊이 생각하는 모양'을 뜻하는 말은 '곰곰이'입니다.

② '계속해서 왔다 갔다 하는 모양'을 뜻하는 말은 '오락가락'입니다.

③ '눈빛이나 정신 따위가 맑고 생기가 있는 모양'을 뜻하는 말은 '말똥말똥'입니다.

⑤ '말이나 행동 따위를 아주 찬찬하게 순서에 따라 조리 있게 하는 모양'을 뜻하는 말은 '차근차근'입니다.

4

'어떤 일에 대한 견해나 생각'을 뜻하는 말은 '관념(觀念)', '일반적으로 널리 통하는 개념'을 뜻하는 말은 '통념(通念)', '마음속에 품고 있는 여러 가지 생각'을 뜻하는 말은 '상념(想念)'입니다.

5

㉠ 현재는 알지 못하는 범인을 찾아내는 것처럼 '알고 있는 것을 바탕으로 알지 못하는 것을 미루어 생각함.'을 '추리(推理)'라고 합니다.

㉡ 남학생이 타당한 근거를 바탕으로 합당한 추리를 해 나가고 있습니다. '이론이나 이치에 합당한 (것)'을 '합리적(合理的)'이라고 합니다.

㉢ 하루 종일 집에 있던 사람을 범인으로 보겠다는 내용입니다. '상태, 모양, 성질 따위가 그와 같다고 보거나 그렇다고 여김.'을 뜻하는 말은 '간주(看做)'입니다.

㉣ '무심(無心)결'은 흔히 '무심결에'의 형태로 쓰이며 '아무런 생각이 없어 스스로 깨닫지 못하는 사이'를 뜻하는 말입니다.

오답 풀이

• '몰염치(沒廉恥)'는 '염치가 없음.'을 뜻하는 말입니다.

• '참작(參酌)'은 '이리저리 비추어 보아서 알맞게 고려함.'을 뜻하는 말입니다.

독해로 완성하기

본문 12쪽

6 ③ **7** ㉠ 간주 ㉡ 무심결 ㉢ 감안 **8** 위험성

6

3문단에 따르면, 한 사람이 상황에 따라 서로 다른 모습을 보여 주는 것이 흔하다고 했습니다. 그러므로 상황이 달라져도 일관된 반응을 보인다는 것은 적절하지 않습니다.

오답 풀이

① 1문단에 따르면, 첫인상을 형성하는 데 영향을 미치는 정보는 제한적입니다.

② 3문단에 따르면, 미국의 한 심리학자는 555개의 단어로 사람의 성격을 정리하였습니다.

④ 3문단에 따르면, 상대의 실제 모습을 바라보려면 세심하게 상대의 모습을 관찰하는 노력이 필요합니다.

⑤ 2문단에 따르면, 사람들은 첫인상이 형성되면 가설 검증 바이

어스 때문에 자신의 판단이 옳다는 것을 증명하는 정보만을 선택적으로 받아들입니다.

7

㉠ 뚱뚱한 사람을 낙천적인 성격의 사람으로 본다는 내용이므로 '간주(看做)'로 바꾸어 쓸 수 있습니다. '간주(看做)'는 '상태, 모양, 성질 따위가 그와 같다고 보거나 그렇다고 여김.'을 뜻하는 말입니다.

㉡ '자신도 모르게'와 바꾸어 쓸 수 있는 말인 '무심(無心)결'은 '아무런 생각이 없어 스스로 깨닫지 못하는 사이'를 뜻하는 말입니다.

㉢ 이러한 상황을 참고한다는 의미이므로 '감안(勘案)'으로 바꾸어 쓸 수 있습니다. '감안(勘案)'은 '여러 사정을 참고하여 생각함.'을 뜻하는 말입니다.

8

이 글은 첫인상이 잘 바뀌지 않는 이유를 가설 검증 바이어스로 설명하고 첫인상만으로 한 사람의 성격에 대해 단정하는 일은 위험하다고 설명하고 있습니다.

혼자 결정하려는 모습을 보고 머리가 컸다고 말하는 상황이므로 '머리가 크다.'는 '어른처럼 생각하고 판단하게 되다.'를 뜻하는 말로 이해할 수 있습니다.

● 오답 풀이

㉡ '사고방식이나 사상 따위가 완고하다.'를 뜻하는 말은 '머리가 굳다.'입니다.

㉢ '복잡하거나 안타까운 일에 너무 골몰하거나 걱정하다.'를 뜻하는 말은 '머리가 세다.'입니다.

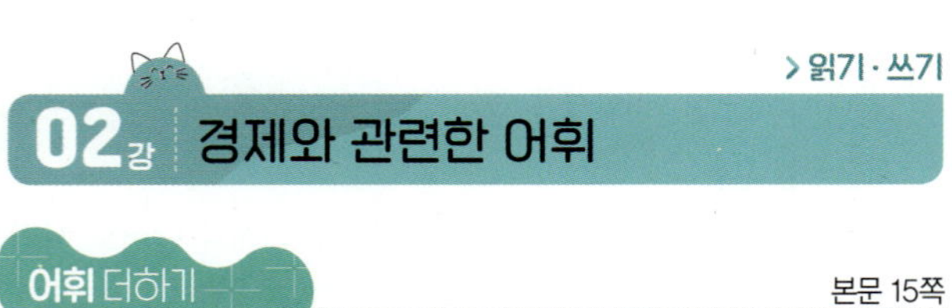

> 읽기·쓰기

02강 경제와 관련한 어휘

어휘더하기 ──── 본문 15쪽

정답│삯
하루 일한 것에 대한 품값으로 돈을 받는 상황이므로 '삯'이 적절합니다.

1 (1) ㉢ (2) ㉠ (3) ㉣ (4) ㉡   **2** ①   **3** ②
4 ②   **5** ㉠ 기하급수적 ㉡ 산출 ㉢ 효율

1

(1) '관세(關稅)'는 '세관을 통과하여 들어오는 해외 상품에 부과되는 세금'을 뜻하는 말입니다.

(2) '통용(通用)'은 '일반적으로 두루 쓰임.'을 뜻하는 말입니다.

(3) '약정(約定)'은 '어떤 일을 약속하여 정함.'을 뜻하는 말입니다.

(4) '효과(效果)'는 '어떤 목적을 지닌 행위에 의하여 드러나는 보람이나 좋은 결과'를 뜻하는 말입니다.

2

㉠ '교류(交流)'는 '문화나 사상 따위가 서로 통함.'을 뜻하는 말입니다.

㉡ '분배(分配)'는 '생산 과정에 참여한 개개인이 생산물을 사회적 법칙에 따라서 나누는 일'을 뜻하는 말입니다.

㉢ '타결(妥結)'은 '의견이 대립된 양편에서 서로 양보하여 일을 마무름.'을 뜻하는 말입니다.

3

'거두기'는 '여러 사람에게서 돈이나 물건 따위를 받아들이기'를 뜻하는 말입니다. 이와 바꾸어 쓸 수 있는 말인 '징수(徵收)하기'는 '나라, 공공 단체, 지주 등이 돈, 곡식, 물품 따위를 거두어들이기'를 뜻하는 말입니다.

● 오답 풀이

① '점증(漸增)하기'는 '점점 증가하기'를 뜻하는 말입니다.

③ '배분(配分)하기'는 '몫몫이 별러 나누기'를 뜻하는 말입니다.

④ '유통(流通)하기'는 '화폐나 물품 따위가 세상에서 널리 쓰이기'를 뜻하는 말입니다.

⑤ '결렬(決裂)하기'는 '교섭이나 회의 따위에서 의견이 합쳐지지 않아 각각 갈라서기'를 뜻하는 말입니다.

4

제시된 문장에서 '값'은 '사고파는 물건에 일정하게 매겨진 액수'를 뜻합니다.

5

㉠ 주문량이 늘어나는 정도와 관련된 표현이므로 '기하급수적(幾何級數的)'이 적절합니다. '기하급수적(幾何級數的)'은 '증가하는 수나 양이 아주 많은 (것)'을 뜻하는 말입니다.

㉡ 얻을 이익을 셈해 보는 것이므로 '산출(算出)'이 적절합니다.

‘산출(算出)’은 ‘계산하여 냄.’을 뜻하는 말입니다.
ⓒ 적은 에너지로 작동하므로 자동차의 에너지 ‘효율(效率)’이 좋
  다는 것을 알 수 있습니다. ‘효율(效率)’은 ‘들인 노력과 얻은
  결과의 비율’을 뜻하는 말입니다.

6 ④　　　**7** ⑤　　　**8** 납부, 종류

6

3문단에 따르면,. 간접세는 소득이 많은 사람이든 적은 사람이든
같은 물건을 살 때 같은 금액의 세금을 낸다고 했으므로 모든 사
람의 소득이나 재산을 일일이 조사할 필요가 없습니다. 또한 2
문단을 통해 일일이 조사하는 번거로움이 있는 것은 직접세임을
알 수 있습니다.

▸ 오답 풀이

① 1문단에 따르면, 청소년도 국민의 일원으로서 세금을 내고 있
  습니다.
② 2문단에 따르면, 세금은 납부 방식에 따라 직접세와 간접세로
  나뉩니다.
③ 2문단에 따르면, 직접세에는 소득세, 재산세, 법인세 등이 포
  함됩니다.
⑤ 3문단에 따르면, 같은 물건을 살 때 사는 사람의 소득과 상관
  없이 같은 금액의 세금을 내게 되어 있습니다.

7

‘효율적(效率的)’은 ‘들인 노력에 비하여 얻는 결과가 큰 (것)’을 뜻
하는 말입니다. ‘어떤 목적을 지닌 행위에 의하여 보람이나 좋은
결과가 드러나는 (것)’을 뜻하는 말은 ‘효과적(效果的)’입니다.

8

이 글은 세금의 납부 방식에 따라 직접세와 간접세로 종류가 나
뉜다고 설명한 뒤, 직접세와 간접세의 특징에 대해 설명하고 있
습니다.

(1) ⓒ　(2) ⓒ　(3) ㉠

(1) ‘싼 것이 비지떡’은 ‘값이 싼 물건은 품질도 그만큼 나쁘게 마
  련이라는 말’입니다. 여기서 ‘비지떡’은 보잘것없는 것을 비유적
  으로 이르는 말입니다.

(2) ‘밑져야 본전’은 ‘일이 잘못되어도 손해 볼 것은 없다.’는 말입
  니다. 조금 얻는 것이 적거나 손해를 보아도 본전은 남는다는
  의미입니다.
(3) ‘강물도 쓰면 준다.’는 ‘풍부하다고 하여 함부로 헤프게 쓰지
  말아야 한다.’를 뜻하는 말입니다.

정답 | 공인(共認)
국가나 공공 단체, 사회단체 등이 아니라 인정하는 주체가 ‘우리’
이므로 ‘함께 인정함.’을 뜻하는 ‘공인(共認)’이 적절합니다.

1 (1) ① (2) ① (3) ② (4) ①　**2** (1) 적발 (2) 입법 (3) 공표
3 ④　**4** (1) ⓒ (2) ㉠　**5** ㉠ 갑론을박 ⓒ 규제 ⓒ 부정

1

(1) ‘주로 문서의 내용 따위를 고쳐 바르게 하였다.’를 뜻하는 말
  은 ‘개정(改正)하였다’입니다.
(2) ‘어떤 사회에서 오랫동안 지켜 내려와 그 사회 성원들이 널리
  인정하는 질서나 풍습’을 뜻하는 말은 ‘관습(慣習)’입니다.
(3) ‘사회 전체의 이익’을 뜻하는 말은 ‘공익(公益)’입니다.
(4) ‘남의 재물이나 권리, 자격 따위를 빼앗지’를 뜻하는 말은 ‘박
  탈(剝奪)하지’입니다.

2

(1) 경찰이 범죄자를 잡아내는 상황이므로 ‘적발(摘發)’이 적절합
  니다. ‘적발(摘發)’은 ‘숨겨져 있는 일이나 드러나지 아니한 것
  을 들추어냄.’을 뜻하는 말입니다.
(2) ‘입법(立法)’은 ‘삼권 분립의 하나로서, 의회에서 법률을 제정
  하는 행위’를 뜻하는 말입니다.
(3) 여러 사람 앞에서 출마를 선언하는 상황이므로 ‘공표(公表)’
  가 적절합니다. ‘공표(公表)’는 ‘여러 사람에게 널리 드러내어
  알림.’을 뜻하는 말입니다.

▸ 오답 풀이

(1) ‘규제(規制)’는 ‘규칙이나 규정에 의하여 일정한 한도를 정하거

나 정한 한도를 넘지 못하게 막음.'을 뜻하는 말입니다.

(2) '사법(司法)'은 '국가나 국민에 관한 일을 법에 따라 판단하는 국가의 기본적인 활동'을 뜻하는 말입니다.

(3) '심의(審議)'는 '심사하고 토의함.'을 뜻하는 말입니다.

3

'배상(賠償)'은 '남의 권리를 침해한 사람이 그 손해를 물어 주는 일'을 말합니다.

● 오답 풀이

① '심사하고 토의함.'을 뜻하는 말은 '심의(審議)'입니다.

② '올바른 이치나 도리에서 어그러짐.'을 뜻하는 말은 '비리(非理)'입니다.

③ '남에게 진 빚을 갚음.'을 뜻하는 말은 '변상(辨償)'입니다.

⑤ '그렇지 아니하다고 단정하거나 옳지 아니하다고 반대함.'을 뜻하는 말은 '부정(否定)'입니다.

4

(1) 인정하는 주체가 국가인 ⓒ이 '공인(公認)하다'의 알맞은 예입니다.

(2) 인정하는 주체가 여러 사람인 ㉠이 '공인(共認)하다'의 알맞은 예입니다.

5

㉠ 시끌벅적하게 토론하고 있는 장면이므로 '갑론을박(甲論乙駁)'이 적절합니다. '갑론을박(甲論乙駁)'은 '여러 사람이 서로 자신의 주장을 내세우며 상대편의 주장을 반박함.'을 뜻하는 말입니다.

ⓒ 청소를 제대로 하지 않는 행위를 막아야 하는 상황이므로 '규제(規制)'가 적절합니다. '규제(規制)'는 '규칙이나 규정에 의하여 일정한 한도를 정하거나 정한 한도를 넘지 못하게 막음.'을 뜻하는 말입니다.

ⓒ 잘못된 행동을 가리키는 표현은 '부정(不正)'입니다. '부정(不正)'은 '올바르지 아니하거나 옳지 못함.'을 뜻하는 말입니다.

● 오답 풀이

• '선출(選出)'은 '여럿 가운데서 골라냄.'을 뜻하는 말입니다.

• '배상(賠償)'은 '남의 권리를 침해한 사람이 그 손해를 물어 주는 일'을 뜻하는 말입니다.

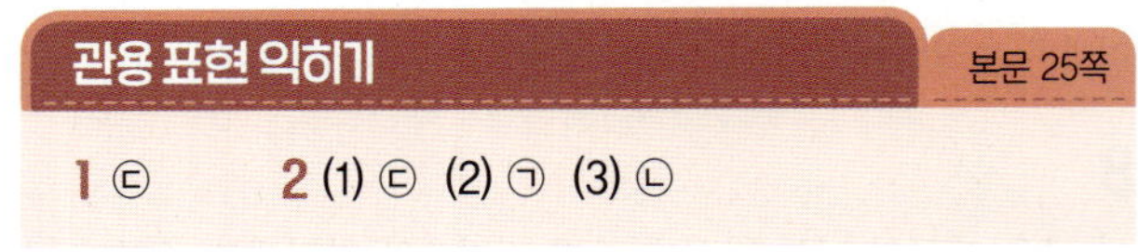

본문 24쪽

6 ⑤   **7** ①   **8** 뜻, 준수

6

이 글에는 우리나라에서 위험한 상황에 처한 타인을 돕지 않고 지나쳤을 때 도덕적으로 비난받는지 여부에 대한 내용이 나타나 있지 않습니다.

● 오답 풀이

① 2문단에 따르면, 도덕적으로 지탄을 받을 행동을 했더라도 그에 대한 처벌이 법률에 의해 규정되어 있지 않으면 법적인 처벌을 받지 않습니다.

② 2문단에 따르면, 어떠한 행위가 범죄에 해당하며, 그에 따른 처벌이 무엇인지는 국회에서 정한 법률에 의해 규정되어야 합니다.

③ 2문단에 따르면, 죄형 법정주의가 준수되지 않으면 죄 없는 사람들을 범죄자로 만들어 처벌하는 경우가 생길 수 있습니다.

④ 3문단에 따르면, 프랑스에서는 위험에 처한 사람을 돕지 않고 지나쳤을 때 처벌을 받게 되며 이는 프랑스 법률에 이러한 사람을 처벌하도록 규정되어 있기 때문입니다.

7

'적발(摘發)하다'는 '숨겨져 있는 일이나 드러나지 아니한 것을 들추어내다.'를 뜻하는 말입니다. '규칙이나 규정에 의하여 일정한 한도를 정하거나 정한 한도를 넘지 못하게 막다.'를 뜻하는 말은 '규제(規制)하다'입니다.

8

이 글은 죄형 법정주의의 뜻을 설명하고 이를 준수해야 하는 필요성을 설명하고 있습니다.

관용 표현 익히기

본문 25쪽

1 ⓒ   **2** (1) ⓒ   (2) ㉠   (3) ⓒ

1

수업 시간에 제대로 공부하지 않아서 시험 결과가 좋지 않게 나온 상황이므로 '종두득두(種豆得豆)'라고 할 수 있습니다. '종두득두(種豆得豆)'는 '콩을 심으면 반드시 콩이 나온다는 뜻으로, 원인에 따라 결과가 생김을 이르는 말'입니다.

● 오답 풀이

㉠ '감언이설(甘言利說)'은 '귀가 솔깃하도록 남의 비위를 맞추거나 이로운 조건을 내세워 꾀는 말'입니다.

ⓒ '유유상종(類類相從)'은 '같은 무리끼리 서로 사귐.'을 뜻하는 말입니다.

ⓔ '청출어람(靑出於藍)'은 '쪽에서 뽑아낸 푸른 물감이 쪽보다 더 푸르다는 뜻으로, 제자나 후배가 스승이나 선배보다 나음을 비유적으로 이르는 말'입니다.

2

(1) '자기가 저지른 일의 결과를 자기가 받음.'을 뜻하는 말은 '자업자득(自業自得)'입니다.
(2) '이전에 행한 선악에 따라 현재의 행복이나 불행이 결정되는 것'을 뜻하는 말은 '인과응보(因果應報)'입니다.
(3) '모든 일은 반드시 바른길로 돌아감.'을 뜻하는 말은 '사필귀정(事必歸正)'입니다.

04강 역사와 관련한 어휘

> 읽기 · 쓰기

어휘 더하기

본문 27쪽

정답 | 바쳤다

국어 연구를 위해 평생을 썼다는 내용이므로 '바쳤다'가 적절합니다. 여기서 '바쳤다'는 '무엇을 위하여 모든 것을 아낌없이 내놓거나 썼다.'라는 의미로 쓰였습니다.

문제로 확인하기

본문 28~29쪽

1 ②   **2** (1) 주둔하다 (2) 의거 (3) 냉전 (4) 동서고금
3 ④   **4** ②
5 ㉠ 박해 ㉡ 자행 ㉢ 고군분투 ㉣ 순국

1

㉠ '자행(恣行)하다'는 '제멋대로 해 나가다.'를 뜻하는 말입니다. 이와 비슷한 말인 '일삼다'는 '주로 좋지 아니한 일 따위를 계속하여 하다.'를 뜻하는 말입니다.
㉢ '고군분투(孤軍奮鬪)'는 '따로 떨어져 도움을 받지 못하게 된 군사가 많은 수의 적군과 용감하게 잘 싸움.'을 뜻하는 말입니다. 이와 비슷한 말인 '악전고투(惡戰苦鬪)'는 '매우 어려운 조건을 무릅쓰고 힘을 다하여 고생스럽게 싸움.'을 뜻하는 말입니다.

• 오답 풀이

㉡ '감행(敢行)'은 '과감하게 실행하다.'를 뜻하는 말이며, '이행(履行)'은 '실제로 행함.'을 뜻하는 말입니다.

ⓔ '쇄신(刷新)'은 '그릇된 것이나 묵은 것을 버리고 새롭게 함.'을 뜻하는 말이며, '폐단(弊端)'은 '어떤 일이나 행동에서 나타나는 옳지 못한 경향이나 해로운 현상'을 뜻하는 말입니다.

2

(1) '주둔(駐屯)하다'는 '군대가 임무 수행을 위하여 일정한 곳에 집단적으로 얼마 동안 머무르다.'를 뜻하는 말입니다.
(2) '의거(義擧)'는 '정의를 위하여 개인이나 집단이 의로운 일을 도모함.'을 뜻하는 말입니다.
(3) '냉전(冷戰)'은 '나라 사이에 직접 무력을 써서 싸우지는 않지만 경제, 외교 등에서 서로 적으로 여기며 대립하는 상태'를 나타내거나 '둘 사이에 갈등이 있거나 대립하고 있는 상태'를 비유적으로 나타내는 말입니다.
(4) '동서고금(東西古今)'은 '동양과 서양, 옛날과 지금을 통틀어 이르는 말'입니다.

3

'개화(開化)'는 '조선 시대에, 갑오개혁으로 정치 제도를 근대적으로 개혁한 일'을 뜻하는 말입니다.

• 오답 풀이

① '제도나 기구 따위를 새롭게 뜯어고침.'을 뜻하는 말은 '개혁(改革)'입니다.
② '정의를 위하여 개인이나 집단이 의로운 일을 도모함.'을 뜻하는 말은 '의거(義擧)'입니다.
③ '사람의 힘으로는 피할 수 없는 천재(天災)나 그 밖의 큰 사건'을 뜻하는 말은 '사변(事變)'입니다.
⑤ '남의 도움을 받지 아니하고 힘에 벅찬 일을 잘해 나가는 것을 비유적으로 이르는 말'은 '고군분투(孤軍奮鬪)'입니다.

4

• '바치다'는 '신이나 웃어른에게 정중하게 드리다.', '무엇을 위하여 모든 것을 아낌없이 내놓거나 쓰다.'의 의미로 쓰입니다.
• '받치다'는 '물건의 밑이나 옆 따위에 다른 물체를 대다.'의 의미로 쓰입니다.
• '받히다'는 '머리나 뿔 따위에 세차게 부딪히다.'의 의미로 쓰입니다.

5

㉠ 나라를 위해 싸우다 돌아가신 분들이 외세로 인한 고통을 겪었음을 나타내는 '박해(迫害)'는 '못살게 굴어서 해롭게 함.'을 뜻하는 말입니다.
㉡ 나쁜 짓을 서슴없이 행하는 모습을 나타내는 표현인 '자행(恣行)'은 '제멋대로 해 나감.'을 뜻하는 말입니다.

ⓒ 불리한 상황과 관련된 '고군분투(孤軍奮鬪)'는 '따로 떨어져 도움을 받지 못하게 된 군사가 많은 수의 적군과 용감하게 잘 싸움.'을 뜻하는 말입니다.

ⓔ 후손들을 위해 싸운 조상들과 관련 있는 '순국(殉國)'은 '나라를 위하여 목숨을 바침.'을 뜻하는 말입니다.

독해로 완성하기
본문 30쪽

6 ③ **7** ㉠ 악전고투 ㉡ 감행

8 덕수궁, 역사

6

2문단에 따르면, 명성 황후 시해가 일어난 후 고종이 신변의 위협을 느끼고 피신한 곳은 러시아 공사관입니다.

● 오답 풀이

① 1문단에 따르면, 덕수궁은 본래 조선 세조의 큰손자인 월산 대군이 살던 집이었습니다.

② 1문단에 따르면, 광해군은 '경사스러운 기운이 모여 있다.'라는 의미로 '경운궁'이라는 이름을 붙였습니다.

④ 3문단에 따르면, 청일 전쟁과 러일 전쟁에서 승리한 일본이 1905년 경운궁에서 을사늑약을 체결하였습니다.

⑤ 3문단에 따르면, 순종은 경운궁에 남아 있는 고종을 위해 경운궁의 이름을 덕수궁으로 바꾸었습니다.

7

㉠ '악전고투(惡戰苦鬪)'는 '매우 어려운 조건을 무릅쓰고 힘을 다하여 고생스럽게 싸움.'을 뜻하는 말입니다.

㉡ '감행(敢行)'은 '과감하게 실행함.'을 뜻하는 말입니다.

8

이 글은 덕수궁이 궁궐로 쓰이기 시작하면서부터 덕수궁이라는 이름이 붙여지기까지의 세월 동안, 덕수궁과 관련하여 일어난 비극적인 사건들에 대해 설명하고 있습니다.

광고 속 어휘 알쏭달쏭
본문 31쪽

왕도

하나 더 알기

'왕도(王道)'는 '임금으로서 마땅히 지켜야 할 도리', '인덕(仁德)'을 근본으로 천하를 다스리는 도리', '어떤 어려운 일을 하기 위한 쉬운 방법' 등을 뜻하는 말입니다.

05강 자연 현상과 관련한 어휘

어휘 더하기
본문 33쪽

정답 | 햇사과

'풋사과'는 '아직 덜 익은 사과'를 뜻하는 말이므로, 맥락상 '잘 익은'에 어울리는 단어는 '햇사과'입니다.

문제로 확인하기
본문 34~35쪽

1 (1) ㉢ (2) ㉣ (3) ㉠ (4) ㉡

2 (1) 사시사철 (2) 방전 (3) 가시거리 **3** ②

4 ① **5** ㉠ 고갈 ㉡ 재해 ㉢ 교란 ㉣ 산천초목

1

(1) '자생(自生)하다'는 '저절로 나서 자라다.'를 뜻하는 말입니다.

(2) '발아(發芽)하다'는 '씨앗에서 싹이 트다.'를 뜻하는 말입니다.

(3) '해갈(解渴)되다'는 '비가 내려 가뭄에서 겨우 벗어나다.'를 뜻하는 말입니다.

(4) '연소(燃燒)되다'는 '물질이 산소와 결합하여 열과 빛이 나다.'를 뜻하는 말입니다.

2

(1) '봄·여름·가을·겨울 네 철 내내의 동안'을 나타내는 말은 '사시사(四時四)철'입니다.

(2) '전지나 축전기 또는 전기를 띤 물체에서 전기가 외부로 흘러나오는 현상'을 나타내는 말은 '방전(放電)'입니다.

(3) '눈으로 볼 수 있는 거리'를 나타내는 말은 '가시거리(可視距離)'입니다.

3

'발원(發源)하다'는 '흐르는 물줄기가 처음 생기다.'를 뜻하는 말입니다.

● 오답 풀이

① '저절로 나서 자람'을 뜻하는 말은 '자생(自生)한'입니다.

③ '아직까지 없던 기술이나 물건을 새로 생각하여 만들어 낸'을 뜻하는 말은 '발명(發明)한'입니다.

④ '땅속이나 큰 덩치의 흙, 돌 더미 따위에 묻혀 있는 것을 찾아서 파낸'을 뜻하는 말은 '발굴(發掘)한'입니다.

⑤ '미처 찾아내지 못하였거나 아직 알려지지 아니한 사물이나 현상, 사실 따위를 찾아낸'을 뜻하는 말은 '발견(發見)한'입니다.

4

'풋사랑'에 '깊이를 모르는', '풋잠'에 '깊이 들지 못한'이라는 의미가 있는 것은 두 단어에 '풋-'이 쓰였기 때문입니다. '풋-'은 '사랑'과 '잠'이라는 단어에 '깊지 않은'이라는 뜻을 더해 주는 역할을 합니다.

● 오답 풀이

②, ③ '풋-'은 '처음 나온', '덜 익은'과 같은 뜻을 더해 주기도 합니다.

④, ⑤ '당해에 난', '얼마 되지 않은' 등의 뜻을 더해 주는 말은 '햇-'입니다.

5

㉠ 물통에서 물이 나오지 않는 상황이므로 '고갈(枯渴)'이 적절합니다. '고갈(枯渴)'은 '물이 말라서 없어짐.'을 뜻하는 말입니다.

㉡ 환경 파괴로 인한 피해를 언급하고 있는 상황이므로 '재해(災害)'가 적절합니다. '재해(災害)'는 '재앙으로 말미암아 받는 피해'를 뜻하는 말입니다.

㉢ 과도한 개발로 생태계가 망가진 상황이므로 '교란(攪亂)'이 적절합니다. '교란(攪亂)'은 '마음이나 상황 따위를 뒤흔들어서 어지럽고 혼란하게 함.'을 뜻하는 말입니다.

㉣ 자연이 파괴되어 고통받는 장면을 본 학생의 감상이므로 '산천초목(山川草木)'이 적절합니다. '산천초목(山川草木)'은 '산과 내와 풀과 나무'라는 뜻으로, '자연'을 이르는 말입니다.

● 오답 풀이

• '방전(放電)'은 '전지나 축전기 또는 전기를 띤 물체에서 전기가 외부로 흘러나오는 현상'을 뜻하는 말입니다.

• '연소(燃燒)'는 '물질이 산소와 결합하여 열과 빛을 내는 현상'을 뜻하는 말입니다.

• '청산유수(靑山流水)'는 '푸른 산에 흐르는 맑은 물이라는 뜻으로, 막힘없이 썩 잘하는 말'을 비유적으로 이르는 말입니다.

◆ 독해로 완성하기
본문 36쪽

6 ④　　　**7** ④　　　**8** 원인, 문제

6

3문단에 따르면, 지성 피부를 지닌 사람보다 건성 피부를 지닌 사람에게 정전기가 잘 발생합니다.

● 오답 풀이

① 2문단에 따르면, 정전기는 움직이지 않고 머물러 있는 전기를 말합니다.

② 2문단에 따르면, 우리 몸과 주변의 물체가 접촉하면서 마찰이 일어나면 전기가 발생합니다.

③ 3문단에 따르면, 겨울철이 다른 계절에 비해 건조하기 때문에 정전기가 잘 생깁니다.

⑤ 4문단에 따르면, 접지 장치로 정전기를 땅으로 내보내면 정전기로 인한 사고가 발생하는 것을 막을 수 있습니다.

7

'재해(災害)'는 '재앙으로 말미암아 받는 피해'를 뜻하는 말입니다. '사회적으로 문제를 일으키거나 주목을 받을 만한 뜻밖의 일'을 나타내는 말은 '사건(事件)'입니다.

8

이 글은 정전기가 일어나는 원인을 분석하고, 정전기로 인해 발생할 수 있는 문제에는 어떤 것이 있는지 설명하고 있습니다.

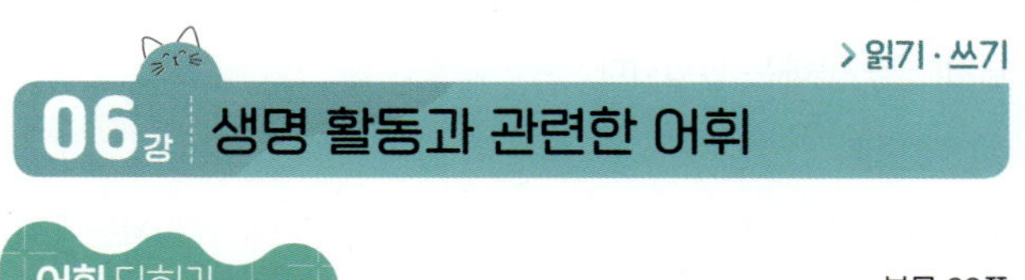

어휘 더하기
본문 39쪽

정답 │ 껍질

사과의 겉은 단단하지 않은 물질로 이루어져 있으므로 '껍질'이 적절합니다.

◆ 문제로 확인하기
본문 40~41쪽

1 (1) ㉡　(2) ㉣　(3) ㉢　(4) ㉠

2 (1) 사지　(2) 오장육부　(3) 빈사지경　(4) 신진대사

3 ③　　　**4** ②　　　**5** ㉠ 축나　㉡ 지혈　㉢ 자양분

1

(1) '유해(有害)하다'는 '해로움이 있다.'를 뜻하는 말입니다. 곤충의 독성은 사람에게 좋지 않은 영향을 미칠 수 있으므로 ㉡에 '유해(有害)하다'가 들어가는 것이 적절합니다.

(2) '섭취(攝取)하다'는 '좋은 요소를 받아들이다.'를 뜻하는 말입니다. 아이들이 영양제를 먹도록 하는 것을 나타낼 수 있으므로 ㉣에 '섭취(攝取)하다'가 들어가는 것이 적절합니다.

(3) '못쓰다'는 '얼굴이나 몸이 축나다.'를 뜻하는 말입니다. 앓아서 얼굴이 축난 것을 나타낼 수 있으므로 ㉢에 '못쓰다'가 들어가는 것이 적절합니다.

(4) '분화(分化)하다'는 '단순하거나 등질인 것에서 복잡하거나 이

질인 것으로 변하다.'를 뜻하는 말입니다. 기술의 발달로 직업이 다양하게 나누어지는 것을 나타낼 수 있으므로 ㉠에 '분화(分化)하다'가 들어가는 것이 적절합니다.

2

(1) '사지(四肢)'는 '사람의 두 팔과 두 다리를 통틀어 이르는 말'입니다.
(2) '오장육부(五臟六腑)'는 '오장과 육부라는 뜻으로, 내장을 통틀어 이르는 말'입니다.
(3) '사경(死境)', '초(初)주검'과 의미가 비슷한 말인 '빈사지경(瀕死地境)'은 '거의 죽게 된 처지나 형편'을 이르는 말입니다.
(4) '신진대사(新陳代謝)'는 '생물체가 섭취한 영양물을 몸 안에서 분해하고 합성하여 몸에 필요한 물질이나 에너지를 만들고 불필요한 물질을 몸 밖으로 내보내는 작용'을 이르는 말입니다.

3

'분비(分泌)되다'는 '세포에서 만들어진 액체가 세포 밖으로 내보내지다.'를 뜻하는 말입니다.

● 오답 풀이

① '서로 나뉘어 떨어지는데'를 뜻하는 말은 '분리(分離)되는데'입니다.
② '생물체에게 양분 따위가 몸속으로 빨아들여지는데'를 뜻하는 말은 '섭취(攝取)되는데'입니다.
④ '여러 부분이 결합되어 이루어진 것이 그 낱낱으로 나뉘는데'를 뜻하는 말은 '분해(分解)되는데'입니다.
⑤ '단순하거나 등질인 것에서 복잡하거나 이질인 것으로 변하게 되는데'를 뜻하는 말은 '분화(分化)되는데'입니다.

4

'동물의 몸을 감싸고 있는 질긴 껍질'을 나타내는 말은 '가죽'입니다. '물체의 겉을 싸고 있는 단단하지 않은 물질'을 나타내는 말은 '껍질'입니다. '달걀이나 조개 따위의 겉을 싸고 있는 단단한 물질'이나 '알맹이를 빼내고 겉에 남은 물건'을 나타내는 말은 '껍데기'입니다.

5

㉠ 피곤해 보이는 얼굴을 보고 쓸 수 있는 말은 '축(縮)나다'입니다. '축(縮)나다'는 '몸이나 얼굴 따위에서 살이 빠지다.'를 뜻하는 말입니다.
㉡ 코피가 나는 것을 멈추게 하고 온 것이므로 '지혈(止血)'이 적절합니다. '지혈(止血)'은 '나오던 피가 멈춤. 또는 나오던 피를 멈춤.'을 뜻하는 말입니다.
㉢ 힘들어하는 친구에게 영양이 될 만한 것을 사러 가는 상황이

므로 '자양분(滋養分)'이 적절합니다. '자양분(滋養分)'은 '몸의 영양을 좋게 하는 성분'을 뜻하는 말입니다.

6

3문단에 따르면, 웃을 때 혈액 순환과 소화가 잘 되는 것은 호르몬의 작용이 아닌 근육의 움직임 때문입니다.

● 오답 풀이

① 2문단에 따르면, 카테콜아민, 엔도르핀은 사람들을 활기차고 건강하게 합니다.
② 2문단에 따르면, 엔도르핀의 한 종류인 베타 엔도르핀은 통증을 감소시키는 효과가 있습니다.
③ 2문단에 따르면, 웃을 때 여러 면역 물질이 나와 면역력을 높여 줍니다.
⑤ 3문단에 따르면, 박장대소할 때 650개의 근육 중 200개 이상의 근육이 함께 움직입니다.

7

㉠ '세포에서 만들어진 액체를 세포 밖으로 내보내는 것'을 나타내는 말은 '분비(分泌)'입니다.
㉡ '병의 원인이 되는 균'을 나타내는 말은 '병원균(病原菌)'입니다.

8

이 글은 웃음이 사람에게 미치는 긍정적 영향에는 어떤 것이 있는지 설명하고 있습니다.

1

㉮ 눈동자에 비친 사람의 모습을 통해 '눈부처'를 나타냄을 알 수 있습니다.
㉯ 옆으로 흘겨보는 눈을 '가자미눈'이라고 부릅니다.
㉰ 눈동자가 샛별처럼 반짝이는 모습을 통해 '샛별눈'이라는 단어를 떠올릴 수 있습니다.
㉱ 말끔한 옷차림, 맑게 웃는 모습은 모두 '해사하다'라는 단어와 관련이 있습니다.
㉲ 단정한 옷차림이 되도록 잘 손질하고 있는 그림이므로 '매무

새'와 관련이 있습니다.

ⓑ 아기의 귀여운 모습이 몹시 사랑스럽습니다. 이렇게 사랑을 느낄 정도로 귀여운 대상을 '사랑옵다'라고 말할 수 있습니다.

2

미용실에서 머리를 다듬고 온 것을 보기 좋다며 칭찬하고 있으므로 '매무새'가 적절합니다. 또한 샛별같이 반짝거리는 눈을 '샛별눈'이라고 합니다.

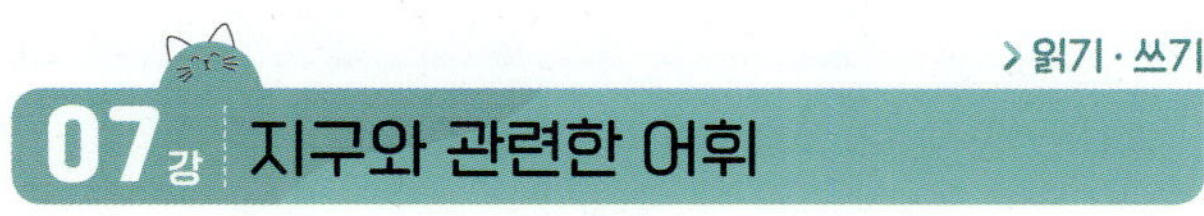

어휘 더하기

본문 45쪽

정답 | **지표(指標)**

건강의 기준이 되는 수면의 질에 대해 설명하는 문장이므로 '지표(指標)'가 적절합니다. '지표(指標)'는 '방향이나 목적, 기준 따위를 나타내는 표지'를 가리키는 말입니다.

문제로 확인하기

본문 46~47쪽

1 (1) ㉣ (2) ㉢ (3) ㉡ (4) ㉠ **2** (1) 운행 (2) 궤도
3 ⑤ **4** (1) ㉠ (2) ㉡
5 ㉠ 천체 ㉡ 분포 ㉢ 추진력

1

(1) '조수(潮水)'는 '달, 태양 따위의 인력에 의하여 주기적으로 높아졌다 낮아졌다 하는 바닷물'을 뜻하는 말입니다.
(2) '측량(測量)'은 '지표의 각 지점의 위치와 그 지점들 간의 거리를 구하고 지형의 높낮이나 면적 등을 재는 일'을 뜻하는 말입니다.
(3) '채굴(採掘)'은 '땅을 파고 땅속에 묻혀 있는 광물 따위를 캐냄.'을 뜻하는 말입니다.
(4) '해저(海底)'는 '바다의 밑바닥'을 뜻하는 말입니다.

2

(1) '운행(運行)'은 '정하여진 길을 따라 차량 따위를 운전하여 다님.'을 뜻하기도 하고, '천체가 그 궤도를 따라 운동하는 일'을 뜻하기도 합니다.
(2) '궤도(軌道)'는 '일이 발전하는 본격적인 방향과 단계'를 뜻하기도 하고, '행성, 혜성, 인공위성 따위가 중력의 영향을 받아 다른 천체의 둘레를 돌면서 그리는 곡선의 길'을 뜻하기도 합니다.

3

'불모(不毛)'는 '아무런 발전이나 결실이 없는 상태를 비유적으로 이르는 말'입니다.

오답 풀이

① '이롭지 아니함.'을 뜻하는 말은 '불리(不利)'입니다.
② '마음에 들지 아니하여 못마땅하게 여김.'을 뜻하는 말은 '불평(不平)'입니다.
③ '사물의 모양이나 성질이 변하지 아니함.'을 뜻하는 말은 '불변(不變)'입니다.
④ '조심해서 잘 살피지 아니한 탓으로 생긴 잘못'을 뜻하는 말은 '불찰(不察)'입니다.

4

(1) ㉠은 태양으로 인해 땅이 뜨거워진 상황이므로 '지표(地表)'가 '땅의 겉면'을 의미하고 있습니다.
(2) ㉡은 물고기의 존재가 환경 개선의 기준이 되는 상황이므로 '지표(指標)'가 '방향이나 목적, 기준 따위를 나타내는 표지'로 쓰인 문장입니다.

5

㉠ 아빠가 하늘의 별을 보고 말하고 있으므로 '천체(天體)'가 적절합니다. '천체(天體)'는 '우주에 존재하는 모든 물체'를 뜻하는 말입니다.
㉡ 하늘에 흩어져 있는 별에 대해 말하고 있으므로 '분포(分布)'가 적절합니다. '분포(分布)'는 '일정한 범위에 흩어져 퍼져 있음.'을 뜻하는 말입니다.
㉢ 로켓의 강한 힘을 나타내는 상황이므로 '추진력(推進力)'이 적절합니다. '추진력(推進力)'은 '물체를 밀어 앞으로 내보내는 힘'을 뜻하는 말입니다.

오답 풀이

• '조수(潮水)'는 '달, 태양 따위의 인력에 의하여 주기적으로 높아졌다 낮아졌다 하는 바닷물'을 뜻하는 말입니다.
• '중력(重力)'은 '지구 위의 물체가 지구로부터 받는 힘'을 뜻하는 말입니다.
• '측량(測量)'은 '지표의 각 지점의 위치와 그 지점들 간의 거리를 구하고 지형의 높낮이나 면적 등을 재는 일'을 뜻하는 말입니다.

독해로 완성하기

본문 48쪽

6 ⑤ **7** ③ **8** 현황, 노력

6

3문단에 따르면, 우주 쓰레기를 모아 처리하는 역할을 하는 인공위성은 아직 완성된 것이 아니며 이를 제작하기 위한 노력이 현재에도 계속되고 있습니다.

• 오답 풀이

① 1문단에 따르면, 미처 타지 못한 인공위성의 잔해가 사람들을 위협하는 일이 실제로 벌어졌습니다.
② 2문단에 따르면, 우주 쓰레기란 우주에 내버려져 활용되지 않는 모든 인공 물체를 가리키는 말입니다.
③ 2문단에 따르면, 우주 쓰레기의 양은 만 2천 4백 톤에 달합니다.
④ 3문단에 따르면, 민간 기업의 우주 개발 참여가 활발해지면서 우주 쓰레기의 양은 빠르게 증가할 것으로 추정됩니다.

7

'산재(散在)하다'는 '여기저기 흩어져 있다.'라는 뜻의 말입니다. '정처 없이 이리저리 오고 가다.'를 뜻하는 말은 '떠다니다'입니다.

8

이 글은 우주 쓰레기의 정의와 발생 현황, 그리고 이를 해결하기 위해 어떤 노력이 이루어지고 있는지 설명하고 있습니다.

광고 속 어휘 알쏭달쏭

하늘이 무너져도 솟아날 구멍이 있다.

'상전벽해 되어도 비켜설 곳 있다.'는 '뽕나무밭이 푸른 바다가 되더라도 피할 길이 있다는 뜻으로, 아무리 큰 재해 속에서도 살아날 가망은 있음을 이르는 말'입니다. 이와 의미가 비슷한 속담인 '하늘이 무너져도 솟아날 구멍이 있다.'는 '아무리 어려운 경우에 처하더라도 살아 나갈 방도가 생긴다는 말'입니다.

하나 더 알기

• '사공이 많으면 배가 산으로 간다.'는 '여러 사람이 저마다 제 주장대로 배를 몰려고 하면 결국에는 배가 물로 못 가고 산으로 올라간다는 뜻으로, 여러 사람이 자기주장만 내세우면 일이 제대로 되기 어려움을 비유적으로 이르는 말'입니다.
• '우물에 가 숭늉 찾는다.'는 '모든 일에는 질서와 차례가 있는 법인데 일의 순서도 모르고 성급하게 덤빔을 비유적으로 이르는 말'입니다.
• '물이 깊어야 고기가 모인다.'는 '자기에게 덕망이 있어야 사람들이 따르게 됨을 비유적으로 이르는 말'입니다.

08강 문화 예술과 관련한 어휘

어휘 더하기

정답 | ⑤

'각광(脚光)'과 '각운(脚韻)'에 공통으로 쓰인 '각(脚)'은 '다리'를 뜻합니다.

◆ 문제로 확인하기

1 (1) 역동적 (2) 조형 (3) 각인 (4) 각색 　**2** ②
3 ⑤ 　　**4** ㉠ 반출 ㉡ 환수
5 ㉠ 역동적 ㉡ 대비 ㉢ 안목

1

(1) '역동적(力動的)'은 '힘차고 활발하게 움직이는 (것)'을 뜻합니다.
(2) '조형(造形)'은 '여러 가지 재료를 이용하여 구체적인 형태나 형상을 만듦.'을 뜻합니다.
(3) '각인(刻印)'은 '도장을 새김. 또는 그 도장'과 '머릿속에 새겨 넣듯 깊이 기억됨. 또는 그 기억'을 뜻합니다.
(4) '각색(脚色)'은 '어떤 작품을 다른 갈래의 작품으로 고쳐 쓰는 일'을 뜻합니다. 주로 소설, 서사시 등의 문학 작품을 연극이나 영화 등의 극본으로 고쳐 만드는 일을 말합니다.

• 오답 풀이

• '정적(靜的)'은 '역동적'과 반대로 '움직임이 없거나 조용한 (것)'을 뜻합니다.

2

'안목(眼目)'은 '사물의 좋고 나쁨 또는 진위(眞僞)나 가치를 분별하는 능력'을 뜻합니다. ②의 '눈'은 '사물을 보고 판단하는 힘'이라는 뜻으로 쓰였습니다.

• 오답 풀이

① 눈은 '시력(視力)'과 같은 의미로 쓰였습니다.
③ 눈은 '무엇을 보는 표정이나 태도'라는 뜻으로 쓰였습니다.
④ 눈은 '사람들의 눈길'이라는 뜻으로 쓰였습니다.
⑤ 눈은 '빛의 자극을 받아 물체를 볼 수 있는 감각 기관'이라는 뜻으로 쓰였습니다.

3

'추상적(抽象的)'은 '구체적(具體的)'의 반대말로, '어떤 사물이 직접 경험하거나 지각할 수 있는 일정한 형태와 성질을 갖추고 있지 않은 (것)'을 뜻합니다.

① '구조적(構造的)'은 '부분이나 요소가 모여 된 전체나 그 뼈대에 관계되는 (것)'을 뜻합니다.
② '상징적(象徵的)'은 '추상적인 개념이나 사물을 구체적인 사물로 나타내는 (것)'을 뜻합니다.
③ '공상적(空想的)'은 '현실적이지 못하거나 실현될 가망이 없는 것을 막연히 그리어 보는 (것)'을 뜻합니다.
④ '허구적(虛構的)'은 '사실에 없는 일을 사실처럼 꾸며 만드는 성질을 띤 (것)'을 뜻합니다.

4

'반출(搬出)'은 '물건을 어떤 곳으로 운반하여 들어냄.'을 뜻합니다. '환수(還收)'는 '도로 거두어들임.'을 뜻합니다.

5

㉠ '역동적(力動的)'은 '힘차고 활발하게 움직이는 것'을 뜻합니다.
㉡ '대비(對比)'는 '두 가지의 차이를 밝히기 위하여 서로 맞대어 비교함. 또는 그런 비교'를 뜻합니다.
㉢ '안목(眼目)'은 '사물의 좋고 나쁨 또는 진위(眞僞)나 가치를 분별하는 능력'을 뜻합니다.

- '구체적(具體的)'은 '사물이 직접 경험하거나 지각할 수 있도록 일정한 형태와 성질을 갖추고 있는 (것)'을 뜻합니다.
- '계승(繼承)'은 '조상의 전통이나 문화유산, 업적 따위를 물려받아 이어 나감.'을 뜻합니다.
- '조형(造形)'은 '여러 가지 재료를 이용하여 구체적인 형태나 형상을 만듦.'을 뜻합니다.

독해로 완성하기
본문 54쪽

6 ③　　　7 ③

6

4문단에 따르면, 도기는 보통 1,000℃ 전후에서, 자기는 대체로 1,200~1400℃에서 구워 낸다고 하였습니다. 따라서 자기가 도기에 비해 높은 온도에서 구워 낸다고 할 수 있습니다.

① 1문단에 따르면, 도기와 자기, 사기, 질그릇 등을 통틀어 '도자기'라고 부른다고 하였습니다.
② 4문단에 따르면, 자기 가마는 도기 가마처럼 아궁이와 굴뚝, 소성부로 구성되어 있는데, 여기에 산소를 가마 안에 넣거나 차단할 수 있는 구멍이 추가로 설치된다고 하였습니다.

④ 2문단에 따르면, 도기는 붉은색의 진흙을, 자기는 흰색 또는 회색의 진흙을 기본 재료로 쓰고, 4문단에서 도기와 자기 모두 높은 온도에서 구워 낸다고 하였습니다.
⑤ 3문단에 따르면, 자기는 물레 위에 점토를 놓고 가운데를 손으로 구멍을 낸 후 발이나 손으로 물레를 돌려 가며 모양을 만드는 기법을 사용한다고 했습니다.

7

'주입(注入)'은 '흘러 들어가도록 부어 넣음.'을 뜻합니다. '액체나 기체 따위가 밖으로 새어 나옴. 또는 그렇게 함.'을 뜻하는 단어는 '누출(漏出)'입니다.

관용 표현 익히기
본문 55쪽

1 ㉣　　　2 고장난명(孤掌難鳴)

1

㉣ '손바닥도 마주쳐야 소리가 난다.'라는 속담은 '한쪽이 참으면 싸움이 일어나지 아니함.'을 뜻합니다.

㉠ '싸움은 말리고 흥정은 붙이랬다.'라는 속담은 나쁜 일은 말리고 좋은 일은 권장해야 한다는 뜻입니다.
㉡ '가는 말이 고와야 오는 말이 곱다.'라는 속담은 남에게 말이나 행동을 좋게 해야 자기에게도 좋은 반응이 돌아온다는 뜻입니다.
㉢ '하루가 여삼추(如三秋) 같다.'라는 속담은 짧은 동안도 삼 년 같이 생각된다는 뜻으로, 기다리는 마음이 간절함을 비유적으로 이르는 말입니다.

2

'고장난명(孤掌難鳴)'은 '한 손바닥만으로는 소리가 울리지 않음.'이라는 뜻으로, 혼자의 힘만으로 어떤 일을 이루기 어려움을 이르는 말입니다. '맞서는 사람이 없으면 싸움이 일어나지 아니함.'을 일컫기도 합니다.

- '용호상박(龍虎相搏)'은 용과 범이 서로 싸운다는 뜻으로, 강자끼리 서로 싸움을 이르는 말입니다.
- '사상누각(沙上樓閣)'은 모래 위에 세운 누각이라는 뜻으로, 기초가 튼튼하지 못하여 오래 견디지 못할 일이나 물건을 이르는 말입니다.
- '구밀복검(口蜜腹劍)'은 입에는 꿀이 있고 배 속에는 칼을 숨겼다는 뜻으로, 말로는 친한 듯하나 속으로는 해칠 생각이 있음을 이르는 말입니다.

09강 필수 개념어 (1)

문제로 확인하기
본문 58~59쪽

1 (1) 예시 (2) 인과 (3) 비교 (4) 정의 (5) 분류

2 (1) 분석 (2) 구분 (3) 대조　**3** ㉠ 정의 ㉡ 대조

㉢ 구분 ㉣ 인과　**4** (1) 대조 (2) 예시 (3) 분석 (4) 정의

5 ㉠ 인용 ㉡ 인과 ㉢ 원인 ㉣ 결과

1

(1) '예를 들어 보임.'은 설명 방법 중 '예시(例示)'입니다.

(2) '원인과 결과를 아울러 이르는 말'은 '인과(因果)'입니다.

(3) '둘 이상의 대상을 견주어 공통점을 드러냄.'은 '비교(比較)'입니다.

(4) '어떤 말이나 사물의 뜻을 명백히 밝혀 규정함.'은 '정의(定義)'입니다.

(5) '작은 항목을 일정한 기준에 따라 더 큰 항목으로 묶어 설명함.'은 '분류(分類)'입니다.

2

(1) 시계를 구성 요소에 따라 나눈 것이므로 '분석(分析)'의 방법이 사용된 문장입니다.

(2) 수영을 '영법'이라는 기준에 따라 나눈 것이므로 '구분(區分)'의 방법이 사용된 문장입니다.

(3) 농구 경기와 배구 경기의 차이점을 설명한 것이므로 '대조(對照)'의 방법이 사용된 문장입니다.

3

㉠ 채소의 뜻을 규정한 '정의(定義)'의 방법이 사용된 문장입니다.

㉡ 채소와 과일의 맛의 차이를 드러낸 것으로 '대조(對照)'의 방법이 사용된 문장입니다.

㉢ 채소의 종류를 '사용하는 부위'라는 기준에 따라 더 작은 항목으로 나눈 것이므로 '구분(區分)'의 방법이 사용된 문장입니다.

㉣ '소화 기능이 좋아져 건강에 도움이 된다'는 결과이고, '과일이나 채소를 충분히 섭취'하는 것은 그러한 결과를 가져오는 원인에 해당합니다. 그러므로 '인과(因果)'의 방법이 사용된 문장이라고 볼 수 있습니다.

4

(1) 차이점을 견주어 설명하는 글이면 '대조(對照)'의 방법을 활용해야 합니다.

(2) 공부할 때 유용한 애플리케이션의 예를 소개하는 글을 쓰려면 '예시(例示)'의 방법을 활용해야 합니다.

(3) 해금을 구성 요소에 따라 설명하는 글을 쓰려면 '분석(分析)'의 방법을 활용해야 합니다.

(4) 어떤 대상의 개념이나 뜻을 설명하기 위해서는 '정의(定義)'의 방법을 활용해야 합니다.

5

㉠ 선생님께서 칠판에 적은 문장은 지호가 "열심히 공부했더니 성적이 올랐다."라고 말한 것을 문장 안에 끌어다 쓴 것으로 인용에 해당하고, 지호가 한 말을 그대로 옮겨 놓았으므로 '직접 인용(引用)'입니다.

㉡ 원인과 결과가 드러나 있으므로 '인과(因果)'의 방법이 사용되었다고 볼 수 있습니다.

㉢ 열심히 공부한 것은 성적을 오르게 한 '원인(原因)'입니다.

㉣ 성적이 오른 것은 열심히 공부한 '결과(結果)'에 해당합니다.

독해로 완성하기
본문 60쪽

6 ③　　**7** 질문, 차이, 대조, 빙하, 거주, 펭귄, 추움

6

'연중(年中)'은 '한 해 동안 (내내)'라는 의미입니다. '끊이지 아니하고 죽 이어지거나 지속함.'이라는 뜻을 가진 단어는 '연속(連續)'입니다.

오답 풀이

① '극단(極端)'은 문맥상 '맨 끝'을 뜻합니다.

② '제외(除外)'는 '따로 떼어 내어 한데 헤아리지 않음.'이라는 뜻을 가지며 '배제(排除)'와 의미가 유사합니다.

④ '규정(規定)'은 '법 규(規)'와 '정할 정(定)'이 결합된 단어로 '규칙으로 정함.'이라는 뜻을 가집니다.

⑤ '통치(統治)'는 '거느릴 통(統)'과 '다스릴 치(治)'가 결합된 말로 '나라나 지역을 도맡아 다스림.'이라는 뜻을 가집니다.

7

'남극과 북극의 차이'라는 제목의 이 글은 '질문'으로 이야기를 시작하여 독자들의 흥미를 끌고 있습니다. 또한 남극과 북극의 차이를 드러내 보이기 위해 '대조'의 방법을 활용한 것도 특징입니다. 북극을 대표하는 동물은 백곰이고, 북극을 채운 얼음은 대륙으로 둘러싸인 '해빙'입니다. 남극과 달리 북극 지역에는 현재 사람들이 거주하고 있습니다. 남극을 대표하는 동물은 펭귄이고, 남극은 북극보다 춥습니다.

10강 필수 개념어 (2)

♦ 문제로 확인하기

본문 64~65쪽

1 (1) 통일성 (2) 신뢰성 (3) 통독 **2** (1) ㉢ (2) ㉡
(3) ㉠ **3** (1) 청소년을 부탁해 (2) ○○시, 청소년들을
위한 상담 센터 신설 (3) 통일성 **4** 천문학자, 신뢰성
5 ㉠ 논증 ㉡ 연역 ㉢ 귀납 ㉣ 유추

1

(1) 글의 내용들이 하나의 주제로 긴밀하게 연결되는 것을 '통일
성(統一性)'이라고 합니다.

(2) '신뢰하다'는 '굳게 믿고 의지하다.'라는 의미이며, '신뢰성(信賴
性)'은 믿을 만한 성질을 뜻합니다.

(3) '처음부터 끝까지 훑어 읽음.'이라는 뜻을 가진 단어는 '통독
(通讀)'으로 독서 방법 중 하나입니다.

2

'연역(演繹)'은 일반적인 사실을 전제로 특수한 사실을 이끌어 내
는 일이고, '귀납(歸納)'은 이와 반대로 특수한 사실로부터 일반
적인 사실을 이끌어 내는 방식입니다. '유추(類推)'는 두 개의 유
사점을 근거로 다른 속성도 유사할 것이라고 추론하는 방식으로
큰 틀에서는 귀납과 유사한 논증 방법입니다.

3

(1) '표제(表題)'는 신문이나 잡지 기사의 제목입니다. 제시된 기사
문에서 제목은 맨 윗줄에 있는 '청소년을 부탁해'입니다.

(2) '부제(副題)'는 표제를 보충하는 제목인데, 이 기사문에서 표
제를 보충하는 부제는 표제의 바로 아랫줄에 제시된 '○○시,
청소년들을 위한 상담 센터 신설'입니다.

(3) 기사문은 심리적인 어려움을 겪는 청소년들을 위한 상담 센
터가 신설된다는 내용을 다루고 있습니다. 반면에 ㉠은 학업
성취도 향상을 위한 방법에 대한 내용을 다루고 있으므로 기
사문의 주제와는 무관합니다. 이는 통일성을 해치는 문장이
므로 글의 주제를 고려할 때 삭제하는 것이 좋습니다.

4

이 글은 '유성우(流星雨)'의 개념에 대한 설명과 더불어 천문학자
와의 인터뷰를 통해 유성우를 볼 수 있는 방법을 소개하고 있습
니다. 해당 분야 전문가의 의견이나 객관적인 조사 결과 등을 제
시하면 글의 신뢰성을 높일 수 있습니다.

5

㉠에 들어갈 말은 '논증(論證)'입니다. ㉡에는 대전제에서 구체적
인 결론을 도출해 내는 방법에 해당하는 '연역'이, ㉢에는 개별적
사실로부터 일반적인 법칙을 도출하는 '귀납'이, ㉣에는 유비 추
리의 줄임말에 해당하는 '유추'가 들어가는 것이 적절합니다.

♦ 독해로 완성하기

본문 66쪽

6 ④ **7** ① **8** 표제, 부제

6

2문단에 따르면, 예측 가능한 모든 정보를 입력해야 했던 과거의
시스템과 달리, '머신 러닝'은 몇 가지 데이터만으로 예측 가능한
모든 상황을 스스로 깨우칠 수 있습니다. 그러므로 ④는 적절하
지 않습니다.

● 오답 풀이

① 1문단에 따르면, 인공 지능은 인공과 지능이 결합된 말로 인
간의 지능이 가지는 학습, 추리, 적응, 논증 따위의 기능을 갖
춘 컴퓨터 시스템입니다.

② 1문단에 따르면, 스마트폰의 얼굴 인식 기능과 인터넷에서 자
동으로 추천 검색어를 띄워 주는 것은 인공 지능이 적용된 예
입니다.

③ 2문단에 따르면, 인공 지능이 인간처럼 생각하는 능력을 갖기
위해 가장 중요한 것은 '데이터'입니다. 따라서 인공 지능과 데
이터는 실과 바늘처럼 밀접한 관계에 있습니다.

⑤ 2문단에 따르면, 머신 러닝을 통해 만들어지는 인공 지능의
성패는 좋은 데이터가 좌우합니다.

7

㉠은 머신 러닝과 유사한 기술인 '딥 러닝'에 대한 설명입니다. 인
공 지능이라는 큰 틀에서 설명될 수 있는 개념이긴 하나 '머신 러
닝'이 문단의 화제어이고, 문단의 중심 내용이 '머신 러닝의 개념
과 특징'인 만큼, '딥 러닝'에 대한 내용은 글의 통일성을 해치는
문장이므로 삭제하는 것이 좋습니다.

● 오답 풀이

② 신뢰성(信賴性)과 관련 없는 문장입니다. 믿을 수 없는 조사
결과나 비전문가의 견해 등이 제시되었다면 신뢰성을 해친 내
용으로 판단할 수 있습니다.

③ 딥 러닝에 대한 일반적인 진술에 해당한다고 볼 수 있지만 글
에서 일반적인 원리와 구체적인 사실이 제시되는 순서가 정해
져 있는 것은 아닙니다.

④ 통일성(統一性)을 해치는 문장이므로 중심 내용에 해당하지

않습니다.
⑤ 응집성(凝集性)은 문장의 요소들이 긴밀하게 연결되는 성질을 말하며, ㉠은 응집성에는 문제가 없는 문장입니다.

8
ⓐ는 기사문의 맨 앞에 배치되어 화제를 제시하는 '표제(表題)'에 해당합니다. ⓑ는 표제가 다루고 있는 내용을 좀 더 구체적으로 보여 주는 '부제(副題)'에 해당합니다.

(1) 생성형 인공 지능 (2) 빅 데이터 (3) 자율 주행 기술
(4) 챗봇

(1) 텍스트, 오디오, 이미지 등의 기존 콘텐츠를 활용하여 유사한 콘텐츠를 만들어 내는 인공 지능 기술을 '생성형 인공 지능'이라고 합니다.
(2) 기존의 데이터베이스로는 수집이나 저장이 어려운 방대한 양의 데이터를 '빅 데이터'라고 합니다.
(3) 차선 이탈 방지 시스템, 장애물 회피 제어 기술 등을 이용해 출발지와 목적지를 입력하면 최적의 주행 경로를 선택해 스스로 주행하도록 하는 기술을 '자율 주행 기술'이라고 합니다.
(4) 문자나 음성으로 대화를 나눌 수 있도록 시스템이 구현된 컴퓨터 프로그램 또는 인공 지능을 '챗봇'이라고 합니다.

1 (1) ③ (2) ③ (3) 불고 (4) 이치, 합당 (5) ⑤
2 (1) ① (2) ① (3) ②　　　　**3** (1) 교섭 (2) 순국
4 (1) ㉢ (2) ㉣ (3) ㉠ (4) ㉡　　　　**5** ①
6 (1) ㉡ (2) ㉠ (3) ㉢　　**7** 인과응보　　**8** ⑤
9 나는 어휘 공부를 계속 열심히 하겠다고 말하였다.
10 해설 참고

1
(1) '무심(無心)결'은 흔히 '무심결에'의 형태로 쓰이며 '아무런 생각이 없어 스스로 깨닫지 못하는 사이'를 뜻하는 말입니다.

① '골똘히'는 '한 가지 일에 온 정신을 쏟아 딴생각이 없이'를 뜻하는 말입니다.
② '기하급수적(幾何級數的)'은 '증가하는 수나 양이 아주 많은

것을 뜻하는 말입니다.
④ '박탈감(剝奪感)'은 '박탈당하였다고 여기는 느낌이나 기분'을 뜻하는 말입니다.
⑤ '효율적(效率的)'은 '들인 노력에 비하여 얻는 결과가 큰 (것)'을 뜻하는 말입니다.

(2) '찬바람'은 '냉랭하고 싸늘한 기운이나 느낌을 비유적으로 이르는 말'입니다.

① '매우 격렬한 열정을 비유적으로 이르는 말'은 '열화(熱火)'입니다.
② '어떤 일이 한때에 많이 생겨남을 비유적으로 이르는 말'은 '우후죽순(雨後竹筍)'입니다.
④ '죽기와 살기라는 뜻으로, 어떤 중대한 문제를 비유적으로 이르는 말'은 '사활(死活)'입니다.
⑤ '매우 짧은 시간이나 매우 재빠른 움직임 따위를 비유적으로 이르는 말'은 '전광석화(電光石火)'입니다.

(3) '불고(不顧)'는 '돌아보지 아니함.'을 뜻하는 말입니다.
(4) '합리적(合理的)'은 '이론이나 이치에 합당한 (것)'을 뜻하는 말입니다.
(5) '인과(因果)'는 '원인과 결과를 아울러 이르는 말'입니다. ㉤에서 '네가 도와주는' 것을 원인, '나도 조금 힘이' 나는 것을 결과로 볼 수 있습니다.

2
(1) 제시된 문장과 ①에서 '부정(否定)'은 '그렇지 아니하다고 단정하거나 옳지 아니하다고 반대함.'의 의미로 쓰였습니다. ②에서 '부정(不淨)'은 '깨끗하지 못함.'의 의미로 쓰였습니다.
(2) 제시된 문장과 ①에서 '공인(公認)'은 '국가나 공공 단체 또는 사회 단체 등이 어느 행위나 물건에 대하여 인정함.'의 의미로 쓰였습니다. ②에서 '공인(共認)'은 '함께 인정함.'의 의미로 쓰였습니다.
(3) 제시된 문장과 ②에서 '의거(義擧)'는 '정의를 위하여 개인이나 집단이 의로운 일을 도모함.'의 의미로 쓰였습니다. ①에서 '의거(依據)'는 '어떤 사실이나 원리 따위에 근거함.'의 의미로 쓰였습니다.

3
(1) '교섭(交涉)'은 '어떤 일을 이루기 위하여 서로 의논하고 절충함.'을 뜻하는 말입니다. 교섭이 잘 진행되지 않아 각각 갈라서는 것을 '결렬(決裂)', 교섭이 잘 진행되어 일이 마무리된 것을 '타결(妥結)'이라고 합니다.

(2) '순국(殉國)'은 '나라를 위하여 목숨을 바침.'을 뜻하는 말입니다. 논개, 유관순, 윤봉길은 모두 나라를 위해 순국한 인물이며, 현충일은 순국선열을 기리기 위해 정해진 국경일입니다.

• '약정(約定)'은 '어떤 일을 약속하여 정함.'을 뜻하는 말입니다.

• '순교(殉敎)'는 '자기가 믿는 종교를 위하여 목숨을 바침.'을 뜻하는 말입니다.

4

(1) '작은 항목을 일정한 기준에 따라 더 큰 항목으로 묶어 설명하는 방법'을 '분류(分類)'라고 합니다.

(2) '큰 항목을 더 작은 항목으로 나누어 설명하는 방법'을 '구분(區分)'이라고 합니다.

(3) '어떤 말이나 사물의 뜻을 명백히 밝혀 규정함. 또는 그 뜻'을 '정의(定義)'라고 합니다.

(4) '둘 이상의 대상을 견주어 차이점을 드러냄.'을 '대조(對照)'라고 합니다.

5

'박해(迫害)'는 '못살게 굴어서 해롭게 함.'을 뜻하는 말입니다. '핍박(逼迫)'은 '바싹 죄어서 몹시 괴롭게 굶.'을 뜻하는 말입니다.

② '통용(通用)'은 '일반적으로 두루 씀.'을 뜻하는 말이고, '일용(日用)'은 '날마다 씀.'을 뜻하는 말입니다.

③ '통념(通念)'은 '일반적으로 널리 통하는 개념'을, '상념(想念)'은 '마음속에 품고 있는 여러 가지 생각'을 뜻하는 말입니다.

④ '불현듯'은 '불을 켜서 불이 일어나는 것과 같다는 뜻으로, 갑자기 어떠한 생각이 걷잡을 수 없이 일어나는 모양'을 뜻하는 말이고, '부리나케'는 '서둘러서 아주 급하게'를 뜻하는 말입니다.

⑤ '적발(摘發)하다'는 '숨겨져 있는 일이나 드러나지 아니한 것을 들추어내다.'를 뜻하는 말입니다. '규제(規制)하다'는 '규칙이나 규정에 의하여 일정한 한도를 정하거나 정한 한도를 넘지 못하게 막다.'를 뜻하는 말입니다.

6

(1) 이 문장은 산소 분자의 구성에 대해 설명하고 있습니다. '분석(分析)'은 '얽혀 있거나 복잡한 것을 풀어서 개별적인 요소나 성질로 나눔.'을 뜻하는 말입니다.

(2) 이 문장은 현악기의 예로 바이올린, 하프, 기타를 제시하고 있습니다. '예시(例示)'는 '예를 들어 보임.'을 뜻하는 말입니다.

(3) 이 문장은 테니스와 탁구의 공통점을 제시하고 있습니다. '비교(比較)'는 '둘 이상의 대상을 견주어 공통점을 드러냄.'을 뜻하는 말입니다.

7

남은 글자인 인, 과, 응, 보로 만들어지는 사자성어는 '이전에 행한 선악에 따라 현재의 행복이나 불행이 결정되는 것'을 뜻하는 말인 '인과응보(因果應報)'입니다.

(1) '개별적인 것이나 특수한 것이 일반적인 것으로 됨.'을 뜻하는 말은 '일반화(一般化)'입니다.

(2) '들인 노력과 얻은 결과의 비율'을 뜻하는 말은 '효율(效率)'입니다.

(3) '일반 대중에게 널리 알림.'을 뜻하는 말은 '공포(公布)'입니다.

(4) '한 나라가 상대국에 선전 포고도 없이 침입하는 일'을 뜻하는 말은 '사변(事變)'입니다.

(5) '나쁜 폐단이나 묵은 것을 버리고 새롭게 함.'을 뜻하는 말은 '쇄신(刷新)'입니다.

(6) '부러워하여 바람.'을 뜻하는 말은 '선망(羨望)'입니다.

(7) '박탈당하였다고 여기는 느낌이나 기분'을 뜻하는 말은 '박탈감(剝奪感)'입니다.

8

신에게 제물을 드릴 때에는 '바치고'를 쓰는 것이 적절합니다. '바치다'는 '신이나 웃어른에게 정중하게 드리다.'를 뜻하는 말입니다.

① '주둔(駐屯)하다'는 '군대가 임무 수행을 위하여 일정한 곳에 집단적으로 얼마 동안 머무르다.'를 뜻하는 말입니다.

② '삯'은 '일한 데 대한 품값으로 주는 돈이나 물건'을 뜻하는 말입니다.

③ '갑론을박(甲論乙駁)하다'는 '여러 사람이 서로 자신의 주장을 내세우며 상대편의 주장을 반박하다.'를 뜻하는 말입니다.

④ '골똘히'는 '한 가지 일에 온 정신을 쏟아 딴생각이 없이'를 뜻하는 말입니다.

9

'간접 인용'은 남이 한 말을 수정하여 옮겨 놓는 방법으로, 간접 인용을 할 때는 큰따옴표를 사용하지 않으며 인용문 뒤에 조사 '고'를 연결합니다.

10

	1관		2동	서	3고	금
1자	행		경		군	
					4분	배
5갑			8상		투	
론		7통	용		절	
을		념			10약	
6박	해			9참	정	권

> **1** (1) ㉠ 표제　㉡ 부제　(2) 범위, 흩어　(3) ③　(4) ①
> (5) ④　　**2** ②　　**3** (1) 안목　(2) 궤도
> **4** (1) ㉠　(2) ㉣　(3) ㉡　(4) ㉢　　　**5** ③
> **6** 우리 국가유산의 아름다움은 국내에서뿐만 아니라
> 해외에서도 모두 사랑받고 있다.
> **7** 상전벽해　　　　**8** ②　　　　**9** 해설 참고

1

(1) '표제(表題)'는 '신문이나 잡지 기사의 제목'을, '부제(副題)'는
'표제에 덧붙어 그것을 보충하는 제목'을 뜻합니다.

(2) '분포하다(分布−)'는 '일정한 범위에 흩어져 퍼져 있다.'를 뜻하
는 말입니다.

(3) ㉣에 쓰인 '지표(指標)'는 '방향이나 목적, 기준 따위를 나타내
는 표지'를 뜻하는 말입니다.

● 오답 풀이

①, ②, ④, ⑤ '지표(地表)'는 '지구의 표면. 또는 땅의 겉면'을 뜻
하는 말입니다.

(4) '각광(脚光)'은 '사회적 관심이나 흥미'를 뜻하는 말입니다.

● 오답 풀이

② '계승(繼承)'은 '조상의 전통이나 문화유산, 업적 따위를 물려
받아 이어 나감.'을 뜻하는 말입니다.

③ '교란(攪亂)'은 '마음이나 상황 따위를 뒤흔들어서 어지럽고 혼
란하게 함.'을 뜻하는 말입니다.

④ '대응(對應)'은 '어떤 두 대상이 주어진 어떤 관계에 의하여 서
로 짝이 되는 일'을 뜻하는 말입니다.

⑤ '반출(搬出)'은 '운반하여 냄.'을 뜻하는 말입니다.

(5) '자생(自生)'은 '저절로 나서 자람.'을 뜻하는 말입니다.

● 오답 풀이

① '발생(發生)'은 '어떤 일이나 사물이 생겨나는 것'을 뜻하는 말
입니다.

② '분비(分泌)'는 '세포에서 만들어진 액체가 세포 밖으로 내보내
는 것'을 뜻하는 말입니다.

③ '분화(分化)'는 '단순하거나 등질인 것에서 복잡하거나 이질인
것으로 변함.'을 뜻하는 말입니다.

⑤ '진화(進化)'는 '일이나 사물 따위가 점점 발달하여 감.'을 뜻하
는 말입니다.

2

'추상적(抽象的)'은 '어떤 사물이 직접 경험하거나 지각할 수 있는
일정한 형태와 성질을 갖추고 있지 않은 (것)'을, '구체적(具體的)'
은 '사물이 직접 경험하거나 지각할 수 있도록 일정한 형태와 성
질을 갖추고 있는 (것)'을 뜻하는 말입니다.

● 오답 풀이

• '가시적(可視的)'은 '눈으로 볼 수 있는 (것)'을 뜻하는 말입니다.

• '유기적(有機的)'은 '생물체처럼 전체를 구성하고 있는 각 부분
이 서로 밀접하게 관련을 가지고 있어서 떼어 낼 수 없는 (것)'
을 뜻하는 말입니다.

3

(1) '안목(眼目)'은 '사물의 좋고 나쁨 또는 진위(眞僞)나 가치를 분
별하는 능력'을 뜻하는 말입니다.

(2) '궤도(軌道)'는 '기차나 전차의 바퀴가 굴러가도록 레일을 깔
아 놓은 길'을 뜻하기도 하고, '행성, 혜성, 인공위성 따위가
중력의 영향을 받아 다른 천체의 둘레를 돌면서 그리는 곡선
의 길'을 뜻하기도 합니다.

● 오답 풀이

• '관습(慣習)'은 '어떤 사회에서 오랫동안 지켜 내려와 그 사회
성원들이 널리 인정하는 질서나 풍습'을 뜻하는 말입니다.

• '천체(天體)'는 '우주에 존재하는 모든 물체'를 뜻하는 말입니다.

4

(1) '처음부터 끝까지 훑어 읽는 독서법'을 '통독(通讀)'이라고 합니다.

(2) '책을 소리 내어 읽는 독서법'을 '음독(音讀)'이라고 합니다.

(3) '소리 내지 않고 눈으로만 읽는 독서법'을 '묵독(默讀)'이라고
합니다.

(4) '책을 빨리 읽는 독서법'을 '속독(速讀)'이라고 합니다.

5

'못쓰다'는 '얼굴이나 몸이 축나다.'를 뜻하는 말입니다. 이와 비슷
한 말인 '축(縮)나다'는 '몸이나 얼굴 따위에서 살이 빠지다.'를 뜻
하는 말입니다.

● 오답 풀이

① '청산유수(青山流水)'는 '푸른 산에 흐르는 맑은 물이라는 뜻
으로, 막힘없이 썩 잘하는 말을 비유적으로 이르는 말'입니
다. '금수강산(錦繡江山)'은 '비단에 수를 놓은 것처럼 아름다
운 산천이라는 뜻으로, 우리나라의 산천을 비유적으로 이르
는 말'입니다.

② '불모(不毛)'는 '아무런 발전이나 결실이 없는 상태를 비유적으
로 이르는 말'입니다. 이와 반대되는 말인 '옥토(沃土)'는 '농작

물이 잘 자랄 수 있는 영양분이 풍부한 좋은 땅'을 뜻하는 말입니다.

④ '고갈(枯渴)'은 '물이 말라서 없어짐.'을 뜻하고, 이와 반대되는 말인 '해갈(解渴)'은 '목마름을 해소함.'을 뜻하는 말입니다.

⑤ '유혈(流血)'은 '피를 흘림. 또는 흘러나오는 피'를 뜻하는 말입니다. '지혈(止血)'은 '나오던 피가 멈춤. 또는 나오던 피를 멈춤.'을 뜻하는 말입니다.

6

이 글은 해외로 반출되어 국내로 돌아오지 못하는 국가유산에 대해 설명하는 글입니다. 그러므로 국가유산의 아름다움에 대해 설명하는 문장은 통일성을 해치는 것으로 볼 수 있습니다.

7

남은 글자인 상, 전, 벽, 해로 만들어지는 사자성어는 '뽕나무밭이 변하여 푸른 바다가 된다는 뜻으로, 세상일의 변천이 심함을 비유적으로 이르는 말'인 '상전벽해(桑田碧海)'입니다.

(1) '병의 원인이 되는 균'을 뜻하는 말은 '병원균(病原菌)'입니다.

(2) '옛것을 익히고 그것을 미루어서 새것을 앎.'을 뜻하는 말은 '온고지신(溫故知新)'입니다.

(3) '우주와 천체에 대해 연구하는 학문'을 뜻하는 말은 '천문학(天文學)'입니다.

(4) '눈으로 볼 수 있는 거리'를 뜻하는 말은 '가시거리(可視距離)'입니다.

(5) '정지 상태에 있는 (것)'을 뜻하는 말은 '정적(靜的)'입니다.

8

자신의 경험을 근거로 수면 부족이 학습에 악영향을 미친다고 말하는 것은 믿을 수 없는 근거를 제시한 것이므로 신뢰성이 부족하다고 할 수 있습니다.

9

<table>
<tr><td>¹빈</td><td>²사</td><td>지</td><td>경</td><td></td><td></td><td>⁵구</td></tr>
<tr><td></td><td>시</td><td></td><td></td><td>⁴유</td><td>기</td><td>체</td></tr>
<tr><td></td><td>³사</td><td>족</td><td></td><td>추</td><td></td><td>적</td></tr>
<tr><td></td><td>철</td><td></td><td></td><td></td><td></td><td></td></tr>
<tr><td></td><td></td><td></td><td>⁷안</td><td></td><td>⁸자</td><td>기</td></tr>
<tr><td>⁶산</td><td>천</td><td>초</td><td>목</td><td></td><td>양</td><td></td></tr>
<tr><td>재</td><td></td><td></td><td></td><td></td><td>⁹분</td><td>비</td></tr>
</table>

> 문학

11강 시 – 자연을 표현하는 어휘

어휘 더하기
본문 79쪽

정답 | 웃돈

'아래'와 '위'의 대립이 있는 명사 앞에는 '윗–'을 쓰고, 대립이 없는 경우에는 '웃–'을 씁니다. 따라서 '웃돈'이 됩니다.

문제로 확인하기
본문 80~81쪽

1 (1) 삭정이 (2) 알싸(하다) (3) 눈보라

2 (1) ㉡ (2) ㉢ (3) ㉠   **3** ①   **4** ③

5 ㉠ 입동 ㉡ 두메산골 ㉢ 까치밥 ㉣ 치계미

1

(1) '삭정이'는 '살아 있는 나무에 붙어 있는, 말라 죽은 가지'입니다.

(2) '알싸하다'는 '매운맛이나 독한 냄새 따위로 콧속이나 혀끝이 알알하다.'입니다.

(3) '눈보라'는 '바람에 불리어 휘몰아쳐 날리는 눈'입니다.

2

(1) '쪽빛'은 '짙은 푸른빛'입니다.

(2) '여우비'는 '볕이 나 있는 날 잠깐 오다가 그치는 비'입니다.

(3) '도랑'은 '매우 좁고 작은 개울'입니다.

3

'완연한'은 '눈에 보이는 것처럼 아주 뚜렷한'을 뜻하는 말입니다. 제시된 설명에서 봄이 되자 일교차가 커지고 공기 질이 나빠지는 등 봄기운이 선명하고 뚜렷하다고 볼 수 있습니다.

● 오답 풀이

③ '알알한'은 '맵거나 독하여 혀끝이 몹시 아리고 쏘는 느낌이 있는'을 뜻하는 말입니다.

⑤ '아린'은 '혀끝을 찌를 듯이 알알한 느낌이 있는'을 뜻하는 말입니다.

4

'아래'와 '위'의 대립이 있는 명사 앞에는 '윗–'을 쓰고, 대립이 없는 경우에는 '웃–'을 씁니다.

① ㉠에 들어갈 말은 '웃–'입니다.

② ㉡에 들어갈 말은 '윗–'입니다.

④ ㉣에는 '여행용으로 윗옷 두 벌과 아래옷 세 벌을 준비하였다.'를 쓸 수 있습니다.

⑤ ㉢에는 '웃어른'이 들어간 문장을, ㉣에는 '윗도리'가 들어간 문장을 쓸 수 있습니다.

5

㉠ 겨울의 길목이 되는 절기는 '입동(立冬)'입니다.

㉡ 대화의 장소는 '두메산골'이며 '도회에서 멀리 떨어져 사람이 많이 살지 않는 변두리나 깊은 곳'임을 알 수 있습니다.

㉢ '까치밥'은 '까치 따위의 날짐승이 먹으라고 따지 않고 몇 개 남겨 두는 감'입니다.

㉣ 주로 입동, 동지, 섣달그믐날에는 노인들에게 음식을 대접하기도 했는데 이를 '치계미(雉鷄米)'라고 합니다.

6 ②　　　**7** 햇비, 아이들　　　**8** ④

6

'햇비'는 '여우비'와 같은 말로, '볕이 나 있는 날 잠깐 오다가 그치는 비'입니다. '떡이나 먹을 수 있게 하는 비라는 뜻으로, 가을비를 이르는 말'은 '떡비'입니다.

7

이 시는 햇비, 즉 여우비를 맞으며 아이들이 밝게 자라는 모습을 형상화한 시입니다.

8

시에서 '하늘 다리 놓였다. / 알롱달롱 무지개'라고 표현했으므로 원관념인 '무지개'를 보조 관념인 '하늘 다리'에 간접적으로 빗대어 표현하였으므로 은유법이 사용되었습니다.

① '아씨', '보슬보슬', '햇비', '옥수숫대', '해님', '알롱달롱', '무지개' 등 아름다운 우리말 사용이 돋보이는 시입니다.

② '해님이 웃는다.'라고 표현했으므로 사람이 아닌 해에게 인격을 부여해서 사람처럼 표현했습니다.

③ 아이들이 자라는 모습을 '옥수숫대처럼 크게'라고 표현했으므로 직접적인 연결어를 사용하여 원관념과 보조 관념을 빗대는 직유법을 사용했습니다.

⑤ 비가 내리는 모양을 '보슬보슬'이라는 의태어로 표현하여 감각적인 느낌을 줍니다.

1 ㉮ 소소리바람　㉯ 황소바람　㉰ 바람꽃　㉱ 먼지잼
㉲ 떡비　㉳ 비설거지　　　**2** 소소리바람, 먼지잼

• 이른 봄에 살 속으로 스며드는 듯한 차고 매서운 바람을 '소소리바람'이라고 합니다.

• 비가 겨우 먼지나 날리지 않을 정도로 조금 오는 것을 '먼지잼'이라고 합니다.

정답 | 곁

가까이서 아끼거나 보살피는 관계를 뜻하므로 '곁'이 됩니다.

1 (1) 온기　(2) 찰나적　(3) 고동　(4) 즐비
2 (1) 적막하고　(2) 질펀하게　(3) 웅숭깊어　　　**3** ①
4 ⑤　　　**5** ㉠ 격정　㉡ 일편단심

1

(1) '온기(溫氣)'는 '따뜻한 기운'을 뜻하는 말입니다.

(2) '찰나적(刹那的)'은 '매우 짧은 시간에 이루어지는 (것)'을 뜻하는 말입니다.

(3) '고동치다'는 '희망이나 이상이 가득 차 마음이 약동하다.'를 뜻하는 말입니다.

(4) '즐비하다'는 '빗살처럼 줄지어 빽빽하게 늘어서 있다.'를 뜻하는 말입니다.

2

(1) '적막하다'는 '고요하고 쓸쓸하다.'를 뜻하는 말이므로 해가 지고 사방이 어두운 풍경에 적절한 단어입니다.

(2) '질펀하다'는 '땅이 넓고 평평하게 펼쳐져 있다.' '주저앉아 하

는 일 없이 늘어져 있다.' 등을 뜻하는 말인데, 여기서는 잔칫
날 사람들이 모여 다 같이 앉아 노는 모습을 표현하기에 적절
한 단어입니다.

(3) '웅숭깊다'는 '생각이나 뜻이 크고 넓다.'를 뜻하는 말로 글의
의미가 심오하다는 뜻으로 사용하기에 적절한 단어입니다.

3

'우두망찰하다'는 '정신이 얼떨떨하여 어찌할 바를 모르다.'를 뜻
하는 말입니다. 제시된 글에서 외국에서 갑자기 소매치기를 당하
여 당황스러운 모습을 묘사하는 데 적절한 단어입니다.

4

접미사 '-적(的)'은 3음절 이상의 단어에서는 대개 모음이나 'ㄴ',
'ㅁ', 'ㅇ'으로 끝나는 어근 뒤에 '-적'이 붙을 때 '적[적]'으로 발음
하고 그 밖에는 '적[쩍]'으로 발음합니다. 한편 2음절 단어에서는
모음이나 'ㄴ', 'ㅁ', 'ㅇ'으로 끝나는 어근 뒤에 붙는 '-적'은 '적[쩍]'
으로 발음합니다. 이 내용을 바탕으로 '성찰적'의 발음은 [성찰쩍]
이 되고 다른 단어들은 모두 '적'을 된소리로 발음하지 않습니다.

5

㉠ 고흐의 강렬한 해바라기 꽃 그림에는 '강렬하고 누르기 어려운
감정', 즉 '격정'적인 감정이 담겨 있다고 감상할 수 있습니다.

㉡ '일편단심(一片丹心)'은 '한 조각의 붉은 마음이라는 뜻으로, 진
심에서 우러나오는 변치 아니하는 마음을 이르는 말'로 태양만
을 향하는 해바라기의 마음을 표현하기에 적절한 단어입니다.

● 오답 풀이

'온기(溫氣)'는 '따뜻한 기운'을 뜻하는 말이고, '한기(寒氣)'는 '추
운 기운이나 병이 났을 때 몸으로 느끼는 추운 기운'을 뜻하는
말입니다.

◆ 독해로 완성하기
본문 88쪽

6 ⑤   7 옆, 열정

6

3연을 보면 매미는 자신의 존재를 알리기 위해 뜨겁게 울고 있다
고 표현하고 있습니다.

● 오답 풀이

① 1연에서 '여름이 뜨거워서'가 아니라 '매미가 울어서 / 여름이
뜨거운 것'이라고 표현하며 일반적인 상식을 뒤집어서 참신하
게 표현하였습니다.

② 2연에서 매미가 사랑의 의미를 알고 있고 그것은 옆에서 자신

의 존재를 적극적으로 드러내는 것이라고 표현하고 있습니다.

③ 시 전체에서 뜨거운 여름날 매미의 울음소리를 상상할 수 있
습니다.

④ 이 시에서 매미를, 사랑하는 존재 뒤에 몰래 숨어 있는 존재가
아니라 자신의 존재를 알리기 위해 적극적으로 표현하는 존재
로 그리고 있습니다.

7

이 시에서 매미는 자신의 옆에 있는 상대에게 적극적으로 자신의
존재를 드러냅니다. 사랑을 원하는 강렬한 감정을 울음으로 전
달하는 존재로 매미를 표현하였습니다. 어떤 일에 열렬한 애정을
가지고 열중하는 마음을 '열정'이라고 합니다.

어휘 더하기
본문 91쪽

정답 | 자취

'자국'은 무엇이 닿거나 묻으면서 생기는 모습을 가리키고, '자취'
는 무엇인가 있는 동안 남긴 표시나 자리를 가리키는 말입니다.

◆ 문제로 확인하기
본문 92~93쪽

1 (1) 규방 (2) 삼경 (3) 시름

2 (1) ㉣ (2) ㉡ (3) ㉢ (4) ㉠   3 ④

4 ①   5 ㉠ 천리안 ㉡ 천리마 ㉢ 천 리

1

(1) '규방(閨房)'은 '부녀자나 안주인이 거처하는 방'을 뜻하는 말입
니다.

(2) '삼경(三更)'은 '하룻밤을 오경(五更)으로 나눈 셋째 부분. 밤
열한 시에서 새벽 한 시 사이'를 뜻하는 말입니다. '자시(子
時)' 역시 같은 시간대를 뜻하는 말입니다.

(3) '시름'은 '마음에 걸려 풀리지 않고 항상 남아 있는 근심과 걱
정'을 뜻하는 말입니다.

● 오답 풀이

'어혈(瘀血)'은 '타박상 따위로 살 속에 피가 맺힘. 또는 그 피'를
뜻하는 말입니다.

2

(1) '강호(江湖)'는 '예전에 은자(隱者)나 시인(詩人), 묵객(墨客) 등이 현실을 도피하여 생활하던 시골이나 자연'을 이르는 말입니다.
(2) '추풍낙엽(秋風落葉)'은 '가을바람에 떨어지는 나뭇잎'을 뜻하는 말입니다.
(3) '백송골(白松鶻)'은 '매 가운데 몸이 크며 성질이 굳세고 날쌔 사냥하는 데 쓰이는 새'를 뜻하는 말입니다.
(4) '자규(子規)'는 '두견새'입니다.

3

'야광명월(夜光明月)'은 '밤에 밝게 빛나는 달'을 말합니다. '잔월(殘月)'은 '새벽녘까지 지지 아니하고 희미하게 남아 있는 달', 또는 '거의 다 져 가는 달'로 한밤중 밝게 빛나는 '명월'과 다른 의미를 가진 말입니다.

● 오답 풀이

① '백월(白月)'은 '빛이 희고 밝은 달'을 뜻하는 말입니다.
② '소월(素月)'은 '밝고 흰 달'을 뜻하는 말입니다.
③ '수정반(水晶盤)'은 수정으로 만든 소반처럼 '희고 밝은 달'을 뜻하는 말입니다.
⑤ '교월(皎月)'은 '희고 밝게 비치는 달'을 뜻하는 말입니다.

4

'자국'의 의미는 사전에 다양하게 풀이되어 있습니다. ㉠은 '어떤 것에 의하여 원래의 상태가 달라진 흔적'이므로 '음식에 누군가 손을 댄 자국'에서의 '자국'이 ㉠의 의미에 해당함을 알 수 있습니다.

● 오답 풀이

② 눈 위에 난 자국은 '발로 밟은 자리에 남은 모양'을 뜻합니다.
③ 얼굴에 난 여드름 자국은 '부스럼이나 상처가 생겼다가 아문 자리'를 뜻합니다.
④ 수술 자국은 '부스럼이나 상처가 생겼다가 아문 자리'를 뜻합니다.
⑤ 전쟁이 남긴 역사적 자국은 '무엇이 있었거나 지나가거나 작용하여 남은 결과를 비유적으로 이르는 말'을 뜻합니다.

5

㉠ '천리안(千里眼)'은 '천 리 밖의 것을 볼 수 있는 시력이라는 뜻으로, 사물을 꿰뚫어 볼 수 있는 뛰어난 관찰력을 비유적으로 이르는 말'입니다.
㉡ '천리마(千里馬)'는 '하루에 천 리를 달릴 수 있을 정도로 좋은 말'입니다.
㉢ '천 리(千里)'는 빈칸에 공통으로 들어가는 말이면서 '매우 먼 거리를 이르는 말'입니다.

6 ②   **7** 봄밤, 시름   **8** ②

6

초장을 보면 달이 밝고 은하수가 떠 있는 삼경(밤 11시~새벽 1시)의 시간을 배경으로 하고 있습니다.

● 오답 풀이

① 초장에서 '이화(梨花)', 즉 배꽃이 피어 있는 계절이라고 하였으므로 '봄'이 계절적 배경입니다.
③ 초장에서 '배꽃이 핀 모습', '밝게 빛나는 달', '캄캄하고 어두운 밤하늘에 떠 있는 하얀 은하수' 모두 시각적 심상이 드러나 있습니다.
④ '자규'는 '두견새'를 말합니다. 자규의 울음에서 청각적 심상이 드러납니다.
⑤ '다정(多情)'은 정이 많다는 뜻이고, 밤을 뒤척일 정도로 생각이 많은 상태는 시름이 있는 화자의 모습을 나타낸 말입니다.

7

이 시는 '배꽃, 달빛, 은하수'와 같은 시각적 심상을 통해 봄밤의 차분한 분위기를 전합니다. 이어 한밤중 '자규'의 울음소리에서 마음에 있던 여러 생각들과 시름의 정서가 환기되면서 잠을 이루지 못하고 있습니다.

8

'자규'와 올빼밋과의 '소쩍새' 등은 한과 그리움을 상징하는 소재로 두 새를 혼동하여 서술하기도 합니다. '귀촉도(歸蜀道)', '불여귀(不如歸)'는 두견새를 달리 부르는 말입니다.

탐관오리

하나 더 알기

'탐관오리(貪官汚吏)'는 '백성의 재물을 탐내어 빼앗는, 행실이 깨끗하지 못한 관리'를 뜻합니다.

14강 시 - 필수 개념어

어휘 더하기

정답 | 공감각적

청각적 심상인 '휘파람 소리'가 시각적 심상인 '푸른'이라는 감각으로 전이가 되었으므로 '공감각적 심상'입니다.

문제로 확인하기

1 (1) 시적 화자 (2) 비유 (3) 원관념 (4) 어조
2 (1) ㉡ (2) ㉣ (3) ㉠ (4) ㉢   **3** ②   **4** ⑤
5 ㉠ 상징 ㉡ 운율

1

(1) '시적 화자(詩的話者)'는 '시 속에서 말하는 이'를 뜻하는 말입니다.

(2) '비유(比喩)'는 '어떤 현상이나 사물을 직접 설명하지 아니하고 다른 비슷한 현상이나 사물에 빗대어서 설명하는 일. 또는 그런 설명 방법'을 뜻하는 말입니다. 이 문장에서는 '같은'이라는 연결어로 결합된 '직유'가 쓰였습니다.

(3) '원관념(元觀念)'은 '비유법에서, 표현하고자 하는 실제 내용'을 뜻하는 말입니다.

(4) '어조(語調)'는 '말의 가락'을 뜻하는 말입니다.

2

(1) '은유(隱喩)'는 '사물의 특성을 암시적으로 나타내는 것'을 뜻하는 말입니다. 원관념인 '너'를 보조 관념인 '태양'에 암시적으로 비유했습니다.

(2) '활유(活喩)'는 '생명이 없는 것을 생명이 있는 것처럼 표현하는 것'을 뜻하는 말입니다. '도시'라는 무생물인 원관념을 잠을 자는 생물인 보조 관념에 비유했습니다.

(3) '시각적 심상'은 '눈으로 빛깔, 모양, 크기, 움직임 등을 보는 듯한 느낌'을 뜻하는 말입니다. 조약돌의 색깔, 모양을 생생하게 떠올릴 수 있도록 시각적으로 표현하였습니다.

(4) '후각적 심상'은 '코로 냄새를 맡는 듯한 느낌'입니다. 방 안을 가득 채우는 국화꽃의 향기를 떠올릴 수 있도록 후각적으로 표현하였습니다.

3

'심상(心象)'은 '감각에 의하여 획득한 현상이 마음속에서 재생된 것'을 말합니다. 제시된 글에서 진행자는 생생한 언어 표현을 사용하여 우리가 직접 감각 기관을 통하지 않고도 의식 속에 모양, 소리, 냄새, 맛, 촉감을 불러일으킬 수 있도록 내용을 전달하고 있습니다.

• 오답 풀이

① '반어(反語)'는 '표현의 효과를 높이기 위하여 실제와 반대되는 뜻의 말을 하는 것'을 뜻하는 말입니다.

③ '어조(語調)'는 '말의 가락'을 뜻하는 말입니다.

④ '함축(含蓄)'은 '말이나 글이 많은 뜻을 담고 있음.'이라는 의미이면서 문학 작품에서 '표현의 의미를 한 가지로 나타내지 아니하고 문맥을 통하여 여러 가지 뜻을 암시하거나 내포하는 일'을 뜻하는 말입니다.

⑤ '비유(比喩)'는 '어떤 현상이나 사물을 직접 설명하지 아니하고 다른 비슷한 현상이나 사물에 빗대어서 설명하는 일. 또는 그런 설명 방법'을 뜻하는 말입니다.

4

'갈래'의 의미는 사전에 다양하게 풀이되어 있습니다. ㉠은 '수량을 나타내는 말 뒤에 쓰여서 갈라진 낱낱을 세는 단위'라는 뜻을 가리키고 있습니다. '하나의 조상어에서 나온 갈래'라는 표현은 '하나에서 둘 이상으로 갈라져 나간 낱낱의 부분이나 계통'이라는 뜻으로 사용된 예입니다.

• 오답 풀이

① '네 갈래로 땋아'에서 '갈래'는 '네'라는 수량을 나타내는 말 뒤에 쓰여서 갈라진 낱낱을 세는 단위로 사용되었습니다.

② '몇 갈래로 나뉘어'에서 '갈래'는 '몇'이라는 '그리 많지 않은 얼마만큼의 수를 막연하게 이르는 말' 뒤에 쓰여서 갈라진 낱낱을 세는 단위로 사용되었습니다.

③ '천 갈래 만 갈래'에서 '갈래'는 '천'과 '만'이라는 수량을 나타내는 말 뒤에 쓰여서 갈라진 낱낱을 세는 단위로 사용되었습니다.

④ '두 갈래로'에서 '갈래'는 '두'라는 수량을 나타내는 말 뒤에 쓰여서 갈라진 낱낱을 세는 단위로 사용되었습니다.

5

㉠ '상징(象徵)'은 '추상적인 사물이나 관념 또는 사상을 구체적인 사물로 나타내는 일. 또는 그 사물'로 네 잎 클로버는 행운을 상징합니다.

㉡ '운율(韻律)'은 '시에서 비슷한 소리의 특성이 일정하게 반복되는 형식'입니다. '랄랄라'는 사람이 기분이 좋을 때 내는 소리 또는 콧노래를 부를 때 나는 소리를 표현한 음성 상징어로, 'ㄹ'이 반복적으로 사용되어 운율을 만들어 줍니다. '한 잎', '두 잎'에서 대구와 반복을 이루며 운율을 형성하고 있습니다.

6 ②　　　**7** 운율, 수미상관　　　**8** ⑤

6

'나 보기가 역겨워 / 가실 때에는'과 같이 이별 후의 상황을 가정하고 현재 헤어지지 않은 상황에서 시적 화자의 정서를 표현한 시입니다.

● 오답 풀이

① 임이 가는 길에 꽃을 뿌리겠다는 행동은 임에 대한 정성을 다하겠다는 화자의 의지를 표현한 것입니다.

③ '드리우리다', '뿌리우리다', '흘리우리다'와 같은 종결 어미의 반복에서 '각운'을 느낄 수 있습니다.

④ '죽어도 아니 눈물 흘리우리다'에서는 겉으로는 절대 울지 않겠다는 뜻으로 보이지만 무척이나 슬픈 속마음을 숨기고 반어적으로 표현한 것입니다.

⑤ '말없이 고이 보내 드리우리다'에서는 임의 뜻에 맞서거나 막지 않고 순종적으로 따르겠다는 태도를 보여 주고 있습니다.

7

'음보(音步)'는 '시에서 운율을 이루는 기본 단위'로 대개 우리나라 시에서는 3음절이나 4음절이 한 음보를 이루고 있습니다. 제시된 시 「진달래꽃」은 민요와 같이 3음보를 계승하며 운율을 형성하고 있으며, 1연과 4연에 비슷한 구절이 반복되어 주제를 강조하면서 시상을 안정감 있게 마무리하고 있습니다. 이런 표현 방법을 '수미상관(首尾相關)'이라고 합니다.

8

'진달래꽃'은 여러 상징적 의미로 해석할 수 있습니다. 1연의 임과 이별하는 상황에서 '말없이 고이' 보내 드리겠다는 의지는 상대에 대한 원망이나 '증오'가 아니라 이별을 받아들이고 견디며 임에 대한 축복을 비는 의미로 해석할 수 있습니다.

● 오답 풀이

① '진달래꽃'은 시 전체에서 이별을 받아들이고 수용하며 임에게 사랑과 정성을 다하는 시적 화자 '자신'을 상징합니다.

② 2연에서 시적 화자는 임이 가는 길에 꽃을 뿌리며 임에 대한 '사랑'을 표현하고 있습니다.

③ 3연의 '사뿐히 즈려밟고 가시옵소서'에서 임이 가시는 길에 놓인 꽃은 '희생'을 상징합니다.

④ 2연의 '아름 따다 가실 길에 뿌리우리다'에서 시적 화자는 임이 가는 길에 꽃을 뿌리며 임에 대한 '정성'을 표현하고 있습니다.

1 ② 죽마고우: 대나무 말을 타고 놀던 벗.

2 (1) ⓒ　(2) ㉠　(3) ⓛ

1

'어릴 때부터 같이 놀며 자란 벗'을 뜻하는 사자성어는 '죽마고우'입니다.

● 오답 풀이

㉠ '결초보은(結草報恩)'은 '죽은 뒤에라도 은혜를 잊지 않고 갚는 것'을 뜻합니다.

ⓛ '대기만성(大器晚成)'은 큰 그릇을 만드는 데는 시간이 오래 걸린다는 뜻으로, '크게 될 사람은 늦게 이루어짐.'을 이르는 말입니다.

ⓒ '일거양득(一擧兩得)'은 '한 가지 일을 하여 두 가지 이익을 얻는 것'을 뜻합니다.

> 문학

15강 │ 소설 – 가족과 관련한 어휘

정답 | 홑몸

'홑몸'은 '딸린 사람이 없는 혼자의 몸'과 '임신을 하지 않은 몸'을 뜻합니다.

1 (1) 당숙　(2) 슬하　(3) 본가

2 (1) 섬기다　(2) 백년해로　(3) 소자　(4) 무남독녀

3 ①　　　**4** ⑤　　　**5** 세대

1

(1) '당숙(堂叔)'은 '아버지의 사촌 형제'를 뜻하는 말입니다.

(2) '슬하(膝下)'는 '무릎 아래라는 뜻으로, 어버이나 조부모님의 보살핌 아래'라는 뜻입니다.

(3) '본가(本家)'는 '본래 살던 집'으로, '잠시 따로 나와 사는 사람이, 가족들이 사는 중심이 되는 집'을 가리키는 말입니다.

2

(1) '섬기다'는 '신(神)이나 윗사람을 잘 모시어 받들다.'를 뜻하는 말입니다.

(2) '백년해로(百年偕老)'는 '부부가 되어 한평생을 사이좋게 지내
고 즐겁게 함께 늙음.'을 뜻하는 말입니다.

(3) '소자'는 '아들이 부모를 상대하여 자기를 낮추어 이르는 일인
칭 대명사'를 뜻하는 말입니다.

(4) '무남독녀(無男獨女)'는 '아들이 없는 집안의 외동딸'을 뜻하는
말입니다.

3

제시된 설명에서 '박씨'는 결혼을 하였지만 남편이 곁에 머물지
않고 혼자 피화당에 거처하고 있습니다. '독수공방(獨守空房)'은
'아내가 남편 없이 혼자 지내는 것'을 뜻하는 말입니다.

● 오답 풀이

② '백년해로(百年偕老)'는 '부부가 되어 한평생을 사이좋게 지내
고 즐겁게 함께 늙음.'을 뜻하는 말입니다. 현재 박씨와 이시백
은 함께 즐겁게 늙어 가는 처지가 아니므로 적절한 표현이 아
닙니다.

③ '사고무친(四顧無親)'은 '사방을 둘러보아도 가까운 사람이 없
어 의지할 곳 없는 외로운 상태'를 뜻하는 말입니다. 박씨의
상황과 비슷하지만, 박씨 곁에는 '계화'라는 몸종이 그녀를 섬
기고 있으므로 적절한 표현이 아닙니다.

④ '추풍낙엽(秋風落葉)'은 '가을바람에 떨어지는 나뭇잎'을 뜻하
는 말입니다. 비유적으로 형세나 기세가 갑자기 기울 때 사용
하는 표현이므로 적절한 표현이 아닙니다.

⑤ '혈혈단신(孑孑單身)'은 '의지할 데 없이 외로운 몸'을 뜻하는 말
입니다. 몸종 '계화'와 시아버지 '이득춘'이 박씨를 조력하고 있
으므로 적절한 표현이 아닙니다.

4

'홑몸'은 '딸린 사람이 없는 혼자의 몸'과 '아이를 배지 아니한 몸'
을 뜻하고, '홀몸'은 '배우자나 형제가 없는 사람'을 뜻합니다. ⑤
에서 문맥상 시아버지가 임신한 며느리의 몸 상태를 걱정하는 표
현이므로 빈칸에는 '아이를 배지 아니한 몸'을 뜻하는 '홑몸'을 넣
어 문장을 완성해야 ㉠의 예문으로 적절합니다.

● 오답 풀이

① '동반자 없이'에 혼자의 몸이라는 의미가 들어 있으므로 빈칸
에는 '홀몸'이 적절합니다.

② '혼자 남아'에 혼자의 몸이라는 의미가 들어 있으므로 빈칸에
는 '홀몸'이 적절합니다.

③ 아버지가 어머니, 즉 '배우자 없이' 자식을 키우셨다는 의미가
들어 있으므로 빈칸에는 '홀몸'이 적절합니다.

④ '처자식이 없는'에 혼자의 몸이라는 의미가 담겨 있으므로 빈
칸에는 '홀몸'이 적절합니다.

5

'세대(世代)'는 '어린아이가 성장하여 부모 일을 계승할 때까지의
30년 정도 되는 기간'과 '같은 시대에 살면서 공통의 의식을 가지
는 비슷한 연령층의 사람 전체'를 뜻하는 말입니다.

6 ①   **7** (1) 혈혈단신 (2) 으름장

6

이 소설은 전쟁으로 인해 인간성이 파괴되어 가는 모습을 그린
작품으로 아버지는 금반지 때문에 군식구인 명선이를 데리고 살
고 있습니다. 명선이로부터 다른 반지를 더 얻기 위해 달래기도
하고 화도 내는 모습에서 인간의 잔인하고 탐욕적인 면을 부각
하여 전쟁의 비극성을 더하고 있습니다.

● 오답 풀이

② '친자식 진배없이 생각혀 왔다'는 아버지의 말과 '난리통에 혈
혈단신이 된 서울 아이'라는 부분에서 명선이가 전쟁 중에 혼
자 남겨졌음을 알 수 있습니다.

③ 아버지와 어머니는 명선이를 보살피는 것보다는 명선이가 가
지고 있을 금반지에 더 관심이 있습니다.

④ 제시된 장면에서 아버지와 명선이의 갈등이 두드러지게 표현
되어 있습니다.

⑤ 아버지는 명선이가 금반지를 더 가지고 있다고 생각해서 명선
이를 달래기도 하고 명선이 몸을 뒤지려고 했습니다.

7

(1) '혈혈단신(孑孑單身)'은 '의지할 데 없이 외로운 몸'을 뜻하는
말입니다. 전쟁을 겪으며 피란길에 혼자 남겨진 명선이의 처
지를 나타내고 있습니다.

(2) '으름장'은 '말과 행동으로 위협하는 것'으로 아버지가 명선이
를 대하는 모습에서 알 수 있습니다.

1 ㉣ 부모 말을 들으면 자다가도 떡이 생긴다.: 부모의 말
을 잘 듣고 따르면 좋은 일이 생긴다는 말

2 (1) ㉡ - ⓐ (2) ㉢ - ⓒ (3) ㉠ - ⓑ

1

㉠ '형만 한 아우 없다.'는 모든 일에 있어 아우가 형만 못하다는
말입니다.

ⓛ '피는 물보다 진하다.'는 혈육의 정이 깊음을 이르는 말입니다.
ⓒ '열 손가락 깨물어 안 아픈 손가락 없다.'는 혈육은 다 귀하고
소중함을 비유적으로 이르는 말입니다.

2
(1) '찬물도 위아래가 있다.'는 찬물을 먹더라도 어른부터 차례로
대접해야 한다는 뜻입니다.
(2) '효성이 지극하면 돌 위에 풀이 난다.'는 효성이 깊으면 기적
같은 일도 생긴다는 뜻입니다.
(3) '고슴도치도 제 새끼가 제일 곱다고 한다.'는 모든 부모에게는
자기 자식이 가장 예뻐 보인다는 뜻입니다.

> 문학

16강 소설 – 인간관계와 관련한 어휘

어휘 더하기

본문 109쪽

정답 | 예쁘대

새로 전학 온 친구에 관하여 우리 반 학생들의 이야기를 상대방
에게 옮겨 전하는 내용이므로 '예쁘대'가 적절한 표현입니다.

문제로 확인하기

본문 110~111쪽

1 (1) 경시 (2) 동정하여 (3) 잘하데 (4) 낙인
2 (1) ⓛ (2) ⓒ (3) ⓔ (4) ⓙ   **3** ⑤   **4** ⑤
5 ⓙ 서슬 ⓛ 무시 ⓒ 비난

1
(1) '경시(輕視)'는 '대수롭지 않게 보거나 업신여김.'의 뜻으로 상
대방을 가볍게 보는 것을 뜻합니다. '괄시(恝視)'는 '업신여겨
하찮게 대함.'이라는 뜻으로 교만한 마음에서 남을 낮추어 본
다는 뜻입니다. 사람을 수단으로 여기며 사람의 가치를 가볍
게 보는 것이므로 '경시'가 적절합니다.
(2) '동정하여'는 '남의 어려운 처지를 자기 일처럼 딱하고 가엾게
여기거나 남의 어려운 사정을 이해하고 정신적으로나 물질적
으로 도움을 베풀어'의 뜻이고, '다분하여'는 '그 비율이 어느
정도 많아'의 뜻입니다. 수해 현장에서 이재민을 안타깝게 여
기고 복구 작업에 도움을 주는 것이므로 '동정하여'가 적절합
니다.
(3) 화자가 직접 관찰하거나 경험한 축구 경기에서 그 친구가 수
비를 잘했던 것을 회상한 표현이므로 '잘하데'가 적절합니다.

'-더라'로 바꿔 표현하면, '반별 축구 예선 경기에서 그 친구
가 수비를 엄청 잘하더라!'라고 쓸 수 있습니다.
(4) '낙인(烙印)'은 '씻기 어려운 불명예스럽고 욕된 판정이나 평판'
을 이르는 말입니다. 반대로 사람들로부터 좋은 평가를 받은
것을 '호평(好評)'이라고 합니다. 제시된 문장에서 그가 기회
주의자라는 나쁜 평판을 들었으므로 '낙인'이 적절합니다.

2
(1) '힐난(詰難)'은 '트집을 잡아 거북할 만큼 따지고 듦.'을 뜻하는
말입니다.
(2) '평판(評判)'은 '세상 사람들의 비평'을 뜻하는 말입니다.
(3) '너스레'는 '수다스럽게 떠벌려 늘어놓는 말이나 짓'을 뜻하는
말입니다.
(4) '서슬'은 '강하고 날카로운 기세'를 뜻하는 말입니다.

3
제시된 설명에서 '놀부'는 동생 흥부를 동정하는 마음도, 아끼는
마음도 없습니다. 또, 자기의 이익을 위해 동물인 제비에게도 해
를 가하는 전형적인 악인의 특성을 가지고 있습니다. '생색내다'
는 '다른 사람 앞에 당당히 나서거나 지나치게 자랑하다.'라는 뜻
입니다.

● 오답 풀이
① '모질다'는 '마음씨가 몹시 매섭고 독하다.'라는 뜻이므로 놀부
의 성격을 설명하는 데 적절한 표현입니다.
② '인색하다'는 '재물을 아끼는 태도가 몹시 지나치다.'를 뜻하는
말입니다. 또 '어떤 일을 하는 데 대하여 지나치게 박하다.'라
는 의미도 있습니다. 인간으로서의 따뜻한 마음이 없고 자신
만 생각하는 놀부의 태도를 설명하는 데 적절한 표현입니다.
③ '야멸차다'는 '자기만 생각하고 남의 사정을 돌볼 마음이 거의
없다.'를 뜻하는 말입니다. 흥부의 어려운 처지를 돕지 않는
놀부의 태도를 설명하는 데 적절한 표현입니다.
④ '냉정하다'는 '태도가 정다운 맛이 없고 차갑다.'를 뜻하는 말
입니다. 놀부가 흥부를 대하는 태도를 설명하는 데 적절한 표
현입니다.

4
'생색'은 '다른 사람 앞에 당당히 나설 수 있거나 자랑할 수 있는
체면', 또는 '활기 있는 기색'을 뜻합니다. ⑤에서 강아지가 눈빛이
선명해졌다고 했으므로 활기가 돌았다는 뜻으로 설명할 수 있습
니다.

● 오답 풀이
① 집안일을 하는 수고로움이 있음에도 '체면'이 서지 않음을 말

하고 있으므로 ㉠의 뜻입니다.

② 그가 나에게 당당히 나서고 있으므로 ㉠의 뜻입니다.

③ 작은 일에 당당한 태도를 보이므로 ㉠의 뜻입니다.

④ 자신이 일을 다 한 것처럼 당당히 체면을 차리고 있으므로 ㉠의 뜻입니다.

5

㉠ '서슬이 퍼렇다'는 '권세나 기세 따위가 대단하다.'라는 뜻으로 형제간의 갈등을 나타내기에 적절한 표현입니다.

㉡ '무시(無視)'는 '사람의 존재 가치를 하찮게 여기거나 업신여기다.'라는 뜻으로 형과 동생이 상대방과의 약속을 어긴 상황에 적절한 표현입니다.

㉢ '비난(非難)'은 '남의 잘못이나 결점을 책잡아서 나쁘게 말하는 것'을 뜻하며 형이 동생의 잘못을 들춰내서 말한 상황에 적절한 표현입니다.

◆ 독해로 완성하기　　　　　　　　본문 112쪽

6 ⑤　　　　**7** (1) 쌍심지　(2) 도끼눈

6

'나'는 점순이가 닭을 괴롭히는 것에 화가 나면서도 직접적으로 점순이에게 어찌하지 못하고 참으면서 울타리를 막대기로 후려치기만 할 뿐이어서 밑지는 노릇이라고 말하고 있습니다.

● 오답 풀이

① 점순이가 닭을 내팽개치는 것에서 알 수 있습니다.

② '나'의 눈에 쌍심지가 오를 정도로 약이 오르고 화가 남을 알 수 있습니다.

③ '나'는 점순이에게 어찌하지 못하고 울타리만 치는 것에서 알 수 있습니다.

④ 점순이가 '나'가 지나는 길목에서 일부러 소리를 내어 눈길을 끄는 것에서 알 수 있습니다.

7

(1) '쌍심지'는 '몹시 화가 나서 두 눈에 핏발이 서는 일을 비유적으로 이르는 말'입니다.

(2) '도끼눈'은 '분하거나 미워서 매섭게 쏘아 노려보는 눈을 비유적으로 이르는 말'입니다.

17강 | 소설 – 사회상을 표현하는 어휘

어휘 더하기　　　　　　　　본문 115쪽

정답 | 참상

마을의 끔찍하고 비참한 모습이나 상황을 나타낸 말이므로 '참상(慘狀)'이 적절한 표현입니다.

◆ 문제로 확인하기　　　　　　　　본문 116~117쪽

1 (1) 고진감래　(2) 속수무책　(3) 경위　(4) 수완

2 (1) ㉢　(2) ㉡　(3) ㉠　　　　**3** ③　　　　**4** ⑤

5 ㉠ 참변　㉡ 통제　㉢ 피란민　㉣ 천신만고

1

(1) '고진감래(苦盡甘來)'는 '쓴 것이 다하면 단 것이 온다.'라는 뜻으로 그가 어려운 일을 겪고 성공했다는 의미의 문장에 적절합니다.

(2) '속수무책(束手無策)'은 '손을 묶은 것처럼 어찌할 도리가 없어 꼼짝 못 함.'이라는 뜻으로 불길이 번져서 화재 진압이 어려운 상황에 적절합니다.

(3) '경위(經緯)'는 '일이 진행되어 온 과정'이라는 뜻으로 최근 몇 년 간의 추이를 설명하는 데 적절합니다.

(4) '수완(手腕)'은 '일을 꾸미거나 치러 나가는 재간'으로 직원이 일 처리를 잘한다는 의미를 설명하는 데 적절합니다.

2

(1) '북새통'은 '많은 사람이 야단스럽게 부산을 떨며 법석이는 상황'을 뜻하는 말입니다.

(2) '유야무야(有耶無耶)'는 '있는 듯 없는 듯 흐지부지함.'을 뜻하는 말입니다.

(3) '형국(形局)'은 '어떤 일이 벌어진 형편이나 국면, 사람이나 사물의 모양이나 상태'를 뜻하는 말입니다.

3

제시된 글에서 말벌의 기세가 처음에는 하늘을 찌를 듯하였으나 살충제 분사 장치가 장착된 드론을 활용하자 아무런 반격도 못하고 퇴치되었다는 내용입니다. 말벌에게 살충제 분사는 '속수무책(束手無策)'이라고 할 수 있습니다.

● 오답 풀이

① '사필귀정(事必歸正)'은 '모든 일은 반드시 바른길로 돌아감.'을

뜻하는 말입니다.

② '삼십육계(三十六計)'는 '서른여섯 가지의 꾀'라는 뜻으로, 많은 꾀를 이르는 말입니다.

④ '순망치한(脣亡齒寒)'은 '입술이 없으면 이가 시리다는 뜻으로, 서로 이해관계가 밀접한 사이에 어느 한쪽이 망하면 다른 한쪽도 그 영향을 받아 온전하기 어려움.'을 이르는 말입니다.

⑤ '식자우환(識字憂患)'은 '학식이 있는 것이 오히려 근심을 사게 됨.'을 뜻하는 말입니다.

4

'엄습(掩襲)하다'는 '뜻하지 아니하는 사이에 습격하다.'와 '감정, 생각, 감각 따위가 갑작스럽게 들이닥치거나 덮치다.'를 뜻합니다. 문맥상 '엄습했다'가 적절하나 기본형은 '엄습하다'입니다.

● 오답 풀이

① '부산하다'는 '급하게 서두르거나 시끄럽게 떠들어 어수선하다.'를 뜻하는 말입니다.

② '잠잠(潛潛)하다'는 '분위기나 활동 따위가 소란하지 않고 조용하다.'를 뜻하는 말입니다.

③ '공격(攻擊)하다'는 '나아가 적을 치다.'를 뜻하는 말입니다.

④ '떠오르다'는 '솟아서 위로 오르다.'와 '기억이 되살아나거나 잘 구상되지 않던 생각이 나다.'를 뜻하는 말입니다.

5

㉠ '참변(慘變)'은 '뜻밖에 당하는 끔찍하고 비참한 재앙이나 사고'라는 뜻으로 폭격을 당한 사고나 재난에 적절한 표현입니다.

㉡ '통제(統制)'는 '일정한 방침이나 목적에 따라 행위를 제한하거나 제약함.'이라는 뜻으로 지역에서 복구와 구조 활동을 위한 공적 제약 활동에 적절한 표현입니다.

㉢ '피란민(避亂民)'은 '난리를 피하여 가는 백성'을 뜻하는 적절한 표현입니다.

㉣ '천신만고(千辛萬苦)'는 '천 가지 매운 것과 만 가지 쓴 것이라는 뜻으로, 온갖 어려운 고비를 다 겪으며 심하게 고생함.'을 이르는 말로 참변을 당한 피란민들의 상황에 적절한 표현입니다.

6 ①　　**7** ⑤　　**8** 참변, 엄습

6

만도는 왼쪽 팔이 없어서 오르막길을 가는 등의 일상생활이 불편하고, 덜렁거리는 왼쪽을 보며 잃은 팔에 대한 아픈 기억을 안고

살아가는 인물입니다.

● 오답 풀이

② 아들이 어디에 총을 맞았는지는 알 수 없고 만도의 추측만 있습니다.

③ 만도는 아들이 많이 다쳐서 자신처럼 불구의 몸이 되었을까 두려워하고 있습니다.

④ 만도의 아들이 병원에서 나왔다는 말은 있지만 만도가 아들의 병원으로 갈 기차를 기다리고 있지는 않습니다.

⑤ 만도가 아들이 엄살스러운 구석이 있다고 하는 것으로 미루어 볼 때 인내심이 강한지 판단하기 어렵습니다.

7

㉤의 '턱'은 동음이의어로 다음과 같은 뜻을 가지고 있습니다.

• 턱¹: 사람의 입 아래에 있는 뾰족하게 나온 부분.

• 턱²: 평평한 곳의 어느 한 부분이 갑자기 조금 높이 된 자리.

• 턱³: 좋은 일이 있을 때에 남에게 베푸는 음식 대접.

• 턱⁴: 마땅히 그리하여야 할 까닭이나 이치.

문맥상 여기서는 턱⁴의 뜻으로 사용되었으며, '그가 나를 속일 턱이 없다.' 등의 예문을 통해 이해할 수 있습니다.

8

'총알'이 스쳤을 것으로 추측하는 것을 통해 만도의 아들이 전쟁, 폭격 등의 '참변'을 당했을 것으로 보이고, 스스로 걱정이 되는 소리를 주워 섬기는 만도의 태도를 통해 불길한 예감이 덮쳐 왔음을 알 수 있습니다. '참변(慘變)'은 '뜻밖에 당하는 끔찍하고 비참한 재앙이나 사고'를 뜻하고, '엄습(掩襲)하다'는 '감정, 생각, 감각 따위가 갑작스럽게 들이닥치거나 덮치다.'를 뜻합니다.

'우여곡절(迂餘曲折)'은 '뒤얽혀 복잡하여진 사정'을 뜻하는 말입니다.

● 오답 풀이

'우이독경(牛耳讀經)'은 '쇠귀에 경 읽기라는 뜻으로, 아무리 가르치고 일러 주어도 알아듣지 못함.'을 이르는 말입니다. '우유부단(優柔不斷)'은 '어물어물 망설이기만 하고 결단성이 없음.'을 뜻하는 말입니다. '우왕좌왕(右往左往)'은 '이리저리 왔다 갔다 하며 일이나 나아가는 방향을 종잡지 못함.'을 뜻하는 말입니다.

18강 소설 - 마음·태도를 표현하는 어휘

어휘 더하기

본문 121쪽

정답 | 곤혹

'곤욕(困辱)'은 '참기 힘든 일' 자체를 뜻하고, '곤혹(困惑)'은 '곤란한 일을 당해 어찌할 바를 모름.'이라는 뜻으로 감정과 관련된 내용을 포함합니다. 문장에 '느꼈다'라는 서술어가 제시된 것으로 보아 괄호 안에는 감정에 대한 내용까지 포함하고 있는 '곤혹'이 들어가는 것이 적절합니다.

문제로 확인하기

본문 122~123쪽

1 (1) ⓒ (2) ⓛ (3) ⓞ　　**2** (1) 난감하다 (2) 맹랑하다
(3) 고역 (4) 반사회적 (5) 관망하다　　**3** ③　　**4** ②
5 ⓞ 편파　ⓛ 문외한　ⓒ 필사적

1

(1) '맹목적(盲目的)'은 주관이나 원칙이 없이 덮어놓고 행동할 때 쓸 수 있는 말입니다. 뜻을 고려할 때 이 단어는 '믿음'이나 '신념'과 같은 단어와 결합해 자주 사용됩니다.

(2) '필사적(必死的)'은 죽을힘을 다하는 것이라는 뜻으로 최선을 다하는 사람들을 설명하는 말로 쓸 수 있습니다.

(3) '미온적(微溫的)'은 누군가가 취하는 태도가 미적지근할 때 쓸 수 있는 말입니다.

2

(1) 어떻게 할지 모를 정도로 처지가 딱하고 난처한 상황일 때 '난감(難堪)하다'라고 할 수 있습니다.

(2) 생각하던 바와 달리 허망하거나 하는 짓이 만만히 볼 수 없을 만큼 깜찍할 때 '맹랑(孟浪)하다'라고 합니다.

(3) 몹시 힘들고 고되어 견디기 어려운 일을 '고역(苦役)'이라고 합니다.

(4) 사회의 규범이나 질서 또는 이익에 반대되는 것을 '반사회적(反社會的)'이라고 합니다.

(5) 한발 물러나서 일이 되어 가는 상황을 바라볼 때 '관망(觀望)하다'라고 합니다.

3

이야기에는 힘없이 우는 고양이를 지나치지 못하고 동물병원에 데리고 간 한 학생이 등장합니다. 학생이 자신을 바라보는 다친 고양이를 지나치지 못한 건 누군가를 불쌍히 여기는 마음, 즉 '측

은지심(惻隱之心)' 때문이라고 할 수 있습니다.

● 오답 풀이

① '다다익선(多多益善)'은 '많으면 많을수록 더욱 좋음.'을 뜻합니다.

② '개과천선(改過遷善)'은 '지난날의 잘못이나 허물을 고쳐 올바르고 착하게 됨.'을 뜻합니다.

④ '동병상련(同病相憐)'은 '어려운 처지에 있는 사람끼리 서로 가엾게 여김.'을 뜻합니다. 이야기처럼 가엾게 여기는 마음을 다루고 있는 사자성어이지만 학생과 고양이의 처지가 같다고 할 수 없으므로 '동병상련'은 적절하지 않습니다.

⑤ '시비지심(是非之心)'은 '측은지심'과 연관된 사자성어이긴 하나 '선함과 악함, 옳고 그름을 판별하는 마음'이라는 뜻을 가지고 있으므로 이야기의 상황과는 무관합니다.

4

'곤혹(困惑)'은 '곤욕(困辱)'과 의미가 비슷하지만 곤란한 일을 당하여 어찌할 바를 모르는 마음을 의미하는 단어입니다. 문맥을 고려할 때 '곤혹'이 들어갈 수 있는 것은 ②입니다.

● 오답 풀이

빈칸에 뜻풀이를 넣어 문장을 읽어 보면 들어가기에 적절한 단어를 쉽게 찾을 수 있습니다. ①, ③, ④, ⑤에는 '곤욕'이 들어가는 것이 적절합니다.

5

ⓞ 빈칸의 뒤에 이어지는 '판별하여 결정함.'이라는 뜻의 '판정(判定)'과의 관계를 고려할 때 공정하지 못하고 어느 한쪽으로 치우쳐 있다는 의미의 '편파(偏頗)'가 들어가는 것이 적절합니다.

ⓛ 잘 알지 못하는 사람이라는 뜻을 가진 단어가 들어가야 합니다. 그러므로 '문외한(門外漢)'이 들어가는 것이 적절합니다.

ⓒ 우승을 위해 열심히 노력하는 학생들의 상황을 설명하는 말로는 '죽을힘을 다하는 것'이라는 뜻의 '필사적(必死的)'이 적절합니다.

독해로 완성하기

본문 124쪽

6 ⑤　　**7** ④

6

양반 증서를 본 부자가 어이가 없다는 듯 혀를 내두르며 "양반이라는 건 참으로 맹랑한 것이구려."라고 말한 것으로 보아 여기서 '맹랑(孟浪)한'은 '생각하던 바와 달리 허망한'이라는 뜻이 있음을 알 수 있습니다.

① '난처(難處)하다'는 '이럴 수도 없고 저럴 수도 없어 처신하기 곤란하다.'라는 뜻입니다.
② '천대(賤待)'는 '업신여기어 천하게 대우하거나 푸대접함.'이라는 뜻이고, '천대받다'는 '천하게 대우받다' 또는 '푸대접받다'의 뜻입니다.
③ '굽실거리다'는 '남의 비위를 맞추느라고 자꾸 비굴하게 행동하다.'라는 뜻입니다.
④ '비참하다'는 '더할 수 없이 슬프고 끔찍하다.'라는 뜻입니다.

7

'양반은 몹시 기뻐하며 즉시 부자의 제안을 받아들였다.'를 통해 양반은 별다른 고민을 하지 않고 부자의 제안을 받아들였음을 알 수 있습니다.

① '지금 이 고을에 한 양반이 관곡을 갚지 못해 ~'를 통해 양반은 관곡을 갚지 못할 정도로 가난한 처지에 있음을 알 수 있습니다.
② '아무리 가난해도 양반이라 하면 사람들은 그를 존경하는데'를 통해 당시 양반들은 신분이 양반이라는 이유로 존경받았음을 알 수 있습니다.
③ '양반 앞에선 어쩔 줄 몰라 굽실거려야 하고 ~'를 통해 부자는 돈은 많았지만 양반의 비위를 맞춰야 했음을 알 수 있습니다.
⑤ '당신들은 지금 나를 도둑놈으로 만들 작정이시오?'를 통해 부자가 양반을 어떻게 생각하는지 알 수 있습니다.

관용 표현 익히기
본문 125쪽

전화위복

'새옹지마(塞翁之馬)'는 인생의 길흉화복은 변화가 많아 예측하기 어렵다는 의미를 갖고 있습니다. 이는 복이 화가 될 수도 있고, 화가 복이 될 수도 있다는 뜻이므로 '새옹지마'와 의미가 비슷한 사자성어는 '재앙과 근심, 걱정이 바뀌어 오히려 복이 됨.'이라는 뜻의 '전화위복(轉禍爲福)'이라고 할 수 있습니다.

• '감언이설(甘言利說)'은 '귀가 솔깃하도록 남의 비위를 맞추거나 이로운 조건을 내세워 꾀는 말'을 뜻합니다.
• '백전백승(百戰百勝)'은 '싸울 때마다 다 이김.'을 뜻합니다.
• '역지사지(易地思之)'는 '처지를 바꾸어서 생각하여 봄.'을 뜻합니다.

19강 소설 – 고전 소설에 나오는 어휘

어휘 더하기
본문 127쪽

정답 | 풍비박산

전쟁이 일어났다면 모든 상황이 매우 혼란스러울 것입니다. 이렇듯 혼란스럽고 막막한 상황에 쓸 수 있는 사자성어가 '풍비박산'이고, '풍지박산'은 잘못된 표기입니다.

문제로 확인하기
본문 128~129쪽

1 (1) 탕감 (2) 재화 (3) 풍비박산 (4) 의관 (5) 평지풍파
2 ②   **3** 방자   **4** ⑤
5 ㉠ 혈안 ㉡ 장안 ㉢ 혼비백산

1

(1) '세금이나 빚 따위를 덜어 주거나 모두 없애 줌.'이라는 뜻을 가진 어휘는 '탕감(蕩減)'입니다.
(2) '사람이 바라는 바를 충족시켜 주는 모든 물건'을 '재화(財貨)'라고 합니다.
(3) '산산이 부서져 사방으로 날아가거나 흩어짐.'을 비유적으로 이르는 말은 '풍비박산(風飛雹散)'입니다.
(4) '남자가 정식으로 갖추어 입는 옷차림'을 뜻하는 말은 '의관(衣冠)'입니다.
(5) '평온한 자리에서 일어나는 풍파라는 뜻으로 뜻밖에 분쟁이 일어남을 비유적으로 이르는 말은 '평지풍파(平地風波)'입니다.

2

'낭패(狼狽)'의 '낭'과 '패'는 갯과에 속하는 산짐승으로 상상 속 동물입니다. 둘은 앞다리와 뒷다리의 길이가 서로 달라서 함께해야 균형을 잡고 안정적으로 다닐 수 있습니다. 여기에서 '계획한 일이 실패로 돌아가거나 기대에 어긋나 매우 딱하게 됨.'이라는 의미가 유래했습니다.

3

문장의 내용과 제시된 초성으로 미루어 보아 빈칸에 공통적으로 들어갈 단어는 '어려워하거나 조심스러워하는 태도가 없이 무례하고 건방지다.'라는 뜻의 '방자(放恣)하다'의 어근 '방자'입니다.

4

실속은 없으면서 큰소리치거나 허세를 부리는 것을 '허장성세(虛張聲勢)'라고 합니다. 이는 중국 진나라 장수 선진이 적에게 위압

감을 주기 위해 지나가는 곳마다 깃발을 꽂아 과장된 형세를 취했다는 이야기에서 유래되었습니다.

5

㉠ 백성들을 괴롭히고 욕심이 많다는 내용과 제시된 초성 및 뜻풀이로 미루어 보아 빈칸에 들어갈 적절한 단어는 '혈안(血眼)'입니다.

㉡ '수도'라는 뜻으로 서울을 이르는 말은 '장안(長安)'입니다.

㉢ 혼백이 어지러이 흩어진다는 뜻을 가진 단어는 '혼비백산(魂飛魄散)'입니다.

6 ④　　　**7** 중언부언, 장안

6

변 부자가 마지막으로 한 말 중 "재물 같은 건 없어도 스스로 만족하고 사는 사람임에 틀림없어."를 통해 허생에 대한 변 부자의 생각을 알 수 있습니다. 그러므로 ④의 진술은 적절하지 않습니다.

● 오답 풀이

① "돈 만 냥만 빌려주시오."를 통해 허생은 처음 만난 변 부자에게 돈을 빌리고 있음을 알 수 있습니다.

② "내가 집이 가난해서 ~"를 통해 허생은 자신의 가난한 처지를 설명하며 변 부자에게 돈을 빌리고 있음을 알 수 있습니다.

③ "그렇다면 ~ 묻지 않고!"를 통해 변 부자는 처음 보는 허생에게 이름도 묻지 않고 돈을 빌려주었음을 알 수 있습니다.

⑤ 변 부자가 마지막으로 한 말 중 "분명 그 사람이 ~ 아닐 게야."를 통해 변 부자는 허생이 쩨쩨한 일을 하려는 사람이 아니라고 여기고 있음을 알 수 있습니다.

7

허생은 돈을 빌리러 가는 처지지만 이 말 저 말 하며 비굴하게 굴지 않고 당당하게 자신의 요구 사항을 전달합니다. 중언부언하지 않는 태도가 매우 인상적이죠. 이러한 허생을 보고 그의 됨됨이를 파악한 후 흔쾌히 돈을 빌려준, 장안에서 제일 부자인 변 부자의 안목도 인상적입니다.

보기 좋은 떡이 먹기도 좋다.

• '보기 좋은 떡이 먹기도 좋다.'는 겉모양이 좋은 것이 그 내용도 좋다는 뜻의 속담입니다.

● 오답 풀이

• '가난 구제는 나라님도 못 한다.'는 '가난이란 사람이 사는 곳에는 늘 있기 때문에 나라에서 가난한 사람을 돕는 일에도 한계가 있다.'라는 의미입니다.

• '가난한 집 제사 돌아오듯 하다.'는 '살아가기도 어려운 가난한 집에 제삿날이 자꾸 돌아와서 그것을 치르느라 매우 어려움을 겪는다.'라는 의미로 힘든 일이 자주 닥쳐옴을 비유적으로 이를 때 사용합니다.

• '서 발 막대 거칠 것 없다.'는 '서 발이나 되는 긴 막대를 휘둘러도 걸리는 게 아무것도 없다.'라는 뜻으로 가난한 집안에 살림이라고는 아무것도 없는 상황을 설명할 때 쓸 수 있습니다.

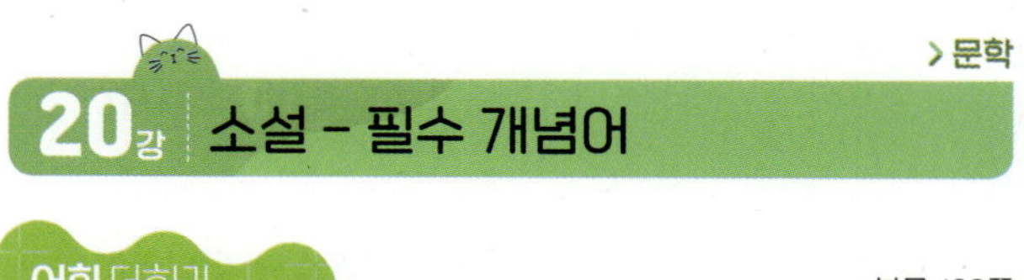

정답 | 해학, 골계

문학 작품에 '해학'과 '풍자'가 사용되면 익살을 부리는 가운데 어떤 교훈을 주는 '골계'가 더해집니다. 등장인물이나 상황에 웃음과 교훈을 더하는 풍자와 해학적 표현은 여러 고전 소설에서 확인할 수 있습니다.

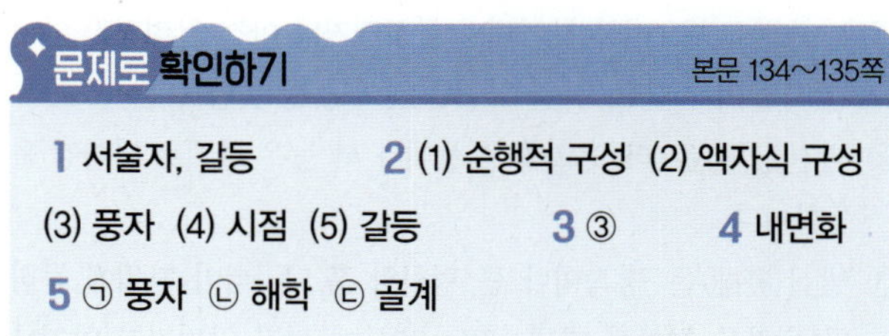

1

소설의 안이나 밖에서 사건의 내용을 말하는 이를 '서술자(敍述者)'라고 합니다. 그리고 소설은 등장인물 간의 혹은 인물 내부의 갈등을 중심으로 내용이 전개되는 것이 특징입니다.

2

(1) 시간의 순서대로 이야기가 흘러가는 방식을 '순행적(順行的) 구성'이라고 합니다. 다른 말로 '평면적(平面的) 구성'이라고도 합니다.

(2) 소설의 외부 이야기 안에 내부 이야기가 위치해 있을 때 액자식(額子式) 구성을 취하고 있다고 합니다. 두 이야기 중에

서는 내부 이야기가 더 핵심적인 내용을 담고 있는 경우가 많고, 외부 이야기는 내부 이야기의 신뢰도를 높여 주는 역할을 합니다.

(3) '풍자(諷刺)'는 바람직하지 못한 점이나 이치에 맞지 않는 일 등을 빗대어 비웃는 것을 뜻합니다. 고전 소설에서 백성들을 괴롭히는 양반이나 탐관오리 등을 희화화할 때 자주 사용됩니다.

(4) 소설에서 이야기를 서술하여 나가는 방식이나 관점을 '시점'이라고 합니다. 서술자의 위치나 서술 방식에 따라 1인칭이나 3인칭 같은 용어로 나누어 설명하기도 하지만 최근에는 서술자가 특정 인물의 시각에 의존하여 서술하는지 이야기의 밖에서 서술하는지 정도로만 구분해서 이야기하기도 합니다.

(5) 칡덩굴과 등나무 덩굴처럼 얽히고설킨 모습을 '갈등(葛藤)'이라고 합니다. 대부분의 소설은 갈등을 중심으로 전개되기 때문에 소설을 '갈등의 문학'이라고 하고요. 갈등은 크게 인물과 인물 혹은 인물과 사회와의 갈등과 같은 외적 갈등과 인물 내부에서 일어나는 내적 갈등으로 나눌 수 있답니다.

3

'발상(發想)'은 '어떤 생각을 해 냄. 또는 그러한 생각'을 뜻합니다. 제시된 문장의 내용으로 미루어 보아 빈칸에는 생각하는 것과 관련된 단어가 들어가는 것이 적절합니다. 그러므로 공통적으로 쓸 수 있는 단어는 '발상'입니다.

● 오답 풀이

① '발명(發明)'은 '아직까지 없던 기술이나 물건을 새로 생각하여 만들어 냄.'을 뜻합니다.
② '발견(發見)'은 '미처 찾아내지 못하였거나 아직 알려지지 아니한 사물이나 현상, 사실 따위를 찾아냄.'을 뜻합니다.
④ '발전(發展)'은 '더 낫고 좋은 상태나 더 높은 단계로 나아감.'을 뜻합니다.
⑤ '발굴(發掘)'은 '땅속이나 큰 덩치의 흙, 돌 더미 따위에 묻혀 있는 것을 찾아서 파냄. 또는 세상에 널리 알려지지 않거나 뛰어난 것을 찾아 밝혀냄.'을 뜻합니다.

4

좋은 문학 작품을 읽은 후의 생각이나 느낌을 마음속 깊이 자리하도록 하는 것을 '내면화(內面化)'라고 합니다. 제시된 글에서 학생은 소설을 읽고 난 후 친절함의 가치에 대한 교훈을 얻고 그렇게 살겠다고 다짐하죠. 이럴 때 작품을 내면화했다고 말할 수 있습니다.

5

㉠ 대상에 대해 비판적인 태도를 취하고 있는 방법이 '풍자(諷刺)'입니다.

㉡ 풍자와 유사하게 웃음을 유발하지만 '해학(諧謔)'의 방법으로 표현하면 독자들은 인물에게 연민을 느낄 수 있습니다.

㉢ 풍자와 해학의 방법을 사용하면 작품에 '골계(滑稽)'를 더할 수 있습니다. 골계란 익살을 부리는 가운데 어떤 교훈을 주는 일을 뜻한답니다.

6 ④   **7** ③

6

문기는 자신이 저지른 잘못 때문에 양심에 가책을 느껴 오랫동안 괴로워하다가 삼촌에게 그동안의 일을 털어놓은 뒤 마음이 편안해짐을 느낍니다. 그러므로 삼촌이 저지른 잘못 때문에 갈등을 겪어 왔다는 ④의 진술은 적절하지 않습니다.

7

이 작품의 서술자는 이야기 밖에서 문기의 행동과 심리 등을 상세하게 서술하고 있습니다.

> 문학

21강 극·수필 – 작품에 나오는 어휘

정답 | 섬찟 – 섬뜩, 딴지 – 딴죽

• '섬찟'은 '갑자기 소름이 끼치도록 무시무시하고 끔찍한 느낌이 드는 모양'을 뜻하는 단어입니다. 원래는 '섬뜩'만 표준어로 인정되었고 '섬찟'은 비표준어였으나 사람들이 많이 사용하여 2014년에 표준어로 인정되었습니다.

• '딴지'는 주로 '걸다, 놓다'와 함께 쓰이며 '일이 순순히 진행되지 못하도록 훼방을 놓거나 어기대는 것'을 뜻합니다. 본래는 '딴죽을 걸다'만 표준어이고 '딴지'는 비표준어였으나 사람들이 많이 사용하여 2014년에 표준어로 인정되었습니다.

• 엎쳐살다, 맛배기, 금새는 잘못된 표기로, 각각 엎혀살다, 맛보기, 금세만 표준어로 인정됩니다.

1 (1) 화수분 (2) 차일피일 (3) 상책 (4) 혼백

2 (1) ㉡ (2) ㉠ (3) ㉢ (4) ㉣   **3** ②   **4** ③

5 ②   **6** ㉠ 쑥대밭 ㉡ 노심초사 ㉢ 상책

1

(1) '화수분'은 사전적으로 '재물이 계속 나오는 보물단지'를 뜻합니다. 빈칸에 화수분의 뜻을 넣으면 '돈을 그렇게 낭비하면 재물이 많이 나오는 단지가 있다고 해도 감당하기 어려울 거야.'가 됩니다.

(2) '차일피일(此日彼日)'은 '이날 저 날 하고 자꾸 기한을 미루는 모양'을 뜻합니다. '미루다'라는 의미를 포함하고 있는 단어죠. 문맥을 고려할 때 빈칸에 들어갈 적절한 단어는 '차일피일'입니다.

(3) 위험해 보이는 일은 시작하지 않는 게 좋겠죠. 이러한 내용을 고려할 때 빈칸에 들어갈 적절한 단어는 '가장 좋은 대책이나 방책'이라는 뜻의 '상책(上策)'입니다.

(4) '혼백(魂魄)'은 몸이 죽어도 영원히 남아 있다고 생각하는 초자연적인 것입니다. 그러므로 죽은 사람들의 혼백을 달래기 위한 목적의 제사를 드리기도 합니다.

2

(1) '몹시 마음을 쓰며 애를 태움.'이라는 뜻을 가진 단어는 '노심초사(勞心焦思)'입니다.

(2) '아득한 옛적'이라는 뜻을 가진 단어는 '태곳(太古)적'입니다.

(3) '일이 벌어진 사태의 형편이나 국면'이라는 뜻을 가진 단어는 '판국(局)'입니다.

(4) '사실 그대로 고하다.'라는 뜻을 가진 단어는 '이실직고(以實直告)하다'입니다.

3

'유목(遊牧)'은 사전적으로 '가축이 먹을 만한 물과 풀밭을 찾아 떠돌아다니며 사는 방식'을 의미합니다. 그래서 최근 유행하는 말로 하나에 정착하지 못하고 새로운 것을 찾는 사람들을 빗대어 '○○ 유목민'이라고 부릅니다. 이러한 의미를 고려할 때 빈칸에 들어갈 적절한 말은 '유목민'입니다.

④ '관람객(觀覽客)'은 '연극, 영화, 운동 경기, 미술품 따위를 구경하는 손님'을 뜻합니다.

⑤ '개발자(開發者)'는 '새로운 물건을 만들거나 새로운 생각을 내놓는 사람'을 뜻합니다. 참고로 '계발'은 '슬기나 재능, 사상 따위를 일깨워 줌.'이라는 뜻으로 '외국어 능력 계발, 상상력 계발, 자기 계발'처럼 쓰입니다. '계발자'라는 말은 없습니다.

4

복수 표준어끼리 짝 지어지지 않은 것을 찾으면 됩니다. ③의 '바람'은 '어떤 일이 이루어지기를 기다리는 간절한 마음'을 뜻하는 말이고, '바램'은 '바람'의 잘못된 표기입니다.

'굽신'과 '굽실', '이쁘다'와 '예쁘다', '복숭아뼈'와 '복사뼈', '짜장면'과 '자장면'은 모두 표준어입니다.

5

문맥을 고려할 때 빈칸에는 '일이 벌어진 사태의 형편이나 국면'이라는 뜻을 가진 '판국'이 들어가는 것이 적절합니다.

⑤ '단면(斷面)'은 '사물이나 사건의 여러 현상 가운데 한 부분적인 측면'이라는 뜻을 가지고 있습니다. '사회의 어두운 단면을 보았다.'와 같이 쓸 수 있지요.

6

㉠ 가족 중 한 명이 집을 나갔다면 집안 상황이 평화롭진 않겠죠? 그러므로 빈칸에는 '매우 어지럽거나 못 쓰게 된 모양을 비유적으로 이르는 말'인 '쑥대밭'이 들어가는 것이 적절합니다.

㉡ 빈칸 뒤에 나오는 '안절부절못하다'는 '마음이 초조하고 불안하여 어찌할 바를 모르다.'라는 뜻입니다. 이 단어의 의미를 고려할 때 빈칸에는 '몹시 마음을 쓰며 애를 태움.'이라는 뜻의 '노심초사(勞心焦思)'가 들어가는 것이 적절합니다.

㉢ '머뭇거리지 말고 빨리 찾아 나서는 게' 좋다는 의미를 담은 문장이므로 빈칸에는 '가장 좋은 대책이나 방책'이라는 뜻의 '상책(上策)'이 들어가는 것이 적절합니다.

◆ 독해로 완성하기
본문 142쪽

7 ③　　**8** ④

7

'나'의 아버지는 '나'에게 '네 선물'이라며 강아지 한 마리를 건넵니다. 이것이 강아지의 이름이 '선물'이라는 의미는 아닙니다. 그러므로 아버지가 강아지에게 '선물'이라는 이름을 붙여 주었다는 ③의 진술은 적절하지 않습니다.

① 1문단에 따르면 '나'는 강아지를 선물받기 이전에 선물을 주고받은 일이 별로 없었음을 알 수 있습니다.

② 1, 2문단에 따르면 아버지는 어느 날 점퍼 속에 강아지 한 마리를 넣어 와서 '나'에게 선물로 주었음을 알 수 있습니다.

④ 3문단에 따르면, 강아지는 집에 온 날 밤에 제대로 자지 못하고 내내 울었습니다. 그러한 강아지를 달래기 위해 '나'는 머리를 쓰다듬기도 하고, 백설기와 물도 줍니다. 비록 강아지가 너무 어려 백설기를 먹지는 못하지만 말이죠.

⑤ 마지막 문단에 따르면, '나'는 그 강아지 덕분에 난생처음 '연민'이라는 감정을 느끼게 됩니다. 그리고 이것을 '선물'로 여깁니다.

8

'철회(撤回)'는 '이미 제출하였던 것이나 주장하였던 것을 다시 회수하거나 번복함.'을 뜻합니다. 문맥상으로는 '나'가 백설기를 한 번 선물한 후 회수했다가 다시 주었음을 알 수 있습니다. '잘못되거나 틀린 것을 바로잡다.'라는 뜻을 가진 단어는 '고치다'입니다.

아름다운 순우리말　　본문 143쪽

1 ㉮ 뭇바리　㉯ 너나들이　㉰ 운김　㉱ 풋낯　㉲ 몽니　㉳ 도담도담　**2** 운김, 몽니

1

㉮ 같은 옷을 입고 나란히 서 있는 사람들의 모습을 통해 '여러 친구와 동료'라는 뜻의 '뭇바리'를 설명하고 있음을 알 수 있습니다.

㉯ 상대를 '너'로 부르고, 스스로를 '나'를 지칭하는 장면을 통해 대화를 나누는 이들이 서로 친밀하고 허물없는 관계임을 알 수 있습니다. 그러므로 그림을 설명하는 적절한 단어는 '너나들이'입니다.

㉰ 여럿이 가까이 모여 있고, 서로의 사이에는 하트와 '힘'을 뜻하는 한자가 표시되어 있습니다. 이를 통해 여럿이 함께할 때 우러나오는 힘과 사람들이 있는 곳의 따뜻한 기운을 뜻하는 '운김'을 설명하는 그림임을 알 수 있습니다.

㉱ 인물들의 표정과 '어색 어색'이라고 적힌 문구를 통해 둘은 매우 친밀한 사이는 아니라고 추측할 수 있습니다. 그러므로 그림과 관련된 단어는 '서로 낯이나 익힐 정도로 앎.'이라는 뜻의 '풋낯'입니다.

㉲ 그림에는 자신이 좋아하는 반찬이 없어서 화가 난 인물이 등장합니다. 이러한 상황과 관련된 단어는 '받고자 하는 대우를 받지 못할 때 내는 심술'이라는 뜻의 '몽니'입니다.

㉳ 어린아이가 탈 없이 잘 놀며 자라는 모양을 의미하는 순우리말은 '도담도담'입니다.

2

'몽니'와 '운김'은 단어가 주는 느낌이 유사하나 '운김'은 '사람들이 함께 있는 곳의 따뜻한 기운'을, '몽니'는 '받고자 하는 대우를 받지 못할 때 내는 심술'을 의미합니다.

22강　극·수필 – 필수 개념어

어휘 더하기　　본문 145쪽

정답 | (1) 백분율　(2) 출석률　(3) 성장률　(4) 지지율

(1) 앞말의 끝음절이 'ㄴ' 받침이기 때문에 '백분율'이 맞습니다.

(2) 앞말의 끝음절이 'ㄴ'이 아니므로 '출석률'이 맞습니다.

(3) 앞말의 끝음절이 'ㄴ'이 아니므로 '성장률'이 맞습니다.

(4) 앞말의 끝음절이 모음이므로 '지지율'이 맞습니다.

문제로 확인하기　　본문 146~147쪽

1 (1) ㉢　(2) ㉡　(3) ㉠

2 장면, 효과음, 소리, 강조, 내레이션

3 수필, 경수필

4 (1) 응답률　(2) 생존율　(3) 성장률　(4) 출석률　(5) 백분율

5 ㉠ 방백　㉡ 컷투　㉢ 시나리오

1

(1) '방백(傍白)'은 무대 위 다른 인물에게는 들리지 않고 관객만 들을 수 있는 것으로 약속된 대사를 뜻합니다.

(2) '희극(喜劇)'은 웃음을 주된 경향으로 하는 극 형식을 뜻합니다.

(3) '시나리오'는 영화나 드라마를 만들기 위해 쓴 대본을 뜻합니다.

2

S#: 장면 번호를 뜻하는 시나리오 용어로 장면의 위치나 순서 등을 나타냅니다.

E: 효과음을 뜻하는 시나리오 용어로, 주로 대사나 음악을 제외한 소리를 나타냅니다.

CU: 특정 부분을 강조하기 위해 화면에 크게 나타내 보여 준다는 뜻을 가진 시나리오 용어입니다.

NAR: 'Narration'의 줄임말로 '내레이션'이라고 합니다. 화면 밖에서 들리는 설명 형식의 대사를 의미합니다.

3

'수필'은 일정한 형식을 따르지 않고 인생이나 자연 또는 일상생활에서의 느낌이나 체험을 생각나는 대로 쓴 산문 형식의 글을 뜻합니다. '경수필(輕隨筆)'은 생활 주변에서 일어나는 사소한 일을 소재로 가볍게 쓴 수필을 말하고, '중수필(重隨筆)'은 논리적이고 객관적인 내용을 쓴 수필을 말합니다.

4

모음이나 'ㄴ' 받침 뒤에 이어지는 '렬, 률'은 '열, 율'로 쓰고 그 외의 경우에는 '렬, 률'로 쓴다는 규정에 따르면 (1) 응답률 (3) 성장률 (4) 출석률 / (2) 생존율 (5) 백분율이 올바른 표기입니다.

5

㉠ 다른 인물에게 들리지 않는 대사는 '방백(傍白)'입니다.

㉡ '컷투'는 장면을 전환할 때 아무런 효과 없이 두 개의 컷을 붙이는 것을 뜻하는 시나리오 용어입니다.

㉢ 영화의 대본을 뜻하는 단어인 '시나리오'가 들어가는 것이 적절합니다.

6 ③   **7** ③

6

극중에서 개 '월리'를 데리고 가려고 했던 지소와 채랑의 계획은 수영 때문에 일단 실패했습니다. 그리고 '상심한 표정을 짓는 지소'라는 지시문과 '망했어. 오늘은 점심시간에 병원 가나 봐.'라는 채랑의 마지막 대사에서 두 아이의 실망감을 짐작할 수 있어요.

• 오답 풀이

① 시간적 배경은 바뀌지 않고 계속해서 '낮'입니다.

② 의도치 않게 지소와 채랑의 계획을 훼방하고 있지만 수영이 두 아이의 의도를 눈치채고 그런 것은 아닙니다.

④ 공간적 배경은 레스토랑 마르셀의 내부에서 외부로 바뀌고 있습니다.

⑤ 부모님 없이, 지소와 채랑 두 아이만 레스토랑 마르셀을 찾아갔습니다.

7

'CU(클로즈업)'는 '인물의 얼굴이나 사물을 화면에 가득 차게 찍는 것'을 말합니다. '한 화면에 다른 화면을 겹쳐서 장면을 전환하는 것'은 'OL(오버랩)'입니다.

(1) 페르소나 (2) 미장센 (3) 클리셰 (4) 오마주 (5) 맥거핀

(1) 어떤 감독의 영화에 자주 출연하는 분신 같은 배우를 일컬어 '페르소나'라고 합니다.

(2) 빈칸 앞에 있는 '우아하고 독특한'이라는 부분을 고려할 때 빈칸에 들어갈 적절한 단어는 '미장센'입니다. '미장센'은 무대에 오른 등장인물의 배치나 동작, 무대 장치, 조명 따위에 관한 총체적인 계획을 뜻합니다.

(3) 빈칸 뒤에 있는 '진부해'는 '사상, 표현, 행동 따위가 낡아서 새롭지 못해'라는 뜻입니다. 이러한 의미를 고려할 때 빈칸에 들어갈 적절한 단어는 지겹고 예측 가능한 진부한 표현이라는 의미를 가진 '클리셰'입니다.

(4) 누군가를 존경하여 닮고 싶으면 그 사람의 행동이나 업적 등을 인용하곤 합니다. 이것을 '오마주'라고 하죠.

(5) 소설이나 희곡 따위에서, 앞으로 일어날 사건을 미리 독자에게 암시하는 것을 '복선(伏線)'이라고 합니다. 그런데 복선처럼 보이지만 사실은 속임수에 불과한 장치를 '맥거핀'이라고 합니다.

1 (1) ㉠ (2) ㉣ (3) ㉡ (4) ㉢   **2** ①

3 (1) 추풍낙엽 (2) 일편단심   **4** ⑤   **5** ②

6 수어지교   **7** (1) ② (2) ⑤ (3) ③ (4) ①

8 (1) ○ (2) × (3) × (4) × (5) ×

9 (1) ㉠ (2) ㉢ (3) ㉡   **10** ②   **11** 해설 참고

1

(1) '비유(比喩)'는 '어떤 현상이나 사물을 직접 설명하지 아니하고 다른 비슷한 현상이나 사물에 빗대어 설명하는 일'입니다.

(2) '반어(反語)'는 '표현의 효과를 높이기 위하여 실제와 반대되는 뜻의 말을 하는 것'입니다.

(3) '운율(韻律)'은 '시에서 비슷한 소리의 특성이 일정하게 반복되는 형식'입니다.

(4) '심상(心象)'은 '감각에 의하여 획득한 현상이 마음속에서 재생된 것'입니다.

2

빈칸에 공통으로 쓸 수 있는 말은 '고동치다'로 '심장이 심하게 뛰다.', '희망이나 이상이 가득 차 마음이 약동하다.'의 의미를 지닙니다.

• 오답 풀이

② '웅숭깊다'는 '생각이나 뜻이 크고 넓다.'를 뜻하는 말입니다.

③ '다분(多分)하다'라는 '그 비율이 어느 정도 많다.'를 뜻하는 말입니다.

④ '야멸차다'는 '자기만 생각하고 남의 사정을 돌볼 마음이 거의 없다.'를 뜻하는 말입니다.

⑤ '방치(放置)하다'는 '그대로 버려두다.'를 뜻하는 말입니다.

3

(1) '추풍낙엽(秋風落葉)'은 '가을바람에 떨어지는 나뭇잎'을 뜻하는 말입니다. 비유적으로 형세나 기세가 갑자기 기울 때 사용하는 표현입니다.

(2) 일편단심(一片丹心)'은 '한 조각의 붉은 마음이라는 뜻으로, 진심에서 우러나오는 변치 아니하는 마음'을 이르는 말입니다.

● 오답 풀이

• '야광명월(夜光明月)'은 '밤에 밝게 빛나는 달'을 뜻하는 말입니다.

• '죽마고우(竹馬故友)'는 '대나무 말을 타고 놀던 벗이라는 뜻으로, 어릴 때부터 같이 놀며 자란 벗'을 뜻하는 말입니다.

4

• ㉠에 사용된 비유법은 '직유법'으로, '~처럼', '~같이', '~듯이' 등을 사용하여 원관념과 보조 관념을 직접적으로 연결하는 방법입니다.

• ㉡에 사용된 비유법은 '활유법'으로 의인법과 비슷하지만 생명이 없는 무생물을 생명이 있는 존재, 즉 생물처럼 표현하는 방법입니다.

● 오답 풀이

• '은유법'은 원관념과 보조 관념을 암시적으로 연결하는 표현 방법입니다.

• '의인법'은 사람이 아닌 것을 사람이 행동하는 것처럼 표현하는 방법입니다.

5

'반성적(反省的)'은 '자신의 언행에 대하여 잘못이나 부족함이 없는지 돌이켜보는 것'을 뜻하는 말입니다. '성찰적(省察的)'은 '지나간 일을 되돌아보며 반성하고 살피는 것'을 뜻하는 말이므로 그 의미가 유사합니다.

● 오답 풀이

① '즐비(櫛比)하다'는 '빗살처럼 줄지어 빽빽하게 늘어서 있다.'를 뜻하는 말이고, '질편하다'는 '질거나 젖어 있다.'를 뜻하는 말입니다.

③ '찰나적(刹那的)'은 '매우 짧은 시간에 이루어지는 (것)'을, '한시적(限時的)'은 '일정한 기간에 한정되어 있는 (것)'을 뜻하는 말입니다.

④ '당숙(堂叔)'은 '아버지의 사촌 형제'이고, '삼촌(三寸)'은 '아버지의 형제를 이르거나 부르는 말. 특히 결혼하지 않은 남자 형제를 이르거나 부르는 말'입니다.

⑤ '생색(生色)'은 이 문장에서 '활기 있는 기색'을 뜻하는 말이고, '체면(體面)'은 '남을 대하기에 떳떳한 도리나 얼굴'을 뜻하는 말입니다.

6

남은 글자로 만든 사자성어인 '수어지교(水魚之交)'는 '물이 없으면 살 수 없는 물고기와 물의 관계'라는 뜻으로, 아주 친밀하여 떨어질 수 없는 사이를 비유적으로 이르는 말입니다.

(1) 이 문장은 '낙도'의 뜻을 설명하고 있습니다.

(2) 이 문장은 '넉살'의 뜻을 설명하고 있습니다.

(3) 이 문장은 '본적'의 뜻을 설명하고 있습니다.

(4) 이 문장은 '상징'의 뜻을 설명하고 있습니다.

(5) 이 문장은 '누명'의 뜻을 설명하고 있습니다.

(6) 이 문장은 '심오하다'의 뜻을 설명하고 있습니다.

(7) 이 문장은 '자국'의 뜻을 설명하고 있습니다.

7

(1) '성품과 행실이 높고 맑으며, 탐욕이 없음.'을 뜻하는 말은 '청렴하다'입니다.

(2) '근심과 걱정'을 뜻하는 말은 '시름'입니다.

(3) '눈에 보이는 것처럼 뚜렷하다.'를 뜻하는 말은 '완연하다'입니다.

(4) '부부가 평생을 사이좋게 지내고 즐겁게 함께 늙는 것'을 뜻하는 말은 '백년해로(百年偕老)'입니다.

8

(1) ○: 훈훈하고 따뜻한 기운을 '온기(溫氣)'라고 합니다.

(2) ×: '삼경(三更)'은 하룻밤을 '오경(五更)'으로 나눈 셋째 부분을 뜻하며 밤 11시에서 새벽 1시 사이를 가리킵니다.

(3) ×: '자규(子規)'는 두견과의 새로 '불여귀', '귀촉도' 등으로 불립니다.

(4) ×: '보라매'는 태어난 지 1년이 안 된 새끼를 잡아 길들여서 사냥에 쓰는 매를 가리키는 말입니다.

(5) ×: '강호(江湖)'는 강과 호수를 일컫는 말로 시인이나 묵객이 현실을 도피하던 공간입니다.

9

(1) 겨울이 시작되는 절기는 '입동'입니다.

(2) 하나에서 둘 이상으로 갈라져 나간 낱낱의 부분이나 계통은 '갈래'입니다.

(3) 수다스럽게 떠벌려 늘어놓는 말이나 짓은 '너스레'입니다.

10

〈보기〉에서 설명하는 단어는 '쌍심지'입니다.

① 빈칸에 들어갈 적절한 단어는 '아랫목'입니다.

③ 빈칸에 들어갈 적절한 단어는 '원관념'입니다.

④ 빈칸에 들어갈 적절한 단어는 '눈보라'입니다.

⑤ 빈칸에 들어갈 적절한 단어는 '여우비'입니다.

11

<table>
<tr><td></td><td></td><td>¹수</td><td></td><td></td><td>²서</td><td>²슬</td></tr>
<tr><td>¹치</td><td>계</td><td>미</td><td></td><td></td><td></td><td>하</td></tr>
<tr><td></td><td></td><td>상</td><td></td><td></td><td></td><td></td></tr>
<tr><td></td><td>³탐</td><td>관</td><td>오</td><td>리</td><td></td><td></td></tr>
<tr><td></td><td></td><td></td><td></td><td></td><td></td><td>⁶삭</td></tr>
<tr><td>⁴고</td><td></td><td></td><td>⁵규</td><td></td><td>⁵격</td><td>정</td></tr>
<tr><td>⁴독</td><td>수</td><td>공</td><td>방</td><td></td><td></td><td>이</td></tr>
</table>

복습 테스트 [2] 본문 154~157쪽

1 (1) ㉢ (2) ㉠ (3) ㉡ (4) ㉣

2 (1) ㉠ (2) ㉱ (3) ㉢ (4) ㉣ (5) ㉡

3 액자식 구성 – ㉢, ㉣ / 순행적 구성 – ㉠, ㉡

4 ③　　**5** ④　　**6** 혼비백산

7 (1) ① (2) ⑤ (3) ① (4) ④ (5) ②　　**8** ①

9 (1) ㉢ (2) ㉱ (3) ㉡ (4) ㉣ (5) ㉠

10 (1) 서술자 (2) 컷투　　**11** 해설 참고

1

(1) 영화나 드라마를 만들기 위해 쓴 대본은 '시나리오'입니다.

(2) 공연을 목적으로 하는 연극의 대본은 '희곡(戲曲)'입니다.

(3) 웃음을 주된 경향으로 인간과 사회의 문제점을 경쾌하고 재미있게 다룬 연극이나 극 형식을 '희극(喜劇)'이라고 합니다. '희곡'과는 글자가 비슷하지만 다른 말이니 혼동하지 마세요.

(4) 희곡은 다루고 있는 내용에 따라 희극(喜劇)과 비극(悲劇)으로 나눌 수 있습니다. 희극이 경쾌한 내용을 다루고 있다면 인생의 슬픔과 비참함을 제재로 하고 불행한 결말을 맺는 극 형식은 '비극'이라고 합니다.

2

(1) '상책(上策)'은 가장 좋은 대책이나 방책을 의미합니다. 그러므로 이 문장은 좋지 않은 일을 오래 마음에 담아 두지 말라는 뜻을 담고 있습니다.

(2) '편파(偏頗)'는 어느 한쪽으로 치우쳐 있음을 뜻합니다. 그러므로 '편파 방송'이란 공정하지 못하고 어느 한쪽의 편만 드는 내용의 방송을 말합니다.

(3) '판국(局)'은 일이 벌어진 사태의 형편이나 국면을 의미합니다.

(4) '문외한(門外漢)'은 어떤 일에 전문적인 지식이 없는 사람을 뜻합니다.

(5) '곤욕(困辱)'은 '심한 모욕, 또는 참기 힘든 일'을 뜻합니다. '곤혹(困惑)'은 곤란한 일을 당하여 어찌할 바를 모른다는 뜻으로 '곤욕을 당해 곤혹스럽다.'라는 문장을 떠올리면 두 단어의 의미 차이를 알 수 있을 거예요.

3

'액자식(額子式) 구성'은 이야기 속에 이야기를 갖고 있는 구성으로 내부 이야기가 소설의 주제를 담고 있는 경우가 많습니다. 외부 이야기는 내부 이야기에 신뢰성을 더해 주는 역할을 하고요. '순행적(順行的) 구성'은 이야기의 흐름이 시간의 순서대로 흘러가는 구성 방식으로 '평면적(平面的) 구성'과 의미가 유사합니다.

4

문맥상 '계획한 일이 실패로 돌아가거나 기대에 어긋나 매우 딱하게 됨.'이라는 의미의 '낭패(狼狽)'가 들어가는 것이 적절합니다.

① '고배(苦杯)'는 문맥상 쓰라린 경험을 비유적으로 이르는 말로 볼 수 있습니다. 보통 '고배를 마시다.'처럼 사용하죠.

② '낭보(朗報)'는 '기쁜 기별이나 소식'을 뜻합니다. '우리나라 대표팀이 금메달을 땄다는 낭보가 전해졌다.'와 같이 씁니다.

④ '실격(失格)'은 기준 미달이나 기준 초과, 규칙 위반 따위로 자격을 잃는다는 뜻입니다. '당하다'와 결합해 '실격을 당하다'와 같이 자주 사용됩니다.

⑤ '완패(完敗)'는 완전하게 패한다는 의미로 '전패(全敗)'와 뜻이 비슷합니다.

5

어떠한 의심도 품지 않고 누군가를 따른다는 내용으로 미루어 보아 태도가 미적지근하다는 뜻의 '미온적(微溫的)'이 아니라 '주관이나 원칙이 없이 덮어놓고 행동하는 (것)'을 뜻하는 '맹목적(盲目的)'이 들어가는 것이 적절합니다.

① '유목(遊牧)'은 가축이 먹을 만한 물과 풀밭을 찾아 떠돌아다니며 사는 방식을 뜻합니다. 이러한 의미를 고려할 때 '유목형 인간'은 머무르지 않고 움직이는 인간을 뜻한다고 볼 수 있습니다.

② '차일피일(此日彼日)'은 '이날 저 날 하고 자꾸 기한을 미루는 모양'을 뜻합니다. '~ 미루는 동안'이라는 부분으로 보아 '차일피일'은 적절하게 사용되었다고 볼 수 있습니다.

③ '혈안(血眼)'은 '혈안이 되다.'로 자주 사용되며 이는 '어떠한 일에 미친듯이 날뛰다.'라는 의미입니다.

⑤ '중수필(重隨筆)'은 주로 무거운 내용을 담고 있는 논리적이고 객관적인 수필을 뜻합니다. '내용이 무겁고 논리적이므로 ~'라는 부분을 통해 '중수필'은 적절하게 사용되었다고 볼 수 있습니다.

6

(1) 사람이 바라는 바를 충족시켜 주는 모든 물건은 '재화(財貨)'입니다.

(2) 실속은 없으면서 큰소리치거나 허세를 부리는 것을 '허장성세(虛張聲勢)'라고 합니다.

(3) 남자의 웃옷과 갓이라는 뜻을 가진 말로 남자가 정식으로 갖추어 입는 옷차림을 '의관(衣冠)'이라고 합니다.

(4) 인생의 길흉화복은 변화가 많아 예측하기 어렵다는 의미를 가진 사자성어는 '새옹지마(塞翁之馬)'입니다.

(5) 사회의 규범이나 질서 또는 이익에 반대되는 것을 뜻하는 단어는 '반사회적(反社會的)'입니다.

(6) 난리를 피해 가는 백성을 '피란민(避亂民)'이라고 합니다.

(7) 일이 진행되어 온 과정을 '경위(經緯)'라고 합니다.

(1)~(7)의 뜻풀이에 해당하는 단어를 모두 지우고 나서 남는 사자성어는 '혼비백산(魂飛魄散)'입니다.

7

(1) '만만히 볼 수 없을 만큼 깜찍한'이라는 뜻을 가진 단어는 '맹랑(孟浪)한'입니다.

② '명량(明亮)한'은 '환하게 밝은'이라는 뜻입니다.

③ '명랑(明朗)한'은 '유쾌하고 활발한'이라는 뜻으로, '명량한'과 의미가 유사합니다.

④ '난감(難堪)한'은 '이렇게 하기도 저렇게 하기도 어려워 처지가 매우 딱한'이라는 뜻입니다.

⑤ '애달픈'은 '마음이 안타깝거나 쓰라린'이라는 뜻입니다.

(2) '사실 그대로 고하다.'는 뜻을 가진 단어는 '이실직고(以實直告)하다'입니다.

① '보고(報告)'는 '일에 관한 내용이나 결과를 말이나 글로 알림.'을 뜻합니다. 밑줄 친 부분 중 '고하다'가 '어떤 사실을 알리거나 말하다.'라는 뜻이므로 '보고하다'의 의미를 갖고 있으나 '보고하다'는 '사실 그대로'의 의미를 갖고 있지 않으므로 대신해 쓸 수 있는 단어가 아닙니다.

② '바로잡다'는 '그릇된 일을 바르게 만들거나 잘못된 것을 올바르게 고치다.'라는 뜻입니다.

③ '자백(自白)하다'는 '자기가 저지른 죄나 자기의 허물을 남들 앞에서 스스로 고백하다.'라는 뜻입니다.

④ '자수(自首)하다'는 '범인이 스스로 수사 기관에 자기의 범죄 사실을 신고하고, 그 처분을 구하다.'라는 뜻입니다.

(3) '한발 물러나서 일이 되어 가는 형편을 바라보다.'라는 뜻을 가진 단어는 '관망(觀望)하다'입니다.

② '관측(觀測)'은 '기상 관측, 천체 관측'처럼 사용되며 '육안이나 기계로 자연 현상 특히 천체나 기상의 상태, 추이, 변화 따위를 관찰하여 측정하는 일'을 뜻합니다.

③ '예보(豫報)'는 '앞으로 일어날 일을 미리 알림.'을 뜻합니다. '일기 예보, 주간 예보'처럼 사용됩니다.

④ '예측(豫測)'은 '미리 헤아려 짐작함.'이라는 뜻입니다.

⑤ '추측(推測)'은 '미루어 생각하여 헤아림.'이라는 의미입니다.

(4) ①~⑤는 모두 '없애다'는 의미를 포함하고 있습니다. 다만 밑줄 친 부분 앞에 있는 '그동안의 빚을'을 고려하면 대신해 쓸 수 있는 단어는 '탕감(蕩減)해'입니다.

① '삭제(削除)'는 '깎아 없애거나 지워 버림.'이라는 뜻입니다. '내용 삭제, 조항 삭제'처럼 사용됩니다.

② '제거(除去)'는 '없애 버림.'이라는 뜻으로, '불순물 제거, 냄새 제거'처럼 사용됩니다.

③ '탕진(蕩盡)'은 '재물 따위를 다 써서 없앰.'이라는 뜻입니다. '재산 탕진, 국고 탕진'처럼 사용됩니다.

⑤ '해소(解消)'는 '어려운 일이나 문제가 되는 상태를 해결하여 없애 버림.'이라는 뜻입니다. '고민 해소, 갈등 해소'처럼 사용됩니다.

(5) 밑줄 친 부분의 내용을 고려할 때 대신할 수 있는 단어는 '감정, 생각, 감각 따위가 갑작스럽게 들이닥치거나 덮침.'을 뜻하는 '엄습(掩襲)해'입니다.

● 오답 풀이

① '공습(攻襲)'은 '갑자기 공격하여 침.'이라는 뜻입니다.
③ '수습(收拾)'은 '어수선한 사태를 거두어 바로잡음. 어지러운 마음을 가라앉히어 바로잡음.'이라는 뜻을 갖고 있습니다. '사고 수습, 민심 수습'처럼 사용됩니다.
④ '세습(世襲)'은 '한집안의 재산이나 신분, 직업 따위를 대대로 물려주고 물려받음.'을 뜻합니다. '권력 세습, 세습 왕조'처럼 사용됩니다.
⑤ '답습(踏襲)'은 '예로부터 해 오던 방식이나 수법을 좇아 그대로 행함.'을 뜻합니다. '과거 답습, 잘못된 방식을 답습'처럼 사용됩니다.

8

〈보기〉에서 설명하는 단어는 '화수분'입니다. ①에서 다양한 표정을 가졌다는 것은 계속 다른 모습을 볼 수 있음을 의미하므로 빈칸에는 내용물이 줄어들지 않는다는 설화 속 단지를 의미하는 '화수분'이 들어가는 것이 적절합니다.

● 오답 풀이

② 인물이 작품 속에 잘 나타났다는 뜻이므로 빈칸에 들어갈 적절한 말은 '형상화(形象化)'입니다.
③ 할머니가 쓰러지신 것은 가정을 위기에 빠뜨린 사건일 것입니다. 그러므로 빈칸에는 매우 어지럽거나 못 쓰게 된 모양을 비유적으로 이르는 '쑥대밭'이 들어가는 것이 적절합니다.
④ 빈칸에는 무례하고 건방진 태도를 의미하는 '방자(放恣)한'이 들어가는 것이 적절합니다.
⑤ '아주 먼 옛날'과 의미상 관련이 있는 '태곳(太古)적'이 들어가는 것이 적절합니다.

9

(1) 현실의 바람직하지 못한 점이나 이치에 맞지 않는 일 등을 빗대어 비웃는 것을 '풍자(諷刺)'라고 합니다.
(2) 서로 생각이 달라 부딪치는 것을 '갈등(葛藤)'이라고 합니다.
(3) 매우 어지럽거나 못 쓰게 된 모양을 비유적으로 이르는 말은 '쑥대밭'입니다.
(4) 고생 끝에 즐거움이 온다는 의미를 가진 사자성어는 '고진감래(苦盡甘來)'입니다.
(5) 있는 듯 없는 듯 흐지부지하다는 뜻을 가진 단어는 '유야무야(有耶無耶)'입니다.

10

(1) 소설에서 사건을 일정한 기준에 따라 전달해 주는 이를 '서술자(敍述者)'라고 합니다.
(2) 컷투는 장면을 전환할 때 아무런 효과 없이 두 개의 컷을 붙이는 것을 뜻하는 시나리오 용어입니다.

11

¹미	장	센			
온				²노	
적		²측	은	지	심
	³서			초	
	술		³필	사	적
⁴방	자	하	다		
백			⁵북	새	통

[가로 열쇠]

1 '미장센'은 무대에 오른 등장인물의 배치나 동작 등 총체적인 설계를 뜻하는 시나리오 용어입니다.
2. 누군가를 불쌍히 여기는 마음을 '측은지심(惻隱之心)'이라고 합니다.
3. 죽을힘을 다하는 것을 뜻하는 단어는 '필사적(必死的)'입니다.
4. 어려워하거나 조심스러워하는 태도가 없이 무례하고 건방지다는 의미를 가진 단어는 '방자(放恣)하다'입니다.
5. 많은 사람이 야단스럽게 부산을 떨며 법석이는 상황을 '북새통'이라고 하며 '북새통을 이루다. 북새통이 벌어지다.'처럼 사용됩니다.

[세로 열쇠]

1. '미'로 시작하는 단어로 태도가 미적지근하다는 뜻을 가진 단어는 '미온적(微溫的)'입니다.
2. 두 번째 글자가 '심'이고, 몹시 마음을 쓰며 애를 태운다는 뜻을 가진 단어는 '노심초사(勞心焦思)'입니다.
3. 사건이나 생각을 일정한 기준이나 관점에 따라 이야기해 주는 이는 '서술자(敍述者)'입니다.
4. 연극의 대사 중 무대 위 인물은 듣지 못하고 관객만 들을 수 있는 것으로 약속된 대사를 '방백(傍白)'이라고 합니다.

어휘 더하기

본문 161쪽

정답 | ③

'청중(聽衆)'과 '시청(視聽)', '청력(聽力)'에 공통으로 쓰인 '청(聽)'은 '듣다'라는 뜻을 지니고 있습니다. 따라서 이와 관련된 감각 기관은 '귀'입니다.

문제로 확인하기

본문 162~163쪽

1 (1) ② (2) ④　　**2** ②　　**3** ③　　**4** ⑤

5 ㉠ 사회·문화적 맥락　㉡ 상황 맥락

1

(1) '공감(共感)'은 '남의 감정, 의견, 주장 따위에 대하여 자기도 그렇다고 느낌. 또는 그렇게 느끼는 기분'을 뜻합니다.

• 오답 풀이

① '경청(傾聽)'은 '귀를 기울여 들음.'을 뜻합니다.

③ '공정(公正)'은 '공평하고 올바름.'을 뜻합니다.

④ '설득(說得)'은 '상대편이 이쪽 편의 이야기를 따르도록 여러 가지로 깨우쳐 말함.'을 뜻합니다.

⑤ '설명(說明)'은 '어떤 일이나 대상의 내용을 상대편이 잘 알 수 있도록 밝혀 말함. 또는 그런 말'을 뜻합니다.

(2) '추론(推論)'은 '미루어 생각하여 논함.'을 뜻합니다.

• 오답 풀이

① '동감(同感)'은 '어떤 견해나 의견에 같은 생각을 가짐. 또는 그 생각'을 뜻합니다.

② '맥락(脈絡)'은 '사물 따위가 서로 이어져 있는 관계나 연관'을 뜻합니다.

③ '설득(說得)'은 '상대편이 이쪽 편의 이야기를 따르도록 여러 가지로 깨우쳐 말함.'을 뜻합니다.

⑤ '질의응답(質疑應答)'은 '의심나거나 모르는 점을 묻고 물음에 대답을 하는 일'을 뜻합니다.

2

제시된 질문들은 모두 '신뢰성(信賴性)'을 판단하기 위한 것들입니다. '신뢰성'은 '굳게 믿고 의지할 수 있는 성질'을 뜻합니다.

• 오답 풀이

① '공정성(公正性)'은 '공평하고 올바른 성질'을 뜻합니다. 공정성을 판단하기 위해서는 '주장이나 의견이 한쪽의 이익에 치우쳤는가?', '주장이 정의로운가?' 등을 따져 봐야 합니다.

③ '편파성(偏頗性)'은 '어느 한쪽으로 치우쳐 공정성을 잃는 성질'을 뜻합니다.

④ '중립성(中立性)'은 '어느 편에도 치우치지 아니하고 공정하게 처신하는 성질'을 뜻합니다.

⑤ '타당성(妥當性)'은 '주장이나 의견과 그 근거가 합리적이고 일관성을 갖추고 있는 성질'을 뜻합니다. 타당성을 판단하기 위해서는 '주장에 대한 근거가 있는가?', '근거가 주장을 뒷받침하는가?', '주장과 근거 사이에 연관성이 있는가?' 등을 따져 봐야 합니다.

3

제시된 글에서는 상대방의 말을 귀담아듣는 태도의 중요성을 강조하고 있습니다. 이처럼 상대방의 말을 귀를 기울여 주의하여 잘 듣는 것을 이르는 단어는 '경청(傾聽)'입니다.

• 오답 풀이

① '맥락(脈絡)'은 '사물 따위가 서로 이어져 있는 관계나 연관'을 뜻합니다.

② '추론(推論)'은 '미루어 생각하여 논함.'을 뜻합니다.

④ '공감(共感)'은 '남의 감정, 의견, 주장 따위에 대하여 자기도 그렇다고 느낌. 또는 그렇게 느끼는 기분'을 뜻합니다.

⑤ '중립(中立)'은 '어느 편에도 치우치지 않고 중간적인 입장에 섬. 또는 그런 입장'을 뜻합니다.

4

'개인끼리나 나라끼리 서로 사이가 좋은 것'을 뜻하는 단어는 '우호적(友好的)'입니다. '우호적'의 반대말은 '적으로 대하거나 적과 같이 대하는 것'을 뜻하는 단어인 '적대적(敵對的)'입니다.

• 오답 풀이

• '중립적(中立的)'은 '어느 편에도 치우치지 않고 중간적인 입장에 서는 것'을 뜻합니다.

• '편파적(偏頗的)'은 '공정하지 못하고 어느 한쪽으로 치우친 것'을 뜻합니다.

• '편향적(偏向的)'은 '한쪽으로 치우친 경향이 있는 것'을 뜻합니다.

5

㉠ 외국인 학생은 뜨거운 국물을 먹으며 '시원하다'라고 표현하는 한국의 사회·문화적 맥락을 모르고 있었기 때문에 당황했던 것이지요. 그러므로 '사회·문화적 맥락'이라는 말이 들어가야

ⓛ "좀 덥지 않냐?"는 친구의 말에 한 학생이 "기온이 아침보다 5도가량 올라갔어."라고 대꾸했다가 앞에 앉은 친구에게 핀잔을 들은 까닭은, 날이 무더워 주위 친구들이 창문을 열기를 바라고 있는 상황 맥락을 제대로 파악하지 못했기 때문입니다. 따라서 '상황 맥락'이라는 단어가 들어가야 적절합니다.

6

1문단에 따르면, 공감적 듣기는 나와 상대방 사이의 정서적 친밀감 형성에 기여할 수 있습니다.

• 오답 풀이

① 1문단에 따르면, 공감적 듣기는 상대방의 말을 분석하거나 비판하기보다는 상대방의 관점에서 문제를 바라보고 이해하려고 노력하는 데 목적이 있습니다.
② 1문단에 따르면, 공감적 듣기는 화자가 아닌 상대방(청자)이 인간적 존중감을 느끼게 합니다.
③ 2문단에 따르면, 소극적인 들어 주기와 적극적인 들어 주기 모두 공감적 듣기에 해당합니다. 둘 사이에 어떤 것이 더 효과적인지에 대해서는 언급하고 있지 않습니다.
④ 1문단에 따르면, 공감적 듣기는 상대방의 관점에서 문제를 바라보고 이해하려고 노력하는 데 목적이 있습니다.

7

'소극적인 들어 주기'는 상대방에게 관심을 나타내면서(ㄱ, ㄴ), 상대방이 계속 이야기를 이어 갈 수 있도록 맥락을 조절하여 주는 (ㄹ) 듣기를 말합니다.

• 오답 풀이

• 상대방의 말을 간추려 주며 상대방의 말을 분명하게 이해했음을 드러내는 것은 '적극적인 들어 주기'에 해당합니다.

8

'함양(涵養)하다'는 '능력이나 품성 따위를 길러 쌓거나 갖추다.'를 뜻합니다. 따라서 '기르다'나 '갖추다'와 바꿔 쓰기에 적절합니다.

1

㉮ '귀가 번쩍 뜨이다.'는 '들리는 말에 선뜻 마음이 끌리다.'를 뜻하는 관용어입니다.
㉯ '귀를 의심하다.'는 '믿기 어려운 이야기를 들어 잘못 들은 것이 아닌가 생각하다.'를 뜻하는 관용어입니다.

2

④의 빈칸에는 '눈'이 들어가야 합니다. '눈은 그 사람의 마음을 닮는다.'는 눈만 보아도 그 사람의 마음을 짐작할 수 있음을 비유적으로 이르는 속담입니다.

• 오답 풀이

① '쇠귀에 경 읽기.'는 소의 귀에 대고 경을 읽어 봐야 단 한 마디도 알아듣지 못한다는 뜻으로, 아무리 가르치고 일러 주어도 알아듣지 못하거나 효과가 없는 경우를 이르는 속담입니다.
② '귀 막고 방울 도둑질한다.'는 얕은수를 써서 남을 속이려 하나 거기에 속는 사람이 없음을 비유적으로 이르는 속담입니다.
③ '귀 장사 하지 말고 눈 장사 하라.'는 실지로 보고 확인한 것이 아니면 말하지 말라는 뜻으로 이르는 속담입니다.
⑤ '귀에 걸면 귀걸이, 코에 걸면 코걸이.'는 어떤 원칙이 정해져 있는 것이 아니라 둘러대기에 따라 이렇게도 되고 저렇게도 될 수 있음을 비유적으로 이르는 속담입니다. 또 이 속담은 어떤 사물은 보는 관점에 따라 이렇게도 될 수 있고 저렇게도 될 수 있음을 비유적으로 이를 때에도 쓰입니다.

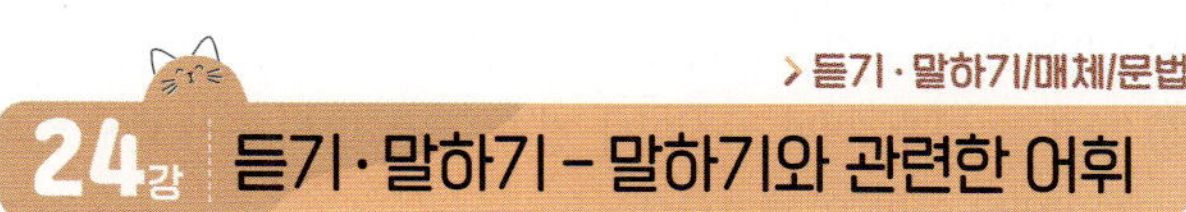

정답 | ㉠ 논거　㉡ 논박

• '논거(論據)'는 '주장이나 이론을 뒷받침하는 근거'를 뜻합니다.
• '논박(論駁)'은 '어떤 주장이나 의견에 대하여 그 잘못된 점을 조리 있게 공격하여 말함.'을 뜻합니다.

1

(1) '살짝 미소를 지으며'는 표정과 관련이 있기 때문에 '비언어적

표현'에 해당합니다.

(2) '목소리를 높여서'는 목소리의 크기와 관련이 있기 때문에 '준
언어적 표현'에 해당합니다.

(3) '손가락을 하나씩 펼치며'는 손짓과 관련이 있기 때문에 '비언
어적 표현'에 해당합니다.

(4) '고개를 천천히 내저으며'는 몸짓과 관련이 있기 때문에 '비언
어적 표현'에 해당합니다.

2

㉠ 토론의 주제를 '논제'라고 합니다.

㉡ 토론은 찬성 측과 반대 측이 자신의 주장이 정당함을 밝히
고, 상대방의 주장의 문제점을 지적하는 말하기이기 때문에
상호 대립적인 분위기 속에서 진행됩니다.

㉢ 토의는 문제 상황을 해결하기 위한 다양한 방안을 모아 최선
의 해결책을 찾는 것을 목적으로 합니다.

• 오답 풀이

• '의제'는 '토의의 주제'를 뜻합니다.

• '합의안'은 '서로 의견이 일치한 방안이나 의견'을 뜻합니다.

3

'논쟁(論爭)'은 '서로 다른 의견을 가진 사람들이 각각 자기의 주
장을 말이나 글로 논하여 다툼.'을 뜻합니다.

• 오답 풀이

① '논점(論點)'은 '논의나 논쟁 따위의 중심이 되는 문제점'을 뜻
합니다.

② '면담(面談)'은 '서로 만나서 이야기함.'을 뜻합니다.

③ '발표(發表)'는 '어떤 사실이나 결과, 작품 따위를 세상에 널리
드러내어 알림.'을 뜻합니다.

④ '논증(論證)'은 '옳고 그름을 이유를 들어 밝힘. 또는 그 근거
나 이유'를 뜻합니다.

4

'환기(喚起)하다'는 '주의나 여론, 생각 따위를 불러일으키다.'를
뜻합니다.

• 오답 풀이

② '한정(限定)하다'는 '수량이나 범위 따위를 제한하여 정하다.'를
뜻합니다.

③ '공감(共感)하다'는 '남의 감정, 의견, 주장 따위에 대하여 자기
도 그렇다고 느끼다.'를 뜻합니다.

④ '수정(修正)하다'는 '바로잡아 고치다.'를 뜻합니다.

⑤ '지시(指示)하다'는 '가리켜 보게 하다. 일러서 시키다.'를 뜻합
니다.

5

'장황(張皇)하다'는 '매우 길고 번거롭다.'를 뜻하는데, 그 앞에 '요
약을 잘해서'라는 말이 있기 때문에 적절하지 않습니다. 자연스
럽게 이어지기 위해서는 '간단하면서도 짜임새가 있다.'를 뜻하는
'간결(簡潔)하다'를 써야 합니다.

• 오답 풀이

① '간단명료(簡單明瞭)하다'는 '간단하고 분명하다.'를 뜻합니다.

② '허점(虛點)'은 '불충분하거나 허술한 점. 또는 주의가 미치지
못하거나 틈이 생긴 구석'을 뜻합니다.

④ '오류(誤謬)'는 '그릇되어 이치에 맞지 않는 일'을 뜻합니다.

⑤ '면담(面談)'은 '서로 만나서 이야기함.'을 뜻합니다.

6

㉠ 토론의 제목은 '논제'라고 합니다. 논제는 '로봇세를 도입해야
한다.'와 같이 찬성과 반대의 의견이 팽팽하게 대립하는 것이
적절합니다.

㉡ '반론'은 '상대방이 주장한 것에 대하여 문제점을 찾아 지적하
는 것'을 말합니다.

㉢ '주장을 뒷받침하는 이유나 자료'를 '논거'라고 합니다.

• 오답 풀이

• '논점(論點)'은 '논의나 논쟁 따위의 중심이 되는 문제점'을 뜻
합니다.

• '입론(立論)'은 '자신의 주장이 타당함을 논리적으로 입증하는
말하기'를 뜻합니다.

• '변론(辯論)'은 '사리를 밝혀 옳고 그름을 따짐.'을 뜻합니다.

<table>
<tr><td colspan="2">독해로 완성하기</td><td>본문 170쪽</td></tr>
<tr><td>7 ②</td><td>8 ③</td><td></td></tr>
</table>

7

제시된 면담에서 '경찰관 일을 하면서 보람을 느꼈던 때'에 관한
내용은 없습니다. 그러므로 이에 대한 추가 질문이 있으면 면담
내용이 더 충실해질 수 있습니다.

• 오답 풀이

① 경찰관의 두 번째 대답에서 '시민들이 충격에 빠져 있어서 어
쩔 줄 몰라 하는' 상황에서 시민들의 안전을 책임지려면 '강인
한 정신력이 무엇보다 필요'하다고 하였습니다. 그리고 그 이
유로 '침착하게 상황을 판단하고 필요한 조치를 할 수 있으니
까요.'라고 말하였으므로 ①은 추가 질문으로 적절하지 않습
니다.

③ 경찰관의 첫 번째 대답에서 '대학에서 경찰 행정학을 전공'했다는 내용을 통해 알 수 있습니다. 따라서 ③은 추가 질문으로 적절하지 않습니다.

④ 경찰관의 마지막 대답에서 허위 신고나 장난 전화 때문에 '경찰관이 꼭 필요한 위급한 사건 현장에 출동하지 못하거나 출동이 늦어질 수 있다'는 문제점을 확인할 수 있습니다. 따라서 ④는 추가 질문으로 적절하지 않습니다.

⑤ 경찰관의 두 번째 대답을 보면 강인한 정신력 외에도 추리력과 강한 체력도 반드시 필요하다는 것을 확인할 수 있습니다. 따라서 ⑤는 추가 질문으로 적절하지 않습니다.

8

제시된 대화와 같은 담화 유형을 '면담'이라고 합니다. 면담은 유익한 정보나 도움을 얻기 위한 목적에서 이루어지는 질의응답식 대화입니다.

● 오답 풀이

ㄱ. 인물의 품성과 능력을 평가하기 위한 담화 유형은 '면접'입니다.

ㄹ. 상호 타협과 조정을 통해 갈등의 해결 방법을 찾아가는 담화 유형은 '협상'입니다.

관용 표현 익히기
본문 171쪽

1 ㄹ   **2** 입

1

첫 번째 장면에서 남학생은 친구들에게 솔깃한 제안을 하며 자기를 대신해서 발표를 해 줄 것을 부탁하고 있습니다. 두 번째 장면과 세 번째 장면에서는, 그 솔깃한 제안에만 관심을 두고 있는 친구들의 모습이 그려져 있습니다. 따라서 빈칸에는 '감언이설'이 들어가기에 적절합니다. '감언이설'은 귀가 솔깃하도록 남의 비위를 맞추거나 이로운 조건을 내세워 꾀는 말을 뜻합니다.

2

빈칸에 공통으로 들어갈 단어는 '입'입니다. '입이 여럿이면 금도 녹인다'는 여러 사람이 힘을 모으면 무슨 일이든 이룰 수 있다는 속담입니다. '입에 쓴 약이 병에는 좋다'는 자기에 대한 충고나 비판이 당장은 듣기에 좋지 아니하지만 그것을 달게 받아들이면 자기 수양에 이로움을 이르는 속담입니다. '입은 비뚤어져도 말은 바로 해라'는 상황이 어떻든지 말은 언제나 바르게 하여야 함을 이르는 속담입니다.

25강 매체 – 매체와 관련한 어휘

어휘 더하기
본문 173쪽

정답 | (1) 가르쳐 (2) 지양

(1) 편집 방법을 익히도록 해 주는 상황이므로 '가르치다'가 적절합니다.

(2) 외래문화를 무비판적으로 수용하지 말 것을 주장하는 내용이기 때문에 '지양'이 적절합니다.

문제로 확인하기
본문 174~175쪽

1 (1) 짜깁기 (2) 진상 (3) 공유 (4) 복합양식성

2 ㉠ 공유 ㉡ 왜곡   **3** ②   **4** ④

5 ㉠ 대중 매체 ㉡ 시청자 ㉢ 인신공격 ㉣ 명예

1

(1) '짜깁기'는 '기존의 글이나 영화 따위를 편집하여 하나의 완성품으로 만드는 일'을 뜻합니다.

(2) '진상(眞相)'은 '사물이나 현상의 거짓 없는 모습이나 내용'을 뜻합니다.

(3) '공유(共有)'는 '두 사람 이상이 한 물건을 공동으로 소유하거나 이용함.'을 뜻합니다.

(4) '복합양식성'은 '하나의 매체에서 소리, 문자, 이미지, 영상, 음악 등의 여러 양식이 복합적으로 결합하는 것'을 뜻합니다.

● 오답 풀이

• '독점(獨占)'은 '혼자서 모두 차지함.'을 뜻합니다.

• '특수성(特殊性)'은 '일반적이고 보편적인 것과 다른 성질'을 뜻합니다.

• '왜곡(歪曲)'은 '사실과 다르게 해석하거나 그릇되게 함.'을 뜻합니다.

2

㉠ '전유(專有)'와 반대로 '두 사람 이상이 한 물건을 공동으로 소유하거나 이용함.'을 뜻하는 단어는 '공유(共有)'입니다.

㉡ '사실과 달리 그릇되게 하거나 진실과 다르게 함.'을 뜻하며, 순우리말인 '거짓 꾸미기'와 비슷한 뜻을 지닌 단어는 '왜곡(歪曲)'입니다.

3

두 군데 모두 '어떠한 것을 받아들이는 사람'을 뜻하는 '수용자'가

적절합니다.

① '승객(乘客)'은 '차나 배, 비행기 따위의 탈것을 타는 손님'을 뜻
합니다.

③ '생산자(生産者)'는 '어떤 물건이나 정보를 만들어 내는 사람'을
뜻합니다.

④ '관리자(管理者)'는 '소유자로부터 위탁을 받아 시설을 관리하
는 사람'을 뜻합니다.

⑤ '청취자(聽取者)'는 '라디오 방송을 듣는 사람'을 뜻합니다.

4

㉠에는 '누리집', ㉡에는 '누리 소통망', ㉢에는 '누리꾼', ㉣에는
'누리망'이 들어갈 수 있습니다.

• '누리지기'는 웹 서버나 홈페이지를 관리하는 사람인 '웹마스터
(webmaster)'를 순화한 말입니다.

5

㉠ '신문, 잡지, 영화, 텔레비전 등과 같이 많은 사람에게 대량으
로 정보와 사상을 전달하는 매체'를 '대중 매체'라고 합니다.

㉡ '텔레비전을 통해 정보를 수용하는 사람'을 '시청자'라고 합니다.

㉢ '남의 신상에 관한 일을 들어 비난하는 것'을 '인신공격'이라고
합니다.

㉣ '세상에서 훌륭하다고 인정되는 이름이나 자랑. 또는 그런 존
엄이나 품위'를 '명예'라고 하고, '명예에 해를 끼쳐 손해를 입
히는 일'을 '명예 훼손'이라고 합니다.

6 ③　　　7 ④

6

1문단에서는 저작권의 개념을 설명하였고, 이를 저작 재산권과
저작 인격권으로 나눌 수 있다고 하였습니다. 그리고 2문단에서
는 저작 재산권에 대해서, 3문단에서는 저작 인격권에 대해서 설
명하고 있습니다.

① 2차적 저작물이 갖추어야 할 요건에 대한 설명은 찾아볼 수
없습니다.

② 저작권 보호의 중요성을 강조하기 위하여 저작권 침해 사례
를 나열한 내용을 찾아볼 수 없습니다.

④ 묻고 답하는 방식이 사용되지 않았으며, 저작권 침해가 발생
하는 경우를 나열한 내용도 찾아볼 수 없습니다.

⑤ 1문단에서 저작권의 개념을 설명하고 있지만, 저작권이 보호
받기 위한 조건에 관한 내용은 찾아볼 수 없습니다.

7

저작권을 저작 재산권과 저작 인격권으로 나눈 것이기 때문에,
'구분(區分)하다'와 바꿔 쓰는 것이 가장 적절합니다. '구분하다'는
'일정한 기준에 따라 전체를 몇 개로 갈라 나누다.'를 뜻합니다.

① '분석(分析)하다'는 '얽혀 있거나 복잡한 것을 풀어서 개별적인
요소나 성질로 나누다.'를 뜻합니다.

② '변별(辨別)하다'는 '사물의 옳고 그름이나 좋고 나쁨을 가리
다.'를 뜻합니다.

③ '배분(配分)하다'는 '몫몫이 별러 나누다.'를 뜻합니다.

⑤ '해석(解析)하다'는 '사물을 자세히 풀어서 논리적으로 밝히다.'
를 뜻합니다.

유출

'유출(流出)'은 '밖으로 흘러 나가거나 흘려 내보냄.', '귀중한 물품
이나 정보 따위가 불법적으로 나라나 조직의 밖으로 나가 버림.
또는 그것을 내보냄.'을 뜻합니다.

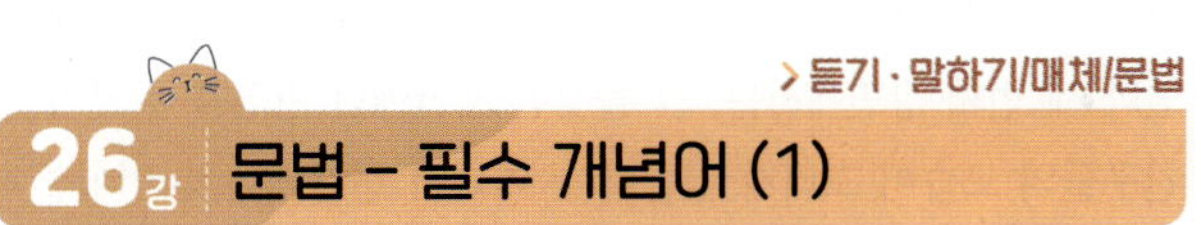

정답 | ㉠ 입　㉡ 사람

자음 'ㅁ'은 입의 모양을 본떠서 만든 기본자이고, 모음 'ㅣ'는 사
람이 서 있는 모양을 본떠서 만든 기본자입니다.

1 ⑤　　　2 (1) 된소리　(2) 울림소리　　　3 ⑤

4 ③　　　5 ④　　　6 ㉠ 표음 문자　㉡ 음절　㉢ 뜻

1

ㄱ. 자음은 홀로 소리를 낼 수 없고, 모음과 결합해야만 소리를 낼 수 있는 닿소리입니다. 이와 달리 모음은 홀로 소리를 낼 수 있는 홀소리입니다.

ㄴ. 자음과 모음은 음운에 해당합니다. 음운은 단어의 뜻을 구별해 주는 소리의 가장 작은 단위입니다.

ㄷ. 자음은 발음할 때 발음 기관(목, 입, 혀 등)에 의하여 구강 통로가 좁아지거나 완전히 막히는 등의 장애를 받지만, 모음은 그러한 장애를 받지 않습니다.

2

(1) 'ㄲ'은 된소리에 해당합니다. 된소리는 발음 기관에 강한 근육 긴장을 일으켜 발음하는 자음으로, 'ㄲ', 'ㄸ', 'ㅃ', 'ㅆ', 'ㅉ' 등이 있습니다.

(2) 국어의 자음 중 'ㄴ, ㅁ, ㅇ, ㄹ'은 울림소리에 해당합니다. 울림소리는 발음할 때 코안이나 입안이 울리는 소리입니다.

● 오답 풀이

• '예사소리'는 발음 기관에 힘이 비교적 조금 들어가서 약하게 숨을 내쉴 때 만들어지는 소리입니다. 'ㄱ', 'ㄷ', 'ㅂ', 'ㅅ', 'ㅈ' 등이 여기에 해당합니다.

• '거센소리'는 공기를 세게 내뿜어 거세게 나오는 장애음입니다. 'ㅋ, ㅌ, ㅍ, ㅊ' 등이 여기에 해당합니다.

3

(가)는 단모음, (나)는 이중 모음입니다. 이중 모음은 단모음과 달리 소리를 내는 도중에 입술 모양이나 혀의 위치가 처음과 끝이 달라집니다.

4

한글은 같은 표음 문자인 알파벳과 달리 소리와 문자가 거의 일대일로 대응하기 때문에 소리를 정확하게 표기할 수 있습니다.

5

'창제(創製)'는 '전에 없던 것을 처음으로 만들거나 제정함.'을 뜻합니다.

● 오답 풀이

① '창설(創設)'은 '기관이나 단체 따위를 처음으로 베풂.'을 뜻합니다.

② '창업(創業)'은 '나라나 왕조 따위를 처음으로 세움.', '사업 따위를 처음으로 이루어 시작함.'을 뜻합니다.

③ '창작(創作)'은 '방안이나 물건 따위를 처음으로 만들어 냄. 또는 그렇게 만들어 낸 방안이나 물건'을 뜻합니다.

⑤ '창간(創刊)'은 '신문, 잡지 따위의 정기 간행물의 첫 번째 호(號)를 펴냄.'을 뜻합니다.

6

㉠ 한글은 말소리를 그대로 기호로 나타낸 표음 문자입니다.

㉡ '똑', '딱'과 같이 모음과 자음이 어울린 한 덩어리의 소리를 '음절'이라고 합니다.

㉢ 중국의 한자는 하나하나의 글자가 일정한 뜻을 나타내는 문자인 표의 문자입니다.

7 ①　　　**8** ④

7

2문단에 따르면, 기본 글자에 획을 더하여 만든 'ㅋ, ㄷ, ㅌ, ㅂ, ㅍ, ㅈ, ㅊ, ㆆ, ㅎ'은 기본 글자에 비해 소리가 셉니다. 하지만 획은 더하였지만 'ㆁ, ㄹ, ㅿ'은 가획의 의미가 없기 때문에 기본 글자에 비해 소리가 세다고 할 수 없습니다.

● 오답 풀이

② 1문단에 따르면, 자음과 모음 모두 상형을 기본 원리로 하여 만들었습니다.

③ 2문단에 따르면, 'ㅋ, ㄷ, ㅌ, ㅂ, ㅍ, ㅈ, ㅊ, ㆆ, ㅎ'은 기본 글자에 획을 더하여 만들었습니다.

④ 2문단에 따르면, 자음은 모두 17자를 만들었습니다. 그리고 3문단에 따르면, 모음은 모두 11자를 만들었습니다.

⑤ 2문단에 따르면, 기본 글자인 'ㄱ'은 혀뿌리가 목구멍을 막는 모양을 본떴고, 'ㄴ'은 혀가 윗잇몸에 붙는 모양을 본떴습니다. 'ㅁ'은 입 모양을, 'ㅅ'은 이의 모양을, 'ㅇ'은 목구멍 모양을 본떠서 만들었습니다.

8

'모방(模倣)하다'는 '다른 것을 본뜨거나 본받다.'를 뜻합니다. 따라서 '본떠서'와 바꿔 쓰기에 적절합니다.

● 오답 풀이

① '표절(剽竊)하다'는 '시나 글, 노래 따위를 지을 때에 남의 작품의 일부를 몰래 따다 쓰다.'를 뜻합니다.

② '묘사(描寫)하다'는 '어떤 대상이나 사물, 현상 따위를 언어로 서술하거나 그림을 그려서 표현하다.'를 뜻합니다.

③ '복사(複寫)하다'는 '원본을 베끼다.'를 뜻합니다.

⑤ '계승(繼承)하다'는 '조상의 전통이나 문화유산, 업적 따위를 물려받아 이어 나가다.'를 뜻합니다.

1 ㉢　　**2** 해설 참고

1

'형설지공(螢雪之功)'은 반딧불, 눈과 함께 하는 노력이라는 뜻으로, 고생을 하면서 부지런하고 꾸준하게 공부하는 자세를 이르는 말입니다. 환경을 탓하기보다는 환경을 극복하며 뜻을 이루려 노력하는 태도의 중요성과 관련이 있습니다.

● 오답 풀이

㉠ '온고지신(溫故知新)'은 '옛것을 익히고 그것을 미루어서 새것을 앎.'을 뜻합니다.

㉡ '식자우환(識字憂患)'은 '학식이 있는 것이 오히려 근심을 사게 됨.'을 뜻합니다.

㉣ '곡학아세(曲學阿世)'는 '바른길에서 벗어난 학문으로 세상 사람에게 아첨함.'을 뜻합니다.

2

	¹박		²유
¹곡	학	아	세	비
	다		무
	²식	자	우	환

🐱

›듣기·말하기/매체/문법

27강 문법 – 필수 개념어 (2)

정답 | [어간] 잡히-, [어미] -다, [어근] 잡-, [접사] -히-

'잡히다'는 '잡히고, 잡히며, 잡히지, ……' 등과 같이 활용할 수 있는데, 이때 변하지 않는 부분인 '잡히-'가 어간에 해당하며, 어간 뒤에 붙는 '-다'는 어미에 해당합니다. 어간 '잡히-'는 다시 실질적 의미를 지니고 있는 어근 '잡-'과 어근에 붙어 새로운 단어를 만들어 주는 접사 '-히-'로 나눌 수 있습니다.

1 (1) 기능, 의미　(2) 형태소　(3) 신조어　(4) 수사
[사자성어: 괄목상대]　**2** '먹-'　**3** ③
4 [단일어] 어머니, 민들레　[합성어] 불고기, 손수건　[파생어] 지우개, 잠꾸러기　**5** ㉠ 새말　㉡ 합성어

1

'괄목상대(刮目相對)'는 눈을 비비고 상대편을 본다는 뜻으로, '남의 학식이나 재주가 놀랄 만큼 부쩍 늚.'을 이르는 말입니다.

2

'나, 는, 밥, 을, 먹-, -었-, -다'에서 자립 형태소는 '나, 밥'이고, 의존 형태소는 '는, 을, 먹-, -었-, -다'입니다. 그리고 실질 형태소는 '나, 밥, 먹-'이고, 형식 형태소는 '는, 을, -었-, -다'입니다. 따라서 의존 형태소이면서 실질 형태소에 해당하는 것은 '먹-' 하나뿐입니다.

3

'좋다'는 기본형에 해당하며, '좋아, 좋으니, 좋소, ……' 등과 같이 어간에 여러 가지 어미가 붙는 것을 '활용'이라고 합니다. 뜻풀이를 고려할 때, '상태나 성질'과 관련이 있기 때문에 '좋다'의 품사는 형용사입니다.

4

'어머니'와 '민들레'는 하나의 실질 형태소가 하나의 단어를 형성한 단일어에 해당합니다. '불고기'는 어근 '불'과 어근 '고기'가, '손수건'은 어근 '손'과 어근 '수건'이 결합한 합성어에 해당합니다. '지우개'는 어근 '지우-'와 접사 '-개'가, '잠꾸러기'는 어근 '잠'과 접사 '-꾸러기'가 결합한 파생어에 해당합니다.

5

㉠ 아버지는 '귀쫑긋모자'라는 단어를 처음 듣는다고 하였습니다. '새로 만들어진'이라는 말을 고려할 때, '새말'이 들어가기에 적절합니다.

㉡ '귀'와 '쫑긋', '모자'는 모두 실질 형태소(어근)에 해당합니다. 어근끼리 결합하여 만들어진 말이기 때문에 '합성어'에 해당합니다.

6 ⑤　　**7** ⑤

6

3문단에 따르면, 용언(동사, 형용사)뿐만 아니라 서술격 조사 '이다'도 형태가 변하는 말인 가변어에 해당합니다.

① 1문단에 따르면, 품사는 단어를 공통된 성질에 따라 분류해 놓은 갈래를 뜻합니다. 즉 모든 단어는 9개의 품사 중 어느 하나로 분류될 수 있습니다.
② '해', '별', '달'은 형태가 변하지 않는 말인 불변어에 해당합니다.
③ 3문단에 따르면, 다른 단어를 꾸며 주는 역할을 하는 단어는 '수식언'입니다. 그리고 4문단에 따르면, 수식언에는 관형사와 부사가 있습니다. 따라서 관형사와 부사는 둘 다 다른 단어를 꾸며 주는 역할을 한다고 볼 수 있습니다.
④ 2문단에서는 '형태'를 기준으로, 3문단에서는 '기능'을 기준으로, 4문단에서는 '의미'를 기준으로 단어를 분류하였습니다.

7

'조건 1'은 형태를 기준으로 할 때, 가변어에 해당하는 단어를 가리킵니다. 가변어에는 동사와 형용사, 서술격 조사 '이다'가 있습니다. '조건 2'는 기능을 기준으로 할 때, 용언에 해당합니다. 용언에는 동사와 형용사가 있습니다. '조건 3'은 의미를 기준으로 할 때, 형용사에 해당합니다. 이와 같은 세 가지 조건을 모두 만족하는 형용사는 '쉽다', '푸르다', '행복하다'입니다.

① '어디', '누구', '우리'는 모두 대명사입니다.
② '자전거', '학교', '친구'는 모두 명사입니다.
③ '으로서', '에게', '이다'는 모두 조사입니다.
④ '걷다', '좋아하다', '흐르다'는 모두 동사입니다.

광고 속 어휘 알쏭달쏭
본문 189쪽

혀

하나 더 알기

'혀 아래 도끼 들었다.'와 '혀 밑에 죽을 말 있다.'는 모두 말을 잘못하면 재앙을 받게 되니 말조심을 하라는 속담입니다.

28강 문법 – 필수 개념어 (3)

어휘 더하기
본문 191쪽

정답 | 좇아야

보도의 공정성을 추구해야 한다는 내용이기 때문에 '좇다'가 적절합니다. '좇다'는 '목표, 이상, 행복 따위를 추구하다.'를 뜻합니다.

◆ 문제로 확인하기
본문 192∼193쪽

1 (1) 피동 (2) 대등적   **2** ②   **3** (1) 동생은 엄마께 "놀이공원에 가고 싶어요."라고 하였다. (2) 준호는 나에게 자기가 우리 집으로 온다고 말하였다.   **4** ③
5 ⑤   **6** ㉠ 선입견 ㉡ 혐오

1

① 주체가 다른 힘에 의하여 움직이는 것을 '피동(被動)'이라고 합니다.
② '대등적(對等的)'은 '서로 견주어 높고 낮음이나 낮고 못함이 없이 비슷한 (것)'을 뜻합니다. '대등적으로 이어진 문장'은 둘 혹은 그 이상의 절이 동등한 자격으로 접속된 문장을 말합니다.

• '능동(能動)'은 주체가 자발적으로 움직이는 것을 말합니다.
• '종속적(從屬的)'은 '어떤 것에 딸려 붙어 있는 (것)'을 뜻합니다. '종속적으로 이어진 문장'은 두 개 이상의 절이 동등하지 않은 자격으로 접속된 문장을 말합니다.

2

'지붕[지붕]'과 '드러나다[드러나다]'는 소리대로 적은 것이고, '목걸이[목꺼리]'와 '망설이다[망서리다]'는 어법에 맞도록 적은 것입니다.

① '얼음[어름]'은 어법에 맞도록 적은 것이고, '설거지[설거지]'는 소리대로 적은 것입니다.
③ '익히다[이키다]'는 어법에 맞도록 적은 것입니다.
④ '잡다[잡따]'는 어법에 맞도록 적은 것이고, '사라지다[사라지다]'는 소리대로 적은 것입니다.
⑤ '먹이다[머기다]'는 어법에 맞도록 적은 것이고, '비로소[비로소]'는 소리대로 적은 것입니다.

3

(1) 간접 인용을 직접 인용으로 바꾸기 위해서는 화자가 한 말을 큰따옴표로 묶고, 뒤에 조사 '라고'를 결합해야 합니다.

(2) 직접 인용을 간접 인용으로 바꾸기 위해서는 대명사와 시제, 높임 표현 등을 안은문장에 맞추어 바꾸어야 합니다. 인용문 속의 '내'는 '준호'를 가리키고, '너희 집'은 '우리 집'을 가리킵니다.

4

'부사절'은 절이 안은문장에서 부사어와 같은 역할을 해야 합니다. '드디어 그가 돌아왔음을 알게 되었다.'에서 절에 해당하는 '그가 돌아왔음'은 안은문장에서 목적어의 역할을 하고 있으므로 명사절에 해당합니다.

• 오답 풀이

① '그 친구가 성공하기'라는 절이 목적어의 역할을 하기 때문에 명사절에 해당합니다.

② '어제 먹었던'이라는 절이 관형어의 역할을 하기 때문에 관형사절에 해당합니다.

④ '인정이 무척 많으시다'라는 절이 서술어의 역할을 하기 때문에 서술절에 해당합니다.

⑤ '조금 늦는다'라는 절은 누나가 한 말을 인용한 것이기 때문에 인용절에 해당합니다.

5

⑤는 문맥을 고려할 때 '눈여겨보거나 눈길을 보내다.'를 뜻하는 '좇다'가 쓰이는 게 적절합니다.

• 오답 풀이

① '쫓다'는 '어떤 대상을 잡거나 만나기 위하여 뒤를 급히 따르다.'의 뜻으로 쓰였습니다.

② '쫓다'는 '밀려드는 졸음이나 잡념 따위를 물리치다.'의 뜻으로 쓰였습니다.

③ '좇다'는 '남의 말이나 뜻을 따르다.'의 뜻으로 쓰였습니다.

④ '좇다'는 '목표, 이상, 행복 따위를 추구하다.'의 뜻으로 쓰였습니다.

6

㉠ '색안경을 끼고 보다.'는 '주관이나 선입견에 얽매여 좋지 아니하게 보다.'를 뜻합니다. 따라서 '선입견'이 들어가기에 적절합니다.

㉡ 격이 낮고 속된 말인 비속어를 자주 사용하면 '혐오'와 같은 부정적인 정서나 부정적인 정체성에 영향을 미칠 수 있습니다. '혐오(嫌惡)'는 '싫어하고 미워함.'을 뜻합니다.

• 오답 풀이

• '인정(人情)'은 '사람이 본래 가지고 있는 감정이나 심정', '남을 동정하는 따뜻한 마음' 등을 뜻합니다.

• '호감(好感)'은 '좋게 여기는 감정'을 뜻합니다.

◆ 독해로 완성하기 본문 194쪽

7 ③　　**8** ④

7

3문단에 따르면, 표준어를 소리 나는 대로만 적으면 형태소와 형태소 사이의 경계가 어디인지를 알아보기가 어렵습니다. 어법에 맞도록 적으면 뜻을 파악하기가 쉽고 독서의 능률도 나아진다고 하였습니다.

• 오답 풀이

① 2문단에서 한글은 자음이나 모음을 조합하여 다양한 말소리를 그대로 기호로 나타낼 수 있는 표음 문자라고 하였습니다.

② '쓰러지다[쓰러지다]'와 '보조개[보조개]'는 소리와 표기가 일치하기 때문에 소리대로 적은 경우로 볼 수 있습니다.

④ 3문단에서 용언의 어간과 어미는 구별하여 적도록 하였다는 내용이 한글 맞춤법 제15항에 나왔다고 하였습니다.

⑤ 2문단에서 한글 맞춤법은 표준어를 대상으로 한다고 하였습니다. 따라서 표준어가 아닌 방언은 한글 맞춤법의 대상에 해당하지 않습니다.

8

㉣은 '나중에 더 보태다.'를 뜻하는 '추가(追加)하다'와 바꿔 쓸 수 있습니다. '삭감(削減)하다'는 '깎아서 줄이다.'를 뜻합니다.

• 오답 풀이

① '표기(表記)하다'는 '적어서 나타내다.'를 뜻합니다.

② '포함(包含)하다'는 '어떤 사물이나 현상 가운데 함께 들어가게 하거나 함께 넣다.'를 뜻합니다.

③ '표현(表現)하다'는 '생각이나 느낌 따위를 언어나 몸짓 따위의 형상으로 드러내어 나타내다.'를 뜻합니다.

⑤ '향상(向上)되다'는 '실력, 수준, 기술 따위가 나아지다.'를 뜻합니다.

아름다운 순우리말 본문 195쪽

1 ㉠ 시나브로　㉡ 윤슬　㉢ 아련하여

2 예 무계획적으로 휘뚜루마뚜루 돌아다니고 싶다.

㉠ '시나브로'는 '모르는 사이에 조금씩 조금씩'을 뜻합니다.
㉡ '윤슬'은 '햇빛이나 달빛에 비치어 반짝이는 잔물결'을 뜻합니다.
㉢ '아련하다'는 '똑똑히 분간하기 힘들게 아렴풋하다.'를 뜻합니다.

복습 테스트
본문 196~199쪽

1	(1) ⑤ (2) ③	2 ④	3 (1) 상황 맥락 (2)

준언어적 표현 4 (1) ㉣ (2) ㉠ (3) ㉢ (4) ㉡
5 ③ 6 형설지공 7 ① 8 ⑤ 9 ②
10 ① 11 (1) ㉢ (2) ㉠ (3) ㉡ 12 해설 참고

1

(1) '환기(喚起)시키다'는 '(무엇이 감정이나 사실 따위를) 드러나거나 일어나게 하다.'를 뜻하며, 유의어는 '불러일으키다'입니다.
(2) '귀담아듣다'는 '주의하여 잘 듣다.'를 뜻하며, 유의어는 '경청(傾聽)하다'입니다.

오답 풀이

① '시청(視聽)하다'는 '눈으로 보고 귀로 듣다.'를 뜻합니다.
② '동감(同感)하다'는 '어떤 견해나 의견에 같은 생각을 가지다.'를 뜻합니다.
④ '분석(分析)하다'는 '얽혀 있거나 복잡한 것을 풀어서 개별적인 요소나 성질로 나누다.'를 뜻합니다.
⑤ '경시(輕視)하다'는 '대수롭지 않게 보거나 업신여기다.'를 뜻합니다.

2

'토론'은 찬반 의견이 대립하는 어떤 문제에 대하여 여러 사람이 각각 의견을 말하며 자신의 주장이 정당함을 입증하여 상대방을 설득하는 말하기입니다. '토의'는 어떤 문제에 대하여 참여자들이 서로 자신의 의견을 자유롭게 말하며 해결 방안을 찾는 말하기입니다.

오답 풀이

• '면담'은 서로 만나서 이야기하거나 의견을 나누는 말하기입니다.
• '협상'은 입장이 서로 다른 양자 또는 다자가 무엇을 타결하기 위해 협의하는 말하기입니다.

3

(1) 화자와 청자가 처한 구체적 장면(상황)으로, 담화의 수용과 생산에 직접 개입하는 맥락을 '상황 맥락'이라고 합니다. 상황 맥락의 구성 요소는 화자와 청자, 시간과 장소, 중심 화제, 분위기 등입니다.
(2) '준언어적 표현'은 의사소통을 할 때, 말하기에 수반되는 억양이나 세기, 강세를 두는 위치, 말하기의 빠르기나 음의 고저 등을 말합니다.

오답 풀이

• '사회·문화적 맥락'은 하나의 사회 집단이 구성하고 공유하는 사회·문화적 환경으로, 담화와 글의 수용과 생산에 간접적으로 작용하는 맥락을 말합니다.
• '비언어적 표현'은 언어가 아닌, 의사나 감정을 표현하거나 전달하는 데 쓰이는 몸짓, 손짓, 표정 따위의 신체 동작 등을 말합니다.

4

(1) 구체적인 이유나 근거를 들어 주장을 논리적으로 증명하고, 그 정당성을 입증하는 것을 '논증(論證)'이라고 합니다.
(2) 토론의 주제를 '논제(論題)'라고 하며, 논제는 찬성과 반대의 의견 대립이 분명해야 합니다.
(3) 주장을 뒷받침하는 논리적 근거를 '논거(論據)'라고 합니다.
(4) 어떤 주장이나 의견에 대하여 그 잘못된 점을 조리 있게 공격하여 말하는 것을 '논박(論駁)'이라고 합니다.

5

'추론(推論)'은 '미루어 생각하여 논함.'을 뜻하며, '추리(推理)'는 '알고 있는 것을 바탕으로 알지 못하는 것을 미루어서 생각함.'을 뜻합니다. 두 단어 모두 '미루어 생각함.'이라는 의미 요소를 지니고 있습니다.

오답 풀이

① '공유(共有)'는 '두 사람 이상이 한 물건을 공동으로 소유하거나 이용함.'을 뜻하고, '독점(獨占)'은 '혼자서 모두 차지함.'을 뜻합니다.
② '화자(話者)'는 '이야기를 하는 사람'을 뜻하고, '청자(聽者)'는 '이야기를 듣는 사람'을 뜻합니다.
④ '표면(表面)'은 '겉으로 나타나거나 눈에 띄는 부분'을 뜻하고, '이면(裏面)'은 '겉으로 나타나지 않거나 눈에 보이지 않는 부분'을 뜻합니다.
⑤ '간명(簡明)하다'는 '간단하고 분명하다.'를 뜻하고, '장황(張皇)하다'는 '매우 길고 번거롭다.'를 뜻합니다.

6

(1) 서로 다투는 중심이 되는 점을 '쟁점(爭點)'이라고 합니다.

(2) 의심나거나 모르는 점을 묻고 물음에 대답을 하는 일을 '질의 응답(質疑應答)'이라고 합니다.

(3) 어느 편에도 치우치지 않고 중간적인 입장에 서는 것을 '중립적(中立的)'이라고 합니다.

(4) 침범하여 해를 끼치는 것을 '침해(侵害)'라고 합니다.

(5) 사물 따위가 서로 이어져 있는 관계나 연관을 '맥락(脈絡)'이라고 합니다.

(6) 개인이나 단체가 월드 와이드 웹에서 볼 수 있게 만든 하이퍼텍스트인 '홈페이지'를 순우리말로 '누리집'이라고 합니다.

- '형설지공(螢雪之功)'은 '반딧불·눈과 함께 하는 노력이라는 뜻으로, 고생을 하면서 부지런하고 꾸준하게 공부하는 자세를 이르는 말'입니다.

7

말의 뜻을 구별하여 주는 소리의 가장 작은 단위를 '음운(音韻)'이라고 합니다. '님'과 '남'이 다른 뜻의 말이 되게 하는 'ㅣ'와 'ㅏ', '물'과 '불'이 다른 뜻의 말이 되게 하는 'ㅁ'과 'ㅂ' 등이 음운에 해당합니다.

● 오답 풀이

② '음절(音節)'은 하나의 종합된 음의 느낌을 주는 말소리의 단위를 뜻합니다.

③ '단어(單語)'는 분리하여 자립적으로 쓸 수 있는 말이나 이에 준하는 말, 또는 그 말의 뒤에 붙어서 문법적 기능을 나타내는 말을 뜻합니다.

④ '품사(品詞)'는 단어를 형태, 기능, 의미에 따라 나눈 갈래를 뜻합니다.

⑤ '형태소(形態素)'는 뜻을 가진 가장 작은 말의 단위를 뜻합니다.

8

'유난히'와 '초롱초롱'은 둘 다 부사에 해당합니다. 관형사는 체언을 꾸며 주는 역할을 하는 품사입니다.

● 오답 풀이

① 서술어 '빛났다'의 주체에 해당하는 주어는 '눈망울이'입니다.

② '빛났다'의 기본형은 '빛나다'이며, '빛나고, 빛나며, 빛나므로, ……' 등과 같이 활용할 수 있습니다.

③ '동생의'는 뒤에 오는 체언 '눈망울'을 꾸며 주는 기능을 하는 관형어입니다.

④ '의', '이', '유'는 각각 모음 'ㅢ', 'ㅣ', 'ㅠ' 하나만으로 이루어진 음절입니다.

9

기본형 '치솟다'에서 어미 '-다'를 제외한 '치솟-'이 어간에 해당합니다. '치솟-'은 다시 실질적 의미를 나타내는 어근 '솟-'과 어근에 붙어 새로운 단어를 구성하는 접사 '치-'로 나눌 수 있습니다.

10

'편파적(偏頗的)'은 '공정하지 못하고 어느 한쪽으로 치우친. 또는 그런 것'을 뜻합니다. 문맥을 고려할 때, '편파적'보다는 '중립적(中立的)'이 오는 것이 자연스럽습니다.

● 오답 풀이

② '지향(志向)하다'는 '어떤 목표로 뜻이 쏠리어 향하다.'를 뜻합니다.

③ '가리키다'는 '손가락 따위로 어떤 방향이나 대상을 집어서 보이거나 말하거나 알리다.'를 뜻합니다.

④ '좇다'는 '목표, 이상, 행복 따위를 추구하다.'를 뜻합니다.

⑤ '편견(偏見)'은 '공정하지 못하고 한쪽으로 치우친 생각'을 뜻합니다.

11

(1) '비가 그치자 무더위가 찾아왔다.'는 '비가 그치다.'라는 문장과 '무더위가 찾아왔다.'가 종속적으로 이어진 문장입니다.

(2) '친구가 내 손을 살며시 잡았다.'는 주어(친구가)와 서술어(잡았다)가 각각 하나씩 있어서 둘의 관계가 한 번만 이루어지는 홑문장입니다.

(3) '모든 부모는 자식이 행복하기를 바란다.'는 '모든 부모는 ~를 바란다.'와 '자식이 행복하다.'로 나눌 수 있습니다. '자식이 행복하다.'라는 문장을 명사절로 안은 문장에 해당합니다.

12

<table>
<tr><td>¹형</td><td>태</td><td>소</td><td></td><td></td><td></td><td>²공</td></tr>
<tr><td>용</td><td></td><td></td><td></td><td>³지</td><td></td><td>정</td></tr>
<tr><td>사</td><td></td><td>⁵복</td><td>합</td><td>양</td><td>⁴식</td><td>성</td></tr>
<tr><td></td><td></td><td>합</td><td></td><td></td><td>별</td><td></td></tr>
<tr><td>⁶비</td><td>속</td><td>어</td><td></td><td></td><td></td><td></td></tr>
<tr><td>언</td><td></td><td></td><td>⁸인</td><td>신</td><td>⁹공</td><td>격</td></tr>
<tr><td>⁷어</td><td>간</td><td></td><td>용</td><td></td><td>감</td><td></td></tr>
</table>

어휘가 독해다!

중학 국어 어휘

정답과 해설